Adam Smith

Um Filósofo Moral
e a sua
Economia Política

Actual Editora
Conjuntura Actual Editora
Rua Luciano Cordeiro, n.º 123 – 1.º esq.
1069 157 Lisboa
Portugal

Tel. (+351) 21 3190240
Fax: (+351) 21 3190249
www.actualeditora.com

Título original: *Adam Smith*
Copyright © Gavin Kennedy 2008

Edição original publicada por Palgrave Macmillan.

Edição Actual Editora – Outubro 2010
Todos os direitos para a publicação desta obra em Portugal reservados
por Conjuntura Actual Editora, S.A.
Tradução: Maria Palma
Revisão: Alda Rodrigues
Design da capa: Brill Design
Ilustração da capa: © Corbis / VMI
Paginação: Guidesign
Gráfica: Guide – Artes Gráficas, Lda.
Depósito legal: 317348/10

Biblioteca Nacional de Portugal – Catalogação na Publicação

KENNEDY, Gavin

Adam Smith. - (Grandes pensadores da economia; 2)
ISBN 978-989-8101-91-4

CDU 330.85 Smith, Adam
929 Smith, Adam

Nenhuma parte deste livro pode ser utilizada ou reproduzida, no todo ou em parte, por qualquer processo mecânico, fotográfico, electrónico ou de gravação, ou qualquer outra forma copiada, para uso público ou privado (além do uso legal como breve citação em artigos e críticas) sem autorização prévia por escrito da Conjuntura Actual Editora.

Este livro não pode ser emprestado, revendido, alugado ou estar disponível em qualquer forma comercial que não seja o seu actual formato sem o consentimento da sua editora.

Vendas especiais:
O presente livro está disponível com descontos especiais para compras de maior volume para grupos empresariais, associações, universidades, escolas de formação e outras entidades interessadas. Edições especiais, incluindo capa personalizada para grupos empresariais, podem ser encomendadas à editora. Para mais informações contactar Conjuntura Actual Editora, S.A.

Adam Smith

Um Filósofo Moral
e a sua
Economia Política

Gavin Kennedy

ACTUAL EDITORA

www.actualeditora.com
Lisboa — Portugal

Para Isobel Jean

Índice

Prefácio	13
Agradecimentos	15
Introdução geral – PORQUÊ ADAM SMITH?	17
Do que trata a *Riqueza das Nações*?	20
A história da Europa ocidental de Smith	26
A *Riqueza das Nações*	28
A fronteira decrescente	30
Capítulo 1 – PROVAS SUFICIENTES DA SUA ADEQUAÇÃO	33
Introdução	33
Adam Smith, pai	33
Margaret Douglas Smith	36
A educação de Adam Smith	37
Depois de Oxford	41
É escolhido um professor	42
Smith prejudicou Hume?	47
Capítulo 2 – NOS PRIMEIROS ANOS DA SOCIEDADE	51
Introdução	51
Stewart sobre o tema comum de Smith	52
O "modelo de mercado" de Smith	54
Mercado ou modelo de troca?	57
Primeiras incursões no seu método	59
Longa luta contra a superstição	61
Assombro, surpresa e admiração	64
Mercado para moralidade	66
Troca e jurisprudência	74

CAPÍTULO 3 – UMA CRIATURA TÃO FRACA
E IMPERFEITA COMO O HOMEM 79
   Introdução 79
   O espelho 80
   O espectador imparcial 84
   Influências harmonizadoras 87
   Pesadelos hobbesianos? 92

CAPÍTULO 4 – NO INÍCIO TODO O MUNDO ERA A *AMÉRICA* 101
   Introdução 101
   "No início todo o mundo era a América" 101
   As quatro eras da humanidade 103
   A história da ilha de Smith 104
   Evolução da justiça 114
   Justiça e defesa dos "ricos" 118

CAPÍTULO 5 – PRINCÍPIOS GERAIS DA LEI E DO GOVERNO 123
   Introdução 123
   O interregno e a queda de Roma 124
   O declínio do feudalismo 131
   Liberdade constitucional 138
   Por que razão não terminou Smith o seu terceiro livro? 141

CAPÍTULO 6 – UMA CERTA PROPENSÃO
DA NATUREZA HUMANA 149
   Criação de riqueza 151
   A divisão do trabalho 153
   A dimensão do mercado 156
   Troca 162
   Transacções negociadas 164
   Trocas negociadas 169

CAPÍTULO 7 – TIVESSE O ESTADO ORIGINAL
DAS COISAS CONTINUADO 175
   Introdução 175
   O valor numa sociedade primitiva 176
   Sinais de confusão 180
   "Tivesse este estado continuado" 185
   Constância da teoria do trabalho de subsistência 188
   O valor de troca nas sociedades avançadas 190

Índice | 11

CAPÍTULO 8 – ASSIM NASCEU FINALMENTE
A ERA DO COMÉRCIO 195
   INTRODUÇÃO 195
   PREÇO NATURAL E PREÇO DE MERCADO 196
   SALÁRIOS 200
   MERCADOS IMPERFEITOS 209

CAPÍTULO 9 – FAZER TRABALHAR
PESSOAS EMPREENDEDORAS 219
   INTRODUÇÃO 219
   ACUMULAÇÃO DE MUDANÇAS 219
   ELEMENTOS DA SOCIEDADE COMERCIAL 222
   ORIGENS DAS PROVISÕES DE CAPITAL 226
   FORMAS DE PROVISÕES DE CAPITAL 230
   O DINHEIRO COMO CAPITAL 235
   AS CONSEQUÊNCIAS MALIGNAS DO AUTO-INTERESSE ... 238

CAPÍTULO 10 – AUMENTAR O FUNDO
PARA MÃOS PRODUTIVAS 247
   INTRODUÇÃO 247
   O CRESCIMENTO "SMITHIANO" DE LOWE 248
   ELEMENTOS CONSTITUINTES
      DO CRESCIMENTO PURAMENTE SMITHIANO 251
   CONDIÇÕES NECESSÁRIAS PARA O CRESCIMENTO? ... 257
   TRABALHO PRODUTIVO E NÃO-PRODUTIVO 259
   TRAJECTÓRIAS DE CRESCIMENTO 269

CAPÍTULO 11 – «UM ATAQUE MUITO VIOLENTO» 273
   INTRODUÇÃO 273
   POLÍTICAS MERCANTILISTAS 274
   LIMITES ÀS IMPORTAÇÕES 277
   LIMITES EXTRAORDINÁRIOS À IMPORTAÇÃO 284
   ECONOMIA POLÍTICA MERCANTILISTA E AS COLÓNIAS ... 288
   COMPANHIAS COMERCIAIS CONCESSIONADAS 295
   COMÉRCIO COLONIAL E DISTORÇÕES DE CAPITAL 300

CAPÍTULO 12 – A MÃO INVISÍVEL 305
   INTRODUÇÃO 305
   A MÃO INVISÍVEL NA "HISTÓRIA DA ASTRONOMIA" ... 307
   SENTIMENTOS MORAIS E A MÃO INVISÍVEL 309
   A MÃO INVISÍVEL EM *A RIQUEZA DAS NAÇÕES* 316
   AUSÊNCIA DE "MÃOS INVISÍVEIS" 321

CAPÍTULO 13 – PAZ, IMPOSTOS FÁCEIS E JUSTIÇA   327
   Introdução   327
   O primeiro dever do governo   328
   O segundo dever do governo   331
   O terceiro dever do governo   332
   Educação e saúde   335
   Receitas públicas   340
   O fracasso do governo   342
   Despesas públicas   346

CAPÍTULO 14 – O LEGADO DE ADAM SMITH   351
   Introdução   351
   O fim do laissez-faire   351
   Posfácio   375

Lista de Figuras

2.1 O modelo de mercado de Smith   72
2.2 O modelo de mercado de Otteson aplicado a outras obras de Smith   73

Lista de Tabelas

6.1 Manufactura de um casaco de lã de um trabalhador comum   160

Prefácio

Autores que conhecem bem as ideias de Adam Smith escreveram diversos livros, ensaios e artigos de qualidade sobre o seu pensamento. Estou em dívida intelectual para com muitos deles, incluindo Andrew Skinner, Sam Fleischacher, Jim Otteson, Jerry Evenski, Knud Haakonssen, Emma Rothschild, Istvan Hont e Donald Winch. Autores de artigos em revistas da especialidade, demasiados para serem nomeados individualmente, confirmaram-me factos e lançaram-me desafios, alguns dos quais aceitei. Nem todos os académicos aqui citados, ou talvez mesmo nenhum, concordam necessariamente com o que aqui fica escrito.

Andrew Skinner foi quem primeiro despertou o meu interesse por Adam Smith em 1973, quando adaptei aulas que tinha dado no National Defence College (Instituto de Defesa Nacional), Latimer (1972-4) para o meu livro *Economics of Defence* (Economia da Defesa) *(Kennedy, 975)*. Segui a sua nota de duas páginas sobre *Navigation Acts*([1]), lendo A *Riqueza das Nações*. O Adam Smith que os meus formadores tinham descrito e sobre o qual eu tinha lido nos manuais escolares contrastava nitidamente com o Adam Smith de Kirkcaldy([2]). Outras fontes importantes da influência de Andrew foram os seus escritos sobre Adam Smith e as suas contribuições para a Edição Glasgow final de *Works and Correspondence of Adam Smith* (Oxford University Press, 1976-83).

O Professor Sir Alan Peacock, um amigo e colega, foi uma fonte constante de apoio e de entusiasmo. Fez diversos comentários críticos às primeiras versões, às revisões e ao manuscrito final; pôs-me à disposição muitos livros da sua biblioteca pessoal e aconselhou-me sobre economia clássica e burocracia estatal. Beneficiei ainda com os inúmeros debates em *www.adamsmithslostlegacy.com*, incluindo com Nicholas Gruen (Austrália), sobre aspectos literários da influência de Smith, David Simpson sobre a ordem emergente, Lawrence White sobre a teoria do valor-trabalho, Sandra Pearton sobre aspectos de *Moral Sentiments* (Sentimentos Morais), Craig Smith sobre ordem espontânea, Gavin Reid sobre crescimento estadimétrico e Ian S. Ross, biógrafo de Smith por excelência. Nenhuma das pessoas citadas é responsável por erros que se possam seguir.

O Professor Tony Thirlwall pediu-me um relato preciso, equilibrado e informativo dos Grandes Pensadores, o que tentaram fazer, o que conseguiram fazer, onde se podem ter enganado, onde provavelmente tinham razão e qual o seu legado. Fez numerosos comentários ao manuscrito, a maioria das quais levei em consideração.

Tentei mostrar o pensamento de Smith no seu esforço para influenciar políticas legislativas. Intencionalmente, incluí elementos da sua biografia. Contudo, isto não é um ensaio em hagiografia.

Os Grandes Pensadores eram seres humanos e, em diversos aspectos, não eram muito diferentes de todos nós, a não ser no seu génio. É a sua inspiração criativa, e não as suas fraquezas mesquinhas, o que os distingue.

Gavin Kennedy

Agradecimentos

Todas as referências a Adam Smith são da edição Glasgow de *Works and Correspondence of Adam Smith*, ©Oxford University Press, aqui reproduzidas com a permissão da Oxford University Press.

Corr   Correspondência de Adam Smith, 1987, ed. E. C. Mossner, Ian Simpson Ross, segunda edição

ED   *Early Draft of Wealth of Nations* (Versão Inicial de *A Riqueza das Nações*) [1763] incluído em LJ

EPS   *Essays on Philosophical Subjects* (Ensaios em Questões Filosóficas), 1795 [póstumo], ed. W. D. Wightman, J. C. Bryce

LJ   *Lectures on Jurisprudence* (Lições sobre Jurisprudência), 1983, ed. R. L. Meek, D. D. Raphael, P. G. Stein

LRBL   *Lectures on Rhetoric and Belles-Lettres* (Lições sobre Retórica e Literatura), 1983, ed. J. C. Bryce, inclui *Considerations Concerning the First Formation of original and compound Languages* (Considerações sobre a Primeira Formação de Línguas Originais e Compostas) [1761]

TMS   *The Theory of Moral Sentiments* (A Teoria dos Sentimentos Morais) [1759] 1976, D. D. Raphael, A. L. Macfie

WN *An Inquiry into the Nature and Causes of the Wealth of Nations* (Uma Interrogação sobre a Natureza e as Causas da Riqueza das Nações) [1776] 1976, ed. R. H. Campbell, A. S. Skinner, W. B. Todd

[As referências feitas no texto são acompanhadas dos números da páginas das edições acima citadas]

Introdução Geral: Porquê Adam Smith?

Os licenciados em economia profundamente conhecedores do paradigma neoclássico e, portanto, com noções sólidas de aritmética que leiam as primeiras páginas de *A Riqueza das Nações* depararão com um método de economia política completamente diferente daquele para o qual a sua formação académica os preparou. Se persistirem, encontrarão um estilo literário (não matemático) que pode ser irritantemente obscuro, aparentemente fastidioso e por vezes ambíguo e dado a "manobras de diversão" de relevância questionável, principalmente em comparação com o género de problemas que lhes são familiares. É pouco provável que sintam uma identificação imediata com o estilo de discurso de Adam Smith. No entanto, nos seus livros há muitas coisas capazes de esclarecer algumas das suas questões mais importantes e outras que poderão achar perturbadoras para a sua mestria da teoria do equilíbrio geral. Para os economistas actuais, a obra de Smith é o verdadeiro e venerável "elefante na sala": como é que a economia moderna se desenvolveu a partir de uma fonte tão pouco promissora e por que razão é ele referido como "Pai da Economia"?

Na década de 80 do século XX, os gloriosos dias de segurança dos anos pós-guerra, quando os economistas brilhavam com as certezas quase triunfantes do consenso keynesiano, tinham-se tornado um embaraço e voltaram a emergir muitas das questões de política económica por resolver. Talvez por coincidência, a história do pensamento económico e da disciplina que o acompanha, a história económica, começou a resvalar para a obscuridade, deixando por preencher as cátedras vagas por reforma dos seus titulares prévios. Entretanto, a longa marcha dos matemáticos continuou, oferecendo aos economistas numéricos o prémio prometido por se juntarem às fileiras das "ciências exactas".

Quando chegou o novo milénio, o conflito original do "comércio livre *versus* protecção" estava de novo em contenda; a questão dos mercados *versus* gestão estatal continuava a ser tão divisora como sempre e, intelectualmente, as soluções contraditórias para os problemas de pobreza global e nacional praticamente continuavam onde Adam Smith os deixara. A característica dominante da economia actual é o desacordo sobre práticas políticas básicas e, apesar de todas as suas pretensões de ser uma ciência exacta, a economia continua instável.

Em comparação, conceitos como aqueles apelidados de "sistemas adaptativos complexos" pelos seus defensores resvalam nas janelas fechadas que protegem os sistemas de equilíbrio geral de verificação e que levantam questões sobre a validade da rejeição inabalável, de cariz papal, de Milton Friedman[1] quanto à necessidade de "realismo" nos pressupostos dos modelos económicos, em favor da qualidade das suas previsões. A teoria dos sistemas adaptativos complexos parte de "princípios subjacentes da auto-organização e da evolução com origem nos filósofos sociais do séculos XVII e XVIII"[2], e que podem iniciar diálogos com outras ciências sociais[3].

Tentarei chamar a atenção dos leitores para Adam Smith não através da simples transferência das suas ideias para os debates políticos do século XXI, mas sim como auxiliar de aprendizagem, a partir de exemplos da aplicação da sua visão socioevolucionária histórica meio escondida, sobre a forma como funcionam as sociedades e as suas economias. Peço aos leitores cépticos e curiosos que se concentrem no aspecto histórico das obras de Adam Smith, que mostram que foi um pensador importante da economia política antes ainda de esta se ter tornado uma disciplina autónoma.

Recomenda-se a todos os economistas um olhar mais atento sobre Adam Smith, sobretudo se as suas leituras se tiverem limitado a citações comummente utilizadas dos livros de Smith, bem como aos economistas que cultivam as crenças problemáticas de que ele teria sido o teórico da "mão invisível", um defensor do *laissez-faire*, a favor de um governo de pequena escala ("o Estado guarda-nocturno") e um defensor purista do "comércio livre"([4]). Alguns economistas, influenciados pela escola austríaca([5]), diminuíram Adam Smith como pensador original, quando comparado com Cantillon, Turgot e Ricardo ([6]). Afirmações revisionistas recentes([7]) contestam que Adam Smith tenha apoiado ideias associadas actualmente à social-democracia, tal como são contestadas as suas contrapartidas da direita política que reivindicam uma linhagem directa de Adam Smith. Estas reivindicações da direita e da esquerda vão ser contestadas no texto que se segue, assim como as afirmações descabidas dos seguidores esquerdistas de Marx, que denunciam Smith como apologista do capitalismo, e também as reivindicações da escola da "ganância é boa", que se apoiam em afirmações tendenciosas que têm muito mais a ver com Bernard Mandeville([8]) do que com Adam Smith.

A reputação de Adam Smith tem mantido o seu nome no discurso público. Menciona-se Adam Smith e os ouvintes pensam logo na sua fábrica de alfinetes (WN14), uma noção reforçada pela nota de 20 libras emitida pelo Banco de Inglaterra, com a imagem emblemática de Smith, da autoria de Tassie. Muitos economistas do século XX foram influenciados pela máxima famosa do Professor George Stigler([9]): "Hoje trago-vos cumprimentos de Adam Smith, que está vivo e de boa saúde e a viver em Chicago" (uma cidade que não existia quando Smith ainda estava vivo).

Do que trata *A Riqueza das Nações*?

A Riqueza das Nações não é um manual de economia, tal como este é definido por Jacob Viner: "As características distintivas de um bom manual escolar são geralmente a sua contribuição para a síntese geral da doutrina, os exemplos ilustrativos e a reformulação compacta, simplificada e sistemática de assuntos familiares aos estudiosos."([10]) *A Riqueza das Nações* também não trata de economia teórica, no sentido que esta tem para os economistas modernos. Representa a aplicação da visão do mundo de Adam Smith ao problema histórico mais vasto da razão pela qual a economia britânica, através de um crescimento lento mas contínuo, mostrou sinais de melhorias sustentáveis e o que foi que a inibiu de um desempenho muito melhor, pois este poderia ter sido muito melhor se se tivessem feito algumas alterações nas orientações políticas relativas ao comércio internacional com os seus vizinhos e com as suas colónias da América do Norte. O seu livro intitulava-se *Um Inquérito sobre a Natureza e as Causas da Riqueza das Nações* (referido daqui em diante como *A Riqueza das Nações*), usando a Grã-Bretanha como ponto de partida do seu estudo.

Para mim, *A Riqueza das Nações* é uma "Comissão Real singular" oficiosa. Quando os governos do Reino Unido precisam de orientação sobre questões importantes de grande interesse público, encomendam estudos coordenados por figuras públicas competentes, conhecidos por Comissões Reais, dos quais se tem dito que "fazem actas e levam anos" e que quando publicam os seus relatórios já o governo mudou ou a agenda política se alterou. No caso de Adam Smith, a longa gestação do seu estudo singular financiado privadamente prolongou-se durante 12 anos, entre 1764, quando começou a escrevê-lo, e 1776, altura em que foi publicado.

A Riqueza das Nações tem características únicas. Em todas as ocasiões, sempre que havia provas antigas ou contemporâneas, directas ou indirectas, que apoiavam os seus argumentos, Smith incluía-as no texto. A preocupação com o pormenor é excessiva e por vezes repetitiva. Os manuais modernos não abordam com esta minúcia estes tópicos pouco comuns. Em ambos os seus livros, o mundo clássico grego e romano nunca está longe, o que reflecte a sua educação clássica, como mostrou exaustivamente Gloria Vivenza[11]. Samuel Fleischacker destacou uma amostra como exemplo do enorme número de fontes diversas de Smith[12]:

> O facto de se dizer que os siclos de Abraão eram "moeda corrente com o mercador", mas ele ainda ter de os pesar quando paga a Efron, é apresentado como prova de que a moeda na época era marcada para indicar delicadeza mas não peso (WN41). A partir das cartas de Cícero, *Smith* deduz a taxa de juro [quarenta e oito por cento] no início de Chipre (WN111). E determina o estatuto económico dos professores no mundo antigo com a ajuda de Plutarco e de Plínio (WN39-44)

Estas fontes apoiavam o seu tema e estavam direccionadas para o público pelo qual ele pretendia ser lido.

"Polícia", ou a garantia de "provisões baratas" "mantendo o mercado bem fornecido com todas as espécies de mercadorias" (*bon marché*) (LJ6), fazia parte da política governamental tradicional, que tornava o governo responsável (mais ainda na tradição continental) pela "polícia", assegurando a subsistência dos pobres, sobretudo quando as suas necessidades eram consideradas mais prementes que os direitos de propriedade (em tempos de escassez e de fome) (WN539). No século XVIII[13], "polícia" fazia parte do currículo de filosofia das quatro universidades "escocesas" e Smith, enquanto professor, seguiu a tradição escocesa. Em poucas décadas, "polícia" adquiriu o seu significado moderno de prevenção de crime, deixando a "polícia" do estilo antigo para a nova disciplina da economia política.

Para Smith o tema principal era a constatação de que a Europa Ocidental dava sinais de estar a recuperar a sua idade comercial "perdida". Isto era evidente nas obras literárias e artísticas da época, na arquitectura de novos edifícios e na difusão de tecnologia (muita da qual para auxiliar e aumentar os poderes do trabalho, ilustrada na magnífica *Enciclopédia* de vários volumes de Denis Diderot)[14]. O crescimento lento da população indicava um crescimento constante na parte da produção total atribuída à subsistência, consistente com o rendimento *per capita*, relativamente estático, da maioria da população. O aumento lento do consumo, bem acima do nível de subsistência para os segmentos demográficos médios e elevados, deixando a subsistência *per capita* da maioria pobre na sua normal baixa histórica, indicava um crescimento constante na produção transaccionada nos mercados e, em conjunto, estes eram indicadores positivos de que alguma coisa historicamente significativa se estava a passar, primeiro na Grã-Bretanha e mais tarde em toda a Europa Ocidental[15]. Os relatos impressionantes de viagens de exploração e de descoberta aumentavam muito o conhecimento das maravilhas do mundo.

Para Smith, o papel do filósofo podeia ser descrito como "não fazer nada, mas observar tudo" (WN21), definição que punha em prática através da leitura de fontes clássicas – relatos recentes de viajantes pela América, África, Pacífico e Ásia – bem como de relatos contemporâneos da Europa. Visitando locais de trabalho e ouvindo pessoas de todas as classes, era certamente um académico que "olhava para fora da sua janela". A partir destas fontes (poucas mais existiam) observou as alterações que estavam a acontecer nos elementos básicos da "polícia": cada vez mais pessoas, mas não todas, estavam a viver cada vez melhor, ainda durante o seu período de vida.

Em comparação com as vidas miseráveis dos "selvagens", ainda na idade primitiva de caçadores nas Américas (tornadas ainda piores pela violência e crueldade dos colonizadores europeus e das suas doenças)[16], as vidas dos trabalhadores mais pobres *empregados* e das suas famílias na Escócia melhoraram com a divisão primitiva do trabalho e a ampliação dos mercados, embora não muito (WN24). Isto levou Smith a perguntar "em que consistia a 'riqueza'?" Era dinheiro, ou era a possibilidade de acesso à produção anual das "necessidades, comodidades e divertimentos da vida"? Observando que era esta última (o ouro era um meio e não um fim), a pergunta seguinte foi "o que fazia com que os povos da Europa tivessem acesso a uma maior porção das "necessidades, comodidades e divertimentos da vida", impossíveis de alcançar pelos povos do mundo "selvagem"? A *Riqueza das Nações* foi a sua resposta a estas duas questões, baseada numa série de fontes disponíveis na sua biblioteca privada, e através de correspondência, bem como de empréstimos de ensaios existentes nas bibliotecas de muitos dos seus amigos e patrocinadores, incluindo lorde Kames (Corr101, 115–20, 132, 137).

Adam Smith não tinha, *a priori*, um conjunto de princípios que o guiassem e os poucos opúsculos sobre tópicos relevantes a que tinha acesso, quando não estavam irremediavelmente errados, proporcionavam-lhe apenas respostas limitadas e de pouca profundidade. Na sua maioria, avaliou o conhecimento da época, sintetizado a partir de muitas fontes indirectas, e apresentou as suas conclusões ao público que pretendia cativar: os que legislavam e aqueles que, na classe "política" dirigente na Grã-Bretanha, os podiam influenciar.

Concluiu que a tendência dos Estados nacionais na Europa para caírem nas armadilhas políticas da inveja comercial, do proteccionismo mercantilista, da regulação interna do comércio, bem como empreendimentos como as colónias e as guerras por fins triviais, reduziam a capacidade de converter totalmente os frutos da expansão do comércio e da agricultura melhorada em taxas de crescimento mais elevadas e, portanto, num progresso mais rápido para a abundância, principalmente para a maioria mais pobre. Não se opunha em princípio às funções do governo; opunha-se às funções do governo que minavam ou restringiam o comércio, seguindo doutrinas falsas de comerciantes com mentes mercantilistas, proteccionistas de vistas curtas e monopolistas mesquinhos.

Neste contexto, não colhem quaisquer queixas sobre a ausência nos seus livros de interpretações matemáticas da realidade, de teoremas de equilíbrio parcial e geral, de testes estatísticos e de outros ainda por inventar em 1746-76. As expectativas dos economistas modernos quando tentam ler *A Riqueza das Nações* ficam por alcançar. Smith não escreveu directamente sobre teoria económica, mas esta entrou nos seus argumentos quando tentou ilustrar a razão pela qual o mundo material estava a mudar sob novas "leis do movimento". Smith usou a sua síntese do conhecimento existente sobre economia política para explicar o que tinha acontecido na Europa Ocidental desde a queda de Roma e para identificar onde as políticas governamentais prevalecentes impediam os frutos desse mundo em mudança de acelerar o progresso em direcção à abundância. E fixou a sua análise económica nas forças que traziam essas mudanças (WN89, 111-12).

O pensamento de Smith sobre a forma como as economias comerciais funcionavam foi uma consequência do seu inquérito sobre a razão por trás da riqueza das nações e as suas respostas contribuíram para a história da economia política. Forneceu ainda explicações lúcidas sobre a maneira como o "novo mundo" do comércio proporcionava oportunidades historicamente nunca sonhadas para resolver os velhos problemas da subsistência *per capita*, das condições estacionárias de subsistência da população indígena, "inferior", e cujas gerações precedentes tinham suportado uma pobreza absoluta ao longo de milhares de anos. Também identificou políticas apropriadas, que poderiam alcançar uma segurança duradoura para as classes de proprietários já relativamente opulentos, bem como para muitos outros que ele pensava que se iriam juntar a eles se o crescimento continuasse.

A teoria de Smith não era um manifesto, não era revolucionária, nem chegava sequer a ser radical, no sentido de propor mudanças imediatas; Smith concebeu a sua mensagem como um conjunto modesto de mudanças, eminentemente práticas e sensatas, que podiam ser adoptadas pelas classes superiores da época para serem implementadas ao longo do tempo. Embelezou a sua retórica com a expressão "lenta e gradual", numa tentativa de tranquilizar, para não provocar resistência emocional. O crescimento beneficiaria tanto estas classes como todas as outras pessoas. Concluiu que o padrão das baixas condições de subsistência dos trabalhadores pobres não iria mudar através de uma redistribuição benevolente (não tinha mudado deste os tempos da Idade da Pedra); só poderia mudar através não só de um crescimento económico e social que pusesse cada vez mais população a trabalhar, mas também com aumento da produção total das "necessidades, comodidades e divertimentos da vida". Não fugiu às dificuldades envolvidas em reverter práticas, que reduziam as possibilidades de mudança devido à poderosa coligação de interesses que se iriam opor firmemente, se provocados indevidamente, às mudanças necessárias na economia.

Encheu *A Riqueza das Nações* de pormenores das suas fontes, baseadas principalmente no seu conhecimento da História, apoiadas pela sua teoria relativamente simples de crescimento económico, e propô-la à classe legislativa do sistema parlamentar britânico, bem como a todos os que estivessem perto dos legisladores, a colegas "membros" do Iluminismo, figuras influentes e ao público leitor mais alargado na Grã-Bretanha e aos seus equivalentes no resto da Europa Ocidental, incluindo nas colónias britânicas da América do Norte.

Em *A Riqueza das Nações*, Smith expressa-se numa linguagem compreendida e falada entre as camadas média e superior da sociedade instruída a que se dirigia. Não falou especificamente para as classes "mais baixas" – isso seria demasiado perigoso na Grã-Bretanha do século XVIII (como acontecimentos nos anos imediatamente após a sua morte, em 1790, iriam demonstrar) (EPS 309, 339)([17]). No entanto, as "classes mais baixas" ("classes inferiores" na linguagem politicamente incorrecta da altura) não estavam completamente ausentes do seu pensamento. Sempre que abordava os interesses e as dificuldades dos trabalhadores, falava geralmente de forma prática, sem emoção e escondendo ligeiramente o objecto das suas simpatias (WN 96).

Por vezes invectivou com breve severidade os proprietários "ociosos", "monopolistas intriguistas", mercadores e fabricantes "vociferantes", tornando as palavras "governantes" e "esbanjadores" sinónimas, o que deu um cunho mais ríspido à sua impaciência contra os "absurdos" das ideias que determinavam o comportamento das "classes superiores" (WN144, 339-40, 434, 612-14).

A História da Europa Ocidental de Smith

A característica mais clara do pensamento de Adam Smith nas suas obras é o seu sentido de História, incluindo o seu uso de escassos detalhes da Pré-História para avançar as suas conjecturas sobre o receio dos "selvagens" ante fenómenos terrestres "surpreendentes" (EPS48), do "esforço de dois selvagens para tornarem as suas necessidades inteligíveis um ao outro" (LRBL203), da falta de "simpatia e indulgência" entre os "selvagens" e do seu "mais verdadeiro desprezo pela vida humana" (TMS205, 288), a que ele acrescentou a "propensão para permutar, negociar e trocar", que eram a "consequência necessária das faculdades da razão e discurso" (WN25).

Acima de tudo, a característica que define Smith é olhar para trás e não para a frente. Raramente fez uma previsão sobre o futuro; move-se em direcção ao "presente" a partir de uma era distante, muitas vezes começando nos mundos antigos de Grécia e de Roma, mas por vezes começando ainda mais cedo, nas "eras iniciais" da humanidade. Conhecia os hábitos e costumes dos modos de subsistência de povos caçadores, recentemente descobertos em terras distantes, a partir de relatórios de viajantes, vendo esses povos nessas terras como espelhos das sociedades europeias nos milénios iniciais.

Expressou a sua construção mais completa de uma teoria da História nas suas quatro "eras da humanidade", que designou como "estados [não "estágios"] pelos quais a humanidade tem de passar: Caçadores; Pastores; Agricultura e Comércio"

(LJ14). A sua teoria dos "modos de subsistência" do esforço humano estava associada à possibilidade (não à inevitabilidade) de procurar maneiras de produzir um excedente alimentar acima da subsistência biológica, de forma que, do ponto de vista do indivíduo, os seus filhos pudessem sobreviver para além da infância e viver tempo suficiente para procriarem.

Enquanto um modo de subsistência numa localidade assegurasse circunstâncias em que houvesse um aumento na produção alimentar, haveria um aumento na população local (mas não no consumo alimentar *per capita*), talvez ao longo de muitas gerações; onde as circunstâncias permanecessem, por qualquer razão, desfavoráveis, os níveis demográficos permaneceriam estáticos ou declinariam[18]. O fracasso da maioria do mundo em se desenvolver para além da idade da caça até ao século XVIII sugere que não existe necessariamente uma "lei" socioevolucionária que garanta a inevitabilidade do progresso.

O conhecimento de Smith sobre História, excelente e indo até aos tempos romanos, levou-o a perguntar-se por que razão alguns segmentos da população humana tinham ido para além da primeira era da caça; por que razão alguns tinham permanecido na era que tinham alcançado (pastorícia ou agricultura); bem como por que razão uma minoria na Europa Ocidental, que tinha iniciado a idade do comércio antes da queda de Roma no século V, estava agora a viver um renascimento do comércio, cada vez mais evidente desde o século XV.

O milénio "em falta" desde a queda de Roma não foi simplesmente um acaso; teve efeitos profundos na evolução social da agricultura para o comércio. Este contexto explica *A Riqueza das Nações*. Como mero manual de economia não fez, e não faz, qualquer sentido para aqueles que nada sabem do seu contexto, excepto talvez como algo quase como curiosidade histórica, adequado como fonte de citações "atrevidas" fora do contexto e para presentear os seus dois volumes com prémios ou prendas de reforma. O que faz sentido é tratar *A Riqueza das Nações* como o relatório de um filósofo, sobre o seu fastidioso inquérito ao processo pelo qual o comércio reemergiu, quais foram exactamente as "leis do movimento" que orientaram esse ressurgimento e o que foi que subverteu e impediu que se verificassem os efeitos naturais que induzem o crescimento. Devido às políticas dominantes de economia política mercantilista e de gestão do Estado-nação a ela associada, *A Riqueza das Nações* sobressai de tudo o que foi produzido durante o século XVIII e continua a influenciar o discurso das diferentes escolas de pensamento económico.

A Riqueza das Nações

A Riqueza das Nações é constituída por cinco livros. Nos Livros I e II, Smith descreve o contexto histórico do desenvolvimento da sociedade desde a era "mais primitiva" do homem (os caçadores, representados pelas tribos "índias" da América do Norte) até à era "comercial" (que evoluiu a partir da divisão do trabalho, graças à propensão humana para "permutar, negociar e trocar"), que é a característica que define a economia política de Smith([19]). Smith não definiu a economia como "ciência que estuda o comportamento humano enquanto relação entre fins e meios escassos, que têm usos alternativos"([20]). Para muitos economistas neoclássicos modernos, a sua disciplina é principalmente sobre "economização", enquanto para Adam Smith "negociação" era a característica principal e dominante das relações humanas sociais, morais e económicas.

Smith explica o funcionamento elementar dos mercados, a evolução da moeda para facilitar trocas preexistentes (e a divisão do trabalho, limitada pela dimensão dos mercados ao longo do tempo e em locais particulares), as relações daqueles que cooperam nos modos comerciais de subsistência e as formas diferentes como estes partilham as receitas que a sua cooperação gera. A sua teoria simples de crescimento económico, a partir do investimento frugal de excedentes de produção no emprego de mão-de-obra produtiva na "grande roda da circulação" expandiu o emprego produtivo e aumentou cumulativamente a produção anual negociável. A prodigalidade improdutiva, impostos desperdiçados em fins frívolos e capital perdido em projectos comerciais falhados (WN339-40) reduziram o crescimento do trabalho produtivo, daquilo que ele de outra forma poderia ter sido. Esse era o custo real da economia política mercantilista, dos governos perdulários e da má gestão de empresas fracassadas que o discurso de Smith criticava habitualmente. A divisão das receitas do emprego produtivo entre proprietários com rendas (a agricultura dominava a economia naquela época), trabalhadores assalariados e os lucros dos detentores de acções de capital, caracterizava a economia comercial.

Na longa secção intermédia (Livros III e IV), Smith enquadra o renascimento da era comercial no seu contexto histórico e, como acreditava que as intervenções mercantilistas abrandavam o crescimento, critica as falsas noções de objectivos nacionais, descritas como "economia política mercantilista", e mostra a forma como elas distorceram, minaram e interromperam taxas de crescimento alcançáveis e abrandaram a generalização da abundância, com um custo real para a sociedade, principalmente para a vida dos seus membros mais pobres.

Na última parte (Livro V) explora actividades apropriadas e intervenções do Estado (defesa, justiça, obras públicas, instituições públicas e a dignidade do soberano), incluindo despesas na educação, saúde, infra-estruturas e instituições religiosas, bem como a concepção de sistemas fiscais apropriados, que conduzam ao crescimento.

Se os leitores tiverem estes elementos em mente, bem como o foco geral de *A Riqueza das Nações* no crescimento económico, desvanecer-se-á muita da confusão superficial – porque facilmente corrigida – sobre o seu propósito e emergirá uma imagem bastante clara do seu génio, a partir das ligações com as suas obras sobre filosofia moral, as suas aulas sobre jurisprudência e as suas reflexões sobre ciência, formação de línguas, retórica e literatura. Com este contexto e este pano de fundo é possível ter-se uma boa perspectiva do seu pensamento.

A fronteira decrescente

Smith foi muito mais do que o conteúdo dos cinco livros de *A Riqueza das Nações*, por muito significativos e profundos que estes sejam; concebeu uma teoria integrada da sociedade, reconhecível actualmente por antropólogos, sociólogos, psicólogos evolucionistas, linguistas, historiadores e filósofos que não são normalmente leitores ávidos de economia. Se os economistas abandonam grandes porções de território naquelas que são apelidadas fronteiras distantes e pouco compensadoras da nossa disciplina, não devemos surpreender-nos se estas forem povoadas por migrantes de outras disciplinas trazendo não só as suas energias, mas também as suas perspectivas e uma vontade de incorporar nas suas próprias fronteiras aquilo que os economistas negligenciam e deixam em pousio. Tem sido sempre assim com "impérios" em declínio.

Os anos formativos do trabalho académico de Smith foram passados a dar aulas na Universidade de Glasgow, de 1751 a 1764. Como era habitual nas universidades escocesas do século XVIII, Smith abordou religião natural, ética, sentimentos morais, jurisprudência e economia politica nas suas aulas de filosofia moral (EPS274-5). Partes das suas aulas aparecem – por vezes palavra por palavra – como temas em *Sentimentos Morais* e *A Riqueza das Nações*. O facto de ter escrito e publicado *Sentimentos Morais* em 1759 e, 17 anos mais tarde, em 1779, *A Riqueza das Nações* não deve ser motivo para se pensar que cada livro articulou uma abordagem diferente. Smith, por assim dizer, não "mudou" o seu pensamento", nem afirmou que a benevolência era predominante nas acções morais e que o auto-interesse (transformado por alguns em "egoísmo" e "ganância") predominava nos mercados. Estas afirmações são um erro grave porque abordam o seu pensamento em compartimentos separados; ele abordou estas questões em conjunto. Em substância, não alterou as suas ideias nem a sua estreita relação durante o período entre as suas publicações, nem durante as edições de ambos os livros antes de morrer[21]. Se tivesse havido uma contradição flagrante entre as suas abordagens, não a teria ignorado na esperança vã de que outros também o fizessem. Que ninguém tenha sugerido que havia uma contradição, na Alemanha, até meados do século XIX mostra que esta noção foi "fabricada" mais tarde, possivelmente devido a uma interpretação errada da cronologia das suas obras escritas, desligada da compreensão da simultaneidade do seu ensino. Os seus críticos tinham um conhecimento limitado das circunstâncias do seu trabalho, do qual algumas partes cruciais só vieram a público em 1895 e 1958, respectivamente, quando se descobriram conjuntos de notas de aulas datadas de 1762 e 1763 entre os documentos de família em Oxford e Aberdeen (LJ4,9,11n35;TMS20–5). Esta controvérsia, amplamente conhecida como *Das Adam Smith Problem*[22], é refutada com provas.

Recorri a alguns elementos biográficos, embora o meu foco principal seja aquilo que Smith escreveu na realidade; fiz ainda incursões breves de vez em quando naquilo que outros alegam que Smith escreveu, para facilitar a compreensão da natureza interligada da sua obra. Neste contexto, devo frisar que não tentei interpretar nem avaliar as ideias de Smith a partir do ponto de vista de um economista moderno. Isso teria implicado ampliar este livro para além da paciência do Sr. Palgrave Macmillan. Iria ainda requerer uma vasta revisão de uma bibliografia extensa, que cobre numerosas controvérsias publicadas ao longo dos últimos 230 anos sobre as alegadas deficiências e perspectivas de Smith. No século XX foram publicados diversos estudos importantes da economia de Smith, a partir de uma perspectiva "moderna" do pensamento económico. Estes incluem o excelente livro de Samuel Hollander *Economics of Adam Smith*[23] e também o livro exaustivo de Edward Cannan *History of the Theories of Production and Distribution from 1776 to 1848*[24]. Há também muitas apreciações críticas modernas do pensamento de Smith que não incluí no meu relato[25].

Quanto mais avançamos nas ideias de Adam Smith no contexto dos desenvolvimentos pós-smithianos da teoria económica, mais nos afastamos do relato contextualizado do seu pensamento e embora eu tenha comentado, nalgumas passagens, as ideias de autores posteriores sobre Smith, fi-lo principalmente quando os autores apresentaram ideias alegadamente de Smith que não estão em conformidade com a sua obra escrita.

As tendências emergentes que Smith notou no progresso em direcção à abundância generalizada continuaram desde os finais do século XVIII até ao século XXI. O génio de Smith consistiu em detectar a natureza e as causas destas tendências, a forma como estas estão inter-relacionadas e a forma como podem ser mantidas. Não respondeu a todos os problemas associados às questões que discutiu. Não era um homem do sistema que fingiu que o podia ser; teria percebido e concordado com a mensagem deste texto de 1713:

> Todos os filósofos que encontram
> Um sistema preferido pela sua mente
> Para o adequarem a todos os pontos,
> Forçam toda a natureza a submeter-se a ele.
>
> (Jonathan Swift, 1677-1745: "Cadenus and Vanessa")

Forçar a "natureza a submeter-se" à sua filosofia e aos seus pontos de vista era algo desconhecido para Adam Smith. No que se segue, tentei mostrar este aspecto do seu pensamento.

CAPÍTULO I

Provas suficentes da sua adequação

Introdução

Adam Smith foi um homem da sua época, e que época: duas rebeliões, uma no país e outra no estrangeiro; duas guerras com a França e, na altura da sua morte em 1790, o início de um revolução violenta contra o rei absolutista francês Luís XVI. Neste contexto turbulento, *A Riqueza das Nações*, o seu livro emblemático, analisou o renascimento lento e gradual da sociedade comercial desde o século XV, bem como o seu significado. Em 1707, o parlamento independente da Escócia autodissolveu-se e enviou os seus membros para uma união parlamentar com a Inglaterra; ambos os países partilhavam o mesmo monarca desde 1604. A "Inglaterra" foi promovida como nome colectivo dos quatro países que, em 1801, constituíram o grupo insular da Inglaterra, Escócia, País de Gales e Irlanda. Foi este o pano de fundo unionista do seu caminho para o professorado e para a fama.

Adam Smith, pai

O pai de Smith, Adam Smith (1679–1723), advogado, serviu intensamente a causa unionista entre 1705 e 1707, quando a maioria dos parlamentares escoceses votou para se formar uma união com o parlamento inglês, no meio do que é habitualmente descrito como suborno pouco subtil, bastante intriga e alguma impostura pouco judiciosa ("comprado e vendido por ouro inglês", como um dos lados do debate se expressou). Um relato mais equilibrado deste período é menos claro sobre o suborno, mas a alteração continua a ser um acontecimento profundamente controverso mesmo trezentos anos mais tarde, com nenhum dos lados disposto a deixar cair os estereótipos históricos da perfídia do outro[1].

Smith pai serviu a causa unionista como secretário particular de Hugh Campbell, conde de Loudoun, secretário de Estado para a Escócia. Depois de o Tratado da União ter sido aprovado em Janeiro de 1707, Smith pai beneficiou em certa medida de alguma protecção de lorde Loudoun e do segundo duque de Argyll, embora tenha morrido no posto relativamente decepcionante de controlador das alfândegas de Kirkcaldy em Janeiro de 1723, uns meses antes de o seu filho, também chamado Adam Smith, nascer[2].

O Tratado da União desencadeou períodos de agitação na política civil escocesa, com receios constantes e, em 1715 e 1745, da eventualidade de uma revolta armada "jacobina" (do nome latino *Jacobus* para Jaime) em apoio de Jaime VII da Escócia e Jaime III da Inglaterra, o monarca Stuart deposto e em exílio no continente. Depois da loucura colonial de inspiração mercantilista da Companhia Darien em 1698 (parcialmente sabotada por intriga inglesa, mas condenada à partida pela inépcia dos seus promotores)[3], a Escócia sofreu uma depressão económica. A união dos parlamentos não resolveu rapidamente os problemas económicos da Escócia, aos quais se vieram juntar as consequências da transferência de Edimburgo para Londres (WN336) do governo e da sua administração, bem como da maior parte da alta sociedade, das suas famílias e dos seus servidores "ociosos".

A incursão principal de um "exército" jacobino em Inglaterra em 1745 foi descrita por Smith como um ataque por "quatro ou cinco mil *Highlanders*([4]) nus e desarmados", que "se apoderaram das regiões melhoradas deste país sem oposição dos seus habitantes pouco dados a guerras" e "preocuparam toda a nação" (LJ540-1). A derrota do exército jacobino em Cullonden terminou um período de discórdia na política escocesa, após o qual, em Agosto de 1746, Adam Smith deixou Oxford (para nunca mais voltar) com o fim de procurar uma carreira em Kirkcaldy, contrariando a sua mãe e os seus guardiães, que o tinham encorajado a ordenar-se sacerdote da filial episcopal da Igreja de Inglaterra.

Entre os protectores de seu pai estavam os irmãos Argyll (o segundo e terceiro duques), que foram influências dominantes nas nomeações públicas escocesas durante a primeira metade do século XVIII([5]). O filho de Smith beneficiou muito da protecção do terceiro duque de Argyll, quando procurou um cargo académico depois de se licenciar na Universidade de Oxford.

O pai de Adam Smith, oriundo de famílias de Aberdeen, casou duas vezes. Em 1709, a sua primeira mulher Lilias (Lillie) Drummond deu à luz um filho, Hugh Smith. Ela morreu antes de 1718([6]). Em 1720, Smith pai casou com Margaret Douglas (1694-1784), a quinta filha de Robert Douglas de Strathenry, um proprietário importante de Fife. Muitos dos parentes dela tinham investimentos no condado e alguns deles tinham também ligações militares([7]). Smith pai detinha o cargo de funcionário do Tribunal Marcial e Conselhos de Guerra na Escócia e esteve particularmente activo durante 1714-16 ao serviço do segundo duque de Argyll, comandante-chefe de todas as forças armadas na "Bretanha do Norte", na sua campanha contra a rebelião jacobina de 1715([8]).

Adam Smith pai morreu (não ficou registada a causa da morte) e foi enterrado em 9 de Janeiro de 1723, e o seu filho, o mundialmente famoso Adam Smith, foi baptizado em 5 de Junho (desconhece-se a data exacta do seu nascimento)([9]). Devido à frugalidade de pai e à forma astuta como concedia empréstimos, deixou à viúva rendimentos e propriedades suficientes para ela poder criar frugalmente os seus dois filhos, ambos crianças enfermiças, num testamento que redigiu em 13 de Novembro de 1722[10] (saberia que estava a morrer?)[11]. Quando Hugh morreu, Adam herdou a fortuna do pai de ambos.

Margaret Douglas Smith

Como viúva e mãe solteira, Margaret Douglas vivia perto da sua família de antigos proprietários agricultores e recebia o apoio emocional e os conselhos de um círculo de dignitários locais poderosos que o seu prudente marido tinha arranjado para agirem como guardiães do seu filho ainda por nascer. O passado de cada um deles é indicativo da protecção de que o bebé Adam beneficiaria se sobrevivesse (na época a mortalidade infantil era horrenda). O seu pai, além das disposições que tomou para o seu filho e herdeiro de 13 anos de idade, Hugh Smith, deixou também disposições para "qualquer criança ou crianças do meu casamento actual". Entre os seus guardiães destacavam-se James Oswald, antigo membro dos parlamentos escocês e do Reino Unido, e cinco membros das famílias de seus pais[12].

De acordo com todos os registos, Margaret Smith era uma mão extremosa e demasiado indulgente para com o seu filho enfermiço (ESP269). Criou estreitos laços com ele, que duraram durante 61 dos seus 67 anos de vida, altura em que a senhora morreu na sua casa em Edimburgo, em 1784. Algumas das experiências pessoais de Smith revelaram-se de forma literária anos depois da sua infância doentia, quando escreveu um passo em *Sentimentos Morais* sobre o amor de uma (a sua?) mãe pelo seu filho:

> Quais são as dores de uma mãe quando ouve os gemidos do seu filho que, na agonia da doença, não consegue expressar aquilo que sente? Na ideia do que sofre, junta à impotência do filho a sua própria consciência dessa

impotência, bem como os seus próprios terrores relativamente às consequências desconhecidas da doença do filho; e de tudo isto ela forma, na sua aflição, a mais completa imagem de miséria e sofrimento. No entanto, a criança sente apenas o desconforto do instante presente, que nunca pode ser grande (TMS12)([13])

Margaret Douglas era profundamente religiosa, levando alguns comentadores, acredito que incorrectamente, a concluírem da ausência do repúdio directo das Escrituras nos livros de Adam Smith que este era um crente na "verdade revelada" ou, pelo menos, um "teísta" qualquer([14]). Ao longo de toda a sua vida, a ameaça constante dos fanáticos religiosos fez com que ele, bem como muitos outros, não expressasse abertamente a sua oposição aos dogmas religiosos vigentes. David Hume foi mais arrojado e pagou o preço, ao verem-lhe ser negados cargos académicos pelas universidades de Edimburgo e de Glasgow. Mas mesmo Hume nunca chegou ao ponto de afirmar as suas opiniões anti-religiosas de forma extrema e muitos sacerdotes da Igreja escocesa permaneceram seus amigos de longa data, apesar de conhecerem as suas opiniões sobre a cristandade, amenizados por conhecerem também a sua personalidade amável e honesta.

A educação de Adam Smith

Dois factores contribuíram para a educação de Smith: por um lado, os seus prodigiosos hábitos de estudo, primeiro na escola de Kirkcaldy Burgh e depois no Instituto de Glasgow e na Universidade de Oxford([15]); por outro, a influência dos seus protectores. A sua mãe seguiu o conselho dos seus guardiães e enviou-o para o Instituto de Glasgow (universidade), em vez de o enviar para Aberdeen, onde vivia a família do pai (infelizmente manchada por simpatias jacobinas), ou para St. Andrews (apenas a 20 milhas de Kirkcaldy), ou para Edimburgo, do outro lado do estuário do Forth. A Glasgow hanoveriana[16] tinha o potencial para garantir a Adam a protecção vitalícia de lorde Loundoun (um antigo aluno do Instituto de Glasgow), devido aos serviços prestados por seu pai. O Instituto reconheceu o jovem Adam, de 14 anos de idade, como "filho do falecido Adam Smith de Kirkcaldie"[17]. A Universidade de Glasgow situava-se, e assim permaneceu, numa cidade fortemente pró--hanoveriana, politicamente próxima dos interesses de Argyll.

Em 1737, aos 14 anos, na altura uma idade normal para se entrar na universidade, Adam Smith matriculou-se no Instituto. Estudou em Glasgow durante três anos, até aos 17, e ficou muito impressionado com o Professor Francis Hutcheson "que nunca mais esqueceu". Também estudou matemática com o Professor Robert Simson, que fez renascer o interesse moderno na geometria grega[18]. Smith interessou-se por matemática durante toda a vida, nomeadamente através do Professor Matthew Stewart da Universidade de Edimburgo, antigo colega dele em Glasgow.

Mostrava uma vontade contínua de estudar, o que levou os seus professores a nomearem-no para uma muito cobiçada bolsa Snell Exhibition[19], no valor de 40 libras por ano, no Instituto Balliol da Universidade de Oxford. Duas das condições da bolsa Snell Exhibition, uma menor e outra importante, era que o candidato tivesse estudado durante três anos no Instituto "sem ter tirado qualquer graduação aqui ou em qualquer outro lugar"[20], o que contraria afirmações[21] de que ele tinha um mestrado de Glasgow (o seu mestrado era de Oxford); e que o candidato "prometesse solenemente" (apoiado por uma fiança de 500 libras)[22] que se tornaria, depois da graduação, sacerdote da Igreja Episcopal da Escócia.

A experiência de Smith em Oxford foi infeliz. O ensino consistia em orações duas vezes por dia e aulas duas vezes por semana (Corr1) por tutores indiferentes à qualidade do que ensinavam. Trinta anos depois de ter deixado Oxford, Smith lamentava que "os professores do ensino público tenham desistido completamente, durante todos estes anos, até da simulação de ensino", mostrando o desprezo duradouro e constante que toda a vida sentiu pela faculdade de Balliol (WM761). Algumas pistas na correspondência de Smith sobre o que se terá passado com ele em Oxford apontam para um problema médico próximo de uma forma de depressão (hipocondria), proveniente não da sua indolência, mas sim de estudar demasiado e de exercício físico insuficiente, problema a que David Hume, que também padeceu disto na sua juventude, chamou a "doença dos cultos". Os dois amigos tinham algo em comum (ambos eram órfãos de pai e tinham sido educados por mães viúvas)[23].

Mas os problemas de Smith não se limitavam à "depressão": foi alvo de pressões importantes para mudar de vida. O seu primo William Smith, um dos seus guardiães e intendente do duque de Argyll, que tinha trabalhado com Smith pai durante os acontecimentos pós-1707, visitou o jovem Adam para o ajudar a instalar-se em Balliol. Também tinha acesso à Casa de Adderbury, que pertencia ao duque e que ficava nas redondezas, e levou Smith até lá numas férias de Verão em 1741, e possivelmente também noutras ocasiões, para assim manter a ligação de Smith aos interesses de Argyll (Corr2).

As outras fontes importantes de pressão eram de natureza intelectual: devido aos seus estudos de filosofia natural, as suas convicções religiosas parecem ter sido abaladas e provavelmente perdeu a fé. Em 1744, e coincidindo com um período da sua doença, teve de resolver um problema prático relacionado com as suas intenções de carreira visto que, tendo terminado a licenciatura, tinha de frequentar o curso de ordenação para a Igreja anglicana. Algures durante este período, os seus estudos filosóficos entraram em conflito com as suas obrigações religiosas. No século XIX "perderam-se" muitas cartas deste período que poderiam ter lançado alguma luz sobre o que na realidade lhe aconteceu[24]. Temos de deduzir o pouco que sabemos a partir do que aconteceu.

Um episódio por confirmar relata que Smith teve uma desavença com os seus tutores que, ao visitarem os seus aposentos no instituto, encontraram uma cópia de um livro de David Hume e o confiscaram como material de leitura "inadequado"[25].

A ser verdade, este episódio apoia a ideia de que o desencanto de Smith com Oxford era mais do que meras saudades de casa. Há ainda a questão de onde e quando ele começou a escrever o que descreveu como "trabalho de pretensão juvenil" (Corr168), intitulado *Os Princípios que Regem e Dirigem Inquéritos Filosóficos, Ilustrados pela História de Astronomia* e publicado postumamente em 1795 (EPS1795). Smith, enquanto estudante em Glasgow[26], estava habituado a escrever ensaios longos, de maneira que o facto de ter começado um longo ensaio em Oxford intitulado "História da Astronomia" não é implausível. Nele explica a sua versão do método de inquéritos filosóficos, com pistas que o posicionam na orla do cepticismo religioso.

Houve ainda uma combinação de acontecimentos exteriores que o levaram a quebrar a sua "promessa solene" à Snell Exhibition. O Instituto Balliol, tal como grande parte da Universidade de Oxford, albergava muito romantismo jacobino conservador (*Tory*), uma crença nos "direitos divinos" dos reis e desdém pelos usurpadores hanoverianos. Os estudantes "escoceses" de Glasgow, uma cidade conhecida por ser pró-hanoveriana e pró-unionista, não se sentiam bem-vindos neste ambiente[27].

O levantamento jacobino liderado por alguns clãs das *Highlands* marchou para a sua derrota final em 16 de Abril de 1746, em Culloden, e para as suas consequências sangrentas, numa mistura de crueldade no campo de batalha, roubo e pilhagem. Os servos assustados vingaram-se com o castigo capital dos rebeldes capturados. Foram decapitados três lordes e 116 outros rebeldes receberam a punição habitual de enforcamento e esquartejamento; houve também muitos casos de deportação, morte na prisão, o "desaparecimento" de mais de 3400 homens e inumeráveis mulheres violadas pelos "soldados", depois de mortos os seus filhos[28].

Depois de Oxford

Em Agosto de 1746, Smith deixou Oxford (para nunca mais voltar) com o fim de visitar a sua mãe pela primeira vez desde que há seis anos tinha deixado Glasgow. Por coincidência, Francis Hutcheson morreu no dia 8 de Agosto, deixando vaga em Glasgow a cátedra de Filosofia Moral. O jovem Smith tinha já mais ou menos decidido não continuar os seus estudos em Balliol e, 18 meses mais tarde, prescindiu de "todo o direito & título" à Snell Exhibition[29]. A sua rescisão foi facilitada pela decisão dos tribunais ingleses, que deliberaram que não era possível fazer cumprir a fiança de 500 libras; dos dez bolseiros da Snell Exhibition que começaram antes de Smith, seis foram ordenados na Igreja e daqueles que começaram com ele só um o fez[30].

Smith não pensava "ter vocação para a profissão eclesiástica" e "preferiu, nesta ocasião, seguir a sua própria inclinação e não os desejos dos seus amigos; abandonando de vez todos os esquemas que a prudência deles tinha arquitectado para ele, decidiu regressar à sua terra e limitar a sua ambição à perspectiva incerta de obter, com tempo, uma daquelas promoções modestas a que os feitos literários conduziam na Escócia". Assim descreveu Dugald Stewart a decisão arrojada de Smith de deixar Oxford (EPS272).

Felizmente os amigos da sua família deram-lhe ideias sobre a forma como poderia progredir na carreira, às quais, em seu devido tempo, se juntou a reputação de seu pai, que lhe garantiu o importante apoio adicional dos interesses de Argyll. Entre outros atributos, Smith regressara com uma pronúncia inglesa em vez do escocês gutural e dos seus muitos erros de sintaxe, bem como com uma instrução impressionante nos clássicos, em literatura moderna e em filosofia natural (ciência) e moral.

Entre os amigos de família estava o filho do seu guardião, James Oswald, um antigo colega de escola alguns anos mais velho que Adam e que se tinha tornado advogado e membro do parlamento local, a caminho de um alto cargo no governo britânico. Entre os amigos íntimos de Oswald estava Hery Home de Kames (mais tarde lorde Kames, um juiz escocês). A influência dos dois homens sobre o jovem Adam começou cedo e foi duradoura. Conceberam um plano para resolver o problema da sua falta de carreira. A procura de Smith, ou mais provavelmente a sua esperança, pela tutoria do filho de um aristocrata fora infrutífera([31]).

O plano de Henry Home tinha diversos elementos. Smith iria dar uma série de palestras públicas em Edimburgo sobre retórica e filosofia moral. O material para as palestras iria ser compilado a partir dos seus apontamentos de estudante e as palestras seriam proferidas com a sua pronúncia inglesa, demonstrando aos estudantes da universidade local e aos seus pais a forma como teriam de falar se quisessem ter carreiras na "Nova Grã-Bretanha". Estes estudantes iriam beneficiar por ouvirem uma abordagem nova, e em inglês, das suas disciplinas (na altura, geralmente as aulas eram dadas em latim) e os adultos iriam também beneficiar por terem aulas de reciclagem sobre o pensamento mais recente e em voga sobre tópicos relacionados com moralidade, que em si mesmos já eram interessantes. Os seus patrocinadores – Henry Home, Oswald e talvez um outro amigo chegado à família – asseguraram os fundos iniciais e organizaram o necessário para que as palestras se iniciassem em Edimburgo em 1748. A série de palestras obteve grande popularidade junto do público de Edimburgo, que acorreu em números suficientes. As palestras de Smith proporcionavam-lhe um rendimento de 100 libras por ano (Corr24).

É escolhido um professor

A série de palestras de Smith em Edimburgo foi organizada todos os Invernos, de 1748 a 1751. Nelas dava aulas ao que foi descrito como "um público respeitável, principalmente composto por estudantes de direito e teologia"([32]). A notícia da morte do Professor John Loudoun, que tinha a cátedra de

Lógica no Instituto de Glasgow e que Smith conhecia dos seus tempos de estudante, desencadeou uma série de acontecimentos que acabaram por trazer a Smith o cargo académico. Loudoun morreu no dia 1 de Novembro de 1750. Com a notícia da sua morte, a excitação habitual para arranjar quem o substituísse fez com que os candidatos potenciais começassem a sondar as suas hipóteses. Algures nesta matilha educada o nome de Adam Smith entrou na contenda. O seus conselheiros mais velhos fizeram um reconhecimento do terreno e testaram discretamente as inclinações daqueles que poderiam influenciar uma decisão formal.

Para ter um cargo académico, o concorrente bem-sucedido tinha de ter um "interesse" forte, termo que no século XVIII descrevia os homens de influência que decidiam informalmente quem era nomeado para quase todos os cargos na sociedade britânica, desde o cargo mais baixo até ao de Ministro da Coroa. Na Escócia, na época, a família Argyll tinha o interesse mais forte e Adam Smith já tinha ligações fortes e largamente emocionais ao duque de Argyll, devido aos serviços legais de seu pai.

Graças ao sucesso evidente das suas palestras de Edimburgo, Smith tinha motivos para acreditar que teria boas hipóteses, principalmente se os seus aliados, incluindo o seu primo William Smith, que tinha trabalhado para o segundo duque, conseguissem convencer Archibald, o terceiro duque, a apoiar a sua candidatura([33]). Contava com o apoio dos seus patrocinadores: Henry Home, uma estrela em ascensão no sistema judiciário escocês, e James Oswald, membro do parlamento, em plena ascensão da política nacional para um ministério britânico. O conde Illay, terceiro duque de Argyll, era o irmão mais novo de John, o segundo duque (que tinha morrido em 1743) e, de forma pouco usual para um aristocrata inglês, fora educado na Universidade de Glasgow e não em Oxford e, tal como o seu irmão John, tinha uma influência considerável nos assuntos escoceses, desde a atribuição de votos e de lordes aos membros escoceses do parlamento e a ministros agradecidos em Westminster. Em troca, os governos deixavam a nomeação de cargos escoceses à discrição dos Argylls, calculando-se que, quanto a nomeações universitárias, os dois duques, entre si, tenham assegurado a nomeação de 55 professores, 20 dos quais para cátedras na Universidade de Glasgow, entre 1723 e 1761[34].

Em 19 de Dezembro, a universidade decidiu eleger um sucessor de Loudoun a 9 de Janeiro de 1751. Sem dúvida que o habitual *lobbying*, intenso mas subtil, tinha continuado desde que a vaga tinha sido anunciada em Novembro. A 27 de Dezembro, George Muirhead e Adam Smith emergiram como finalistas.

A eleição de Smith não decorreu sem problemas. Houve alguma agitação entre os professores quanto à nomeação de Smith para a cátedra de Lógica, envolvendo disputas por correspondência (agora perdida) entre os professores e o reitor Neil Campbell (Corr334-6). Um professor escreveu ao duque de Argyll, o que aborreceu o reitor e Smith. O seu apoiante e informador William Cullen, professor de Anatomia, avisou Smith: "Peço-te que, para bem da tua tranquilidade e da tua saúde, não cedas a qualquer ira vexatória até conheceres bem os factos em relação aos teus assuntos, o que não será possível até que estejas [entre nós]"[35]. É uma pista sobre o "temperamento irascível" de Smith ao lidar com pessoas que o pudessem ter aborrecido ou prejudicado (cf. EPS321).

Por fim, os professores, três dos quais tinham conhecido Smith enquanto estudante, elegeram-nos unanimemente e Robert Simson, seu antigo professor de Matemática enviou-lhe uma carta datada de 9 de Janeiro de 1751 a convidá-lo para Glasglow "assim que os teus assuntos to permitam, para que possas ser admitido" (Corr4), sujeito à sua aceitação formal e à apresentação de "provas suficientes da sua adequação" através da redacção de uma dissertação intitulada *De Origine Idearum* como "prova da sua competência", reflectindo talvez alguma preocupação com as suas credenciais entre os cépticos que lhe deram o seu apoio só para agradarem ao duque[36].

Curiosamente, Smith, não perdendo tempo, respondeu por carta datada de 10 de Janeiro e apresentou-se na universidade em 16 de Janeiro, leu a sua dissertação (provavelmente em latim, como era hábito para os professores da época), fez os juramentos necessários, foi admitido e, mostrando uma enorme confiança, regressou prontamente a Edimburgo "em trabalho", com o compromisso de iniciar as suas aulas no período seguinte, em Outubro[37]. Provavelmente tinha a sua dissertação já pronta, o que permitiu aos seus amigos no Senado alguma celeridade para concluir o processo antes que se alimentasse e desenvolvesse alguma oposição académica.

Quando Smith iniciou a actividade lectiva em Outubro de 1741, surgiram alguns problemas menores relacionados com a aceitação do seu currículo para o curso, em vez do currículo tradicional de lógica ensinado pelo Professor Loudoun. John Millar, seu aluno e mais tarde seu amigo e colega, informou Dugald Stewart muitos anos depois que Smith decidira divergir "bastante do plano que tinha sido seguido durante anos pelos seus predecessores", porque considerava, desdenhosamente, que os silogismos lógicos clássicos eram um "método artificial de pensamento" (EPS273-3)[38]. De forma algo arrojada, Smith manteve os elementos do currículo antigo que considerava valer a pena ensinar e substituiu o resto por retórica, literatura e jurisprudência das suas palestras de Edimburgo. James Wodrow, bibliotecário da universidade, frequentou as palestras de Smith (tinha sido um dos alunos de Frances Hutcheson) e comentou criticamente com um amigo:

> A reputação de Smith nas suas Aulas de Retórica está a afundar-se todos os dias[.] Como não sou seu aluno, não tenciono explicar a causa. Começa na próxima semana a dar aulas sobre Jurisprudência, que tenciono frequentar. Ouvi dizer que se desfez de algumas Expressões insolentes do Sr. Hutchinson [sic]. O jovem que se acautele a manter as suas Censuras dentro das Linhas[,] Paliçadas e fortificações da sua ciência retórica[.] Porque ainda restam alguns

dos alunos do Sr. H[utcheso]n no Instituto que talvez tentem virar a boca do Canhão contra ele mesmo [manteve-se a ortografia original; acrescentou-se pontuação].([39])

Estes resmungos foram acabando, mas podem ter persistido tempo suficiente para terem desempenhado um papel quatro anos mais tarde (1755), quando algumas pessoas, hoje desconhecidas, acusaram Smith de plágio[40].

Quase imediatamente seguiu-se um acontecimento inesperado. Pouco depois de Smith se ter mudado para Glasgow, a tempo do novo período em Outubro de 1751 para começar a ensinar a sua versão truncada do curso de Lógica do Professor Loudoun, o Instituto foi informado de que o Professor Thomas Craigie, detentor da cátedra de Filosofia Moral do Professor Hutcheson, tinha morrido em Lisboa em 27 de Novembro, enquanto estava de baixa por doença. O Senado já tinha tomado medidas em Setembro para substituir as aulas de Craigie e Smith tinha concordado em dar as suas aulas sobre Jurisprudência Natural e Política. Para evitar que ele pensasse que as suas aulas temporárias seriam uma ocupação permanente da cátedra de Filosofia Moral de Craigie, ele disse a William Cullen que "iria tentar ver [Loudoun] antes de ir para Lisboa, acrescentando que "iria ter grande deferência para com [o currículo dado por Loudoun] em todas as coisas e o seguiria implicitamente […] pois agirei como estando no seu lugar e a representá-lo" (Corr4).

A sua nomeação temporária para ensinar parte do currículo de Filosofia Moral colocou Smith nas suas sete quintas; teria vantagem sobre os candidatos rivais, caso surgisse algum, devido à sua superioridade óbvia no campo que tinha escolhido. Participou nas reuniões com o reitor antes de começar a dar aulas e tinha assumido tarefas administrativas, incluindo o seu trabalho muito apreciado na melhoria dos pátios traseiros das casas de dois professores situadas na universidade[41]. Mostrou também grande mestria nos seus assuntos.

Smith prejudicou Hume?

Conhecemos um carta curiosa de Smith a William Cullen (Corr6), com quem ele trocava informação altamente sensível sobre acontecimentos que afectavam a universidade. Um destes conjuntos de troca de correspondência([42]) é interpretado pela maioria das autoridades no assunto como sendo uma discussão entre Smith e Cullen sobre a adequação de David Hume para uma vaga potencial na cátedra de Lógica, ocupada na altura por Smith. Pode também ser interpretado como uma discussão sobre o congelamento da candidatura de David Hume para a cátedra de Filosofia Moral, de forma a abrir caminho a Adam Smith, evitando que este tivesse de enfrentar um rival importante. Com os dados disponíveis é impossível decidir sem ambiguidade, mas trata-se uma hipótese a considerar, pois alguns acontecimentos de 1776 também lançam uma luz curiosa sobre o comportamento de Smith para com Hume, quando o primeiro recusou os pedidos do segundo para publicar o seu artigo sobre religião quando Hume morresse (Corr194–6,161, 165–6, 168).

Smith escreveu a Cullen na "Terça-feira, Novembro de 1751". Se essa carta tiver sido enviada antes das notícias provenientes de Glasgow de que Craigie tinha morrido em Lisboa em 27 de Novembro, é provável que a sua discussão tenha sido sobre a cátedra de Filosofia Moral, porque não fazia sentido discutir candidatos para a cátedra de Lógica se não houvesse uma vaga em aberto para ela, o que só poderia suceder se já houvesse algum grau de certeza de que Smith iria assumir a cátedra de Craigie e, assim, pôr a cátedra de Lógica à disposição. A doença de Craigie estava a ser discutida desde Setembro e era provável que David Hume fosse um candidato potencial para a cátedra de Filosofia Moral depois da morte de Craigie, o que o tornava um rival das ambições de Smith. Isto permite uma interpretação diferente na carta muito citada que expressa as reservas de Smith sobre a adequação de Hume:

Eu preferiria David Hume como colega a qualquer outra pessoa; mas receio que o público não seja da minha opinião; e o interesse da sociedade([43]) obrigar-nos-á a demonstrar algum respeito pela opinião pública. (Corr5)

Com um "débil elogio" Smith condena Hume, aplaudindo-o enquanto colega potencial e simultaneamente referindo a circunstância infeliz da provável reacção hostil da Igreja à sua nomeação, seguindo o precedente dos sacerdotes da Igreja de Edimburgo em 1745, que tinham votado 12-3 contra a nomeação de Hume para a cátedra de Filosofia Moral de Edimburgo. Se era a cátedra de Filosofia Moral, então o aviso de Smith sobre as repercussões públicas da nomeação de um homem bem conhecido pelas suas opiniões aberrantes sobre religião (havia quem suspeitasse de que era ateu) sugere que Smith receava que a possível candidatura de Hume viesse frustrar as suas próprias ambições. Afinal Hume tinha publicado o seu *Tratado* em 1739, ao passo que Smith ainda não tinha publicado nada. As suas palestras de Edimburgo eram um elemento a ter em consideração, mas nada de muito sólido.

Nestas circunstâncias, Smith conspirou com Cullen e talvez em privado com outros, para bloquear os avanços de alguém destinado a tornar-se, mais tarde nesse ano, seu amigo chegado. Não ser nomeado foi duplamente decepcionante para Hume, dada a rejeição pela Universidade de Edimburgo por motivos semelhantes, da sua não aceitação por aqueles que influenciavam a nomeação de professores, incluindo o novo terceiro duque de Argyll. Estes acontecimentos ocorreram mais ou menos na altura (Novembro de 1751 – início de 1752) em que Smith e Hume se conheceram e antes de a sua famosa amizade de 25 anos ter florescido([44]). Ainda assim, os comentários de Smith nos bastidores são indicativos da sua crueldade "política" ao longo da sua carreira.

A aliança formada para nomear Smith para uma cátedra em 1750 estava agora a fazer tudo para lhe assegurar a cátedra de Filosofia Moral. Curiosamente, em comparação com a sua rápida nomeação para a cátedra de Lógica, a sua nomeação para a cátedra de Filosofia Moral demorou quase o dobro do tempo. Foram necessários 77 dias para nomear Smith em 1750--51 e 150 dias em 1751-52.

Smith foi bastante activo para garantir a nomeação. Em Novembro, foi à recepção formal (como numa corte real) de visitantes e convidados do duque de Argyll e aproveitou a oportunidade para lhe ser apresentado por Alexander Lind de Gorgie. Lind era advogado, químico amador e sócio dos duques nas Oficinas Delft de Glasgow (Corr6n7)[45]. No século XVIII uma pessoa não se dirigia a um duque para se apresentar; tinha de se solicitar uma "apresentação" a pessoas com interesses fortes. Este apoiante tinha de ter uma opinião muito boa da pessoa, bem como do pendor dela, para mostrar o grau apropriado de deferência. Nesta ocasião, Smith conta que o duque parecia ter "esquecido", mas embora ele não diga nada sobre o assunto do esquecimento do duque, o incidente revela que o agente principal das nomeações universitárias já estava em acção em Novembro de 1751 (Corr6).

A missão ficou cumprida em 9 de Janeiro de 1752, quando o duque de Argyll fez uma declaração decisiva, defendendo que o "Sr. David Hume não pode ser recomendado para um cargo acadêmco [sic] ali" [Glasgow][46]. James Wodrow, numa carta datada de 21 de Janeiro de 1752, menciona que o clero de Glasgow se apresentou em bloco ao reitor Neil Campbell para se opor à nomeação de Hume como professor, sem mencionar para que cátedra ou quem precisamente teria desencadeado esta acção[47].

Mesmo assim, a universidade ainda levou algum tempo e só em 22 de Abril é que "Adam Smith, Professor de Lógica nesta Universidade, foi eleito unanimemente para a cátedra de Filosofia Moral" e formalmente admitido como professor em 29 de Abril de 1752[48]. A cátedra de Lógica que vagou foi para um "Sr. Clow", que era desconhecido e assim permaneceu[49].

Adam Smith tinha chegado onde queria através de uma mistura de capacidade intelectual, uma campanha de interesses bem gerida, a demonstração capaz das suas credenciais de ensino e a medida certa de tratamento judicioso de homens influentes na sociedade escocesa, entre os quais alguns que tinham defendido os seus interesses devido ao serviço leal do seu pai à causa hanoveriana.

Mesmo antes do seu 29.º aniversário concluiu-se a primeira fase da sua vida e iniciou-se a sua fase intelectualmente mais produtiva. A partir desta altura tudo passou a depender daquilo que ele fizesse, não daquilo que o seu pai tinha feito.

CAPÍTULO 2

Nos primeiros anos da sociedade

Introdução

Embora os livros e os ensaios de Smith tenham sido publicados sequencialmente e *Sentimentos Morais* e *A Riqueza das Nações* tenham sido revistos, a sua criatividade intelectual reflectiu-se nos diferentes assuntos dos seus livros, mais ou menos em paralelo. Smith ziguezagueou por entre as suas disciplinas de forma muito semelhante à de um cozinheiro que vai de tacho em tacho, provando até ficar satisfeito. Para o final da sua vida, ele comentou que ainda tinha trabalho importante inacabado, suficiente para "forjar duas outras grandes obras" (Corr286).

No século XVIII a filosofia moral era uma disciplina mais ampla do que actualmente. De 1751 até 1764, Smith ensinou Religião Natural (da qual nada se sabe), Ética (que constituiu a maior parte de *Sentimentos Morais*) e Jurisprudência (de que temos os apontamentos de estudantes). Partes destas aulas estavam destinadas a converter-se no seu terceiro livro, *Palestras sobre Jurisprudência*. Outras partes, sobre "polícia, rendimento e armas", apareceram quase palavra por palavra em *A Riqueza das Nações* (EPS273–4; LJ331–48; ED em LJ559––86)[1]. Olhando para elas na perspectiva do seu desenvolvimento paralelo, podemos ver que existe um tema comum que corre nestas obras todas. A sua obra constitui um *todo* distinto e não uma série de "obras autónomas"([2]).

Stewart sobre o tema comum de Smith

Dugald Stewart pensa que foi quando Smith estava em Oxford (1740-6), ou não muito depois disso (Corr87-8)([3]), que ele "cultivou com o maior cuidado" o seu interesse por línguas (EPS272). Nos seus primeiros artigos criticou o Dr. Johnston por não ser suficientemente "gramatical" (EPS232-41; LRBL201-26). Como seria de esperar, depois disto Johnston e Smith "não se davam muito". As suas aulas de retórica e literatura (a partir das notas de estudante, 1762-3) (LRBL 1985) mostram a seriedade do seu pensamento sobre línguas, estruturas gramaticais e a sua formação. Smith publicou um ensaio sobre este tema em *Miscelânea Filológica* (*The Philological Miscellany*) (1761) (LRBL203-26) e na terceira edição de *Sentimentos Morais*. Este ensaio negligenciado de Smith (referido como *Linguagens* daqui em diante) é visto como uma afirmação importante da sua abordagem científica([4]).

Stewart acrescenta que o interesse de Smith por línguas era "invulgarmente vasto e rigoroso e, nele, era subsidiário [...] de um conhecimento familiarizado com tudo o que pudesse ilustrar as instituições, os modos e as ideias de épocas e nações diferentes" (EPS272). *Linguagens* continha, escreveu Stewart,

> um exemplo de uma qualidade particular de investigação [...] que parece, num grau peculiar, ter interessado a curiosidade do Sr. Smith. Algo muito semelhante a isto está presente em todos os seus diferentes escritos, quer sobre assuntos morais, políticos, ou literários; e sobre todos estes assuntos ele tem-no demonstrado com o mais feliz dos sucessos.

Isto aponta para a natureza abrangente da "qualidade particular de investigação" de Smith e sublinha o facto de ele ter uma abordagem analítica comum.
Stewart continua:

> Quando [...] comparamos as nossas aprendizagens intelectuais, as nossas opiniões, modos e instituições com aquelas que existem entre as tribos rudes, não pode deixar de nos ocorrer uma questão interessante: por que passos graduais foi feita a transição dos primeiros esforços simples de natureza inculta para um estado de coisas tão maravilhosamente artificial e complicado? De onde surgiu a beleza sistemática que admiramos na estrutura da língua cultivada? [...] De onde surgiu a origem das diferentes ciências e das diferentes artes e qual foi a corrente que dirigiu a mente desde os primeiros rudimentos até às suas [...] melhorias mais refinadas? De onde surgiu o tecido surpreendente da união política; os princípios fundamentais comuns a todos os governos; e as diferentes formas que a sociedade civilizada assumiu nas diferentes épocas do mundo?

Havia "muito pouca informação" sobre a história destes assuntos, porque a maioria das épocas em que eles se deram ocorreu muito antes de estes serem registados e, a não ser no caso de alguns "factos isolados" de "viajantes" que visitaram as "nações rudes", não existe substituto para os detalhes do "pormenor regular e relacionado da melhoria humana". Isto torna essencial que se reconstrua "facto com conjectura", "considerando de que forma é provável que eles tenham evoluído, desde os princípios da sua natureza e das circunstâncias da sua situação externa", ou aquilo a que Stewart chamou "História Teórica ou Conjectural [...]" (EPS292-3). Estes passos mostram que ele as concebeu como "passos graduais [de] transição", aquilo a que chamaríamos um "processo social evolucionário".

O "modelo de mercado" de Smith

James Otteson usa as conjecturas de Smith em *Linguagens* para ilustrar uma aplicação inicial daquilo a que chama o "modelo de mercado" de Smith:

> o modelo de mercado está presente no ensaio sobre línguas, em [*Sentimentos Morais*] e na [*Riqueza das Nações*], bem como, em diversas medidas, nalgumas outras obras de Smith, e pode ainda funcionar como princípio organizador para se compreender a sua análise das instituições humanas em geral[5].

Otteson considera *Linguagens* a peça central da "profunda unidade metodológica" do "corpo da obra de Smith".

Smith desenvolve a perspectiva histórica dos fenómenos sociais, usando aquilo que Samuel Fleischacker sucintamente descreve como um empreendimento de "olhar retrospectivo" e não um "olhar para a frente"[6]. A evolução da linguagem fascinou Smith, tal como fascinou muitos dos seus contemporâneos[7], e Otteson considera *Linguagens* um exemplo da "história conjectural" de Stewart (LRBL9-13). Smith e os seus contemporâneos tinham uma percepção geral de que os modos humanos de subsistência se tinham desenvolvido a partir de antepassados desconhecidos em épocas remotas. Smith questionava as alterações e o progresso da linguagem humana, utilizando um esquema actualmente descrito depreciativamente como "histórias de 'Foi assim' " (segundo Rudyard Kipling)[8]. A pré-história da linguagem está ligada a uma observação retrospectiva directa (os sons não se fossilizam), mas os estudos modernos de genética são um indicador indirecto do movimento e da mistura das sociedades humanas.

A história de Smith relata o que sucederia se "dois selvagens" (um termo sem conotações racistas na altura)[9] que "tivessem crescido em sociedades distantes do homem" e que "nunca tivessem sido ensinados a falar" se encontrassem.

Como eles teriam "começado naturalmente a articular uma linguagem pela qual iriam conseguir" "tornar as suas necessidades mútuas inteligíveis um ao outro" "emitindo certos sons sempre que quisessem denotar certos objectos" (LRBL203). Isto permitiu-lhe fazer conjecturas sobre a forma como eles e os seus descendentes poderiam criar uma linguagem mutuamente inteligível. O seu ensaio *Linguagens* é sobre o seu progresso a partir de sons de palavras singulares até estruturas linguísticas complexas.

Smith afirma que os primeiros sons de palavras inventados teriam sido substantivos, como "caverna, árvore [e] fonte", depois, por esta ordem, classes de objectos (rios), adjectivos (verde, encarnado e azul), preposições (de, em e por), número (muito e pouco) e verbos.

> Os verbos têm necessariamente de ter sido contemporâneos das primeiras tentativas de formação da linguagem. Não se pode exprimir qualquer afirmação sem o auxílio de um verbo. Falamos para expressar a nossa opinião sobre o que é ou não é. Mas a palavra que denota este acontecimento, este facto que é o assunto da nossa afirmação, tem de ser sempre um verbo. (LRBL215)

Pode notar-se no seu argumento que o diálogo permanece limitado, até que eles progridam para um acordo, em que aquilo que os sons representam é o que tentam comunicar e a ordem natural do progresso requer que eles concordem relativamente cedo, depois dos substantivos, em relação aos sons para os verbos. Devido ao processo descontrolado e indirecto pelo qual se formaram as palavras, não existe qualquer implicação de que dois indivíduos iriam conseguir um acordo instantâneo, ou fácil, sobre o significado de um som falado. Ser demasiado complicado, demasiado difícil de recordar, demasiado fácil de esquecer, ou demasiado parecido com outro som de palavra poderia ser fatal – por exemplo, o imperativo para "perigo" tem de ser distinto e de desencadear uma reacção imediata.

Sabemos a partir de estudos de primatas e de macacos que alguns conjuntos de sons parecem ter significados percebidos comummente num grupo particular – avisos sobre predadores nas redondezas, águias, leopardos e cobras, por exemplo –, embora isto não signifique que os gritos dos animais sejam linguagens. Mas quer a linguagem humana se tenha desenvolvido a partir de gritos animalescos, quer tenha sido alimentada por danças e "cantos" humanos, quer a partir de outras vias, isso não sabemos.

Se dois seres humanos, dispondo de fisiologia para o discurso mas sem estabilizarem uma linguagem, ainda que primitiva, não encontrassem um significado comum para os seus sons de palavras, ficariam à mercê dos acontecimentos, ao passo que a capacidade de reagir a avisos, ou a gritos que indicassem a localização de alimentos ou de água, iria melhorar as suas hipóteses de sobrevivência, ainda que com uma margem muito pequena, mas que era aquela necessária para uma escala evolucionária de múltiplas gerações. Quando alcançaram um acordo sobre o uso de cada vez mais sons de palavras, bem como sobre as regras que os unissem, adoptaram uma base para uma linguagem gramatical. Se outros iriam adoptar a sua "linguagem", ou qualquer um dos sons em relação aos quais outros ainda teriam concordado, ou achado convenientes, são questões em aberto. Smith não descreve acontecimentos reais a partir das concretizações de uma língua em particular (isso teria sido demasiada conjectura); especula apenas em relação a uma ordem gramatical em que o processo de formação poderia ter percorrido. Também nada diz sobre a época em que se poderá ter passado da primeira palavra para uma linguagem funcional. Dado que as línguas existentes se alteraram consideravelmente em milhares de anos, os milhares de anos de seres humanos modernos com a fisiologia capaz de emitir sons de discurso sugerem que as forma primordiais de linguagem tiveram o tempo necessário para evoluir da simplicidade para a sofisticação, através de longos períodos de tempo, com o processo talvez repetido muitas vezes. Os sons de palavras proliferaram em muitas línguas conforme os seres humanos iam migrando através das zonas remotas do mundo.

Dentro destas limitações, Smith traçou uma ordem evolucionária possível da evolução de sons de palavras de substantivos para adjectivos, preposições, particípios, pronomes e verbos. O seu ensino da evolução da linguagem sugere que estava satisfeito com a eficácia do seu método conjectural.

Mercado ou modelo de troca?

A ênfase de Smith na possibilidade de compreensão do modo como dois falantes imaginários poderiam "tornar inteligíveis um ao outro as suas necessidades mútuas" (LRBL23) era um problema comum a todas os seres humanos: como é que eles se expressam para conseguirem o que querem sem recurso a comportamentos de violência ou de domínio? A noção de Smith de que estes tornam "inteligíveis as suas necessidades mútuas" através das suas tentativas de discurso é um subconjunto da sua proposta central de que os seres humanos satisfazem as suas "necessidades mútuas" através de interacções de *troca* e é neste processo que os métodos de Smith florescem.

O *Homo sapiens* tinha um cérebro grande e postura erecta, fazia ferramentas primitivas de pedra e, com a fala, tornou-se possível aquilo que consideramos a humanidade. Na ausência de sons de fala e linguagem, os nossos antepassados satisfaziam as suas necessidades como os animais, usando diversos graus de coacção, força e domínio, incluindo o assassínio. A fala iniciou o longo processo que permitiu que os seres humanos pudessem escolher entre a violência e a troca, tornando-os potencialmente diferentes de todos os outros animais. Smith disse isto em *A Riqueza das Nações* (e, ainda antes nas suas aulas, 1762-4:LJ347; EDLJ571):

> Nunca ninguém viu um cão fazer, com outro cão, uma troca justa e deliberada de um osso por outro. Nunca

ninguém viu um animal transmitir a outro, através de gestos e de gritos naturais, que isto é meu e aquilo é teu; estou disposto a dar isto em troca daquilo. (WN26)

Otteson resume o propósito de Smith:

> O argumento de Smith [em *Linguagens*] é que esta formação natural da linguagem acontece sem deliberação consciente – mas isto não significa que aconteça sem lei e ao acaso. Na realidade, se a linguagem se tivesse desenvolvido sem regras que condicionassem o seu uso correcto, não poderia haver comunicação e, portanto, satisfação de necessidades – que Smith pensa ser a causa final das línguas. As regras do uso das palavras são estabelecidas ainda enquanto se formam as próprias palavras: esta palavra, pronunciada precisamente desta forma, aplica-se a este objecto; aquela palavra, pronunciada daquela maneira, àquele objecto. No início as regras constituem protocolos acordados informalmente; com o tempo convertem-se em regras formais, ensinadas às crianças e por vezes escritas como regras de gramática[10].

As regras foram estabelecidas por mútuo consentimento, um aspecto do comportamento humano interactivo, importante para Smith, que orientou a sua produção intelectual para o destaque da mutualidade da conduta humana, através de cadeias de relações de troca provenientes da dependência de cada pessoa na sociedade, dos serviços de muitos outros independentes. Também fez isto para as instituições humanas de propriedade, leis e moralidade. Smith celebrou a dependência total do homem em relação aos outros. Por outro lado, Rousseau, tendo confundido a diferença entre as cadeias físicas da escravatura com as cadeias voluntárias das relações de troca, detestava a dependência mútua e converteu em seu ideal a independência "viril" de uma era mítica passada, quando o homem era livre dos outros – e indigente – e gozava de uma curta esperança de vida.

Primeiras incursões no seu método

Ao longo da sua vida adulta, Smith manteve na escrivaninha do seu quarto um manuscrito sobre história da astronomia (Corr168), tendo recusado publicá-lo durante mais de 40 anos. No seu leito de morte[11], pediu a Joseph Black e a James Hutton que organizassem a sua publicação póstuma, se a considerassem meritória (EPS32).

Não se tem a certeza de quando foi que escreveu "A História da Astronomia" (referida como "Astronomia" daqui em diante) e ainda menos certeza se tem sobre a razão pela qual se agarrou ao que descreveu como "trabalho de pretensão juvenil" (Corr168). Wightman e Bryce, os seus editores modernos, referem que "tem sido amplamente pressuposto que pelo menos começou os alicerces da História da Astronomia em Oxford" (1740-6) e há indícios que sugerem que não a acabou antes de 1748 (EPS7, 105). Nela refere a passagem futura de um cometa que deveria aparecer em 1758, fornecendo assim uma data aproximada posterior para a composição dessa parte do manuscrito. Numa carta (em 1773) a David Hume afirma que o manuscrito acaba com "Des Cartes". Contudo, os seus executores testamentários encontraram páginas soltas sobre o sistema de Sir Isaac Newton e, acreditando que estas faziam parte do manuscrito, acrescentaram-nas a este para publicação (EPS32, 7, 21, 59, 67*n*7). Perante isto, ele pode ter composto estas páginas depois de 1773.

O seu ensaio sobre astronomia é aqui relevante não só porque é o único exemplo do pensamento inicial de Smith[12], mas também porque tem um olhar retrospectivo semelhante ao de *Linguagens, Sentimentos Morais, Jurisprudência* e *A Riqueza das Nações*, sugerindo uma continuidade notável nos seus escritos desde uma idade muito jovem.

A maior parte da sua História da Astronomia interessa principalmente a historiadores especialistas (EPS11). Torna-se evidente que a filosofia se alterou ao longo dos séculos a partir da consideração de autores desde os tempos antigos até à década de 1740 e da história das suas explicações, modelos e métodos. Explicações toscas deram lugar a explicações cada vez melhores, com as qualidades de boa ciência, no sentido em que os modelos eram refinados (mas não mais fáceis de descobrir) e correspondiam mais a medidas cuidadosas da realidade observada. Os astrónomos antes de Newton tinham concebido 72 esferas concêntricas (dificilmente "simples") e algo chamado "miasma" (*effluvia*) para explicar os movimentos irregulares dos corpos celestes. Depois Newton resolveu o problema.

Durante os seus anos em Oxford, Smith estava a par das controvérsias entre as diferentes escolas e épocas de filosofia, porque o seu cargo requeria que demonstrasse o seu conhecimento delas. Basta um pequeno passo para se aceitar que, se o conhecimento filosófico cresceu a partir do conhecimento limitado do passado distante para o conhecimento mais profundo da década de 1740, deve ter havido uma época em que pouco ou nada se sabia sobre filosofia. Smith expõe o dilema do filósofo:

> Esforcemo-nos por seguir [a filosofia] desde a sua primeira origem até ao cúmulo da perfeição em que supostamente se encontra no presente e ao qual, na verdade, supostamente chegou em quase todas as épocas anteriores. (EPS46)

Ainda quando era um estudante jovem, adoptou a abordagem histórica evolucionária no seu ensaio e depois arquivou-o, não o mostrando a ninguém, nem mesmo a David Hume, que foi um amigo chegado ("íntimo") desde pelo menos 1752. Que ele só tenha mencionado 21 anos mais tarde (1773) (Corr168) a Hume a sua existência e onde se encontrava parece um comportamento estranho entre amigos chegados. Smith referiu finalmente o ensaio porque, num estado hipocondríaco, pensou que poderia morrer durante a sua viagem e ausência em Londres sem que tivessem sido feitos os devidos preparativos literários para a sua publicação.

Longa luta contra a superstição

A "filosofia", escreveu Smith, "é a ciência dos princípios que regem a natureza" (EPS45). A relação escondida da revolução da Terra e da sua órbita à volta do Sol precisou dos melhores cérebros durante milénios de humanidade para ser descoberta, no que não foram ajudados pela suposição religiosa de que era a Terra o centro do universo de Deus e o Sol, a Lua, os planetas e as estrelas orbitavam à volta dela. Com o tempo, dados cada vez mais rigorosos sobre o movimento dos planetas frustraram tentativas matemáticas complexas para se mapearem as suas órbitas no falso pressuposto de que era o Sol que orbitava à volta da Terra.

Smith começa a "Astronomia" com a sua abordagem de olhar evolucionário retrospectivo, abrindo com um relato conjectural da vocação do filósofo e perguntando: "O que faziam as mentes curiosas antes da filosofia?" As pessoas, respondeu ele, trocavam explicações esquisitas para "todos os objectos extraordinários e pouco comuns", para todos "os fenómenos mais raros da natureza [...] meteoros, cometas, eclipses", em suma, para tudo aquilo que "conheciam pouco ou não conheciam nada" (EPS33). A linguagem é um pré-requisito necessário para a ciência; e também serve para espalhar disparates absolutos. Aqueles que proferiam disparates não eram submetidos a uma revisão pelos seus pares, excepto no sentido em que os seus pares eram tão crédulos como aqueles que lhes davam estas más informações.

Na "humanidade", especula Smith, "nas primeiras épocas de sociedade, antes do estabelecimento da lei, da ordem e da segurança, havia pouca curiosidade de procurar esses encadeamentos escondidos de acontecimentos que unem aparências da natureza que parecem separadas (EPS48). Dada a subsistência precária dos selvagens e a sua exposição ao pior dos perigos da altura, não dispunham nem de tempo nem de inclinação para especulações ociosas sobre as peculiaridades da natureza. Só com o estabelecimento da lei, da ordem e da segurança é que a época dos filósofos, que se envolvem em especulações ociosas, começou com a sua curiosidade a rivalizar com as especulações delirantes e supersticiosas de místicos e magos.

A descoberta filosófica não é fácil. Os eclipses do Sol e da Lua que em tempos "suscitaram o terror e o espanto da humanidade", agora "já não parecem ser maravilhosos", porque se descobriu o encadeamento de acontecimentos que lhes está ligado (EPS43). Numa estranha explosão de preconceito quanto à idade, acrescentou que não importa quanto se explica, tentar descobrir o encadeamento de acontecimentos pode ser perigoso para aqueles "algo avançados na idade", devido ao risco de "loucura e frenesim" causado pelo estudo excessivo da ciência abstracta (EPS43)! Nesta tirada extraordinária, alega que aqueles cujas "imaginações, ao serem aplicadas em idade tardia, não tenham aqueles hábitos que os dispõem a seguir facilmente os raciocínios da ciência abstracta", não deviam tentar fazê-lo, porque se arriscam a ficar "primeiro, confusos, depois com vertigens e, por fim, aturdidos" (EPS43). O jovem Smith considerava que a filosofia representa "a cadeia invisível que liga todos os objectos desligados" que "perturbam o movimento fácil da imaginação" e, impondo "ordem no caos das aparências destoantes e discordantes, ela alivia "este tumulto da imaginação" e recupera o "tom de tranquilidade e compostura, que é agradável em si mesmo e adequado à natureza" (EPS45-6)([13]).

Smith relaciona os fenómenos terrestres com mitos supersticiosos sobre os prazeres dos deuses:

> Daí a origem do politeísmo e daquela superstição vulgar que atribui todos os acontecimentos irregulares da natureza ao favor ou desagrado de seres inteligentes mas invisíveis, a deuses, demónios, bruxas, génios, fadas. (EPS49)

Os filósofos, afirma ele, não deviam ser condescendentes com tais fantasias. Se estes acontecimentos irregulares não eram obra de deuses pagãos, nem de magia e milagres, quais eram então as suas causas? Durante milénios ninguém soube responder, embora os filósofos provavelmente tenham percebido que a superstição religiosa não era resposta. Isto levou Smith a usar pela primeira vez a metáfora de "mão invisível". Os acontecimentos regulares da natureza ocorrem sem ser notados pela maioria das pessoas. Toda a gente sabe que o fogo queima – se houver dúvidas, toque-se numa brasa. Queimar está na natureza do fogo. A água refresca e apaga o fogo, uma vez mais por necessidade da sua própria natureza. Os corpos celestes descem – olhem para o céu à noite – e o vento faz voar para cima as substâncias mais leves. Não é necessário evocar os desígnios de deuses para "explicar" as propriedades do fogo, da água, dos corpos celestes ou das folhas. E, nota Smith, usando a mão invisível para reforçar a sua afirmação de que a religião primitiva não invocava a ira de deuses sobrenaturais para explicar fenómenos comuns do dia-a-dia, "nem foi nunca a mão invisível de Júpiter [o deus romano] concebida para ser utilizada nestas questões" (EPS49). Para os cidadãos romanos crédulos, a mão invisível de Júpiter[14] não era uma metáfora; era real.

Os seres conscientes agem para alterar acontecimentos que ameaçam fazer-lhes mal. Como as pessoas não sabiam o que causava o trovão, o relâmpago, as tempestades ou as doenças súbitas, a má fortuna e outras calamidades inexplicáveis, as suas imaginações criaram seres invisíveis – os deuses – e supuseram-nos capazes de alterar o curso normal dos acontecimentos. Assim, todos os acontecimentos irregulares foram "explicados" nas primeiras "idades do mundo", produzindo-se "a superstição mais baixa e mais pusilânime" em "lugar da filosofia" (EPS50). A ignorância alimentou os medos primitivos. Mas assim que a subsistência deixou de ser precária, gradualmente e ao longo de milénios, apareceu o Iluminismo.

Enquanto Smith centrava o seu violento ataque na religião primitiva pagã, coisa que podia fazer tranquilamente sem despertar a ira dos seus tutores, estaria também a debater-se com questões perturbadoras sobre as suas convicções religiosas e a crença num deus invisível? Estaria a inclinar-se para a falta de crença religiosa que ninguém se atrevia a nomear na Escócia do século XVIII? No contexto da época, as percepções religiosas do mundo eram muito reais para quem as tinha. O Céu estava em cima, o Inferno estava em baixo e deuses invisíveis percorriam a Terra, intervindo para o bem ou para o mal, consoante quisessem. O povo ignorante dormia profundamente, mas as discrepâncias permaneciam um problema para a minoria que com elas se preocupava; estes dormiam menos profundamente.

Na versão antiga do mundo, o que se via era o que existia. Só se podia caminhar no terreno em torno do sítio onde se estava, as pessoas que se conhecia eram todas as pessoas que alguma vez se iria conhecer e os deuses invisíveis que se receava estavam presentes, e ameaçadores e generosos numa medida desconcertante. Ninguém podia fugir nem esconder-se dos deuses, que regiam o destino e que podiam melhorar ou arruinar a vida de uma pessoa que se fizesse por eles notada.

A fantasia, numa escala que actualmente mal conseguimos conceber, governava todos os aspectos da vida e "explicava" tudo o que se queria saber sobre a natureza. Para ter ideia deste mundo de fantasia, basta recorrer ao livro de George Frazer *O Ramo Dourado (Golden Bough)*[15] e explorar as estranhas concepções dos seres humanos primitivos sobre a natureza, vida, morte, magia, mitos e religião, bem como sobre deuses e espíritos, que eles acreditavam que guiavam o destino humano.

Assombro, surpresa e admiração

O jovem Smith abriu "Astronomia" com três palavras correntes: tudo o que é novo, extraordinário, pouco comum e raro estimula o *assombro*, o que é inesperado causa *surpresa* e o que é belo e espectacular produz *admiração* (EPS33). O facto de não conseguir dar a nenhuma destas palavras um "significado preciso" foi considerado por ele de "pouca importância", pois os "melhores escritores" também não o tinham conseguido. Tudo "o que afirmo" é que "os sentimentos estimulados por" assombro, surpresa e admiração são "realmente diferentes" e "apoiam-se mutuamente e avivam-se uns aos outros".

Smith garante aos leitores que o seu ensaio foi concebido "para investigar a natureza e as causas de cada um destes sentimentos, cuja influência tem uma dimensão bem maior que aquela que se poderia supor depois de uma visão superficial" (EPS34). É de notar aqui o seu primeiro uso da expressão "a natureza e as causas", destinada a fazer parte da sua obra mais famosa e com a qual o seu nome estará para sempre associado. Os filósofos estão interessados nas ligações inexplicáveis entre acontecimentos, ainda que o resto da humanidade não esteja. A imaginação popular satisfaz-se facilmente com explicações de "magia" ou com a "mão de Júpiter", mas aquilo que ainda não se compreendeu atormenta os filósofos. A compreensão gera tranquilidade. Descobrir a cadeia de ligações de acontecimentos intermédios acalma as paixões emocionais da "surpresa" e do "assombro" e abre caminho para a tranquilidade da "admiração". Lendo Smith, pressente-se o seu entusiasmo crescente com efeitos estimulantes sobre aqueles que filosofam. Conhecer a natureza é admirá-la, tornando-a "um espectáculo mais coerente e, portanto, mais magnífico do que, de outra forma, parece ser" (EP34).

O jovem Smith acredita que a filosofia representa "o encadeamento invisível que junta todos os objectos desligados", sem a qual estes "perturbam o fácil movimento da imaginação" e, impondo "ordem filosófica neste caos de aparências destoantes e discordantes", acalma "este tumulto da imaginação" e recupera o "tom de tranquilidade e compostura que é agradável em si mesmo e adequado à natureza" (EPS46). Os pagãos usaram deuses invisíveis para explicar acontecimentos pouco habituais que vão além da compreensão actual.

As suas observações em "Astronomia" sobre revoluções contínuas através de diferentes teorias explicativas das órbitas da Terra e dos planetas no sistema solar assinalam o seu conhecimento de que o século XVIII não tinha ainda escrito a última palavra sobre os segredos do universo.

Mercado para moralidade

James Otteson explica o que Smith quer dizer com mercado para moralidade:

> Trata-se do modelo de um mercado em que as trocas livres entre os participantes originam, ao longo do tempo, um sistema não-intencional de ordem. Especificamente, Smith compreende a natureza dos juízos morais, incluindo as suas características concomitantes do procedimento do espectador imparcial e da consciência humana, como resultados codificados, tanto ao nível social como individual, de um sistema coerente e ordenado de moralidade que é afectado por indivíduos que não tencionam afectá-lo. Dito de outra forma, esta instituição humana desenvolveu-se e mantém-se devido àquilo a que proponho chamar "mercado de moralidade"[16].

O desejo de simpatia mútua é a característica irredutível da natureza humana e estes sentimentos são elementos cruciais para produzir juízos morais, cujos aforismos gerais "são formados como todos os aforismos gerais, a partir da experiência e da indução" (TMS319). Smith, de comum acordo com Hume, rejeitou afirmações alternativas de que os seres humanos, envolvendo-se nas deliberações de uma convenção ou assembleia, podiam ou conseguiam deduzir princípios morais de certo e errado recorrendo à razão.

O procedimento do espectador imparcial produz os nossos juízos morais e estes não derivam (como ensinado por Francis Hutcheson)[17] de um sentimento ou faculdade moral inata. As regras gerais formam-se durante a idade adulta a partir daquilo que aprovamos ou desaprovamos nos outros e, como tal, em nós mesmos, num processo em grande parte inconsciente de formação de regras, a partir de longa experiência e hábito, proveniente de consultarmos ou ouvirmos o nosso espectador imparcial. Smith afirmou claramente que não estava a considerar questões de "certo", mas sim questões de "facto".

Os princípios que iriam guiar um "ser perfeito" para "aprovar o castigo de más acções" não faziam parte da agenda de Smith; ele estava interessado nos princípios que iriam guiar "uma criatura tão fraca e tão imperfeita como o homem" (TMS77). Smith ilustra as diferenças na prática entre um "ser perfeito" e um "homem [...] imperfeito" afirmando que a "própria existência da sociedade requer que a malícia não merecida e não provocada deva ser reprimida por castigos adequados; e consequentemente, que infligir estes castigos seja visto como uma acção correcta e louvável" (TMS7). E depois descreve as duas maneiras distintas que o "Autor da Natureza" (instrumento a que Smith recorre em muitas ocasiões, embora não seja necessário para a integridade do seu argumento) podia ter usado para organizar as coisas:

> Portanto, embora o homem seja naturalmente dotado do desejo de bem-estar social e de preservação da sociedade, o Autor da Natureza não confiou à sua razão a capacidade de descobrir que uma determinada aplicação de castigos é o meio adequado para atingir este fim [...] A economia da natureza é, neste respeito, exactamente a de uma peça que se usa em muitas outras ocasiões [...] desta forma, dotou a humanidade não só do apetite constante para o fim que ela propõe, mas também do apetite para os únicos meios pelos quais este fim pode ser alcançado, para o seu bem e independentemente da sua tendência para o produzir. Assim, a "autopreservação" e a propagação da espécie são os grandes fins a que a Natureza se parece ter proposto na formação de todos os animais. A humanidade foi dotada do desejo para estes fins e de uma aversão do contrário; do amor pela vida e do horror pela dissolução; do desejo de continuidade e perpetuação da espécie e da aversão pelos pensamentos da sua completa extinção. Mas embora tenhamos sido dotados desta forma de um forte desejo para estes fins, não foi confiado às determinações lentas e incertas da nossa razão

encontrar os meios adequados para alcançar estes fins. A natureza direccionou-nos em grande parte para estes fins, com instintos originais e imediatos. A fome, a sede, a paixão que une os dois sexos, o amor pelo prazer e o horror pela dor levam-nos a aplicar estes meios em si mesmos e sem qualquer consideração pela sua tendência para estes fins benéficos, que o grande Director da Natureza pretendeu produzir com eles. (TMS77-8)

Se retirarmos as referências a um Deus invisível que decidiu não confiar nas "deliberações incertas e lentas" da razão humana, constataremos que Smith esteve perto de expor as raízes animais evolucionárias do homem. Sobretudo, Smith revela a base intelectual para o seu modelo de troca não-planeado, não-intencional e inconsciente, como fonte geral de moralidade humana, de linguagem e de divisão do trabalho, que evoluiu lenta e gradualmente em longos processos que produziram comportamentos bem-sucedidos na formação de hábitos.

Smith sublinha a sua teoria dos sentimentos morais passando dos adultos já socializados para as crianças a crescerem numa sociedade. Smith tenta uma descrição (autobiográfica?) sobre a forma como uma criança pode ver a sua passagem para a idade adulta, na qual devemos notar que durante a sua própria infância "era enfermiço e doente" e "requeria toda a terna solicitude do progenitor vivo" e que os seus tios e primos, "peritos" em educarem as crianças de outras pessoas, criticaram a sua mãe por o tratar "com uma indulgência sem limites" (EPS269). Smith diz que uma criança jovem não tem "autocontrolo" e age de acordo com as suas emoções, recorrendo a "protestos violentos" para atrair a atenção e conseguir aquilo que quer ou deseja, na expectativa irada de "indulgência ilimitada" por parte da "ama" ou dos pais. Contudo, as coisas mudam quando a criança é enviada para a escola:

> Quando já tem idade suficiente para ir para a escola, ou para conviver com os seus pares, ela depressa descobre

que eles não têm tal parcialidade indulgente. A criança naturalmente deseja ganhar os seus favores e evitar o seu ódio e desprezo. A preocupação com a sua própria segurança ensina a criança a agir assim; e rapidamente descobre que não o consegue fazer a não ser moderando não só a sua ira, mas também todas as suas outras paixões, até conseguir que os companheiros de brincadeiras gostem dela. Entra assim na grande escola do autocontrolo, estuda para se tornar cada vez mais mestra de si mesma e começa a exercer sobre os seus próprios sentimentos uma disciplina que só a prática da vida mais longa é por vezes suficiente para elevar à perfeição total. (TMS145)

Tanto a criança como o estrangeiro educados sozinhos num "qualquer local solitário" (TMS110), numa sociedade de um, não têm razão para moderar as suas emoções ou comportamentos; a criança porque fica privada do "espelho" da sociedade, não tem ninguém com quem conversar, nem padrões pelos quais aferir o seu próprio comportamento; o estrangeiro porque tem conhecimentos mínimos da língua, não tem acesso a companhia fora da família e não tem experiência. Mas se a criança for enviada para a escola numa idade adequada, se tiver capacidades básicas de linguagem, se o homem solitário for integrado na companhia de outros na sociedade, então a "grande escola do autocontrolo" começa a trabalhar. "É o relacionamento com os outros", escreve Smith, "que não só desperta o desejo de simpatia mútua, mas que também dá início ao processo de se disciplinar uma pessoa de acordo com os juízos que os outros fazem dela."[18]

Otteson sintetiza o modelo de mercado de Smith em quatro passos:

1. "juízos morais, juntamente com as regras que os determinam, desenvolvem-se sem um plano geral prévio", criando "um consenso geral" da "vida virtuosa", baseada em "inúmeros juízos individuais, produzidos em incontáveis situações particulares";

2. conforme as crianças vão crescendo, "desenvolvem princípios cada vez mais sofisticados de acção e de juízo" para "avaliar e julgar um leque cada vez mais diverso de acções e motivações";
3. aquilo que parecem "ser interacções isoladas e acidentais" leva-nos, conforme vamos envelhecendo, "a deixar desenvolver hábitos de comportamento" até um estado eventual em que eles se "solidificam em princípios que guiam a nossa consciência";
4. "os interesses, experiências e ambientes das pessoas alteram-se lentamente, de forma a permitirem que se ergam associações e instituições sólidas", dando "uma fundação firme às regras, padrões e protocolos que deram origem a estas associações e que, por sua vez, são apoiados por elas"[19].

Na realidade, o homem não vive só de pão (e antes da agricultura não vivia de pão algum). Nem vive sozinho. Sempre vivemos em sociedades, por vezes compostas somente por algumas famílias, por vezes com as mulheres a viverem separadamente de um grupo contíguo de homens, suficientemente perto para se misturarem quando os seus instintos biológicos para isso os inclinavam. Conhecemos estas circunstâncias porque é o que os primatas fazem, ao longo da linha evolucionária do antepassado comum. Os debates do século XVIII sobre a formação da sociedade, envolvendo contratos sociais entre refugiados do pesadelo hobbesiano de guerra permanente, não perceberam o importante. Nunca existiu vida humana antes das sociedades. Os homens e as mulheres nasceram em sociedades, ainda que compostas de poucos pares, com curtas esperanças de vida, em circunstâncias precárias e com baixas densidades demográficas nas vastas florestas dos grandes continentes terrestres. Como nós, os seus descendentes, nos encontramos aqui, sabemos que, sejam quais tiverem sido as suas organizações sociais e a sua noção limitada de comportamento moral, algumas destas sociedades devem ter estado em conformidade com pelo menos as leis rudimentares de sobrevivência de grupo, principalmente aquelas que proibiam quaisquer comportamentos praticados dentro do grupo que arriscassem a sua destruição se não fossem refreados, muito provavelmente por acção apropriada e não pela razão. É verdade que alguns comportamentos tinham consequências não antecipadas e alguns destes destruíram alguns dos grupos – atacar um grupo de passagem, numericamente "mais fraco", quando se deviam ter escondido até o grupo ter passado – e quando ninguém sobrevivia, nada se aprendia; mas quando alguns sobreviviam, também sobreviviam as lições.

A sobrevivência tinha de figurar entre as regras mais básicas, se não fosse mesmo a única, que o grupo fazia cumprir. O impulso de viver e de evitar mortes não exige um processo prévio de pensamento; todos os animais o partilham sem pensarem nele. Smith observou que "não se verifica qualquer relação social entre homens que não se abstenham de se ferir uns aos outros" (TMS87), acrescentando sugestivamente: "Se existir alguma sociedade de ladrões e assassinos, eles têm pelo menos [...] de se abster de se roubar e de se matar uns aos outros" (TMS86). Este género de condições mínimas, e outras que foram sendo acrescentadas com o tempo, funcionavam nas sociedades cujos membros viviam tempo suficiente para procriarem e criarem os seus filhos. Era uma pré-requisito absoluto para se ter descendência e, propositada e esclarecedoramente, criou uma linha ininterrupta de descendência daqueles que sobreviveram directamente, até chegarmos a cada um de nós. Se as sociedades humanas tiverem as condições mínimas, então a evolução social – descrita no modelo de troca de Smith que Otteson sintetizou – explica como, sem planeamento e sem noções preexistentes de moralidade, os sentimentos morais emergiram depois de uma longa evolução social e muito antes de alguém ter articulado o nome que se lhes devia dar.

Juntando estas ideias do modelo de Smith, transpus a síntese delas feita por Jim Otteson para a figura 2.1, usando o seu esquema de quatro elementos: o desejo motivante; as regras que foram desenvolvidas ao longo de muitas gerações, mesmo de milénios; a moeda da troca voluntária entre indivíduos e o sistema de ordem emergente e não-intencional, ou resultado produzido. Os conteúdos da figura 2.1, tomados como um todo, são uma apresentação engenhosa e original das ideias de Smith por Jim Otteson.

Elementos	Teoria dos sentimentos morais	A Riqueza das Nações	Linguagem
Desejo motivante	"Prazer de simpatia mútua"	"Esforço natural de cada indivíduo para melhorar a sua própria condição"	"Desejo de tornar inteligíveis uns aos outros as necessidades mútuas"
Regras desenvolvidas	"Padrões de juízo moral e regras que determinam a propriedade e o mérito"	"Leis da justiça; protecção da propriedade, acordos contratuais e trocas voluntárias"	"Regras de gramática, pronúncia"
Moeda	Sentimentos pessoais e juízos morais	Bens e serviços privados	Palavras, ideias e necessidades
Sistema de ordem não-intencional resultante	Padrões de moralidade partilhados commumente e juízo moral	Economia: rede de grande escala de trocas de bens e serviços	"Comunicação através de" línguas "mutuamente inteligíveis"

Figura 2.1 Modelo de mercado de Smith (J. Otteson)[20]

Ele sugere que o esquema pode ser ampliado para se incluírem outras obras de Smith, "Astronomia" e *Palestras sobre Jurisprudência* (*Palestras*, daqui em diante), porque também dá forma as estas obras (figura 2.2):

> Gostaria de fazer a grande afirmação de que Smith viu o modelo de mercado como a chave para se compreender a

criação, o desenvolvimento e a manutenção da vida social humana em geral. [...] Espero que, mostrando a sua presença na TMS, bem como nas *Palestras* e na WN, tenha dado, pelo menos, plausibilidade à minha sugestão.([21])

Otteson é demasiado modesto. A sua sugestão é mais do que plausível. Aponta para uma direcção que os estudiosos de Smith deveriam considerar como conducente a uma nova forma de pensar sobre o contributo de Smith. Mantendo em mente que, para Smith, "a concepção [do ensaio "Astronomia"] é considerar particularmente a natureza e as causas de cada um destes sentimentos ["assombro, surpresa e admiração"], cuja influência tem uma dimensão bem maior que aquela que se poderia supor depois de uma visão superficial" (EPS34).

Elementos	Astronomia (EPS31-105)	*Palestras*
Desejo motivante	Desejo de descobrir as cadeias de ligação entre acontecimentos intermediários (EPS42)	Protecção da propriedade, direitos perfeitos e imperfeitos, castigo dos infractores
Regras desenvolvidas	Regras para testar e debater sistemas explicativos sucessivos	Lei codificadas, processo devido, *habeas corpus*, presunção de inocência, veredicto por pares, sentença por juízes
Moeda	Hipóteses, ideias e especulação	Argumento, persuasão, julgamento e castigo condigno
Sistema de ordem resultante e não-intencional	"Introdução da ordem no caos das aparências destoantes e discordantes" (EPS43-9)	Ambiente de vida relativamente ordenado, sob um governo imperfeito mas estável e o cumprimento da lei

* O Professor Otteson concorda em grande parte com a minha transposição (correspondência privada, 2007)

Figura 2.2 O modelo de mercado de Otteson aplicado às outras obras* de Smith

Troca e jurisprudência

Otteson sugere que o seu modelo de mercado smithiano, de quatro passos, poderia ser aplicado a "Astronomia" e a *Palestras* e diz ainda, e eu concordo, que como Smith aplicou o seu modelo implícito durante várias décadas ao seu trabalho académico, é provável que tivesse "sempre" pretendido completar "a unidade" do seu modelo subjacente (TMS142). Smith estabeleceu o desenvolvimento de jurisprudência a partir das suas "quatro idades do homem" e discuto de forma breve as suas ideias com os quatro passos de Otteson, como ilustro ao aplicá-las na figura 2.2 em relação à jurisprudência.

A motivação dos indivíduos para definir "propriedade" está intimamente relacionada com a evolução do governo primitivo e da administração da justiça. Os seres humanos primitivos, provenientes dos hominídeos existentes antes deles, em pequenos bandos de caçadores-recolectores, não tinham noção de propriedade. Moviam-se ao sabor das estações e mudavam-se quando um território deixava de lhes dar sustento. Se se tivessem movimentado em ciclos regulares através de certos locais, a noção territorial de "propriedade" poderia ter adquirido um significado vago, mais que não fosse na sua hostilidade para com outros bandos que invadissem a sua vizinhança, se por acaso algum o fizesse.

Para além da decisão sobre quando se deviam movimentar para outro local, não havia necessidade de outra forma reconhecível de governo que não fosse aquela que determinava os caprichos do macho alfa. As disputas entre os membros do grupo eram determinadas "segundo as leis da natureza" (LJ404).

Em *Jurisprudência* faz-se um relato, baseado na informação limitada disponível a Smith, da evolução das trocas, ligando-as à teoria das quatro eras da História, baseada em modos de subsistência que se vão alterando, desde a "caça" primordial (incluindo a recolha e roubo de alimentos), até ao pastoreio, agricultura e comércio (LJ14-16). Com o advento da agricultura, as noções gémeas de governo e propriedade foram emergindo lentamente, no início quase de certeza devido a acções individuais e não graças a um "conselho" de sábios, ou devido a um "contrato social" (LJ403-4) entre um líder "forte" e um grupo de pessoas mais fracas, subservientes porque assustadas, desesperadamente à procura de libertação de um pesadelo hobbesiano[22]. As circunstâncias requeridas para que acontecimentos hobbesianos fossem orquestrados entre grupos separados são improváveis, tal como é improvável que o conjunto complexo de ideias para tal necessárias tenham sido originadas pela vontade social e não pela passagem de experiências cumulativas e repetidas de indivíduos nos grupos bem-sucedidos.

O pastoreio é um dos candidatos mais fortes para a emergência da ideia de propriedade. Se os animais quase domesticados estivessem disponíveis para qualquer um levar – num período de escassez ou por se tomar essa decisão no momento –, a pessoa que os tivesse recolhido, criado e protegido de predadores, incluindo outros seres humanos, acreditaria ser necessário e apropriado ser ela a decidir o que fazer com eles e tentaria persuadir outros do seu ponto de vista, ou, se fosse suficientemente forte em números, tornar obrigatório o seu ponto de vista. Neste processo, "regras" replicáveis, reforçadas pelas "moedas" do argumento, persuasão e julgamento, conjugaram-se para ser seguidas por pastores de opiniões semelhantes e para o recrutamento de pessoas que não tinham rebanhos nem manadas (nem toda a gente inova ou copia instantaneamente um modo de subsistência), para, em troca da sua subsistência, repelirem candidatos a "libertadores" da propriedade de outras pessoas. A partilha dos frutos de uma subsistência baseada na propriedade legitima ideias e identifica aqueles que têm o "direito" de a partilhar e aqueles que o não têm.

As primeiras agitações de desigualdade advieram da prática dos "donos" de propriedade trocarem subsistência pelo trabalho daqueles que não detinham propriedade. Nas suas aulas, Smith relacionava a existência de governo apenas com a necessidade de "defender os ricos dos pobres", sendo o seu exemplo o de um homem que "possuía 500 bois e outro que não tinha nenhum"; esta disparidade faria com que o homem rico preferisse "um governo que lhe assegurasse os seus bois", sem o qual "não lhe não seria permitida a sua posse". Mas o homem com os 500 bois precisava de grandes quantidades de assalariados para os criarem e protegerem (LJ404-5). Não se tratava apenas de um homem rico contra muitos homens pobres. O homem rico tinha muitos assalariados armados que se alimentavam das suas manadas e eles, bem como fosse o que fosse que passasse por governo, colectivamente garantiam que os direitos de propriedade do homem rico eram respeitados; em troca, este sustentava-os e às suas famílias. Socialmente, estes assalariados eram os "internos"; os ladrões, incluindo homens rivais, eram os "externos".

De forma pouco característica, Smith não afirma claramente a necessidade de "governos" de pastores para fazer valer os direitos de propriedade. Não eram só os pobres sem propriedade no pastoreio que estavam motivados a tentar o roubo; quem possuísse bois pode ter sido motivado a algo mais do que cobiçar os bois dos seus vizinhos, como demonstra amplamente o mau comportamento humano em todos os modos de subsistência. Muitos "governantes da humanidade" foram considerados vis para todos e não apenas para os pobres. É verdade que o governo, na sua função judicial, principalmente quando os proprietários eram relativamente poucos em número mas todo-poderosos, tendia a favorecer os ricos, mas com a contratação de assalariados para trabalharem com os rebanhos e manadas e para protegerem o homem rico dos pobres, estes mesmos assalariados defensores eram facilmente transferidos para papéis transgressores contra outros homens ricos e seus assalariados. Quando surgiam estas oportunidades, ou estas eram causadas por circunstâncias de discórdia ou qualquer outra razão, alguns senhores que tinham mais poder, eram mais cruéis ou mais determinados, tomaram a propriedade dos vizinhos ricos "mais fracos", menos vigilantes, e absorveram os seus rebanhos e os seus assalariados.

A dependência dos trabalhadores sem propriedade na era do pastoreio e, depois, na da agricultura, serviu os seus próprios interesses ao servir os interesses daqueles que os mantinham e às suas famílias em troca de serem "escravos", servos, arrendatários ou assalariados. Os interesses dos homens ricos representavam uma adaptação à necessidade, porque tendo poucos, se é que tinham alguns, produtos manufacturados para trocar pelos excedentes de subsistência dos seus rebanhos, consideraram necessário contratar aqueles que precisavam de subsistência; os seus excedentes serviram os interesses dos que eles contrataram (LJ405; WN418-21; TMS184-5).

Ainda bem que as necessidades de duas classes da sociedade funcionaram como complementares quando a sociedade estava a emergir da caça para o pastoreio e, depois, para a agricultura. De outro modo, uma parte da humanidade poderia nunca ter progredido para a abundância.

CAPÍTULO 3

Uma criatura tão fraca e imperfeita como o homem

Introdução([1])

O que garante a coesão das sociedades humanas? Quais são as condições mínimas para a sua continuidade? *Sentimentos Morais* aborda estas questões. Embora Smith faça muito mais, o nosso foco tem de ser necessariamente mais estreito do que fazer um relato abrangente da sua obra completa. Discuto em linguagem comum ideias seleccionadas da filosofia moral de Smith, sem mostrar o desenvolvimento das suas ideias no contexto filosófico passado e contemporâneo, deixando assim inevitavelmente de fora uma grande parte do conteúdo de *Sentimentos Morais*.

Sentimentos Morais discute aquilo que constrange os indivíduos em certos padrões mínimos de conduta quando, sendo relativamente desconhecidos uns dos outros, vivem em comunidade. O resultado da sua construção imaginativa, o espectador imparcial, é mostrar que as pessoas podem viver e vivem em relativa harmonia ou, pelo menos, sem violência criminosa generalizada, comum a todas as espécies de sociedade no passado distante([2]); e porque nada que emane de "uma criatura tão fraca e imperfeita como o homem" é perfeito (TMS77), as explicações de Smith continuaram credíveis quando ele saiu da Europa do século XVIII para explicar o processo da formação moral em sociedades desprovidas de hábitos, educação e instituições religiosos com que ele e os seus leitores estavam familiarizados.

Se os preceitos religiosos e as exortações do púlpito não são suficientes(³) para induzir as pessoas a comportarem-se moralmente em sociedades que partilham os mesmos preceitos, o que será que substitui a exortação em sociedades onde as pessoas não partilham preceitos religiosos comuns, ou que os desconhecem completamente, incluindo as sociedades primordiais pagãs durante a pré-história? Teriam elas alguma força moral dentro de si que as tornava coesas? A teoria de Smith explica aquilo que refreava paixões desregradas e viciosas, provenientes da ganância e do egoísmo. Se as exortações à virtude e à razão não conseguiam controlar as paixões viciosas, poderiam estas ser controladas tão naturalmente como as leis da gravidade de Newton, que prendiam tudo dentro da sua esfera de acção?

O espelho

Smith afirma que aprovamos ou desaprovamos a nossa conduta de acordo com a maneira como imaginamos que os outros vêem, ou é provável que vejam, o nosso comportamento. Por outras palavras, tentamos antecipar as perspectivas de um "espectador justo e imparcial" analisando o nosso comportamento, "como se tivéssemos os seus olhos e a sua posição"; como só "conseguimos ver os nossos sentimentos e motivações" ou "formar qualquer juízo sobre eles" se os virmos "a uma certa distância de nós", só quando tentamos vê-los com os olhos de outras pessoas ou como é provável que os outros os vejam" conseguimos avaliá-los. Só aprovamos a nossa conduta se ela receber "a aprovação deste juiz supostamente equitativo", o espectador imparcial; "se assim não for, condenamo-la" (TMS110).

É a partir das pressões sociais provenientes da vida em sociedade que julgamos os méritos ou deméritos dos nossos comportamentos. Seria fácil ignorar esta observação. Smith dramatizou-a engenhosamente. Imaginemos uma pessoa que viveu até à idade adulta sem contacto ou comunicação com outros membros da espécie humana. Nestas circunstâncias, "ela não conseguiria pensar no seu próprio carácter, na propriedade ou no demérito dos seus próprios sentimentos e conduta, na beleza ou deformidade da sua própria mente, tal como não o conseguiria fazer sobre a beleza ou deformidade do seu próprio rosto" (TMS110). Porque não? Porque não tem um "espelho que lhe apresente a sua própria visão". Mas, "tragam-na para dentro de uma sociedade e será imediatamente provida do espelho que anteriormente teria querido". O "espelho", neste sentido, é uma poderosa metáfora de Smith para aquilo que a vida em sociedade faz ao sentido de carácter e de beleza de uma pessoa. A sociedade espelha a nossa pessoa e dá-nos a reacção sobre o que é ou não aceitável no nosso comportamento. As pessoas com quem vivemos mostram no seu "semblante e comportamento" aquilo que pensam do nosso comportamento. Na infância percebemos quando os pais aprovam ou desaprovam a nossa conduta e é aqui que pela primeira vez observamos a "propriedade ou impropriedade" das nossas paixões. Mas para o homem "fora" da sociedade, no exemplo de Smith, são os objectos daquilo que lhe agrada ou que o magoa que ocupam "toda a sua atenção" e as suas reacções ardentes "raramente seriam objecto dos seus pensamentos" (TMS110).

Tragam este estranho para a sociedade com outros e todas as suas "paixões se tornarão imediatamente causa de novas paixões" porque algumas delas serão aprovadas e outras irão repugnar as outras pessoas. "Ele será elogiado num caso e condenado noutro" e isto criará uma nova situação em que as suas paixões irão "exigir a sua mais atenta consideração" (TMS111). Fazemos o mesmo em questões de beleza e de forma pessoal; julgamos as nossas pela "forma e aparência dos outros" e queremos ansiosamente saber até que ponto a nossa figura "merece as suas críticas ou aprovação"; colocamo-nos "perante um espelho" para "nos vermos à distância e com os olhos de outras pessoas". Se ficarmos satisfeitos, ignoramos os juízos casuais de outros, mesmo quando eles descobrem pequenos defeitos; se não estivermos satisfeitos, ficamos mortificados "para além de qualquer medida" com qualquer desaprovação, ou mesmo com uma "piada". Nada disto iria afectar o homem "fora" da sociedade, porque ele seria indiferente à visão dos outros inexistentes (TMS111-12).

Até que ponto somos indiferentes às opiniões de outras pessoas? Robert Burns escreveu um poema ("A um Piolho", 1786) em que dizia: "Poderíamos evitar muitas asneiras e noções patetas se conseguíssemos ver-nos da forma como os outros nos vêem."([4])

Robert Burns (ou Burness) nasceu em 1759, o mesmo ano em que Smith publicou *Sentimentos Morais* e diz-se que *Sentimentos Morais* influenciou a redacção do poema "A um Piolho"([5]). Ao contrário de Smith, que teorizava sobre as consequências de imaginar como as outras pessoas na *persona* de "espectadores imparciais" poderiam julgar o nosso comportamento, Burns escreveu sobre a nossa cegueira às percepções dos outros e sobre como a nossa vaidade mascara as nossas imperfeições. Na verdade, aqueles que nos avaliam consideram-nos imperfeitos (tal como nós a eles).

"Ver-nos a nós próprios como os outros nos vêem" expressa as diferenças entre as duas perspectivas: Burns, de forma pessimista, lembrando-nos da fragilidade humana e das suas consequências; Smith, de forma optimista, descrevendo como os seres humanos desenvolvem e mantêm os seus sentidos morais. Smith, contrariamente à afirmação do poeta, diz que temos a capacidade de "nos vermos como os outros nos vêem" e explica a forma como a pomos em prática. Temos este poder, se o desejarmos usar (sobre isto Smith e Burns tinham muito em comum), naquilo que descrevemos cruamente como a nossa consciência, que tem um potencial (fraco) para resistir à auto-ilusão. Smith é explícito:

[...] auto-ilusão, esta fraqueza fatal da humanidade, é a fonte de metade dos problemas da vida humana. Se nos víssemos com a luz com que os outros nos vêem, ou em que eles nos veriam se soubessem tudo, seria inevitável uma reforma geral. De outra forma, não conseguiríamos suportar a visão. (TMS158-9)

Não somos guardiães indiferentes das nossas reputações. Na prática, as outras pessoas são o "espelho" através do qual nos vemos a nós próprios pelos seus olhos, não pelos nossos. Uma vez satisfeitos com aquilo que acreditamos ser o que eles vêem (cuidado com o orgulho!), ficamos menos lisonjeados com o aplauso de alguns e menos incomodados com as censuras de outros se, no essencial, acreditarmos que o que eles vêem indica uma aprovação natural e adequada do nosso comportamento. Desta forma, as nossas "primeiras críticas morais são exercidas sobre o carácter e sobre a conduta de outras pessoas" na medida em que estas nos podem afectar e somos "muito imodestos" a expressar as nossas opiniões. Contudo, o tráfego não tem só um sentido. Cedo aprendemos que os outros são igualmente imodestos nas suas críticas em relação a nós! Isto leva-nos a rever a nossa conduta, imaginando como iremos aparecer aos outros. Se desejamos tornar-nos menos merecedores de censura e mais merecedores de elogio, temos de descobrir uma forma de melhorar o nosso comportamento. Com efeito, tornamo-nos "os espectadores do nosso próprio comportamento" e imaginamos como as outras pessoas "escrutinam a propriedade da nossa conduta" (TMS112) com os seus olhos e não os nossos.

Quando as outras pessoas divergem nitidamente nos seus sentimentos em relação a nós, em quem acreditamos: nos nossos amigos ou nos nossos críticos? Se acreditarmos naquilo que vemos no espelho do espectador, ficamos "relativamente satisfeitos" e podemos descontar o aplauso ou minimizar qualquer censura. Por outro lado, podemos ter dúvidas sobre os méritos da sua desaprovação, e se soubermos que ainda "não apertámos a mão à infâmia", sentimo-nos duplamente atingidos pela severidade da sua desaprovação. Mas se estivermos seguros da nossa crença de ser "os objectos naturais e adequados de aprovação" porque a visão que o nosso espectador imaginário tem de nós é "relativamente satisfatória", podemos rejeitar falsas representações da nossa conduta feitas pelos outros (TMS112).

O argumento de Smith faz-nos regressar ao cepticismo de Burns: as pessoas vêem-se realmente da forma como os outros as vêem? A resposta de Smith é engenhosa. A sociedade é o nosso espelho; procuramos orientação moral a partir da nossa vida nela, pelo menos ao ponto de evitarmos causar ofensas a outros; mas será isto suficiente para agirmos realmente de forma moral?

O espectador imparcial

O espectador imparcial de Smith contribuiu para o debate no século XVIII sobre a razão pela qual a sociedade se mantinha coesa apesar das coisas horríveis que os seres humanos que vivem em proximidade podem fazer (e por vezes fazem) uns aos outros. O debate alimenta o seu modelo de sociedade de troca e inicia o percurso de Smith através das noções de "simpatia" e de "espectadores imparciais". Seja qual for o grau de egoísmo que acreditamos que as pessoas têm, a sua natureza faz com que elas se interessem pelos outros e retirem prazer da sua felicidade e dor da sua infelicidade. Estas emoções ou sentimentos são tão óbvias, tal como todas as paixões originais da natureza humana, que Smith afirmou que não necessitavam de prova[6]. Smith sublinha que mesmo "o maior rufia, o mais duro violador das leis da sociedade" não é completamente desprovido deste sentimento (TMS9). Evidentemente, acreditava que existem princípios tão profundos na natureza humana que todas as pessoas os sentem nalguma medida, sem que ninguém, incluindo pregadores, tenha de lhes dizer como se devem comportar. E é bom que todos partilhemos este sentimento comum, porque os pregadores nem sempre são ouvidos e nem sempre estão à mão para corrigir as nossas falhas. Não conseguimos ver dentro das mentes das outras pessoas, nem conseguimos ter conhecimento directo do que sentem ou daquilo que pretendem. Só conseguimos imaginar o que sentiríamos se estivéssemos na sua situação (TMS9). Quando observamos incidentes que afectam outras pessoas, imaginamo-nos na situação delas. Quando observamos uma situação particularmente dramática – alguém prestes a sofrer um golpe num braço ou numa perna, ou um equilibrista a oscilar num arame para se conseguir equilibrar – encolhemos o mesmo membro ou balançamos de forma semelhante à do equilibrista no arame. Na nossa imaginação, sentimos que estamos na posição deles e sabemos isto "através de muitas demonstrações óbvias" (TMS10).

Smith descreve o seu "espectador atento", ou o "espectador", cujas emoções compassivas correspondem sempre àquilo que imaginamos que deveriam ser os sentimentos das pessoas que observamos nas suas diversas situações. E o que é verdadeiro para nós é verdadeiro para a maioria das outras pessoas! No mundo de Smith somos actores verdadeiros, embora ele use o imaginário do teatro para ajudar os seus leitores a perceber a sua mensagem([7]). Toda a gente que representa tem consciência daqueles que observam, como se os actores fossem também espectadores e os espectadores também fossem actores. Os actores imaginam a forma como os espectadores observam o que eles fazem ou sentem; os espectadores imaginam como se sentiriam se sentissem as experiências dos actores. Seja qual for o nosso papel, actor ou espectador, e independentemente do número de vezes que mudamos de um papel para o outro, a simpatia é o factor comum a ambos.

Smith leva a noção de espectador um pouco mais longe. Pede-nos para pensarmos no espectador como se este estivesse presente "no peito", na nossa imaginação e a influenciar o nosso comportamento, como se soubéssemos que ele observa o que estamos a fazer. Este espectador imaginário, não menos real nos seus efeitos sobre o nosso comportamento, tem as mesmas características de um *anónimo* que observa o nosso comportamento devido ao desinteresse pela nossa fortuna ou miséria. Não está nem a nosso favor nem contra nós. É imparcial e age sempre como um *espectador imparcial* da nossa conduta, com uma abordagem de simpatia humana imparcial.

Smith não se refere só às simpatias humanas da "piedade ou compaixão" associadas a uma compreensão profunda e genuína das dores e sofrimentos dos outros. Usa especificamente a palavra "simpatia" para denotar os nossos sentimentos por qualquer paixão humana "à qual a mente do homem seja susceptível", incluindo a simpatia pela grande alegria que um acontecimento feliz tenha causado (TMS10). Para garantir que isto é claramente percebido, repete-se usando simpatia "para denotar o nosso sentimento em relação a qualquer paixão, seja ela qual for". Portanto, a simpatia não se limita a paixões compassivas geralmente descritas como "benevolência" ou "altruísmo" (TMS10-11). A simpatia smithiana aplica-se a todas as paixões que possamos sentir. Talvez, como Smith frequentemente refere, sem "demasiada impropriedade", "empatia" (sentimento idêntico), a capacidade de partilhar ou perceber os sentimentos de uma outra pessoa, independentemente das suas causas e humor, seja uma designação do que simpatia melhor para esta emoção, embora nem todos os estudiosos concordem comigo neste ponto.

A compaixão do espectador está limitada à forma como imagina que se sentiria se estivesse na nossa situação; como não consegue ter uma compreensão perfeita daquilo que sentimos em relação à nossa situação se não estiver realmente nela, não podemos esperar que tenha, sobre a fonte dos nossos sentimentos, sentimentos tão fortes como os nossos. A partir disto Smith explica como os seres humanos encontram harmonia nas suas relações (ou pelo menos neutralidade anónima). Por exemplo, como pode alguém, mesmo um amigo, sentir o que nós sentimos em matéria de amor? A sua imaginação não contempla o nosso amado com a mesma luz com que o fazemos e, para ele, a nossa paixão parece "ridícula", embora sejamos perdoados porque o "amor" é considerado natural em pessoas de uma "certa idade". Um amante, nota Smith algo sarcasticamente, "pode ser boa companhia para a sua amada, mas não o é para mais ninguém" (TMS31).

Quando o espectador contempla imparcialmente o objecto das suas observações, como a maioria dos espectadores fazem porque todos temos menos amigos, mesmo contando com conhecimentos distantes, que o resto da humanidade toda junta, é pouco provável que a sua compaixão seja abalada por preconceitos positivos a nosso favor ou negativos contra nós. Partilhar simpatia por algo que já nos traz grande alegria dá-lhe alento mas não a altera. A sua simpatia, quando nos acontece algo inconveniente ou desagradável, diminui a nossa dor porque nos sentimos melhor quando sabemos que os nossos fardos são partilhados. Ao indicarmos as causas da nossa dor lembramo-nos da dor que sentimos e, por vezes, derramamos muitas lágrimas. Mas quando retribuímos e recebemos a doçura da simpatia, somos compensados pela amargura das nossas dores (TMS15).

Influências harmonizadoras

Os sentimentos de simpatia são proporcionais. Se aprovamos a intensidade das paixões demonstrada pelas outras pessoas na sua reacção a um incidente de alegria ou de tristeza, simpatizamos inteiramente, mas não o fazemos quando as pessoas exageram na sua reacção. Aqueles que observam ou ouvem a nossa reacção perante uma afronta trivial ou imaginada não considerariam que ela fosse proporcionada se ameaçássemos com suicídio ou assassínio. Lembrem-se de que a propriedade ou proporcionalidade do comportamento reactivo exagerado são avaliadas pelo observador imparcial a não pelo actor.

Quanto maior ou menor for a dissonância entre os meus sentimentos e os vossos, menor ou maior será a simpatia que sentimos um pelo outro (TMS16). Na vida comum observamos nos outros os seus "excessos de amor, dor ou ressentimento" e contemplamos os "efeitos ruinosos que estes tendem a produzir", especialmente quando também observamos a "pouca razão que lhes foi atribuída". Nada do que vemos justifica "uma paixão tão violenta" como a que está a ser exibida. Em contraste, quando consideramos que os sentimentos dos outros "coincidem e estão de acordo com os nossos, aprovamo-los necessariamente como proporcionais e adequados", mas quando não os consideramos assim, "desaprovamo-los como extravagantes e fora de proporção" (TMS19). Em casos extremos, se é o meu amor, dor ou ressentimento que sinto e se o outro não tiver qualquer sentimento pela minha angústia evidente,

> [...] ou o outro não tem qualquer sentimento de solidariedade para com o infortúnio com que me deparei, ou não tem nenhum que seja proporcional à dor que me aflige; ou, se o outro não tiver tido nem indignação face aos danos que sofri, ou nenhum que seja proporcional ao ressentimento que me assola, não podemos continuar a conversar sobre estes assuntos. Tornamo-nos intoleráveis um ao outro. Não consigo suportar a companhia do outro, nem o outro consegue suportar a minha. O outro sente-se confundido com a minha violência e paixão e eu sinto-me indignado com a sua insensibilidade fria e falta de sentimento. (TMS21)

Resumindo, não vou tolerar a companhia do outro. A simpatia tem um elemento de reciprocidade num círculo de amigos e conhecidos e uma relação que acaba de começar vai terminar rapidamente se o que Smith descreve na sua passagem se concretizar. Para sublinhar esta noção, ele clarifica que este tipo de corte numa relação não tem nada a ver com desacordos sobre questões como "um quadro, um poema, ou um sistema de filosofia". Estas questões são sobre "objectos indiferentes" sobre os quais temos opiniões que podem ser "opostas", mas os seus afectos permanecem "praticamente os mesmos"; as zangas de que fala são sobre objectos que o afectam pessoalmente a ele ou a outra pessoa e que nenhuma pessoa consegue ignorar porque quebram os limites toleráveis da dissonância aceitável (TMS21).

Sentirmos dissonância nos sentimentos é comum. Toda a gente se zanga ocasionalmente com o comportamento de outrem e, quando contamos a causa da nossa zanga, por vezes verificamos que os outros são menos compreensivos com o nosso sentimento de ultraje. As pressões sociais reduzem o calor da paixão. A simpatia de um amigo acalma um pouco a nossa ira ou dor, porque esperamos a sua simpatia, e quando ela nos é dada, ainda que em pequeno grau (o "mas" vem mais tarde!), o nosso ultraje reduz-se.

A simpatia de um conhecido tem, em menor grau, um efeito semelhante, porque esperamos menos dele; se expressarem total simpatia, vamos vê-los a uma nova luz, uma luz mais amistosa. A forma como expressamos os nossos sentimentos a um grupo de estranhos, de quem esperamos pouca ou nenhuma simpatia, também nos acalma, mas por razões diferentes. Antecipando menos simpatia, tentamos "maximizar" a pouca que antecipamos, reduzindo a veemência da nossa paixão para um nível com "que os espectadores conseguem aceitar". Temos de "alisar", diz Smith, "as arestas do tom natural da nossa paixão, de forma a podermos garantir harmonia e concórdia com as emoções daqueles que nos rodeiam". Os dois sentimentos da paixão do aflito e do tom mais baixo aceitável para o espectador, "é evidente, têm tanta correspondência um com o outro como a que é necessária para a harmonia da sociedade. Embora nunca estejam em uníssono, podem estar em concordância e isto é tudo o que é necessário ou requerido" (TMS42). A harmonia em sociedade assenta em níveis toleráveis de dissonância e não na sua total ausência, mas sabemos de muitos outros estranhos que não têm qualquer contacto connosco e, portanto, não sabemos se o que eles estão a fazer seria aceitável para nós, nem se o que fazemos seria aceitável para eles. Conseguimos viver em sociedades em que a maioria das pessoas são estranhas sem nos sentirmos ameaçados por elas ou recearmos que elas se sintam ameaçadas por nós. Assim, andamos num passeio cheio de pessoas completamente estranhas sem nos furtarmos a qualquer gesto ou encontro com aqueles com quem nos cruzamos ou ao lado de quem andamos.

Os "laços que nos unem" através de interligações dependentes que partilhamos com eles são geralmente harmoniosos, precisamente porque a maioria das pessoas são estranhos longínquos. Isto tem implicações na economia política de sociedades grandes. O anonimato mútuo e a nossa completa dependência em relação aos outros como fornecedores e a dependência dos outros em relação a nós como clientes, dois ou mais elos da cadeia de fornecimento além de nós, são elementos importantes no funcionamento do mercado. Isto é fundamental na teoria de Smith sobre a promoção de harmonia na sociedade e relaciona-se directamente com o modelo de troca de *A Riqueza das Nações* (WN13-36). Acontece exactamente o mesmo quando alguém expressa uma alegria que está para além do que consideramos ser apropriado àquilo que a causou. Continuar a celebrar durante meses um êxito menor iria fatigar mesmo a pessoa mais compreensiva, quanto mais o espectador imparcial. A proporcionalidade é a regra, tanto para a dor como para a alegria; espera-se modéstia tanto na dor como na alegria, se se quiser aprovação do espectador imparcial.

Ao contarmos a um amigo chegado um incidente que nos magoou, podemos expressar o nosso ultraje emocional de forma privada, mas seremos menos emotivos se explicarmos a nossa angústia relativamente a um conhecimento casual e provavelmente falaremos com uma calma mais medida quando explicarmos a estranhos em público o que aconteceu. À vasta população desconhecida de estranhos não diríamos nada (uma condição algo comprometida na idade moderna de comunicação instantânea de massas).

A ideia de que o ego só procura gratificar o amor-próprio não descreve o dilema do indivíduo que vive numa sociedade de estranhos, com poucos amigos ou família. A contribuição de Smith foi perceber que a existência do modelo de amor-próprio total([8]), embora plausível para um indivíduo que viva numa ilha deserta, não era plausível para indivíduos que vivessem em proximidade e dependentes uns dos outros. A chave sobre a forma como este dilema poderia funcionar sem que a sociedade se desfizesse assenta na simples observação da forma como a intensidade dos sentimentos sobre o comportamento de outros diminuía, quando o indivíduo irado, em busca de simpatia, interagia com membros do seu círculo imediato de família e amigos([9]). A sua dissonância é localizada e normalmente não se torna um problema importante em toda a sociedade. Os meios de comunicação modernos podem alterar a localização da angústia.

Embora a harmonia perfeita das paixões entre o indivíduo afectado e um espectador imparcial seja improvável, o facto de se reduzir a intensidade com que as paixões são expressas é suficiente para que um grau (operacional) de harmonia prevaleça. O indivíduo modera o seu comportamento, desencadeado pelo ego, para um nível com maior probabilidade de ser aceite como proporcional por espectadores não afectados que, por sua vez, moderam o seu olhar crítico do comportamento do indivíduo. Os espectadores reconsideram constantemente o que sentiriam se estivessem na posição dos actores que observam e, crucialmente, os actores sob observação moderam constantemente o que sentiriam se fossem só espectadores e não actores. Cada revisão recíproca da porção apropriada de simpatia e do grau de paixão contribui para diminuir a violência das paixões individuais e para reduzir as críticas dos espectadores. Deste processo, Smith conclui, numa frase decisiva para a sua compreensão do funcionamento das sociedades:

> Portanto, a sociedade e o diálogo são os remédios mais poderosos para recuperar a tranquilidade da mente se a dada altura esta tiver sido perdida, bem como o melhor estabilizador desse temperamento equilibrado e feliz que é necessário para a auto-satisfação e para o prazer. (TMS23)

Smith acrescenta que aqueles que "são propensos a ficar amuados em casa", desprovidos de "sociedade e diálogo" e tendo muitas qualidades boas, "raramente possuem esse equilíbrio de temperamento que é tão comum entre os homens do mundo" (TMS23). Somos forçados, e quase apesar de nós mesmos, a "vermo-nos como os outros nos vêem" (TMS23). O resultado para a sociedade é um maior grau de tranquilidade do que seria provável numa sociedade composta por egos individuais, que ignorassem (ou desafiassem) os seus espectadores imparciais.

O espectador imparcial impede os indivíduos de expressarem descontroladamente as suas paixões em busca dos seus interesses, preferindo uma "dor silenciosa e majestosa" em vez da "detestável [...] fúria sem salvaguarda ou controlo", e assim obriga os indivíduos a defenderem os seus interesses apenas numa medida equitativa e proporcional àquilo que o espectador imparcial e "todas as pessoas indiferentes gostariam de ver" (TMS24).

Desta relação de ligação segue-se "que sentir muito pelos outros e pouco por nós próprios, que refrear o nosso egoísmo e alimentar as nossas afeições benevolentes, constitui a perfeição da natureza humana e só pode produzir na humanidade harmonia dos sentimentos e das paixões, a qual consiste em toda a sua graça e propriedade" (TMS25).

Pesadelos hobbesianos?

Sentimentos Morais explica a razão pela qual as pessoas toleram e praticam as boas maneiras e a cortesia associada, que contribuem para a paz civil. Embora a prevalência de sentimentos morais ajudasse a estabilidade social numa sociedade civil, Smith reconheceu a necessidade de magistrados civis recorrerem por vezes a terríveis castigos contra aqueles que infringiram a lei e perturbaram a paz.

Todos os homens, afirmou Smith, estão sem dúvida, por natureza, primeiro e principalmente preocupados consigo mesmos; e como estão mais preparados para tomar conta de si mesmos do que de qualquer outra pessoa, é adequado e certo que assim seja. (TMS82)

Estamos profundamente interessados naquilo que nos interessa e menos preocupados com os outros. Não somos os melhores juízes dos interesses de outra pessoa. Porém, os interesses do amor-próprio não nos autorizam a pilhar os outros violentamente:

> Perturbar a felicidade [de um vizinho] simplesmente porque esta está no caminho da nossa própria felicidade, tirar-lhe o que lhe é realmente útil simplesmente porque pode vir a ter a mesma ou ainda mais utilidade para nós, ou alimentar desta maneira, à custa de outras pessoas, a preferência natural que cada homem tem para a sua própria felicidade, acima da felicidade de outras pessoas, é aquilo que nenhum espectador imparcial consegue aceitar. (TMS82).

Se estivermos sobretudo preocupados connosco, a humanidade é incitada a participar em guerras permanentes entre egos? De maneira nenhuma! O amor-próprio descontrolado não domina as relações sociais da humanidade porque, paradoxalmente, nenhum ego consegue adquirir aquilo que quer sem a colaboração pacífica de outros egos e é esta dependência, efectivamente total, que salvaguarda a sociedade da autodestruição (embora um megalómano consiga fazer uma série de danos até ser controlado).

Smith não subscreveu a apocalíptica "guerra de todos contra todos" de Hobbes. O comportamento humano constrangeu expressões descontroladas de egoísmo, permitindo que a humanidade vivesse em sociedade, e foi a natureza humana, e não o governo, que nos preservou do pesadelo hobbesiano de vidas "solitárias, pobres, cruéis, animalescas e curtas"[10].

Todas as pessoas sabem que, independentemente do grau de egoísmo de cada um, os outros não partilham os nossos sentimentos; eles interessam-se por si próprios com o mesmo grau de paixão com que nos interessamos por nós mesmos. Para uma minoria ínfima, o egoísmo sem peias conduz a graus de paranóia patológica, mas a maioria de nós expressa preocupação pelos outros e modera as manifestações mais grosseiras do ego.

Cada um de nós pode ser um ego solitário num mar de indiferença dos outros, mas nenhum de nós se atreve a supor que as outras pessoas são indiferentes ao impacto das nossas acções sobre elas. Se o fizermos, o rumo brutal da retaliação (aprendido logo no recreio escolar) rapidamente nos ensina o contrário. Sempre que as nossas acções afectam o seu amor-próprio, as pessoas reagem com a mesmo hostilidade com que reagiríamos contra alguém que interferisse com o nosso. A observação da forma como os outros reagem às nossas intrusões, comparada com a forma como reagimos às intrusões dos outros, acaba por ensinar até à pessoa mais estúpida que o egoísmo gratuito quebra normas aceitáveis de comportamento e provoca hostilidade perigosa, bem como contramedidas dolorosas. Facilmente percebemos a relação entre pessoas que infligem atrocidades comportamentais sobre outros e a retribuição daqueles que foram afectados dessa forma. Smith afirmou que nenhum homem se atreveria a olhar a humanidade no rosto e declarar a sua intenção de agir de acordo com os ditames do seu amor-próprio. Os seus companheiros nunca iriam aceitar tal desrespeito explícito, "excessivo e extravagante" dos seus interesses e uma pessoa assim arriscar-se-ia a uma grave desaprovação. O perpetrador "tem de, nesta como em todas as outras ocasiões, tornar mais humilde a arrogância do seu amor-próprio" e "baixar para um nível que os outros homens possam aceitar" (TMS83) as manifestações públicas do seu amor-próprio.

A maioria das pessoas cujos egos se tornam mais humildes por reconhecerem no seu comportamento a legitimidade do amor-próprio de outros florescem em sociedades socialmente estáveis, na certeza e no conhecimento seguro de que a sua pessoa, propriedade, posses e direitos não serão atacados pelos vizinhos (TMS83). Na luta pessoal pelo lugar, posição e prémios na vida, existem barreiras à conduta de cada pessoa:

> Mas embora a ruína do nosso vizinho nos possa afectar muito menos que um pequeno infortúnio nosso, não o podemos arruinar para evitar esse pequeno infortúnio, nem mesmo para evitar a nossa própria ruína. (TMS83)

O desrespeito flagrante pelos outros convida à retaliação e à desaprovação da defesa do seu amor-próprio legítimo:

> Na corrida para a riqueza, e honras, e promoções, ele pode correr tanto como quiser e esforçar todos os nervos e todos os músculos para ganhar a todos os seus concorrentes. Mas se empurrar ou derrubar algum deles, a indulgência dos espectadores esgota-se. É uma violação do jogo limpo que não podem admitir. (TMS83)

As pessoas não suportam o jogo sujo de outros. Simpatizam com o injuriado e o infractor recebe o ódio e a indignação que vem de todos os lados contra ele. O jogo da vida tem regras e normas e espera-se que os jogadores mais ou menos lhes obedeçam. A sociedade, para a paz prevalecer, corrige cruelmente as violações das suas normas, submetendo os egoístas solitários a um sistema de justiça imparcial. O indivíduo sem vergonha que interfere com pessoas, propriedade, posses ou direitos dos outros, e que não se importa com a "vergonha, horror e consternação" que causa, será alvo da oposição daqueles que provocou, porque os seus crimes "clamam o mais alto possível por vingança e castigo". Em casos extremos, a hostilidade descontrolada, "vingança e castigo" que sofre causam-lhe a "maior e mais horrível angústia" e "miséria incompreensível e ruína" (TMS84).

A única saída do isolamento constante e do estatuto prolongado de pária é o sentimento profundo de pesar ou "remorso" que Smith pensava ser o mais terrível de "todos os sentimentos", concordando com lorde Kames, que lhe chamou "a maior das torturas" (TMS85n1). Smith reconheceu que havia indivíduos com egos desabridos e com uma determinação para tratar outros de forma cruel, mas considerava-os uma minoria. Em contraste, reflecte sobre o comportamento oposto e este passo deve ser recordado quando se avalia as afirmações de que Smith aplaude o amor-próprio sem restrições em todas as suas obras:

> O homem que por motivos correctos, e não por frivolidade, realizou uma acção generosa, quando olha para aqueles que beneficiou sente-se o objecto natural do seu amor e gratidão e, por simpatia para com eles, da estima e da aprovação de toda a humanidade. Quando olha para trás, para o motivo que o levou a agir, e o analisa à luz que o espectador indiferente utilizaria, continua a aprová-lo e congratula-se a si mesmo por simpatia com a aprovação deste suposto juiz imparcial. Em ambos os pontos de vista, a sua conduta parece-lhe aceitável sob todos os aspectos. A sua mente, ao pensar nisso, enche-se de alegria, serenidade e compostura. Ele sente-se em amizade e harmonia com toda a humanidade e olha para os seus semelhantes com confiança e satisfação benevolente, certo de se ter mostrado merecedor das suas observações mais favoráveis. Na combinação de todos estes sentimentos consiste o mérito, ou o reconhecimento merecido. (TMS85)

Para sublinhar estes pontos é apropriado considerar um passo muito mal compreendido de *Sentimentos Morais*, por vezes citado para contradizer o que se encontra acima (estou grato a Sandra Peart[11] por trazer à minha atenção a interpretação correcta dos passos seguintes) (TMS136-7). Smith abre com um discussão hipotética sobre a forma como um "homem da humanidade" na Europa seria afectado pela notícia de que um "grande número de habitantes" da China tinham sido "engolidos por um terramoto". Não tendo "qualquer ligação com essa parte do mundo", resume Smith, ele iria expressar a sua pena pelo infortúnio dos afectados e reflectir sobre a precariedade da vida humana e a vaidade de todos os trabalhos do homem. Depois destas reflexões de "bela filosofia" iria regressar ao "seu negócio ou prazer", ao seu "repouso ou diversão", como se "tal acidente não tivesse acontecido", motivado pela atitude geral em que "o desastre mais frívolo que lhe pudesse acontecer a si mesmo iria causar uma perturbação mais real". Pior, resume Smith:

> Se ele soubesse que amanhã iria perder o seu dedo mindinho, não iria conseguir dormir essa noite, mas, conquanto não os veja, irá ressonar com a segurança mais profunda sobre a ruína de uma centena de milhões dos seus confrades e a destruição dessa imensidão parece simplesmente um objecto de menor interesse para ele do que o seu infortúnio insignificante (TMS136-7)

Smith faz a pergunta académica: "Estaria um ser humano disposto a sacrificar as vidas de uma centena de milhões dos seus confrades" para evitar desta forma um "seu infortúnio insignificante" (a perda do seu dedo mindinho)? Aborda esta questão em termos inequívocos. A natureza humana "estremece com horror perente este pensamento" e o mundo na "sua maior decadência e corrupção, nunca produziu um vilão destes". Smith, no entanto, pergunta: porque não? Onde está a diferença entre dormir profundamente apesar da notícia de um terramoto distante e escolher entre evitar uma tal catástrofe ou salvar o seu dedo mindinho? É aqui que a maioria das pessoas deixa de ler e conclui que um tal homem preferiria salvar o seu dedo mindinho. Mas será? Smith continua:

> Quando os nossos sentimentos passivos são quase sempre tão sórdidos e egoístas, como é que os nossos

princípios activos são frequentemente tão generosos e nobres? Quando somos sempre muito mais profundamente afectados por aquilo que nos diz respeito do que por aquilo que respeita aos outros homens, o que será que leva o generoso, em todas as ocasiões, e o depravado em muitas ocasiões, a sacrificarem os seus interesses no interesse maior dos outros? Não é o suave poder da humanidade, não é essa fraca centelha de benevolência que a Natureza acendeu no coração humano, que é capaz de assim agir contra os impulsos mais fortes do amor-próprio. É um poder mais forte, um motivo mais compulsivo, que actua em tais ocasiões. É a razão, o princípio, a consciência, o habitante do peito, o homem interior, o grande juiz e árbitro da nossa conduta. É aquele que, sempre que estamos prestes a agir de forma a afectar licidade dos outros, nos lembra, com uma voz capaz de surpreender a mais arrogante das nossas paixões, que somos apenas um entre muitos, que não somos melhores que qualquer outro; e que quando nos preferimos a nós mesmos a outros, de forma tão cega e vergonhosa, nos convertemos em objectos de ressentimento, repugnância e de maldição.

Uma linguagem bem forte, na realidade. Smith acrescenta que o espectador imparcial nos mostra a "propriedade da generosidade e a deformidade da injustiça" e que seria errado causar "a menor das injúrias a outro" para obter um "benefício" para nós mesmos. "É o amor ao nosso próximo, é o amor da humanidade", um "amor mais forte, um afecto mais poderoso", e "o amor daquilo que é honrado e nobre, de grandeza, e dignidade, e superioridade dos nossos próprios caracteres" (TMS137).

Em relação às reacções do homem da humanidade ao facto de ser capaz de parar o terramoto chinês ou de salvar o seu dedo mindinho, Smith afirma que o mesmo homem que dorme profundamente apesar de saber que 100 milhões morreram num local bem afastado iria ter uma noite insone de ansiedade com o pensamento de perder o dedo mindinho no dia seguinte. Mas se lhe dessem a escolher entre estes dois acontecimentos, sacrificaria o dedo mindinho para salvar 100 milhões de confrades distantes. Há muitas pessoas que se consideram "smithianas", mas que se surpreenderiam se lessem como Smith respondeu realmente à sua própria pergunta.

Esta afirmação explícita é uma das mais importantes na obra de Smith porque se relaciona directamente com muitas más interpretações da sua filosofia e economia política daqueles que concluem, a partir de registos em segunda mão, que ele defende a supremacia do amor-próprio e do auto-interesse e que a "ganância é boa", quando na realidade Smith disse algo muito diferente.

CAPÍTULO 4

No início todo mundo era a *América*

Introdução

As questões sobre as origens da sociedade foram o tema de debates imaginativos ao longo dos séculos XVII e XVIII. Destacavam-se dois campos principais: aqueles que acreditavam que os seres humanos formavam sociedades porque eram induzidos por "contratos sociais" (Locke) e aqueles que acreditavam que estes eram coagidos ou induzidos a viver em sociedade por soberanos poderosos (Hobbes). Todas as opiniões sobre as origens da sociedade eram alimentadas pelos relatos de viajantes sobre as sociedades "selvagens" na América, África e das ilhas do Pacífico([1]). Em muitos autores fascinados pelas diferenças entre as sociedades humanas, aos erros, confusões e conclusões falsas aliava-se uma ausência quase total de provas.

"no início todo o mundo era a América"

Os primeiros exploradores das Américas designaram os seus habitantes como "índios". Apesar do erro geográfico, o nome pegou até ter sido mudado para "nativos americanos", apesar de há 9-13 mil anos os "nativos americanos" de hoje terem sido os primeiros imigrantes do Norte da Ásia([2]). Antes dos relatos dos viajantes, os europeus instruídos só conheciam as sociedades anteriores através dos clássicos greco-romanos e dos vestígios arqueológicos espalhados pelo continente europeu, à volta do Mediterrâneo e na Ásia, bem como através da Bíblia. Depois do contacto além-Atlântico em 1492, puderam ler sobre sociedades pré-civilizadas ainda mais antigas e desconhecidas e, gradualmente, começou-se a considerar que a maior parte do mundo tinha no passado distante também consistido em sociedades "pré-civilizadas", semelhantes às que tinham sido recentemente descobertas nas Américas e na África. Existiam também duas civilizações grandes, mas estagnadas num desenvolvimento parado (Índia e China), com populações a excederem os 100 milhões. Mas as sociedades selvagens na América do Norte apresentavam um problema único: ninguém (incluindo os autores da Bíblia) as conhecia. Como encaixar a América na crença de inspiração bíblica da progressão do Paraíso-para-a-Europa? Mesmo os relatos da Bíblia sobre o Jardim do Éden referiam a existência de pastores e de sociedades de agricultores. Em comparação, os relatos do índios norte-americanos sem pastorícia e sem agricultura significativa mostravam que o seu modo de subsistência era verdadeiramente antigo. Os americanos tinham línguas, culturas de arte e de dança e economias de caçadores-recolectores, com noções de recolha de plantas para tempero, havendo alguns indícios de economias agrícolas e de pesca bem estabelecidas (bem como estruturas de pedra) antes de os europeus chegarem.

John Locke declarou que "no início todo o mundo era a *América*". Compreendeu-se que nalgum ponto da sua história[3] todas as sociedades humanas tinham subsistido graças à caça. Portanto, as sociedades "rudes" da América podiam ser vistas como um verdadeiro parque temático das vidas dos antepassados distantes da Europa.

A imaginação permitiu conclusões diferentes sobre as origens da sociedade, uma das quais, por exemplo, se baseava na noção de que um povo cansado de guerra teria passado o poder a um "soberano", que manteve a paz pacificando os seus membros e ameaçando o regresso dos terrores da "guerra de todos contra todos"([4]). Numa perspectiva alternativa, igualmente imaginativa, a sociedade corrompia os homens nascidos livres e auto-suficientes, tornando-os servilmente dependentes dos outros para todas as suas necessidades([5]). Smith e outros apresentaram relatos diferentes, mais próximos da pesquisa moderna([6]). A alegação de Hobbes, adoptada por outros (incluindo Smith), era de que a vida dos "povos selvagens em muitos locais da América", que "vivem até ao dia de hoje dessa maneira incivilizada", podia ser aproximada da vida pré-civilizada([7]).

As quatro eras da humanidade

Muito antes de frequentar as aulas de Hutcheson e de ter conhecimento do seu diagrama das "eras da sociedade", Smith estava familiarizado com a alegoria da Bíblia sobre as origens e eras da humanidade na fábula da expulsão de Adão e Eva do paraíso do Jardim do Éden, por terem comido o fruto da árvore proibida([8]). Segundo os autores anónimos do Génesis, Caim, o primeiro filho de Eva, "um lavrador da terra", assassinou Abel, o seu irmão mais novo, "um guardador de ovelhas". Na fábula da Bíblia, o "Jardim do Éden" representa a era dos recolectores (Adão e Eva), seguido-se a era dos pastores de Abel e a era da agricultura de Caim, todos dentro da primeira geração da "primeira" família. Deus acabou com a mítica Idade de Ouro dos colectores e do seu estilo de vida "fácil" porque abundante; Caim assassinou o pastor e a agricultura do Caim exilado floresceu numa terra chamada Nod, a leste do Paraíso. Um motivo mais provável para a discórdia dos irmãos foi uma zanga fatal depois de as ovelhas de Abel se terem evadido e comido as colheitas de Caim, um acontecimento suceptível de dificultar as relações entre irmãos. A prosperidade agrícola permitiu povoações permanentes (por exemplo, a cidade de Enoch de Caim)([9]), que na versão de Smith iniciou a era do comércio.

Smith ensinou a teoria das quatro eras confiante em que ela estava de acordo com os dados bíblicos (portanto, sem levantar problemas com os ortodoxos). As quatro eras são os suportes temáticos da sua jurisprudência e economia política (LJ14-15). Contudo, Smith não criou a teoria[10] – obteve "pistas vagas" sobre ela quando frequentou as aulas de Hutcheson (que foi buscar as suas ideias a Samuel von Pfendorf)[11]. Alguns atribuem precedência académica a John Dalrymple ou a lorde Kames[12], mas, como Smith integrou a forma mais clara da teoria nas suas aulas, Ronald Meek considerou que perante as "probabilidades acumuladas", lhe deveria ser reconhecida a precedência[13]. A proposta de Smith da era dos caçadores mostra o seu conhecimento da literatura de viagens, de viajantes e de exploradores do século XVIII (LJ20n21; LJ201n43)[14].

A pesquisa forense ao longo do Iluminismo dos autores originais das suas ideias, muitas das quais circulavam informalmente em apontamentos de aulas, impressos em privado entre diversos correspondentes, demonstra que é difícil saber quem disse ou escreveu primeiro o quê a quem. Todas as teorias das eras da humanidade tinham o benefício de exemplos do mundo real, existentes no século XVIII. Além da teoria de Smith, entre 1730 e 1780 circulavam numerosas versões de teorias de eras[15]. De qualquer forma, na teoria dos modos sucessivos de subsistência os autores anónimos do Génesis tinham todos os trunfos.

A história da ilha de Smith

Smith identificou quatro estados distintos da evolução da humanidade – a era dos Caçadores, a era dos Pastores, a era da Agricultura e a era do Comércio (LJ14) –, convertendo-os na substância da sua explicação da "fundação original" do desejo motivador do "tratamento dos direitos" de propriedade (LJ13). Relacionou directamente os direitos de propriedade com o "modo de subsistência" prevalecente durante as diferentes eras do Homem. Com o tempo, foi além destas e passou para as suas consequências socioeconómicas, que levaram ao longo caminho da sociedade até à era do comércio. Smith não tinha dúvidas de que a evolução da propriedade era a chave da progressão das sociedades para a civilização.

Sem propriedade, os seres humanos nos seus *habitats* permaneciam uma espécie de baixa densidade, até que alguns, cujos antepassados tinham descoberto a propriedade, exploraram aqueles que não tinham qualquer conceito de propriedade; e nunca o contrário. Só com o desenvolvimento de formas mais elevadas de subsistência é que os grupos armados de pastores triunfaram sobre uma era do homem com consciência de propriedade, como no Império Romano do Ocidente (WN689-708).

Smith contava aos seus jovens ouvintes uma história para explicar cada fase e a razão pela qual os homens progrediram ao longo das eras em direcção ao comércio ou não. Propunha que se imaginasse que uma dúzia de pessoas de ambos os sexos se instalavam numa ilha desabitada (Grã-Bretanha?), e depois cooperavam para subsistir. Como faziam eles isto? Smith diz que inicialmente, como caçadores, contavam apenas com "frutos silvestres e animais selvagens" e "o seu único negócio seria a caça de animais selvagens ou a pesca". É a era dos caçadores masculinos; as recolectoras femininas eram ignoradas ("colher frutos não pode ser considerado um emprego"!), embora as recolectoras femininas assegurassem a maior parte da alimentação humana em todas as sociedades caçadoras-recolectoras conhecidas.

Uma nação de caçadores "não tinha governo regular" e era "fácil ver que nestas diversas eras da sociedade, as leis e os regulamentos sobre propriedade tinham de ser muito diferentes" (LJ p16). Smith relacionava o sistema de justiça com o modo de subsistência de uma sociedade, o que era partilhado pela maioria das teorias da evolução social humana. Nos debates sobre as semelhanças entre as sociedades conhecidas e aquilo que era relatado sobre a América do Norte, as semelhanças no âmbito da justiça levaram a afirmações de que, tendo em conta estas semelhanças, os indivíduos em causa tinham de ser descendentes da mesma espécie humana, o que era de facto verdade, mas não da forma que os seus apoiantes pensavam. O ponto de vista alternativo, significativo e mais generalizado, era que as semelhanças no âmbito da justiça vinham dos seus modos parecidos de subsistência e não dos mitos implausíveis de "tribos perdidas".

As sociedades pequenas eram constituídas por algumas famílias independentes, que viviam no mesmo território e falavam a mesma língua (LJ404). Quando surgiam disputas, toda a sociedade deliberava sobre a alegada ofensa e, se possível, reconciliava as partes, mas se a reconciliação não fosse possível poderiam banir os malfeitores, matar as partes em disputa, ou permitir que a parte injuriada obtivesse uma rectificação violenta. Esta, no entanto, não era a regra no caso de um governo de alguns membros a agirem com poderes delegados ou assumidos, porque a acção para fazer cumprir a sua justiça requeria o consentimento de toda a sociedade, vivendo como eles viviam "de acordo com as leis da natureza".

Na ilha desabitada de Smith, o crescimento demográfico impulsionou os seres humanos ao longo das quatro eras[16]. O crescimento demográfico pressupõe alimentos suficientes para reduzir a mortalidade infantil e para aumentar a longevidade e tem de haver forçosamente um período necessário para que uma "apanhe" a outra. À medida que se iam "multiplicando", notou Smith, "teriam constatado que a caça era demasiado precária para assegurar a sua subsistência" (LJ14). Isto sugere que a busca de novos modos de subsistência se seguiu ao crescimento demográfico, mas é provável que o crescimento demográfico se tivesse seguido à descoberta e à generalização de uma técnica nova para tornar um modo de subsistência existente mais eficiente, ou à descoberta de um novo modo de subsistência.

A necessidade de apresentar uma síntese aos seus jovens ouvintes levou Smith a acelerar o processo ao longo das eras, quando historicamente as eras duraram muitos milénios.

O ritmo da mudança acelerou depois das povoações agrícolas no Médio Oriente, há cerca de oito mil anos (embora as práticas agrícolas primordiais tenham aparecido há cerca de 10 mil anos ao longo das zonas fronteiriças Turquia/Síria)[17], seguidas do aparecimento e disseminação de comércio simples, há três a quatro mil anos.

As sociedades de pastores "foram as primeiras a criar um governo regular". Até haver propriedade, afirma Smith, não podia haver governo, cujo propósito é "assegurar a riqueza e defender o rico do pobre". Perante a desigualdade de fortunas, os ricos conseguiam congregar homens lutadores para proteger a sua propriedade, e não apenas contra as aspirações das pessoas pobres, pois é provável que os seus vizinhos ricos também alimentassem ambições sobre a sua propriedade. Os pastores ricos, não tendo "luxos" domésticos manufacturados para "comprarem", não tinham meios de "gastar" a sua riqueza (principalmente ovelhas e gado); só podiam trocar ovelhas, excedentes das suas próprias necessidades, por serviços prestados pelos pobres. Isto criou a dependência dos pobres em relação ao prazer dos ricos e com a dependência quase total (a alternativa era calamitosa), a influência dos ricos sobre os pobres indigentes cresceu, transformando-os realmente em "escravos" (LJ11-12).

Smith afirma convictamente que a era dos pastores foi anterior à era da agricultura, porque os "Tártaros e Árabes" conhecidos da Europa Ocidental subsistiam inteiramente a partir dos seus rebanhos e não sabiam nada de agricultura. Smith também defende que "nações selvagens inteiras, que subsistem graças aos rebanhos, não têm noção de como cultivar o solo" (LJ15).

A livre sequência das quatro eras era mais uma tipologia ideal do que uma sequência histórica datada, e a progressão do pastoreio para a agricultura não foi uma "revolução", como normalmente se pensava, que só demorou algumas gerações, nem um caso de eliminação física de pastores problemáticos e dos seus rebanhos por agricultores vingativos (Génesis). Foi um processo longo e demorado de mudança tecnológica e económica, de inovação e imitação, com a caça, a pastorícia e a agricultura a coexistirem lado a lado durante muitos milénios, até a agricultura triunfar. A caça tornou-se um "desporto" de homens ricos, que só estes praticavam, com os homens pobres a auxiliarem em papéis de trabalho manual. A pastorícia tornou-se uma actividade especializada([18]).

Mais uma vez, o crescimento demográfico impulsionou a era seguinte de Smith na sua ilha mítica. "[Q]uando uma sociedade se tornava numerosa, era difícil mantê-la com rebanhos e manadas" e "naturalmente iria dedicar-se ao cultivo da terra" (LJ15). Isto pode ter acontecido, mas não sem os habituais problemas de transição. Rebanhos e manadas em livre circulação, na proximidade de campos de cereais e vegetais, causam disputas. Onde há discórdia, há necessidade de resolução pacífica das disputas (leis) e, de forma a terem uma tranquilidade de longo prazo, uma tendência das partes para evitar disputas, imposta quando necessário por severos sistemas de justiça.

A agricultura, diz Smith, provavelmente foi descoberta graças à combinação da observação acidental e de experiências deliberadas. Ele conhecia bem a Bíblia graças à sua educação protestante e parafraseou a parábola de "algumas caíram em terra dura"([19]). Algumas das sementes não deram fruto, mas outras caíram em solo fértil e proliferaram, reproduzindo-se e criando um excedente de consumo (e, com o tempo, algo para "permutar, negociar e trocar"). A observação, disse ele, mostrou que certas árvores, bem como certas plantas, proporcionavam alimentos nutritivos e, desta forma "foi-se avançando gradualmente para a era da agricultura" (LJ15). A agricultura, ao ajudar a desenvolver uma divisão primitiva do trabalho, anunciou o potencial para a era do comércio. As pessoas desenvolveram artes e ofícios na produção de um leque de produtos adequados aos seus ambientes, o que possibilitou que algumas pessoas cultivassem espécies diferentes de produtos e que outras fornecessem variedades diferentes de serviços de valor acrescentado, como roupas, produtos de carpintaria para a casa, selas, forjas, arados e por aí adiante. As pessoas, disse

Smith, iriam então "trocar umas com as outras" os seus excedentes por "aquilo que era necessário para o seu sustento" e "receber em troca [...] as mercadorias de que tinham necessidade e que elas próprias não produziam", assim se ligando as eras da humanidade ao princípio da troca para explicar a História humana antiga[20].

O que começou como troca ocasional entre indivíduos da mesma sociedade, com o tempo tranformar-se-ia numa troca entre indivíduos "de diferentes nações" e com este desenvolvimento "por fim a era do comércio iniciou-se" (LJ15-16). Com as palavras "por fim", Smith proclama o culminar do desenvolvimento, não o anúncio de uma outra era (por exemplo, o capitalismo) ainda por vir e sobre a qual ele nada sabia; Smith olhou sempre para trás, nunca para a frente. A mudança relativamente rápida de 500 anos, do comércio primitivo para a produção e o consumo capitalista do século XIX deveu-se em muito a alterações cada vez mais rápidas na ciência, na tecnologia e no conhecimento, bem como a melhores divisões do trabalho e à especialização, que continuam ainda hoje em dia.

Quando Smith escreveu sobre justiça, fê-lo a partir da abordagem da forma como a justiça tinha emergido por alturas do século XVIII. Via a Grã-Bretanha como o país mais próximo de uma monarquia constitucional que, sendo o resultado de processos históricos profundos e longos, estava mais próxima de garantir a liberdade natural política e judicial, ainda que não de mercado. A sua abordagem das características da liberdade natural enraizava-se num ideal de jurisprudência que ele foi buscar a teóricos como Hugo Grócio, Samuel Pufendorf, Gresham Carmichael e Francis Hutcheson. As suas afirmações mais claras sobre justiça estão em *Sentimentos Morais*, apoiado pelas suas *Palestras*. O papel decisivo da justiça numa sociedade comercial é afirmado explicitamente. A importância da justiça para um sistema que funcione era percebida por Smith e outros participantes do Iluminismo[21]. Sem justiça os mercados não funcionam devidamente, se é que funcionam, e a primeira causa da falta de justiça é o fracasso do governo. Porém, os governos conseguem sobreviver com níveis extremamente baixos de desempenho do seu monopólio de força armada.

A justiça é diferente das virtudes positivas, que são voluntárias, mas não se pode forçar as pessoas a ser virtuosas (TMS78-9). Pelo contrário, a justiça é sobre aquilo que as pessoas *não* devem fazer, sob risco de castigo condigno. O cumprimento é estabelecido por compulsão. Uma violação da justiça causa danos – rouba-se comida, assassina-se um membro da família, queima-se um abrigo, não se paga uma dívida ou não se obedece a um magistrado. Segundo Smith, como o espectador imparcial desaprova as infracções que magoam verdadeiramente alguém, a resposta adequada à infracção é que as pessoas que causaram os danos sofram um castigo, que pode ir desde a reprimenda verbal até, *in extremis*, à pena capital.

Em contraste com as violações das virtudes negativas da justiça, as violações das virtudes positivas causam desapontamentos e graus de repulsa, não danos graves aos culpados. Mesmo a "ingratidão mais negra" causa apenas a desaprovação do espectador imparcial. A ingratidão, uma infracção contra propriedade, não é passível de castigo grave; nem se castiga a sua falta com o uso da força para obrigar uma pessoa a estar grata. A gratidão não se consegue forçar. Ou uma pessoa compreende a necessidade de a expressar, ou não a compreende.

Smith, que inicialmente limitou o espectador imparcial a orientar a prática das virtudes positivas, expandiu o papel deste para a preservação da sociedade através das virtudes negativas da justiça. A crença inequívoca de Smith na natureza essencial da justiça na sociedade é tão clara e sem ambiguidade como a afirmação de Hume de que "sem justiça a sociedade tem de se dissolver imediatamente e toda a gente cai num estado selvagem e solitário infinitamente pior do que a pior situação que se consiga conceber na sociedade"[22]. O "colapso da sociedade" corresponde à ausência total de lei e ordem.

A justiça como virtude negativa estabelece a distinção entre os seus princípios gerais (a preservação dos fundamentos da sociedade) e a forma como ela funciona na prática. A justiça é essencial para a sobrevivência da sociedade e em teoria, mas nem sempre na prática, as pessoas que violam a lei são alvo de um processo legal independente do executivo ou do governo. Os indivíduos culpados, apanhados no sistema, podem gerar simpatias pessoais entre os observadores pela sua desdita e por aquilo que lhes pode acontecer simplesmente porque são nossos confrades, mas sem que se questione a lamentável necessidade da sua desdita auto-infligida([23]).

Como "a violação da justiça é aquilo que os homens nunca aceitarão uns dos outros, o magistrado público tem a necessidade de recorrer ao poder do Estado para forçar a prática desta virtude [dever]", senão "a sociedade civil transformar-se-ia num cenário de derramamento de sangue e de desordem" com "todos os homens a vingar-se sempre que pensassem ter sido injuriados". Todos os governos que conseguem autoridade suficiente para impor a ordem dotam os seus magistrados da autoridade de "fazer justiça a todos", com a promessa de que irão "ouvir e abordar todas as queixas de crime" (TMS3340) e enquadram regras que regularizam as decisões dos juízes com a intenção de que estas coincidam com a justiça natural.

Por vezes os governos decidem de acordo com os seus próprios interesses; por vezes, grupos particulares de homens (como aristocratas ou monopolistas) tiranizam ou corrompem o governo para desviar as leis daquilo que a justiça natural recomendaria; e por vezes "a rudeza e a barbárie de um povo constrangem os sentimentos naturais de justiça" comparados com as nações civilizadas, tornando "as suas leis" semelhantes às "suas maneiras, desagradáveis e rudes" (TMS341).

Generalizando, Smith afirma que

> As leis mais sagradas da justiça [...] cuja violação parece clamar por vingança e castigo mais elevado são as leis que protegem a vida e a pessoa do próximo; as seguintes são aquelas que protegem a sua propriedade e os seus bens; e no fim vêm aquelas que protegem aquilo que se chama os seus direitos pessoais, ou aquilo que lhe é devido a partir das promessas de outros. (TMS84)

Smith acrescenta que "quanto maior e mais irreparável for o mal que foi feito" maior é o grau de "ressentimento do sofredor" e "a indignação compreensiva do espectador, bem como o sentimento de culpa no agente" (TMS84). Traz o espectador imparcial para o âmbito da jurisprudência porque a justiça implica a conduta do perpetrador e o ressentimento da vítima, com o espectador imparcial a observar como eles se comportam.

Ao contrário das virtudes positivas, que são "vagas e imprecisas" e "admitem muitas excepções" e "modificações", as regras da justiça são "rigorosas ao mais alto grau, não admitindo nem excepções nem modificações" e provêm de um conjunto comum de princípios. As regras da justiça são como as regras formais de gramática, enquanto as regras das virtudes positivas estão mais próximas da elegância da composição e do estilo (TMS175). O espectador imparcial influencia a aplicação das virtudes, mas as "regras" são vagas no caso das virtudes positivas. No caso da justiça, o espectador imparcial influencia a conduta escolhida pelo indivíduo, em que as regras não estão em dúvida. O indivíduo, em consulta com o espectador, não julga privadamente as suas violações da lei, potenciais ou passadas; pode ser também sujeito ao veredicto dos membros imparciais de um júri, que determinam os factos no seu caso, bem como ao julgamento imparcial de um magistrado, que decide o seu castigo.

Portanto, a jurisprudência é a teoria dos princípios gerais da lei e do governo e a justiça relaciona-se com os direitos, tanto "naturais" como "adquiridos". Ninguém duvida que, de acordo com os nossos direitos naturais, "uma pessoa tem o direito de ter o seu corpo livre de dano e a sua liberdade sem intrusões, a não ser que haja uma causa adequada". Os nossos direitos adquiridos são menos óbvios. A propriedade (aquilo que adquirimos) está ligada ao governo civil, porque "dependem muito um do outro" (LJ401). A propriedade gera governo e o governo estável gera propriedade. A justiça faz cumprir os direitos adquiridos de propriedade e protege os direitos naturais. Mas fazer cumprir não chega, porque a justiça não pode fiar-se inteiramente nos terrores do dever de cumprimento para refrear desafios determinados e persistentes aos direitos das outras pessoas, mesmo que disponha de meios suficientes e do desejo de os utilizar. Requer dois outros princípios, definidos por Smith como "autoridade" e "utilidade", para garantir que a maioria cumpre e aceita as leis da sociedade civil.

As pessoas tendem a submeter-se àqueles que sentem ser de nível "superior". A autoridade adquire a sua própria legitimidade, quer devido a uma força superior, intelecto, quer devido à riqueza ou prestígio (como pertencer a uma família antiga) (LJ402; conferir TMS50-3, 62, 276-7). Claro que todos descendemos de famílias "antigas", mas Smith alude à nossa deferência para com aqueles que descendem das poucas famílias "distintas", por oposição às muitas famílias "obscuras" e desconhecidas de que a maioria de nós descende. Como o ignorante reconhece facilmente os atributos e os acessórios da riqueza superior e só com dificuldade reconhece as característica mais subtis (talvez escondidas) da superioridade pessoal em termos de força, intelecto e linhagem, Smith verificou que a maioria das pessoas se submete prontamente àqueles com riqueza, independentemente do modo como ela foi adquirida, e não àqueles que podem ser (mais?) meritórios de admiração por causa do seu carácter superior, inteligência ou maneiras (de cuja pequena elite e desconhecida o Professor Smith provavelmente se considerava um elemento de primeira água).

A utilidade, ou percepção geral dos benefícios da justiça, é menos fiável do que a autoridade para induzir a obediência ao magistrado civil. A propósito da utilidade, Smith diz que "toda a gente é sensível a este princípio de preservar a justiça e a paz na sociedade". Afirma que "o mais pobre dos pobres pode ver os seus danos compensados pelo mais rico e mais poderoso" e admite, no entanto, que "podem existir algumas irregularidades em casos particulares, como certamente as há", mas "submetemo-nos a eles para evitar males maiores" (LJ401-2). Na teoria do que deveria ser a prática da justiça, em oposição àquilo que é, Smith estava correcto, mas a Escócia dos meados do século XVIII não era o local para o "mais pobre dos pobres" contestar os danos que acreditava que o "mais rico e poderoso" lhe tinha infligido – para os pobres já era suficientemente problemático desafiar os seus vizinhos.

Evolução da justiça

Smith explicou nas suas palestras a evolução provável das leis, dos princípios de funcionamento da justiça. Relacionava estes princípios com a teoria das quatro eras, afirmando que "é fácil ver que nestas diferentes eras da sociedade, as leis e regulamentos relativos à propriedade tinham de ser muito diferentes" (LJ16). As normas legais da propriedade estavam intimamente ligadas ao modo de subsistência e não a intenções ou a concepções da razão. As regras relacionadas com as necessidades actuais foram criadas, muito provavelmente, por tentativa e erro e pela autoridade de hábitos antigos do passado, e não pela concepção intencional das pessoas. A justiça, tal como a economia, funcionou durante milénios antes de haver advogados ou economistas.

Na era dos caçadores, "não se atribuía grande importância ao roubo", escreve Smith (LJ16), embora nas sociedades selvagens fosse prática comum matar estranhos de outros bandos fora do seu próprio "território"; provavelmente, a violação do território estava associada ao "roubo" da subsistência dessa tribo. Nas sociedades pastoris, "o roubo é castigado com morte imediata" (LJ16). Nas sociedades mais primordiais, em que as disputas eram decididas pelo grupo ou por um indivíduo mais importante no grupo, os julgamentos seriam relativamente triviais e um assunto interno. As baixas densidades demográficas em vastos territórios convidavam à resolução da disputa por expulsão, com a parte banida ou descontente a partir, juntamente com aqueles que partilhavam a sua culpa ou descontentamento, caminhando tantos quilómetros quantos quisessem em qualquer direcção. Como haveria "poucas oportunidades de roubar" além de "lhes retirarem a sua caça", a maioria das disputas restringir-se-ia a zangas e invejas interpessoais. Quando se verificou que os hábitos formados em torno destas "regras" vagas de conduta eram benéficos nestas circunstâncias, estes adquiriram o estatuto de regras aceites de comportamento e gradualmente formaram a base da "sabedoria" legal, sancionadas pela sua longevidade.

Em sociedades pastoris, o conhecimento acumulado sobre as formas de tratar dos rebanhos e manadas de animais específicos aliaram-se ao investimento de tempo e de trabalho que enchia a "propriedade" de animais com qualidades evidentes. Nestas circunstâncias, "há muitas oportunidades de as pessoas se prejudicarem umas às outras e estes danos são extremamente perniciosos para a vítima". A "jurisprudência" tornou-se mais complexa a partir de variações mínimas nas circunstâncias. Com riscos mais elevados, as testemunhas de incidentes que ocorreram talvez a alguma distância, nos campos, bem como os juízos sobre a sua credibilidade e veracidade, impuseram um fardo maior nos ombros dos escolhidos para decidirem qual o rigor do castigo. Uma vez mais, conforme o processo de assimilação do conhecimento sobre a causa e as consequências das disputas e da sua resolução se foi acumulando no grupo, foram sendo desenvolvidas leis formais de conduta (LJ16).

Na era da agricultura, a propriedade criou muitas mais oportunidades de discórdia dentro de uma comunidade (fronteiras de propriedades, heranças, acesso a água, instrumentos e mão-de-obra; mas raramente o roubo grave de uma colheita inteira, por exemplo) e de disputas com outras comunidades, incluindo aquelas que funcionavam com modos de subsistência diferentes (caçadores a perseguirem caça através das culturas de alguém; pastores permitindo que os seus animais pastem nos campos de um lavrador; cercas erigidas por agricultores). As discórdias e disputas aumentaram muito a quantidade de leis e regras (LJ16). Podemos também supor que aumentou o número de castigos "informais" entre as partes em disputa a um nível local, que nunca chegaram ao conhecimento da comunidade.

Smith afirmou que "quanto mais diferenciada for uma sociedade e maior o leque dos diversos meios de sustentar os seus habitantes, maior será o número das leis e regulamentos necessários para manter a justiça e impedir violações ao direito de propriedade". Isto aplica-se sobretudo à era do comércio, que deu um impulso particular aos graus pelos quais a sociedade foi "diferenciada". O facto de o direito romano ter atingido um nível tão complexo deveu-se em grande parte às frequentes disputas sobre heranças, propriedade de terras, comportamentos de troca, contratos comerciais e dívidas. A ênfase de Smith no processo legal romano reforçou a sua avaliação do papel da era do comércio na evolução da sociedade e a consequência da sua interrupção depois da queda de Roma.

A afirmação de Karl Polanyi de que o comércio estava completamente ausente enquanto fenómeno significativo antes da "grande transformação" no século XIX é errónea[24]. A data atribuída por Smith à era do comércio (não do capitalismo), iniciada com o aparecimento de "cidades" (agrupamentos de cabanas) milénios antes do século XVIII e durante a era da agricultura, está historicamente correcta.

Tal como o que se passou com a justiça, os governos emergiram lentamente conforme os seres humanos foram evoluindo ao longo das diferentes eras. Hume, no seu *Tratado*, faz um relato engenhoso da aceitação lenta e gradual do governo pela sociedade, relato que Smith conhecia e com o qual teria concordado. O argumento de Hume é bastante fácil: tendo uma visão de curto prazo relativamente aos seus interesses, as pessoas preferem a gratificação imediata dos seus interesses em vez dos interesses de outros e até dos seus próprios interesses num futuro mais distante; e, ainda que sejam mais sensíveis em relação aos interesses dos seus "amigos e conhecidos" do que aos de estranhos, os seus comportamentos iriam contra os interesses benéficos à continuação da sociedade. Se toda a gente se comportasse desta maneira haveria desordem, impondo-se os perigos de se viver num estado de natureza em que os indivíduos agissem com injustiça uns para com os outros para satisfazerem os seus interesses imediatos.

A solução reside na descoberta de que é mais provável conseguir a aprovação de algo que seja imparcial e igualitário se se verificar num futuro remoto e se as suas condições estiverem despidas de referências às preocupações imediatas daqueles a quem foi pedido que dessem a sua aprovação. Incapazes de perceber como tratar de questões que afectem os interesses imediatos, mas dispostas a contemplar as questões que não o são, ou que afectam outros, as pessoas sentem-se confortáveis com a ideia de que alguma autoridade (o magistrado civil), com interesse na execução da justiça necessária para manter a sociedade coesa, irá actuar de forma a levar toda a gente a agir em conformidade e não a partir dos seus interesses individuais imediatos, orientados pelas suas "paixões violentas". Os magistrados conseguem isto julgando todas as questões de controvérsia entre os indivíduos e fazem-no de forma mais imparcial e igualitária do que indivíduos decidindo sobre o seu próprio caso. Isto evita os "erros fatais" de pessoas agindo apenas no seu próprio interesse, sem consideração pelos interesses da sociedade. Os interesses da sociedade são difíceis de determinar com base no princípio da unanimidade, portanto, os magistrados decidem sobre aquilo que provavelmente será mais aceitável para a maioria das pessoas, ainda que o façam sem eles mesmos consultarem quaisquer pessoas. Assim, diz Hume,

> se constroem pontes, se abrem portos, se erigem fortificações, se abrem canais, se equipam frotas e se disciplinam exércitos sob o cuidado do governo, que, embora composto de homens sujeitos a todas as fragilidades humanas, se torna, através de uma das invenções mais finas e subtis que imaginar se possa, um agregado que está, de certa forma, isento de todas estas fragilidades[25].

As sociedades que descobriram esta solução para a desordem, graças à adopção lenta e gradual dos comportamentos necessários, sobreviveram com mais sucesso do que aquelas que não o fizeram. Aquelas que assim fizeram mas executaram inadequadamente as suas soluções não conseguiram suprimir actos desordeiros de desigualdade, perderam coesão e as funções do governo; estas foram descobertas através de muitas tentativas e pelo triunfo da justiça sobre o erro, bem como pela difusão de processos que funcionavam e pela eliminação daqueles que não funcionavam. Nenhum resultado foi ordenado por concepção deliberada.

A evolução social é um processo de descoberta e não de aplicação do pensamento racional na busca e na implementação de resultados exequíveis. O processo é descontrolado, sem direcção, inconsciente e desorganizado, sem concepção; emerge a partir das acções de indivíduos que descobrem, sem se aperceberem do seu papel ou dos resultados que originaram, que certas combinações de acções têm consequências positivas que eles não procuraram nem anteciparam, muitas delas inseparáveis das consequências negativas de outros conjuntos de acções socialmente desordeiras, ou mesmo destrutivas, por vezes por longos períodos, se não forem corrigidas por outros conjuntos de acções ou de acontecimentos. O pensamento de Adam Smith esforçou-se muito para descrever este processo de evolução. Um exemplo, aplicado a uma história que ele discutiu, é a análise histórica de Smith da evolução da Grã-Bretanha para uma monarquia constitucional a partir do século XV. Os economistas fariam bem em passar algum tempo a reflectir sobre o que Smith fez quando se debruçou com atenção sobre este período. Isso explica muita coisa sobre a natureza e as causas da riqueza das nações.

Justiça e defesa dos "ricos"

Smith discute a evolução do governo civil com a sua franqueza habitual e isto, por vezes, permite que "caçadores" de citações agarrem nas suas referências sobre o papel da justiça na protecção dos ricos contra os pobres. Por exemplo:

Sempre que há muita propriedade, há grande desigualdade. Por cada homem muito rico tem de haver quinhentos pobres e a influência de poucos pressupõe a indigência de muitos. (WN710)

Descontextualizar as palavras é insidioso. Smith estava a escrever sobre a evolução e os alicerces da justiça numa sociedade, justiça sem a qual, como declara em *Sentimentos Morais*, a sociedade "tem de num momento se desfazer em átomos" (TMS86).

Viver numa tal era sem lei não seria fácil. Na "sociedade selvagem" mais rude, antes de existir propriedade para além dos direitos naturais da propriedade do corpo de uma pessoa, violar "pessoa e reputação" era tudo o que se podia fazer a um indivíduo (embora seja evidente que esta não é uma transgressão menor para a pessoa morta ou para a sua reputação desfeita devido à incapacidade de defender os seus direitos).

Depois de os seres humanos passarem da sociedade "rude" para a pastorícia e agricultura, a inovação da propriedade começou a alterar as experiências prévias. Os bandos tornaram-se maiores e o contacto era mais frequente, com tudo o que isso implica na condição humana. "Inveja, malícia ou ressentimento são as únicas paixões que conseguem levar um homem a prejudicar a pessoa ou reputação de outro" (WN709), mas a forma como um indivíduo trata outro dentro do grupo pode ser diferente da forma como um bando trata outro bando. Aí, as paixões tinham andado à solta até a inovação da troca, reciprocidade e comércio se ter disseminado e, mesmo então, a escolha de pilhar em vez de comerciar nem sempre era decidida de forma benigna. No bando, raramente existia, quando existia, um "magistrado estabelecido ou qualquer administração regular de justiça", porque não era preciso e os problemas isolados dessa natureza eram tratados de acordo com o costume ou com paixões *ad hoc*. A emergência da propriedade alterou os hábitos do passado, sobre os quais Smith comenta o seguinte:

Os homens podem viver juntos em sociedade com algum grau de segurança, mesmo sem um magistrado civil que os proteja da injustiça dessas paixões [inveja, malícia ou ressentimento]. Mas a avareza e a ambição dos ricos, nos pobres o ódio pelo trabalho e o apego à simplicidade e ao prazer, actualmente são as paixões que levam à invasão de propriedade, paixões muito mais regulares no seu funcionamento e muito mais universais na sua influência. Onde há muita propriedade, há muita desigualdade. Por cada homem rico tem de haver quinhentos pobres e a influência de poucos pressupõe a indigência de muitos. A prosperidade dos ricos excita a indignação dos pobres, que com frequência são levados pela necessidade e espicaçados pela inveja a transgredir a propriedade dos primeiros. É só sob a protecção do magistrado civil que o dono de propriedades valiosas, adquiridas pelo trabalho de muitos anos ou, talvez, ao longo de gerações sucessivas, pode dormir uma única noite em segurança. Está sempre rodeado de inimigos desconhecidos que, embora nunca os tenha provocado, não consegue apaziguar e de cuja injustiça só pode ser protegido pelo braço poderoso do magistrado civil, continuamente erguido para os punir. Portanto, a aquisição de propriedade valiosa e extensa requer necessariamente o estabelecimento de um governo civil. (WN708-10)

Neste contexto vale a pena salientar que os donos de propriedade precisavam de protecção não só dos "pobres invejosos", que não detinham qualquer propriedade, mas também, e talvez principalmente, dos outros proprietários "invejosos" à sua volta que, sendo humanos (e não só ricos!) queriam mais. Os estudos sobre o crescimento das sociedades pastoris da Ásia Central e das sociedades "bárbaras" a leste e a norte das fronteiras de Roma e do declínio da ordem civil de Roma a oeste e a sul das mesmas fronteiras[26], descrevem as lutas entre as pessoas nas classes ricas, elas mesmas divididas pelas diferentes dimensões da sua posse de modos de subsistência, com variados graus de ambição, inveja, falta de escrúpulos e oportunismo. Os dramas locais de lutas internas, convenientes alianças matrimoniais e a duplicidade associada demonstram que as suas "noites em claro" eram causadas não só por receios da devastação potencial dos pobres invejosos, mas também, e talvez de forma mais premente, pela consciência de que tinham muito a recear dos seus vizinhos, cujas ambições acompanhavam a sua inveja em esquemas para expandirem as suas propriedades à custa dos seus vizinhos.

Quando a agricultura como modo de subsistência se espalhou pela Europa a partir do Médio Oriente, verificaram-se grandes desigualdades nos padrões de vida da maioria das pessoas. Comparadas com as elites nessas sociedades agrícolas, os padrões de vida da maioria das pessoas eram verdadeiramente básicos e, como sempre, só aos níveis da subsistência, uma condição que existiu durante milénios antes de se começar a alterar na Europa a partir de 1800. As pessoas que não adoptaram a agricultura como modo de subsistência continuaram, no século XVIII e depois, a viver na primeira era da caça. O regime quase invariável de pobreza universal e igualitária era a condição humana "normal" para a maioria, que sobrevivia até à idade adulta, estando a sua escala e duração, a partir da pré-história, para além de qualquer imaginação.

Os "ricos" que dirigiam essas sociedades primordiais eram "ricos" quando comparados com a maioria das pessoas, mas a sua "riqueza" era de pouca monta quando comparada à da maioria das populações que vivem hoje nas partes desenvolvidas do mundo. Enquanto os rendimentos *per capita* estiveram ao nível da subsistência para a maioria, a elite mais rica formada pelos novos modos de subsistência baseava o seu poder na posse desigual de propriedade. Para as populações crescerem e os rendimentos *per capita* permanecerem na subsistência, teve de haver um crescimento contínuo, ainda que lento e gradual, do rendimento nacional, cuja maioria excedente era apropriada pelos ricos e poderosos. Estes excedentes eram consumidos à vontade e em parte nos seus agregados familiares e por aqueles que os serviam como assalariados armados, e em parte na edificação de "civilizações" baseadas em pedra, cujas ruínas estão espalhadas hoje pela Europa, Médio Oriente e Norte de África.

CAPÍTULO 5

Princípios gerais da lei e do governo

Introdução

Adam Smith considerava a história da monarquia constitucional da Grã-Bretanha uma influência positiva na disseminação da abundância. Mais especificamente, os ensaios brilhantemente originais, mas incomparavelmente mais curtos, de Cantillon e Turgot sobre uma economia semelhante à de Smith[1] não conseguiram cativar a classe política francesa, quando comparados com o impacto que *A Riqueza das Nações* de Smith teve entre os legisladores britânicos (e na América do Norte). Cantillon e Turgot escreveram para um público ainda mais restrito (Turgot, por exemplo, escreveu para dois estudantes jesuítas chineses, M. M. Ko e Yang)[2] e foi preciso mais de um século para o trabalho de Cantillon e Turgot ser reconhecido pelos economistas como contribuição original e significativa para a ciência económica[3].

Ler a sua *magnum opus* "a frio", sem se perceber a interpretação de Smith da história da governação britânica, é a principal causa da conclusão de que *A Riqueza das Nações* não passa de um relato incoerente de um episódio passado há muito na história britânica.

O interregno e queda de Roma

Os invasores das províncias ocidentais do Império Romano conheciam a agricultura, tinham noção de propriedade e a sua elite era letrada (muitos tinham sido educados sob influência de Roma). Decidiram dividir os territórios romanos em enormes regiões, exigindo tributos aos seus habitantes. A elite invasora estabeleceu um sistema alodial de posse de terra, em que a terra era detida em título absoluto por quem a protegesse contra todos os pretendentes.

O proprietário alodial superior oferecia hospitalidade ao seu rei, ao contrário do sistema feudal em que o rei recebia tributos regulares dos senhores seus subordinados em troca de títulos legais de propriedade. Estas invasões dividiram e tornaram a dividir a Europa pelos senhores guerreiros, que receberam muita riqueza na forma de excedentes agrícolas e que eram apoiados por enormes números de súbditos armados que, em troca de parte dos excedentes, prestavam serviços variados, incluindo lutar quando era preciso. Muitas vezes os senhores guerreiros lutavam com os seus vizinhos e desafiavam ou afastavam os seus rivais. Smith descreveu os senhores guerreiros e a sua influência nas terras que conquistavam e pelas quais lutavam:

> Nesta altura não havia prática de artes. Como estas pessoas eram rudes e selvagens, não existia disciplina entre elas; o país estava infestado de ladrões e bandidos, de forma que as cidades se despovoaram rapidamente, porque sem uma circulação livre entre o campo e a cidade, para dar vazão aos produtos manufacturados e para se importar provisões, nenhuma cidade consegue subsistir. (LJ244-5)

A estes problemas juntavam-se as incursões piratas atribuídas aos Dinamarqueses e aos Normandos, com estes últimos a conquistarem e a estabelecerem-se na Normandia, a partir da qual acabaram por invadir a Inglaterra. Recorrendo aos produtos agrícolas extorquidos aos habitantes conquistados, os senhores conseguiam manter centenas ou mesmo milhares de assalariados relativamente ociosos. Os senhores e o rei estiveram frequentemente em conflito ao longo de gerações e o equilíbrio relativo de poder e de ambição variou com o tempo, com algumas bênçãos da Igreja de Roma. Para aqueles que se encontravam nos escalões mais baixos da escada social, estes eram tempos perigosos, com exércitos a passarem pelos seus territórios com os costumeiros hábitos de rapina e violência. Por vezes estabelecia-se um governo ordeiro que podia ter diversas versões, sendo o apelo final à intervenção de um rei ou do papa característico da maioria deles (LJ245).

Esta foi a norma durante cinco séculos após a queda de Roma. A estagnação e o declínio local foram a realidade durante grande períodos ao longo destes séculos. Em Inglaterra, os "grandes senhores rapidamente destruíram a ordem e a harmonia de diversas regiões" e a "sua forma de vida sem lei e baseada em pilhagem também destruiu o comércio e a indústria dos habitantes anteriores". Todos os habitantes das terras dos senhores contribuíam com produtos agrícolas, que os senhores, não consumindo eles mesmos todas as contribuições, redistribuíam pelos seus dependentes. A descrição que Smith faz transmite uma imagem de desordem, de baixos níveis de vida para o povo "pouco mais avançado que os pastores" e de uma segurança frágil para as pessoas, para as suas escassas posses e para as suas famílias.

Mas esta imagem desoladora estava lentamente a sofrer alterações, talvez de pouca importância por si só, mas cumulativamente significativas. Smith explica que desde a conquista de Inglaterra por Guilherme, *O Conquistador,* os senhores detinham a terra para o prazer do rei todo-poderoso, enquanto os senhores menores detinham as suas terras nas mesmas condições (LJ244). Tratava-se não de um facto legal, mas de prática política. Os senhores continuavam a guerrear-se e procuravam compensações por meios tanto justos como desonestos, apelavam aos senhores acima deles ou, em última instância, ao rei. Os dependentes também guerreavam e procuravam compensações, e as gerações seguintes trouxeram para a refrega uma mistura nova de ambição e de capacidade, que acabou por estabelecer novos centros de poder local. E também eliminaram os fracos dentro das suas fileiras. Por vezes exigiam-se "serviços extraordinários" aos assalariados ou o senhor superior exercia o seu "prazer" absoluto sobre os direitos restritos de posse de terra de um subordinado, concedendo-lhe primeiro a posse por um período específico de tempo, depois durante toda a vida e, por fim, pela duração da sua vida e herança (criando ainda mais motivos para conflitos futuros). Estas alterações isoladas transformaram lenta e gradualmente as terras alodiais em propriedades feudais (LJ249-52). Com a transferência, aparentemente pouco importante, de pequenas propriedades deram-se os primeiros passos não intencionais para a erradicação do sistema economicamente destrutivo dos senhores da guerra que existia em toda a Europa Ocidental. A "idade das trevas" tornou-se uma memória popular desagradável, cujas lições Smith considerava importantes para se identificar a natureza e as causas da disseminação da abundância.

Smith destacava a queda do Império Romano como o acontecimento significativo na história da Europa, mencionando que "as confusões que se seguiram a tão grande revolução se prolongaram durante vários séculos", incluindo "a rapina e a violência" impostas aos "habitantes primordiais" que "interromperam o comércio entre as cidades e o campo" e fizeram com que as pessoas abandonassem as cidades e deixassem grande parte dos campos por cultivar. Com o tempo, "as províncias ocidentais da Europa, que tinham tido um grau considerável de abundância durante o Império Romano, afundaram-se no mais baixo estado de pobreza e barbárie" (WN381-1)[4].

Na agricultura, os frutos do governo feudal reduziram-se a "algum gado miserável mantido pela produção espontânea das terras por cultivar" (WN334), supostamente geridas por servos que eram praticamente escravos. Aqueles que não tinham propriedade (incluindo a sua pessoa) dependiam dos seus senhores

para sobreviver e estavam à mercê dos seus caprichos (WN386-
-7; LJ182-6).

A longo prazo, devido às leis feudais da primogenitura e à restrição de sucessão preservaram-se propriedades vastas reivindicadas pelos senhores, que por elas se guerreavam. Devido à lei da primogenitura, o filho mais velho herdava tudo, não restando nada para a sua mãe e irmãos, excepto aquilo que ele mesmo quisesse colocar à sua disposição; na restrição à sucessão, o parente masculino mais velho ou mais próximo herdava o título e a propriedade, sem direito a subdivisão da propriedade, mesmo se o seu proprietário desejasse deixar outras disposições caso não tivesse um herdeiro masculino directo. Ao longo de gerações estas práticas evitaram a divisão das propriedades e bloquearam o desenvolvimento de um mercado de lotes de terra a preços que os aspirantes a proprietários pudessem pagar, o ideal de Smith para a criação de uma classe produtiva de pequenos proprietários independentes. A vastidão das propriedades também atrasou, ou impediu, as melhorias necessárias nas grandes propriedades antigas devido ao custo das despesas de melhoramento de toda a propriedade, verificando-se também que os novos proprietários nem sempre tinham esse desejo, não por falta de capital, mas sim porque preferiam não ter trabalho. Muitos proprietários não faziam uma gestão activa das suas terras, ou as propriedades herdadas estavam tão endividadas e os seus rendimentos em rendas eram tão baixos que, ainda que as quisessem melhorar, isso estaria para além dos seus meios. Além da vontade de se esforçarem o menos possível e gastarem o mínimo possível nas suas propriedades, havia políticas desfavoráveis impostas por velhas instituições europeias que desencorajavam as poucas pessoas que poderiam ter sido empreendedoras, causando a escassez local e regular de cereais que estas mesmas leis deviam impedir (LJ525).

O comércio de produtos agrícolas estava limitado por "leis absurdas", como as que proibiam os comerciantes ("açambarcadores") de comprarem os produtos numa localidade para os venderem com lucro noutra, sob pena de prisão, multas, produtos confiscados e exposição no pelourinho. Estas leis escorraçaram os comerciantes regulares e atraíram "vendilhões desprezíveis" que pouco tinham a perder, encorajando o ódio popular contra uma das soluções mais eficazes contra a escassez local, nomeadamente trazer excedentes de regiões de grande produção alimentar para zonas com escassez de alimentos (WN528).

As consequências gerais e de longo prazo destas proibições e os privilégios restritivos atribuídos a "feiras e mercados" em sítios determinados e sob o controlo dos governos urbanos (ver Fernand Braudel)([5]) atrasaram, mas não evitaram, a disseminação do comércio interno (WN396). Uma das muitas consequências da inversão da ordem pela qual a Grã-Bretanha progrediu até à abundância foi fortuita, porque promoveu sem querer o desenvolvimento de uma monarquia constitucional (com parlamentos e elementos de liberdade).

Os habitantes das primeiras cidades eram comerciantes e artesãos, na sua maioria numa "condição servil, ou com ela muito parecida". Eles, ou os seus antepassados, tinham sido anteriormente membros da classe vilã de camponeses sem terra, servos dos seus senhores, sem propriedade e sem os benefícios da liberdade. Algumas cidades maiores obtiveram cartas ou forais concedidos pelo rei, que cortou as obrigações destas cidades para com os senhores locais, permitindo aos seus habitantes darem as suas filhas em casamento sem precisarem de autorização do senhor e deixarem a sua propriedade aos seus filhos (WN397; LJ48), sendo ambas as medidas os primeiros passos para a liberdade pessoal e o alívio de uma subjugação total. Smith descreve-os como "um conjunto de pessoas muito pobres e mesquinhas", que beneficiaram do apuro dos seus reis durante muitas décadas e "chegaram à liberdade e à independência muito antes dos ocupantes da terra no resto do país" (WN339).

Os habitantes das "cidades" pequenas, um aglomerado de cabanas toscas, não viveram o tempo suficiente para ver benefícios que os tirassem da sua miséria; o desenvolvimento era desigual, sujeito a regressões e permaneceu frágil. É pouco provável que pessoas de gerações posteriores tivessem noção do seu "progresso", materialmente quase invisível; as gerações ajuízam as suas circunstâncias pelas deficiências da sua situação e não por comparação com as histórias que os seus avós contavam sobre um passado distante.

Os reis precisavam de aliados para lidar com os senhores "ineptos" e com os seus exércitos privados, que invejavam o trono de um rei fraco. Reis nestas condições precisavam de ajuda contra os senhores, entre coligações problemáticas e rebeldes. Neste contexto, as cidades independentes, já predispostas para se revelarem refractárias às opressões arbitrárias dos senhores locais, foram-se gradualmente transformando em úteis fontes fiscais para o rei. Em troca da concessão às cidades de privilégios legais que não afectavam a sua soberania ainda que pudessem embaraçar os senhores locais se as cidades conseguissem manter tais privilégios, o rei mantinha aliados dentro dos territórios dos seus potenciais inimigos. Gradualmente, em concordância com a habitual letargia senhorial, os habitantes das cidades ganharam importância por conseguirem manter a paz real nos seus domínios. Gradualmente e conforme os reis se foram sucedendo, estes foram concedendo poderes locais às cidades que lhes permitiam elaborar leis locais e fazê-las vigorar através dos seus magistrados nomeados localmente, "construir muralhas para a sua defesa" e mobilizar os seus habitantes "com uma espécie de disciplina militar" contra "todos os ataques e surpresas que surjam tanto de noite como de dia" (WN400-1).

Desta forma, escreveu Smith, os soberanos "erigiram [...] repúblicas independentes no coração dos seus próprios domínios" para poderem rivalizar com o poder armado dos senhores que oprimiam os súbditos mais fracos do rei, principalmente os servos desarmados que se escondiam da fúria do senhor em casebres miseráveis e que os senhores consideravam ser de "uma espécie diferente da sua". Conforme as cidades iam florescendo, "a riqueza dos burgueses nunca deixou de provocar a inveja e a indignação dos senhores e estes pilhavam-nas à mínima oportunidade, sem remorso e sem misericórdia", fazendo com que os burgueses odiassem e temessem os senhores tanto quanto o próprio rei também os odiava e receava. Os reis não tinham razões para recear ou odiar os burgueses; estes recolhiam e pagavam os impostos das suas cidades e não se metiam em conspirações contra o rei. Eram o mais próximo possível de um cidadão-modelo em tempos de incerteza e, portanto, os seus interesses mútuos como inimigos dos inimigos do outro "predispunha-os a apoiarem o rei, enquanto o rei os apoiava a eles contra os senhores" (WN401-2).

As alterações na balança de poder tiveram consequências económicas. A opressão que os senhores exerciam sobre os camponeses consolidava os seus hábitos de vida de subsistência – os senhores exigiam tudo o que eles conseguiam produzir para além das quantidades de subsistência. Nas cidades, o comércio afectava os seus habitantes de forma diferente. É natural, dizia Smith, que as pessoas que gozavam "os frutos da sua indústria" se esforçassem por "melhorar a sua condição" e por adquirir, para além das suas necessidades, as "comodidades e elegâncias da vida", estabelecendo nas cidades a cultura necessária para o comércio.

As opressões exercidas no campo incentivaram os camponeses a fugir para a liberdade relativa das cidades. É certo que as cidades permaneceram dependentes do campo para a sua subsistência, mas a prosperidade também proporcionava meios com os quais uma cidade, desde que convenientemente situada junto de um rio ou de uma rota marítima, podia adquirir a sua subsistência e "as comodidades e elegâncias da vida" noutros locais para além da sua vizinhança próxima (WN405). E com estas circunstâncias, notou Smith, surgiram as sementes de destruição das formas feudais de governo.

O feudalismo não era um modo novo de subsistência, de acordo com Smith. Era um sistema de governo e não um modo de subsistência; os alimentos cultivavam-se da mesma forma biológica embora sem a mesma produtividade, quer fossem cultivados por servos, escravos, comunas comunistas, pequenos proprietários ou quintas comerciais. A era da agricultura como modo de subsistência continuou, tal como tinha continuado com os Faraós, os Incas e os bárbaros, quando atingiu um estado patético e miserável. O comércio internacional representou uma "solução" para os "grandes proprietários" na sua busca desesperada de satisfazerem as suas vaidades (WN410n39). O acesso a "manufacturas mais finas e melhores" provenientes de mercados distantes (Holanda, França e Itália) promoveu o velho empreendimento da imitação para satisfazer os desejos aquisitivos dos consumidores. Um outro exemplo de rupturas não intencionais da "ordem natural" foi a loucura religiosa, étnica e racial dos governantes despóticos que por razões religiosas ou raciais baniram para o exílio os seus manufactores mais requintados, muitos dos quais se deslocaram para Norte da Grã-Bretanha no reinado de Isabel I (WN407-8). Joshua Tucker defendia um esquema de imigração apoiado pelo governo para os estrangeiros "empreendedores" que trouxessem com eles um mínimo de capital ([6]). Tucker percebeu os benefícios da entrada de emigrantes talentosos e com capacidade, perseguidos noutros países. Os fabricantes locais, ao melhorarem as suas técnicas, produziam artigos para vendas em locais distantes e o seu sucesso fez com que mais pessoas empreendedoras se estabelecessem em cidades onde se dispunham a trabalhar. Assim, as cidades cresceram a partir da expansão do seu comércio, tendo a imitação e a inovação sido fontes de crescimento, apoiadas pelo aumento da procura dos senhores feudais.

O declínio do feudalismo

Na ordem feudal todas as terras pertenciam ao rei, o qual atribuía aos senhores o título feudal de uma terra durante a sua vida e herança e que se comprometia a apoiá-los militarmente em tempos de necessidade, em troca do tributo das suas propriedades e do seu compromisso de serviço militar sob o seu comando.

O rei convocava os senhores para um "colóquio" em que procurava o seu "consentimento e conselho" e, por implicação, o seu compromisso para apoiarem o curso de acção por ele escolhido (LJ254). Com este passo o rei comprometia o seu poder absoluto, os senhores comprometiam a sua independência e o governo tornava-se "aristocrático", com os membros mais poderosos da aristocracia a partilharem a soberania do rei. O rei governava como líder hereditário no topo da aristocracia e dos seus vassalos que eram considerados "nobres". Os "vilões e escravos" – que trabalhavam as terras, apanhavam as colheitas, tratavam dos animais e faziam cumprir o mandato judicial dos seus senhores – eram considerados "ignóbeis e desprezíveis" (LJ255).

A consequência silenciosa do regresso de alguma ordem e paz aos campos revitalizou as cidades pequenas, que nos séculos seguintes causaram uma alteração importante no equilíbrio de poder do sistema feudal de posse e ocupação de propriedade. A classe dos "burgueses", muitos dos quais eram antigos vilões que tinham comprado a sua liberdade das obrigações feudais, começou a desempenhar diversos papéis no comércio e foi atraída para povoações pequenas, algumas dos quais cresceram até se tornarem vilas e mais tarde cidades (LJ255). Foi assim que se iniciou a luta de séculos das cidades contra a aristocracia rural, que viria a acabar com os privilégios feudais dos senhores e com a servidão dos vilões e, mais importante ainda, ajudar a recuperar a era do comércio.

A análise que Smith faz deste processo é magistral. Na sua maioria, os senhores feudais continuaram a ser uma fonte de distúrbios, conseguindo por vezes substituir reis por outros pretendentes ao trono. Esta capacidade fez com que os reis "tivessem inveja do poder [destes] nobres" e que "usassem qualquer método para diminuir o seu poder". Muitas vezes os vilões e os vassalos entravam em conflito com os seus senhores e quando conseguiam invocar protecções legais, ainda que limitadas, alimentavam a sua independência dentro dos limites impostos pela ordem feudal. Um outro exemplo mais explícito era o reforço de poder que o rei concedia aos burgueses nas cidades quando lhes permitia formar "corporações" (note-se o significado primordial desta palavra) para se defenderem contra os senhores com "muralhas e guarda[s]", podendo estes últimos chegar aos "300 homens armados", e atribuindo-lhes direitos para julgarem pequenas causas nos seus próprios tribunais (LJ259).

Os reis foram gradualmente abrindo a porta a um "parlamento dos comuns" separado do "parlamento dos senhores", o que foi da maior importância para o progresso de certas liberdades. Os reis consultavam os senhores, solicitando o seu conselho e consentimento antes de imporem impostos; depois convidavam alguns burgueses privilegiados a participar em reuniões separadas para darem o seu consentimento à cobrança de impostos nas cidades que proliferavam. Os impostos adquiriam assim legitimidade junto dos parlamentos dos senhores e dos comuns.

Os motivos financeiros dos reis desencadearam uma convergência pouco usual de interesses. Os reinados mais caros, mais marciais, que se envolviam regularmente em guerras no continente e que portanto tinham necessidade de saques mais regulares aos rendimentos fiscais, coincidiram com reinados "mais favoráveis à liberdade", ainda que apenas por razões de conveniência. Os monarcas que despendiam pouco convocavam os parlamentos com menor frequência do que os que gastavam muito. Esta ligação não passou despercebida àqueles que estavam em posição de negar o seu consentimento. Smith notou que entre os representantes dos burgueses urbanos rapidamente se estabeleceu a regra do "não concedemos subsídios até que os nossos pedidos sejam atendidos" (LJ260). O "permutar, negociar e trocar" impôs-se nas relações entre o soberano e os seus súbditos. Mais ainda, refere Smith, conforme os senhores iam perdendo senhores menores e viam as suas fortunas a diminuir, os reis passaram a tratar primeiro com os comuns questões relacionadas com as receitas; os senhores só eram consultados depois de se ter obtido o consentimento dos comuns. Assim, o poder foi-se deslocando dos senhores para os comuns (LJ260).

Estes passos duradouros para a liberdade (imperfeita) foram selados com a avareza da nobreza, pois a gradual "introdução das artes, do comércio e do luxo" no seu comércio com as cidades com o tempo acabou com a fonte de poder dos senhores, que provinha do seu comando de milhares de assalariados armados. Conforme a sua capacidade de criar problemas ao rei foi declinando, o poder da monarquia foi-se fortalecendo até criar, ainda que temporariamente, uma forma britânica de absolutismo, mais frágil do que a monarquia absolutista continental, que permaneceu inalterada durante séculos e por isso estava moribunda.

Na época de Smith o poder já tinha sido transferido do rei para o parlamento, causando uma renovação da influência da aristocracia que dominava o parlamento. O caminho do absolutismo para uma monarquia constitucional não foi linear; sofreu diversos reveses, entre os quais a luta entre Carlos I e o parlamento no início do século XVII, seguida da Revolução de 1688, que depôs o rei Jaime, e a União de Parlamentos de 1707, que unificou a Grã-Bretanha sob a monarquia hanoveriana. Mas o resultado deste longo processo foi o declínio da influência dos senhores aristocratas feudais na Grã-Bretanha.

Os grandes proprietários feudais dos países sem comércio internacional e sem manufacturas mais sofisticadas não tinham produtos com que "gastar" a maior parte dos lucros das suas propriedades, depois de terem reposto o capital (sementes, renovação do gado e outras despesas semelhantes) e de pagarem a manutenção dos seus agricultores e dos seus assalariados armados. Os senhores só podiam gastar os seus produtos excedentários se mantivessem um grande número de assalariados, de dependentes, de parasitas e artistas, que viviam à custa dos seus bens e que alimentavam a sua vaidade (WN413). Em contraste com a tranquilidade associada à bondade dos senhores nas suas propriedades, o "campo aberto continuava a ser palco de violência, rapina e desordem" (WN418).

O relato que Smith faz do declínio da aristocracia feudal até à impotência política é prova do seu melhor estilo narrativo.

Smith não tem qualquer pretensão de apoiar a sua narrativa com dados ou com datas; escreve sobre a generalidade dos acontecimentos que lenta e gradualmente foram minando o poder dos senhores feudais. Contrasta-os com o "funcionamento silencioso e insensível do comércio e das manufacturas" que "desencadearam" o fim do feudalismo e contra o qual a "violência das instituições feudais" foi impotente (WN418).

A vaidade dos senhores e das suas damas levou-os, primeiro, a uma tendência extravagante para compras de manufacturas "de luxo" e canalizou proporções cada vez maiores da sua riqueza anual para as adquirir. Contudo, à medida que iam despedindo assalariados para financiarem a sua ganância, também diminuía o seu poder para desencadear problemas que incitassem a ira dos reis. Ao mesmo tempo também foram esgotando os meios de que dispunham para tiranizarem os rendeiros indefesos. As manufacturas estrangeiras e distantes eram um outro meio, para além dos assalariados, de gastar a sua riqueza. Mas sem os assalariados armados, quem iria punir os seus "inimigos" nas cidades, mandar nos seus rendeiros e nas famílias deles e desafiar ou intimidar os seus vizinhos senhoriais mais fracos? Gradualmente, aqueles que se deixavam seduzir pela ganância do consumo de luxo iam gastando quantias cada vez maiores dos rendimentos auferidos com as suas terras. Eles próprios consumiam os artigos que tinham comprado com o seu rendimento "sem os partilharem com os rendeiros ou os assalariados". A descrição sumário de Smith revela o seu desprezo: «Tudo para nós e nada para os outros» parece ter sido, em todas as eras do mundo, a máxima vil dos senhores da humanidade" (WN418). E assim era e ainda é nalgumas partes do mundo em que o poder sem limites destrói a felicidade e a vida daqueles que subjuga. Mas com o tempo, no caso do feudalismo, os governantes colheram o que semearam:

> Talvez por um par de fivelas de diamante ou por algo frívolo e inútil, trocavam o provisionamento ou o preço do provisionamento de mil homens durante um ano, o que é

a mesma coisa, e juntamente com ela todo o peso e autoridade que esses homens lhes davam. Contudo, as fivelas eram só para eles e mais nenhuma outra criatura humana; enquanto o método mais antigo da despesa de provisionamento era partilhado por pelo menos mil pessoas [...] e assim, para gratificação da vaidade mais infantil, mais mesquinha e mais sórdida de todas as vaidades, iam trocando todo o seu poder e autoridade. (WN418;LJ50-2; 420)

Devido aos gastos com luxos, um senhor passa a conseguir manter não mil famílias, todas sob o seu comando, mas menos de 20 pessoas ou "dez peões sem qualquer mérito" (WN419--20). O que vale a pena referir nas observações de Smith é uma outra consequência, mencionada com uma insinuação à sátira de Mandeville. O senhor gastador, que compra quinquilharias e despede um grupo de assalariados, também emprega indirectamente outros que fazem quinquilharias e as enviam de partes distantes, e com estas acções proporciona "ocasiões para uma grande quantidade de trabalho e de manufactura, ao ponto de inflacionar o seu valor" (LJ195). O gastador parece ser "o membro mais destrutivo da nossa sociedade que conseguimos conceber" mas, paradoxalmente, a sua espécie "não é de forma alguma prejudicial para a sociedade" (LJ194). Os preços elevados daquilo que os gastadores compram provêm geralmente dos salários da mão-de-obra e dos lucros dos empregadores dela e o gastador contribui indirectamente para a manutenção de todos estes trabalhadores, das suas famílias e dos seus empregadores (WN420). Além disso, grande parte da comida, bebida e dos restos dos banquetes comuns à hospitalidade rústica é desperdiçada e estraga-se, ao contrário dos artigos manufacturados, demasiado caros para serem desperdiçados. E os negociantes e os artífices empregavam nas manufacturas, ao contrário dos agricultores rendeiros, muitos clientes e não apenas um, e embora tenham "obrigações para com todos eles", não estão "necessariamente dependentes de nenhum deles" (WN420).

"Mercadores e manufactores" rapidamente encontraram produtos para tentar os senhores e alimentar as suas vaidades. Estes precisavam de rendimentos para pagar esses produtos. Uma solução óbvia era aumentarem as rendas, bem como alargarem os contratos de arrendamento e a sua duração e ainda ficarem com pequenas parcelas para se criarem quintas viáveis. Para poderem estar vinculados a senhores que exigiam rendas mais altas, os rendeiros procuravam contratos por períodos mais longos e os senhores garantiam-lhos, o que com o tempo fez com que os rendeiros ficassem mais independentes e se descartassem das velhas obrigações feudais de prestar serviços pessoais (WN420-1). Isto levou à queda dos senhores como força política importante e frequentemente violenta no governo do país. Porque

> [t]endo vendido o seu direito de nascença, não como Esaú por um prato de lentilhas([7]) em tempos de fome e necessidade, mas sim pela dissolução da abundância de quinquilharias e bugigangas mais adequadas como brinquedos de criança do que como coisas sérias para um homem, tornaram-se tão insignificantes como um burguês ou comerciante abastado de qualquer cidade. (WN421)

Smith afirmou que na maior parte da Europa o comércio e as manufacturas das cidades "em vez de serem o efeito, têm sido a causa e a oportunidade da melhoria e do cultivo do país", ao contrário do que considerava ser a "ordem natural das coisas" (primeiro a agricultura e depois o comércio), o que "não sendo natural", foi "necessariamente lento e incerto" (WN422).

Tendo explicado a sua perspectiva da evolução natural da sociedade desde a era da caça até à do comércio e o que aconteceu no seu renascimento desde o século XV, mostrou que a evolução social podia parar em qualquer das quatro eras dos modos de subsistência, bem como saltar uma era totalmente, e que a paragem ou mesmo um retrocesso ocasional era "normal" quando intervinham circunstâncias geográficas, climáticas e institucionais. Adoptando uma perspectiva de longo prazo do desequilíbrio de acontecimentos simultâneos e sucessivos, em vez das abstracções de prazo mais curto do equilíbrio, Smith produziu uma análise bem superior a quase tudo o que se lhe seguiu.

Liberdade constitucional

Foi uma sorte que o "sistema de liberdade" britânico tivesse sido estabelecido, ou pelo menos delineado, antes de os governos britânicos terem financiado e formado exércitos profissionais. O parlamento, eleito por uma população altamente restrita, ao controlar as finanças do exército conseguia evitar, ou pelo menos inibir, que este fosse utilizado para contrariar passos conducentes à liberdade geral dos súbditos do rei. A falta de dinheiro, independentemente da aprovação parlamentar, limitava a capacidade de um tirano potencial recorrer à intimidação armada dos seus súbditos (o princípio pelo qual se lutou na guerra civil inglesa).

Para Smith, um "sistema de liberdade" era um dispositivo constitucional livre da tirania do rei, parlamento, juízes, oficiais do Estado ou de qualquer pessoa em particular. Na Grã-Bretanha do século XVIII, o sistema de liberdade era o fundamento do governo, que tinha sido confirmado por "muitas Leis do Parlamento". Embora esta fosse uma liberdade determinada por sanção legal e não por licença universal, era mesmo assim muito mais avançada do que em qualquer outro local até à fundação dos Estados Unidos da América. Assim, Smith acreditava que na Grã-Bretanha, com as suas liberdades tão enraizadas, "todas as pessoas ficariam chocadas com qualquer tentativa para alterar este sistema" de liberdade e que tais tentativas "enfrentariam as maiores dificuldades" (LJ271).

Smith reflectiu sobre ameaças à liberdade constitucional emanando potencialmente de dentro do Estado, especificamente na forma da "Lista Civil"[8] que cobria as despesas pessoais do monarca em apoio da "dignidade da sua administração" – um eufemismo para a dissipação na sua vida pessoal e pública. Felizmente, em vez de gastar este dinheiro num exército disposto a fazer o que o soberano quisesse, os reis preferiam gastá-lo nos seus caprichos pessoais. Smith escreve que nas mãos de "príncipes manipuladores, vigorosos e ambiciosos [a Lista Civil gasta com um exército] poderia garantir-lhes uma influência superior àquela que a dependência de alguns oficiais no palácio pode ter". Na perspectiva de Smith, alguns oficiais do exército capazes de entreter e divertir o rei não eram suficientes para um golpe real. Smith pensava que os príncipes teriam dificuldades em alterar costumes estabelecidos; a vida de indolência mimada arrasa vaidades ambiciosas, não as alimenta. Concretamente, uma Lista Civil, embora proporcione ao Soberano uma boleia livre com tudo pago às custas da "dignidade da sua administração", corrompe inevitavelmente tentações que possam levar ao regresso da Grã-Bretanha ao absolutismo.

Contudo, um exército permanente "pode também sem qualquer dúvida virar-se contra a nação se o rei tiver grande influência sobre ele". Mas isto era pouco provável porque muitos dos oficiais superiores do exército tinham eles mesmos grandes propriedades e alguns eram membros da Câmara dos Comuns, o que lhes dava influência e poder independentes do rei. Os interesses pessoais impediam-nos de arriscarem os seus privilégios aliando-se a um rei vaidoso na sua tentativa de escravizar a nação, pois nada "que lhes pudesse dar" era capaz de "atrair o interesse deles para o seu lado", "por muito mercenários que os julguemos". Smith conhecia bem estes homens (LJ269-71).

Mas outras características constitucionais funcionavam também como obstáculos à tirania. Por exemplo, os tribunais de justiça asseguravam a liberdade do povo. Smith dividiu a sua confiança no sistema judiciário em seis partes. (Estou grato pelos comentários críticos do Professor Edward J. Harpham a uma versão anterior desta secção.)

Primeiro, os juízes tinham cargos vitalícios inteiramente independentes do rei, eram "livres e independentes" e responsáveis pela sua conduta perante a lei. O interesse próprio impedia os juízes de agirem injustamente contra os acusados, pois com tais actos arriscavam a perda do seu rendimento pessoal regular e relativamente alto proveniente dos seus "cargos rentáveis", o que podia também prejudicar seriamente a sua reputação. De notar que nada que um rei pudesse oferecer aos juízes os tentava a agir escandalosamente a seu favor (LJ271-2).

Segundo, como os juízes tinham pouco poder para explicar, alterar, ampliar ou corrigir o significado das leis, tinham de, com "grande exactidão", observar estritamente o significado literal das palavras definido pelo parlamento (LJ275). Os juízes não faziam as leis – isso era uma função exclusiva do parlamento –, aplicavam-nas e, em Inglaterra, interpretavam o "direito consuetudinário", um processo venerável que reflectia a forma como as leis tinham evoluído a partir de práticas do passado meritórias e com uso ancestral.

Terceiro, a lei do *habeas corpus* ("que tenhas o corpo") era uma "grande segurança contra a opressão". Antes desta lei, o Conselho Privado (nomeado pelo rei) podia mandar para a cadeia quem desejasse e deter uma pessoa sem julgamento enquanto o rei assim o desejasse. Por volta do século XVIII nenhum juiz se opunha à lei do *habeas corpus* devido ao risco de "infâmia e punição elevada". Smith afirmou que o *habeas corpus* "nunca deverá ser posto de parte, pois isso iria destruir em grande parte a liberdade do súbdito" (LJ272-3).

Quarto, os jurados ouviam as provas e decidiam com base nos factos. Smith fez uma breve história do sistema de jurados desde a Magna Carta (o acordo constitucional que regulou as relações entre o rei e os barões e que garante ao indivíduo o "direito a um julgamento legal pelos seus pares", não pelo rei), concluindo que "na Inglaterra a liberdade dos súbditos era assegurada pelo maior grau de rigor e de precisão da lei" e que os "tribunais de Inglaterra são de longe mais regulares que os tribunais de outros países [continentais]" (LJ282, 284-6, n 90, 7).

Quinto, a Câmara dos Comuns tinha o poder de impugnar os ministros do rei por actos de má administração, o que "assegura as liberdades dos súbditos", porque os ministros impugnados podem ser destituídos do seu cargo.

Sexto, a frequência das eleições era "também uma grande garantia da liberdade do povo" porque se os representantes não servirem o seu país ou "pelo menos os seus constituintes", correm o "risco de perder o lugar na eleição seguinte". Quanto mais frequentes forem estas eleições, mais dependentes serão os representantes parlamentares (LJ273).

Por estas razões, Smith afirma que os acordos constitucionais da Grã-Bretanha em meados do século XVII "assegura[ram] a liberdade dos súbditos". Acreditava que a liberdade era a coisa mais próxima da perfeição naqueles tempos (ainda que bem longe dela pelos padrões modernos). Considerava as eleições parlamentares na Inglaterra menos corruptas que as da Escócia (o que não significa muito pelos padrões modernos) (LJ272-3).

Embora em termos modernos estas sejam protecções bem modestas da liberdade, a sua ausência pode comprometer a eficácia dos mercados em assegurar a abundância geral, embora não a impeça. Além disso, as políticas do governo podem também comprometer a abundância do povo. Smith ilustrou o ponto essencial de que a existência de liberdades constitucionais em si não garante a abundância geral. Os governos e outras instituições (uma religião dominante) podem também promover políticas perniciosas para a abundância nacional. O estabelecimento de instituições de liberdade não é um processo consciente e de sentido único; nalguns países estas podiam degenerar (e degeneravam), enfraquecer, parar e desintegrar-se. Contudo, actualmente, os países que reivindicam plausivelmente ter estabelecido graus de liberdade desde o século XVIII integram versões e acrescentos das seis características de Smith de liberdade constitucional.

Por que razão não terminou Smith o seu terceiro livro?

Em 1787 os Estados embrionários da América adoptaram uma constituição escrita, convertendo-se os colonos no exemplo máximo de governo civilizado no século XVIII. A nova Constituição dos Estados Unidos, bem como o início das hostilidades que se seguiram à Declaração de Independência em Julho de 1776, puseram Smith numa posição intelectual incómoda que, na minha opinião, ajuda a explicar o facto de não ter conseguido entregar o seu livro prometido sobre jurisprudência. Em resumo, a América era uma fonte possível de embaraço junto dos conselheiros do rei e dos legisladores que ele estava a tentar convencer com *A Riqueza das Nações* a fazer alterações radicais no sistema comercial do país([9]). Tinha de ser ainda mais circunspecto do que havia sido com as questões religiosas, para não causar "ofensas" graves ao *establishment* britânico([10]).

Smith já tinha sido avisado por David Hume de que relatos da sua polémica "muito entusiástica" sobre as "questões americanas" tinham sido mal interpretados e que a "questão não é tão importante como se pensa" (Corr186). O aviso de Hume deveu-se à informação fornecida pelo duque de Buccleugh, que convivia com personalidades do *establishment* político. Se este estava suficientemente preocupado para chamar a atenção para o interesse "muito entusiasta" de Smith e as suas recomendações políticas, é claro que outros no seio do *establishment* conheciam as suas actividades. Como isto se deu nas vésperas do rebentar das hostilidades, as reacções emotivas às posições que Smith tinha proposto em *A Riqueza das Nações* (publicado em Março) (WN464-91; 933-47) prejudicariam a sua tentativa de influenciar se ele fosse considerado "desleal" em tempo de guerra. Se os colonos triunfassem, os efeitos negativos no monopólio colonial britânico seriam anulados, enfraquecendo fortemente as distorções que tinha identificado no comércio mercantil. Se os colonos perdessem, era ainda mais importante que a sua crítica da economia política mercantil fosse recebida positivamente pelos legisladores e por aqueles que os influenciavam, de forma a persuadi-los a mudarem as suas políticas.

A melhor estratégia, como Hume sugeriu, era retomar a sua habitual perspectiva de longo prazo. Mas se queria evitar escrever o que tinha prometido na primeira edição de *Sentimentos*

Morais (1759), como iria ele explicar a sua ausência na altura da sua última edição em 1789?

> No último parágrafo da primeira edição deste texto disse que iria tentar, num outro discurso, fazer um relato dos princípios gerais da lei e do governo e das diferentes revoluções que estes sofreram nas diferentes eras e períodos da sociedade não só no que se refere à justiça, mas também no que se refere à polícia, rendimento e armas e qualquer outro que seja o objecto da lei. No *Inquérito relativamente à Natureza e Causas da Riqueza das Nações*, executei parcialmente tal promessa; pelo menos relativamente à polícia, rendimento e armas. Quanto ao que resta, a teoria da jurisprudência que já há muito tenho em projecto, tenho até aqui sido impedido de o fazer pelas mesmas razões que me têm impedido até agora de rever este trabalho actual. (TMS342)

Smith não explicou as razões de não cumprir uma promessa feita há 30 anos. A pergunta é: porquê? De 1759 a 1764 esteve ocupado com o ensino e de 1764 a 1776 escreveu *A Riqueza das Nações*. Mas que fez nos 14 anos seguintes? A intervenção inesperada da revolta na América trouxe uma nova dimensão ao que pretendia ser uma história e uma teoria da jurisprudência apropriada para todos os governos em todas as eras. Nesta obra teria discutido as questões de jurisprudência suscitadas pela revolta americana, o que iria causar polémica com o *establishment* político britânico.

E é aqui que a estranha candidatura de Adam Smith a Comissário das Alfândegas e dos Impostos do Sal começa a tomar contornos. Não era decididamente uma sinecura, como prova a forma como o próprio Smith se dedicou a ela, adoptando uma rotina de trabalho que lhe deu a desculpa perfeita para não escrever fosse o que fosse.

Porque foi que Smith se candidatou voluntariamente à vaga de Oficial Escocês de Alfândegas? Com toda a certeza, não foi por dinheiro. A sua pensão vitalícia do duque de Buccleugh garantia-lhe uma quantia muito confortável de 300 libras por ano[11]. O posto de comissário garantia 600 libras por ano[12], o que proporcionava a generosa quantia de 900 libras por ano, mais os rendimentos dos seus livros, o que ia muito além das suas necessidades (Smith tinha uma vida frugal, embora fosse generoso para com os parentes mais pobres.) Para apoiar a minha afirmação de que não teriam sido razões monetárias, note-se que se ofereceu para prescindir da sua pensão vitalícia de 300 libras, mas o duque, conta o próprio Smith, "mandou-me dizer pelo seu tesoureiro, a quem eu tinha proposto prescindir da sua pensão, que embora eu tivesse considerado o que era próprio para a minha honra, não tinha considerado o que era próprio para a sua e que ele nunca iria correr o risco de suspeitarem que *tinha arranjado um cargo para um amigo* de forma a ver-se livre do fardo de tal anuidade. Portanto, a minha situação actual é tão endinheirada como desejo que seja" (Corr252-3) (itálico acrescentado). Então, se não foi por dinheiro, por que razão foi?

Archibald Menzies, Comissário das Alfândegas na Escócia, morreu em 1777 e Smith mostrou-se interessado na vaga, que estava sob a alçada do primeiro-ministro, lorde North (1752--1805), a quem ele tinha aconselhado em questões fiscais. Tanto Alexander Wedderburn (1833-1805), um velho amigo e colega, como Henry Dundas (1733-1805), que tinha substituído o duque de Argyll como protector, tinham acesso directo a lorde North. Estes foram abordados e mobilizou-se uma enorme fonte de interesse para assegurar a sua preferência; o nome de Smith entrou no jogo.

Wedderburn escreveu-lhe em 30 de Outubro de 1777 em resposta ao apoio pessoal de Smith a dois candidatos à sucessão de Archibald Menzies, fazendo notar que "nenhum dos dois senhores que recomenda tão vivamente irá suceder ao Sr. Menzies" e, curiosamente, acrescentou: "lamento não ter sabido do seu interesse por eles antes de ter recebido a nota da D[uquesa] de B[uccleugh] que imediatamente transmiti a lorde North e que, segundo me garantem, teve pleno efeito" (Corr227).

Princípios gerais da lei e do governo | 145

Curiosamente, Smith escreveu ao seu editor William Strahan, membro do parlamento, em 27 de Outubro de 1777, três dias antes da carta de Wedderburn, anunciando: "Com a morte do Sr. Menzies, um dos comissários no conselho das alfândegas aqui, candidato-me à vaga existente nesse conselho". Smith continuou:

> O objectivo desta carta é pedir-lhe que se esforce por me transmitir a melhor informação que conseguir obter em primeira mão do conselho do tesouro, quer esta seja para o meu sucesso ou para o meu desapontamento, ou sobre a probabilidade ou improbabilidade de qualquer um destes resultados. Sabe que não costumo ser demasiado confiante nas minhas expectativas e na presente ocasião a minha mente não perdeu esta característica. (Corr226)

Como membro do parlamento, Strahan tinha contactos nos departamentos responsáveis pelo preenchimento da vaga e Smith integrou-se num complexo jogo político, aparentemente usando o seu interesse para "recomendar", mas com esperança no insucesso dos dois candidatos rivais, o que recorda o episódio de 1752 da sua "condenação com débil elogio" da candidatura do seu então rival David Hume. A sua própria candidatura foi escrita no tom de "auto-elogio não é uma recomendação", subvalorizando cuidadosamente a suas próprias "qualidades", em comparação com o estilo habitualmente demasiado entusiástico adoptado pelos autores de tais cartas.

Sir Grey Cooper, Secretário do Tesouro, o departamento mais poderoso do Estado, escreveu a Smith e comentou discretamente o tom da carta em que este descrevera modestamente a sua própria candidatura como menos que uma "candidatura calorosa e entusiasta". Lendo rapidamente, o leitor pensa que Sir Grey se está a referir à recomendação de Smith para as duas outras pessoas, mas lendo com mais cuidado torna-se óbvio que estava a falar da candidatura de Smith. Sir Grey Cooper, num fraseado magistral na melhor das tradições de diplomacia no serviço público, revela a Smith que a sua candidatura terá êxito mas, usando a terceira pessoa, anuncia-lhe isto indirectamente e, assim, não quebra o código de secretismo da função pública para estas questões: "embora o senhor não pareça ter uma grande opinião dele [ou seja, de si próprio], o seu mérito é tão bem conhecido por lorde North e por todo o mundo [...] que muito em breve, se não estou errado, ele será nomeado Comissário das Alfândegas na Escócia" (Corr228).

O duque de Buccleugh, que tinha sido seu aluno, Sir Grey Cooper, Secretário do Tesouro, lorde Dundas, Procurador da Coroa na Escócia[13], Alexander Wedderburn e o primeiro-ministro lorde North, provavelmente o mais desejoso de compensar Smith pelos seus conselhos em assuntos fiscais, formaram o grupo mais poderoso de interesses que se poderia constituir para apoiar a sua nomeação[14]. As suas cartas de nomeação como comissário foram assinadas em 24 de Janeiro de 1778 e o anúncio oficial apareceu na Gazeta de Londres em 29 de Janeiro. Quando a notícia chegou informalmente em Dezembro, Smith enviou exemplares de *A Riqueza das Nações* ao primeiro-ministro, ao Secretário do Tesouro e outros "amigos" e, curiosamente, enviou também 50-60 libras para serem distribuídas pelos escriturários no Tesouro pelo bom trabalho em relação às formalidades legais da sua nomeação (Corr229).

Um vislumbre da sua rotina diária depois de se tornar comissário dá-nos algumas indicações sobre os seus motivos para procurar activamente a vaga criada pela morte fortuita (para Smith) de um infeliz Archibald Menzies, o ocupante anterior deste cargo. Eis como Smith descreve a sua rotina semanal a Andreas Holt, o comissário dinamarquês do Conselho Dinamarquês de Comércio e Economia, mostrando sem dúvida que tinha o álibi perfeito para não terminar as *Leituras*, caso fosse preciso um para apresentar aos seus amigos e leitores e à posteridade:

> Estou ocupado na Alfândega durante quatro dias por semana, durante os quais me é impossível sentar-me para

pensar noutros assuntos; durante os outros três dias também é costume ser muitas vezes interrompido por deveres extraordinários do meu cargo, bem como pelos meus próprios assuntos e pelos deveres comuns da sociedade. (Corr249-50)

Smith explicava a Holt a razão pela qual demorara a responder-lhe. Se não tinha tempo para tratar da correspondência privada, como teria tempo para escrever um novo livro importante? De acordo com os registos das actividades de Smith na Alfândega, ele parece ter estado extremamente ocupado, ou feito por estar ocupado, pois assinou muitos dos seus relatórios e correspondência durante 1778-90 e participou nas reuniões de 1888 do Conselho das Alfândegas (trabalhou neste regularmente até poucos meses antes da sua morte)[15]. Teve motivo, oportunidade e circunstâncias apropriadas para se desculpar da sua falta de produtividade como autor (Corr Apêndice D405--11). Têm sido propostas e rejeitadas várias explicações para a sua candidatura e para a atenção diligente que dedicou aos deveres de Comissário de Alfândegas (Corr249-50)[16]. Só o Professor J. R. McCulloch (1853) vislumbrou a consequência específica de Smith não ter sido capaz de terminar o seu livro sobre jurisprudência devido à sua decisão deliberada de se candidatar a comissário:

> Milhares de pessoas poderiam ter desempenhado os deveres de Comissário das Alfândegas tão bem como Smith, ou talvez até ainda melhor, mas ninguém, a não ser ele, poderia ter feito um relato dos "princípios gerais da lei e do governo e das diferentes revoluções pelas quais estes passaram nas diferentes eras e períodos da sociedade", mas este nobre objectivo foi "bloqueado pelo desempenho de deveres rotineiros menores que ocupavam a maior parte do seu tempo e lhe deixavam pouco tempo livre para descanso ou para estudo([17]).

Mesmo antes de morrer, Smith deu instruções aos seus amigos para queimarem todos os seus papéis e notas e, acreditando que nada mais restava que pudesse comprometer a sua reputação no governo ou prejudicar a sua influência póstuma, morreu pacificamente. O que não sabia era que tinham sobrevivido duas cópias dos apontamentos de estudante das suas palestras sobre jurisprudência, que seriam reveladas em 1895 e 1958 respectivamente, a partir das quais a posteridade conseguiu um vislumbre das suas opiniões sobre governação. Mas nessa altura, claro, a sua reputação junto do *establishment* por "deslealdade" ou pior já estava para lá de qualquer redenção[18].

CAPÍTULO 6

Uma certa propensão da natureza humana

A *Riqueza das Nações* abre com uma reflexão sobre a divisão do trabalho, o seu tema central para a criação de riqueza e o núcleo das suas conjecturas históricas. Schumpeter criticou-o por "exagerar" a sua importância([1]).

Adam Smith costuma ser associado ao exemplo "trivial" de uma fábrica de alfinetes e dos aumentos significativos de produtividade provenientes directamente da divisão do trabalho dentro dessa fábrica, tendo mesmo visitado uma fábrica assim (WN15). Menos notavelmente, discutiu também o exemplo significativo da especialização do trabalho nos diversos sectores que colaboravam no fabrico de um casaco de lã para o trabalhador comum, que ilustrava as ligações entre os muitos sectores de emprego localizados em regiões geográficas diferentes, incluindo além-mar, em que tecnologias diferentes tinham produções diferentes que se tornavam factores de produção no fabrico de simples casacos (WN22-3). Havia ligações semelhantes entre outras cadeias de produção a trabalharem no fabrico separado e nos processos agrícolas e mineiros da sociedade com que estava familiarizado.

O ponto crítico era que toda esta cooperação era dirigida apenas pelas relações entre duas, ou muito poucas, das partes envolvidas na cadeia de fornecimento e estas provavelmente não teriam, nem necessitariam de ter, nenhuma ideia das circunstâncias ou interesses das outras partes envolvidas na mesma cadeia um pouco mais à frente, ou atrás, ou ao lado do processo. Todas as cadeias de fornecimento abasteciam mercados interligados em todos os sectores que, por acaso, estavam a crescer lenta, gradual e independentemente, tanto em intensificação como em âmbito, para produzirem as "necessidades, comodidades e divertimentos da vida" numa abundância cada vez maior. Para quem olhasse para fora da sua janela a partir de meados do século XVIII na Escócia, os indícios da melhoria sustentada, embora modesta, dos padrões de vida da população com emprego e dos detentores de capital eram visíveis no maior consumo de produtos alimentares mais variados, bem como na selecção alargada de bens de consumo disponíveis para cada vez mais pessoas em gerações sucessivas.

Para o fim da vida de Smith, os sinais de progresso cívico eram cada vez mais evidentes nos novos projectos de construção, como a expansão da elegante Cidade Nova Georgiana de Edimburgo (ainda hoje vibrante) a norte da Cidade Velha, que se concentra ao longo da Milha Real que liga o castelo antigo ao palácio real em Holyrood. O projecto ambicioso da Cidade Nova desencadeou uma modesta proliferação de novos edifícios elegantes no sul da Cidade Velha, incluindo os alicerces da magnífica Velha Faculdade Georgiana da universidade e de casas próximas de mercadores[2]. Smith visitava o seu amigo David Hume na casa deste na Cidade Nova (Rua de São David), onde David tinha um quarto para ele, e visitou também James Hutton e Adam Ferguson nos seus novos alojamentos no lado sul. Quando ia a Glasgow não podia deixar de ver o crescimento da cidade e a sua prosperidade.

Embora, tanto em termos absolutos como relativos, os pobres continuassem desesperadamente pobres em comparação com os elementos mais ricos da sociedade de Edimburgo, cada vez mais pessoas iam melhorando ligeiramente a sua situação material em comparação com os seus avós. As observações de Smith não devem de forma alguma ser vistas como "panglossianas", ou como um sinal de uma confusão sua entre bem-estar material e "felicidade" (WN182). Se se acreditar que o desenvolvimento comercial significa a continuação do crescimento da riqueza e de uma melhoria concomitante em todas as classes sociais, não é difícil perceber o desejo de Smith de que o crescimento continuasse a crescer tão rapidamente quanto as instituições sociais e as suas políticas permitissem.

Criação de riqueza

Smith abre *A Riqueza das Nações* da seguinte maneira:
O maior desenvolvimento dos poderes produtivos do trabalho e a maior parte da capacidade, mestria e discernimento com que em todo o lado são dirigidos ou aplicados parecem ter sido efeitos da divisão do trabalho. (WN13)
Esta constatação sobre a divisão do trabalho não era nem original nem excepcional: a originalidade foi-lhe por vezes atribuída, embora nunca *por* ele mesmo. Smith afirmou que a "divisão do trabalho tem sido muitas vezes referida", como os seus leitores cultos sabem. Sir William Petty, em finais do século XVII, tinha escrito sobre a divisão do trabalho[3], tal como Bernard Mandeville, John Harris, Robert-Anne Turgot, os editores do Dicionário Chambers e Diderot, com Platão a ter referido este fenómeno muito antes destes, ainda na era clássica[4]. Portanto, a divisão do trabalho tinha um interesse especial para Smith. Contudo, o foco de Smith não foi apreciado por Francis Homer (1778-1817)[5], presidente do Comité do Ouro do Banco de Inglaterra (1810) nem por muitos outros. O oitavo duque de Lauderdale, James Maitland (1758-1839), um crítico de Smith, percebeu correctamente o significado da sua noção de que o "sistema da propensão para permutar, negociar e trocar [...] é a verdadeira origem da riqueza"[6].
Smith desenvolveu o tema:

> Esta divisão do trabalho, da qual provêm muitas vantagens, não resulta originalmente de qualquer sabedoria

humana que preveja e tenha como objectivo a abundância geral que esta proporciona. É a consequência necessária, ainda que muito lenta e gradual, de uma certa propensão na natureza humana que não tem em vista uma utilidade tão extensa; a propensão para permutar, negociar e trocar uma coisa por outra. (WN25)

Smith levou a sua perspectiva sobre o passado às raízes daquilo que fez com que a sociedade – qualquer sociedade – prosperasse quando os seus indivíduos descobriram, por experimentação ou por acaso, práticas que iniciaram alterações num modo de subsistência. Fez uma pergunta consistente sobre tudo o que estudou: qual é a sua origem? Neste caso específico interrogou-se: o que foi que trouxe a divisão do trabalho e o que foi que a manteve? E respondeu sucintamente:

> Se esta propensão [para permutar, negociar e trocar] foi um desses princípios originais da natureza humana para o qual não se consegue outra explicação, ou se, como parece ser mais provável, foi uma consequência das capacidades da razão e da fala, é uma questão que escapa ao âmbito deste trabalho. (WN25)

Smith atribuiu as origens prováveis da divisão do trabalho a uma época bem anterior à da história escrita, à aquisição das "faculdades da razão e da fala", embora se tenha coibido de considerar a divisão do trabalho "um dos princípios originais da natureza humana". Contudo, se não foi "original", tem de ter sido aprendida ou adaptada. Relacionou-a com a "propensão para permutar, negociar e trocar" e encontrou nas relações humanas o significado profundo do comportamento de troca que é, como diz, "comum a todos os homens e não se consegue encontrar em mais nenhuma raça de animais", que "não parecem conhecer nem esta nem qualquer outra espécie de contratos" (WN25).

Se se admitir que as relações envolvidas no comportamento de troca foram iniciadas muito antes de ter aparecido a sociedade comercial, é possível ter-se uma perspectiva original sobre o desenvolvimento humano e antecipa-se em dois séculos aquilo que é actualmente aceite por académicos em antropologia, psicologia evolucionária, sociologia e economia. Karl Polanyi rejeitou esta abordagem, limitando o "permutar, negociar e trocar" exclusivamente àquilo a que chamou um "padrão de mercado", e afirmou que os mercados teriam necessariamente de "comprar e vender" para "produzirem preços", senão não teriam significado antes dos meados do século XIX[7]. Negou veementemente a existência de mercados comerciais nas sociedades mediterrânicas antigas. Morris Silver sujeitou a tese de Karl Polanyi a uma refutação detalhada, baseada nos dados que conseguiu coligir ao longo de uma vida de estudo académico sobre os mercados na antiguidade[8].

A divisão do trabalho

A explicação de Smith da divisão do trabalho tem uma importância vital na sua economia política.

Um simples trabalhador sem conhecimento da indústria dos alfinetes mal seria capaz de fazer um alfinete por dia, quanto mais vinte, mesmo "com todo o seu engenho" (WN14; LJ341-2, 289-91). A produtividade alterou-se quando o trabalho foi dividido em "secções, cerca de 18 operações ao todo[9]. Nalgumas fábricas, cada operação era realizada por um trabalhador diferente e noutras o trabalhador "por vezes realiza duas ou três delas". Smith conta: "vi uma pequena manufactura deste género, que empregava apenas dez homens e onde eles, consequentemente, realizavam duas ou três operações distintas". Quando comparada com a actividade de indivíduos que realizam eles próprios todas as tarefas, a produção alcançada pela organização do trabalho era significativamente mais elevada. Quando os dez trabalhadores "se esforçavam", conseguiam produzir 12 libras de alfinetes, ou 48 mil alfinetes por dia, uma produção muito mais elevada do que os 10 ou, no máximo, 200 alfinetes por dia sem a especialização em tarefas separadas (WN14-15).

Nem todos os trabalhos podem ser divididos desta forma, mas quando podem, o resultado é "um aumento proporcional nos poderes produtivos da mão-de-obra" (WN15) e é esta vantagem que motiva indivíduos a separarem capacidade e emprego. Este processo vai ainda mais além nos países com um grau mais elevado de indústria e de desenvolvimento, onde o trabalho de um homem numa sociedade "tosca" é realizado por muitos homens na sociedade melhorada, dividindo o trabalho entre eles e, em consequência, fazendo-o de forma mais intensiva e, mais importante ainda, qualitativamente melhor, conforme cada um se vai tornando mais eficiente na sua área de especialização.

O caçador de uma sociedade "rude" que, digamos, faz um alfinete de osso por dia, iria da mesma forma demorar tanto tempo quanto necessário para produzir todos os outros artigos com que contribui para o consumo anual da sua família (Smith ignorou a contribuição importante das mulheres recolectoras para o consumo familiar). Este caçador limitava o seu padrão de vida aos artigos que era capaz de produzir para a sua família, ou então prescindia do artigo. Os seus padrões de vida eram fixos, com poucas perspectivas de uma alteração no seu consumo anual, a não ser marginal. Quer precisasse de alfinetes ou de outras coisas, o seu consumo anual estava limitado à sua capacidade de produzir esses artigos. Era pouco provável que ele ou o seu grupo necessitassem de 48 mil alfinetes e esta é exactamente a questão. Os dez trabalhadores não estavam a fazer alfinetes para si mesmos, como se fossem caçadores em busca de alimento para as suas famílias. Os trabalhadores faziam parte de uma vasta sociedade desenvolvida em que produziam alfinetes em quantidade muito superior às suas necessidades para as outras pessoas que precisassem de alfinetes. Com os salários ganhos com a produção de alfinetes, compravam produtos feitos por outros que conseguiam pagar. A divisão do trabalho permite corresponder ao aumento da necessidade de consumo nas sociedades que gozam do "grau mais elevado de indústria e desenvolvimento" devido ao enorme aumento dos poderes produtivos da mão-de-obra, possíveis devido à divisão do trabalho e à especialização de uma grande quantidade de "artes e empregos".

Smith identificou três circunstâncias que provocaram este resultado: primeiro, o aumento da destreza dos trabalhadores; segundo, a redução do tempo que se perde quando se passa de uma tarefa para outra; terceiro, "a invenção de um grande número de máquinas que facilitam e encurtam o trabalho" e que "permitem que um homem faça o trabalho de muitos". A destreza aumenta a produtividade do trabalho porque "se aprende fazendo" e por se realizar repetidamente uma tarefa simples ("a prática aperfeiçoa"). Smith viu diversos rapazes jovens a fazerem 2300 pregos por dia desde que "se dedicassem" em exclusivo àquela tarefa repetitiva, em constraste com artesãos experientes, que não eram só "fabricantes de pregos" e que "raramente" conseguiam fazer 800-1000 por dia (WN18; LJ345-7). Era esta a natureza da actividade manual nas manufacturas nacionais, comuns na época, em que se perdia uma parte importante de tempo laboral quando se passava de uma tarefa para outra. Smith notou que um tecelão rural "vagueia" para cá e para lá entre o seu tear e a sua quinta. Dois ofícios realizados no "mesmo local de trabalho" poupavam imenso tempo quando os trabalhadores se movimentavam de uma tarefa para outra; no entanto, quando a divisão do trabalho não tinha sido rigorosamente cumprida por qualquer razão, incluindo o facto de o trabalho não poder ser dividido ou porque a técnica organizativa ainda não era conhecida ou não tinha ainda sido aplicada, os hábitos de "vaguear e da aplicação indolente e descuidada" adoptada pelos estilos de vida rurais induziam "indolência e preguiça" até que se criassem novas práticas (WN19).

Por último, o papel da "maquinaria adequada" em facilitar e encurtar o trabalho era tão óbvio que não precisava de qualquer exemplo, embora mais tarde Smith tenha mencionado alguns (WN263, 267). Smith relacionou a invenção destas máquinas directamente com a divisão do trabalho, porque a atenção dos que estão a realizar uma tarefa está direccionada para essa tarefa única e não repartida por diversas tarefas, embora tenha reconhecido que os fabricantes das máquinas também exerciam o seu "engenho" quando lhes faziam melhorias (WN21). As "máquinas" no século XVIII funcionavam manualmente e não por energia. Ao longo de *A Riqueza das Nações*, sempre que menciona "manufacturas" refere-se a oficinas de pequena escala ou a forjas, em que os artesãos e artífices empregavam poucos trabalhadores assalariados.

Cada trabalhador produzia uma quantidade bem superior àquela de que a sua família necessitava, e como todos os outros trabalhadores estavam na mesma situação de produzir muito para além das suas necessidades, todos os trabalhadores trocavam o dinheiro ganho com os seus salários pelos artigos produzidos em excedente pelos outros trabalhadores. É a existência de produção excedentária para além das suas próprias necessidades que constitui a diferença essencial entre as sociedades rudimentares e as comerciais, o que teria parecido muito estranho aos caçadores, que tinham a vontade ou o tempo apenas suficientes para produzirem aquilo de que precisavam para sobreviver e nada mais. A situação dos caçadores devia fazer notar que a passagem de um modo de subsistência rudimentar para a era comercial não era algo que acontecesse numa geração, nem mesmo em poucas gerações. Na prática, demorou milhares de anos e não foi de forma alguma uma progressão simples e inevitável, como mostra a não-progressão da maioria dos povos nas sociedades rudes em todo o mundo, para pastoreio ou para agricultura.

A dimensão do mercado

Conforme a divisão do trabalho foi sendo gradualmente aplicada a muitos sectores da economia comercial, "o resultado foi a abundância universal numa sociedade bem governada, que se generaliza às camadas mais baixas do povo" (WN22). E o mecanismo pelo qual a divisão do trabalho se generaliza a toda a sociedade resulta daquilo a que Smith chamou os comportamentos de negociação do "permutar, negociar e trocar". Com a existência de grande número de produtos e com a capacidade das pessoas de trocarem os excedentes das suas necessidades por produtos de que precisam, Smith fundou a sua afirmação de que, em geral, a troca de produtos – ou daquilo que eventualmente se transformou na mesma coisa, a troca do seu equivalente em dinheiro – disseminou "uma abundância geral [...] em todos os diferentes sectores da sociedade". Antes da monetarização das trocas, a permuta ou a persuasão eram as formas dominantes de "negociar" e houve uma longa evolução a partir da propensão para fazer trocas em mercados informais, não monetarizados.

Com a permuta, o processo de troca era pesado e inflexível; com a troca pelo equivalente em dinheiro, as transacções de troca tornaram-se mais rápidas, fluidas e flexíveis dentro dos limites da posse de "moeda" dos participantes. Em toda a História da sociedade comercial estes limites foram constrangidos pelas desigualdades de rendimentos ganhos com a produção de excedentes e de trocas com vários níveis de intermediários, ausentes entre os caçadores.

O interesse de Smith na "multiplicação das produções de todos os ofícios diferentes" é provavelmente de maior significado para o aumento dos proveitos de uma economia do que o exemplo mais restrito da divisão do trabalho em fábricas de alfinetes e de outros artigos([10]). Tal como o que se passou com a fábricas de alfinete, também outros (por exemplo, Bernard Mandeville e Ibn Khaldun, académico islâmico do século XIV) ([11]) tinham já referido as divisões em diversos sectores dos ofícios, bem como as suas interligações. "Que actividade", notou Mandeville, "não existe em diversas partes do mundo para que um tecido fino escarlate ou creme seja produzido, que multiplicidade de artes e ofícios tem de ser usada!"

A Riqueza das Nações afirma *"que a Divisão do Trabalho é limitada pela Dimensão do Mercado"* (WN31). Allyn Young considerou que "o famoso teorema de Adam Smith de que a divisão do trabalho depende da dimensão do mercado [...], sempre pensei, é uma das generalizações mais ilustrativas e frutíferas que se podem encontrar nos livros de economia"([12]). Esta afirmação é particularmente respeitada actualmente porque o artigo de Young de 1928 encorajou desenvolvimentos recentes na teoria moderna do crescimento a divergir de versões anteriores (Harrod-Domar, Solow)([13]) e a reconhecer proveitos crescentes.

Smith foi muito além do exemplo restrito de um produto único numa fábrica de alfinetes a que a maioria das pessoas associa o seu nome, no seu exemplo crucial da "multiplicidade de ofícios" na elaboração de um simples casaco de lã, o "produto do trabalho conjunto de um grande número de trabalhadores", em que mostra um raro entusiasmo evidente, colocando pontos de exclamação no final de três frases consecutivas, a última das quais conclui: "Que enorme variedade de trabalho é também necessária para produzir as ferramentas do mais comum desses trabalhadores!" (WN23; ED562-3).

Uma empresa individual fornece aos agentes de uma economia "abundantemente aquilo que precisam" do seu produto e em troca os agentes na empresa recebem produtos de outras empresas "de que necessitem"; estas transacções levam a "uma abundância geral" que "se difunde por todos os graus da sociedade" (WN22). Quanto mais desenvolvida for a sociedade, mais interligações existem para os mercados de cada bem ou serviço.

Smith escolheu um produto simples como um casaco de lã para mostrar "a quantidade de pessoas que empregaram uma parte, ainda que uma pequena parte, do seu engenho para obterem este produto, que vai além da capacidade do seu engenho" devido ao efeito da divisão do trabalho dentro das empresas e a divisão do trabalho entre empresas (especialização) (WN22). A tabela 6.1 apresenta uma lista impressionante de artes e ofícios envolvidos na produção do casaco, mostrando a complexidade das relações comerciais britânicas no século XVIII para um simples produto.

A tabela 6.1 sintetiza a narrativa de Smith sobre as artes e ofícios envolvidos na produção do casaco de lã e de outros artigos nacionais, bem como o número ainda maior de artes e ofícios indirectos que para ela contribuem. O mercado para qualquer um dos artigos usados no processo do casaco cresce a partir de alterações dentro de outros sectores de mercado com os quais está ligado; a "dimensão do mercado" inclui todos os outros mercados de factores de produção para o casaco, bem como o mercado de casacos. Estes criam oportunidades para especialização e substituição dentro das relações de produção existentes e, conforme a produtividade for melhorando num dos ofícios contribuintes, os custos unitários dos factores de produção irão cair, permitindo maiores aumentos de produção, que geram novas formas de especialização a partir da ampliação e da intensificação dos métodos "toscos" de produção[14].

O grau de divisão do trabalho e a especialização entre empresas é a causa da lacuna existente entre as economias de caçadores-recolectores da América do Norte e as sociedades comerciais da Europa. É o que sublinha o seu argumento de "que sem assistência e cooperação de muitos milhares nem a pessoa mais miserável de uma sociedade civilizada conseguia ser sustentada, nem mesmo na vida fácil e simples que falsamente imaginamos ser a sua existência comum" (WN563). Quando os preços para um dos factores de produção do casaco caem, a procura de casacos a preços baixos pode aumentar, tal como aumentará a procura de todos os outros produtos que usem o mesmo factor de produção como parte dos seus custos. Um navio mais eficiente que transporte um carregamento de tintas usadas para tingir os casacos de lã também transporta produtos usados no fabrico de muitos outros artigos; os ganhos dos proveitos crescentes disseminam-se por muitos outros sectores, tal como a procura do transporte marítimo se pode disseminar. Por exemplo, outros produtos que usem as tintas de preço mais baixo também irão registar um decréscimo nos custos unitários de produção. Este é um elemento importante na teoria do crescimento de Smith.

Tabela 6.1 Manufactura de um casaco de lã para um trabalhador comum (WN112, LJ347)

Artes e ofícios directos	Mercadores e transportadores	Máquinas e ferramentas	Artes e ofícios indirectos	Comodidades na vida do trabalhador
Pastores	Estaleiros navais	Máquinas complexas para velejar	Construtores de fornaças	Camisa de linho cru
Classificadores e seleccionadores*	Marinheiros	Engenho de fiação	Lenhadores	Sapatos de cabedal
Penteadores ou cardadores de lã	Fabricantes de velas de barco	Tear	Carvoeiros	Cama
Tintureiros	Fabricantes de cordas	Tesouras de tosquia	Fabricantes de tijolo	Grade de cozinha
Cardadores Fiadores	Navegadores*†		Assentadores de tijolo, Fabricantes e assistentes de fornaças	Carvão Utensílios de cozinha
Tecelões Fiadores			Mecânicos de engenhos Forjadores	Utensílios de mesa Facas e garfos
Trabalhadores com brocas			Ferreiros	Pratos de barro, de louça ou de esmalte*
Alfaiate‡			Mineiros	
Colector de lã‡			Padeiros	
Esfoladores*			Cervejeiros	
Podadores*			Vidradores	
			Fabricantes de ferramentas	
			Trabalhadores que produzem todas as comodidades	
			Tanoeiros†	
			Curtidores†	
			Semeadores‡ Segadores‡	
			Lenhadores*	

* ED pp. 562–3;
† Acrescentado em LJ339;
‡ Acrescentado em LJ489.

Brad Delong calculou as diferenças entre a tribo dos Yanomamö, caçadores-recolectores da Idade da Pedra que habitam ao longo do rio Orenoco na América do Sul e a "tribo" moderna dos habitantes de Nova Iorque, que habitam ao longo do rio Hudson. A diferença de rendimento anual *per capita* é de 90 dólares para os Yanomamö e de 36 mil dólares para os habitantes de Nova Iorque, o que é significativo, mesmo que as estimativas sejam pouco rigorosas. Usou as Unidades de Stock (US) dos retalhistas para contar os tipos de produtos à disposição das duas tribos. A partir destes dados, Delong calculou que enquanto a economia dos Yanomamö produzia algumas centenas de US em bens e serviços, ou "no máximo" alguns milhares, uma estimativa por alto das US da economia de Nova Iorque chega a algumas dezenas de milhares de milhão[15]. Obviamente, a diferença na época de Smith era bem menor, mas esta lacuna tem aumentado desde o século XVIII. Estas alterações materiais nas diferenças devem-se unicamente ao grau de divisão do trabalho e aos mecanismos de troca que a promovem e apoiam.

A Grã-Bretanha, tendo começado cerca de dois mil anos mais cedo a partir essencialmente da mesma base em que a América ainda se encontra, avançou (apesar do "choque" das invasões romanas e bárbaras) da era primordial da caça para a quarta era (revitalizada) do comércio, durante cujo tempo as sociedades caçadoras-recolectoras americanas efectivamente se mantiveram estacionárias, à falta de melhor expressão, a não ser talvez na acumulação dos seus mitos e rituais.

As disposições sociais envolvidas na procura da cooperação de milhares e milhares (agora milhões, ou até milhares de milhão) de terceiros independentes, maioritariamente anónimos, é um mistério a considerar. Smith dispôs-se a analisar a forma como os mercados funcionavam, a forma como as "Grandes Ordens" da sociedade (proprietários, mercadores e fabricantes e trabalhadores) se organizavam numa cooperação difícil e competitiva e eram recompensadas (desigualmente) pela sua participação num grande número de redes interligadas

de decisões individuais não planeadas, não direccionadas e não-
-intencionais, que os motivaram a voluntariamente produzir
e entregar "as necessidades, comodidades e conveniências da
vida" uns aos outros.

Troca

Se a divisão do trabalho através da especialização promoveu a abundância, valia a pena explorar as suas causas. Smith
especulou sobre a troca, usando outra vez uma história (o seu
auxiliar de educação), desta vez a história de um caçador selvagem que, crendo fazer setas melhores do que os seus pares – que
o invejavam o suficiente para obterem as setas excedentárias
em troca de uma parte caça deles –, acabou por decidir deixar
de caçar e passar a fazer setas em exclusivo (WN27), quando
se tornou evidente a "certeza de poder dispor do produto exce-
dentário do [seu] trabalho". Smith concluiu que foi este género
de "disposição que fez o génio" e não o contrário (LJ351).

Smith acreditava que a divisão do trabalho não era o resultado de uma inspiração colectiva "prudente" que tenha levado
um bando de caçadores a tomar a decisão deliberada de dividir o
trabalho em artes e ofícios[16]. Pelo contrário, era o resultado de
se verificarem, durante grandes períodos, excedentes ocasionais
que superavam as próprias necessidades, que se desperdiçariam
ou que, por vezes, se dariam como oferta e que depois passaram
de presentes ocasionais de reciprocidade, determinados numa
base individual, para a criação deliberada de uma troca regular
dos produtos excedentários com o objectivo de os permutar
por outras coisas que desejavam. Nos sítios em que este hábito
se formou e funcionou, enraizou-se uma divisão do trabalho
com carácter mais ou menos permanente; noutros sítios, por
qualquer razão, isto não se converteu num hábito passado às
gerações seguintes. Isto explica e é coerente com a disseminação desigual das novas disposições sociais, com os consequentes
níveis desiguais de abundância relativa durante longos períodos.

É também um exemplo daquilo a que Jim Otteson chamou "o modelo de mercado" de Smith a funcionar[17].

A troca é o conceito mais importante de *A Riqueza das Nações*:

> Esta divisão do trabalho, da qual vieram tantas vantagens, não deriva originalmente da sabedoria humana que tenha previsto e propositado a abundância geral a que deu resultado. É a consequência necessária, ainda que muito lenta e gradual, de uma certa propensão na natureza humana que não tinha em vista uma utilidade tão extensiva; a propensão para permutar, negociar e trocar uma coisa por outra. (WN25)

Curiosamente, a propensão para a troca evoluiu muito mais cedo do que o aparecimento de transacções comerciais e Smith acreditava que a propensão para a troca era a causa principal da divisão do trabalho. Vou mencionar dois breves comentários para apoiar esta afirmação. O comportamento de reciprocidade precedeu a sociedade comercial e era praticado nas sociedades de caçadores-recolectores, tendo, durante muitos milénios, sido o único modo de subsistência de mais de metade da Terra ("o mundo todo era como a América").

O comportamento de reciprocidade não é universalmente reconhecido como uma forma de comportamento de troca, mas consideremos dois pontos que sugerem que assim é. O trabalho realizado por Robin Dunbar e a sua equipa[18] sobre os mexericos entre os seres humanos relaciona o papel evolucionário que o mexerico teve com um papel social semelhante àquele que a limpeza tem entre os primatas. Dunbar mostrou que embora a limpeza seja imposta principalmente por domínio hierárquico, existe um elemento significativo de escolha individual. Os chimpanzés também limpam outros chimpanzés que eles escolheram que, por sua vez, lhes retribuem a limpeza e, mais importante ainda, evitam limpar chimpanzés que no passado não retribuíram a limpeza que tinham recebido. Em resumo, a reciprocidade é uma transacção de troca parafraseada, não tão frivolamente, pelo ditado "tu coças as minhas costas e eu coço as tuas".

A principal diferença entre as trocas de reciprocidade e as negociações comerciais é que as transacções de troca no comércio são simultaneamente e explicitamente concluídas (dinheiro por bens; bens por dinheiro) e nas transacções de troca de reciprocidade a troca é implícita (os chimpanzés não falam) e afastada no tempo – "Se tu hoje me limpares, eu depois também te limpo". Uma promessa implícita, que nos chimpanzés não tem o apoio da fala e que só pode ser reconhecida por aquilo que os chimpanzés fazem e não por aquilo que eles poderiam ter prometido se pudessem falar. Eu chamo *quase-negociações* às transacções de reciprocidade, com a característica importante de as transacções incompletas porem fim à relação de troca.

A evolução das trocas de reciprocidade para trocas comerciais ocorreu tanto dentro do grupo como entre grupos e não é plausível que as trocas comerciais externas tenham aparecido subitamente sem uma transformação lenta e gradual de trocas implícitas (adiadas no tempo) em trocas (simultâneas) explícitas. Negociar com os grupos vizinhos era uma alternativa à pilhagem mútua, embora negociar não excluísse a coexistência de pilhagens violentas com comércio pacífico; há já muito que os seres humanos praticam os dois métodos simultaneamente.

A partir dos conjuntos de comportamento das "quase-negociações" e "negociações", que plausivelmente surgiram na pré-história e que têm sido praticadas ao longo de toda a História humana, eu concluo que Smith especulou, e bem, sobre as origens da propensão para "permutar, negociar e trocar".

Transacções negociadas

Smith identificou os elementos de negociação que constituem os meios pelos quais se realiza o comércio. Surpreendentemente, a sua proposta foi mais ou menos ignorada durante duzentos anos. Quando, após 1930, alguns economistas[19] se interessaram por negociação, basearam toda a sua abordagem a modelar conflito e coacção que, embora difícil, era mais fácil de formular matematicamente do que a mediação de auto--interesse tal como Smith a expôs (faz lembrar a história de se procurar junto da luz do candeeiro em vez de se procurar nas vielas escuras relevantes). A estas tentativas iniciais seguiram-se modelos cada vez mais sofisticados[20], mas estes não aplicaram as contribuições de Smith em *A Riqueza das Nações* e nas *Palestras*.

Smith propõe que o homem na sociedade civilizada "tem sempre necessidade da cooperação e auxílio de grandes números de pessoas, embora toda a sua vida não chegue para ganhar a amizade de apenas algumas pessoas", contrastando a sua dependência quase total com a auto-suficiência madura da maior parte dos animais, que não têm necessidade de auxílio da sua espécie. O homem necessita constantemente da ajuda do seu rebanho. E é aqui que reside o principal problema da dependência total: como convencer terceiros a darem-nos a ajuda necessária? Como Smith afirma que seria vão confiarmos na benevolência dos outros, a não ser numa emergência e só de vez em quando, o mecanismo que sugere para convencer os outros a colaborar causou indignação entre aqueles que pensam que é um comentário miserável sobre a generosidade das pessoas para com os seus pares. Mas Smith não está a falar da ajuda ocasional àqueles que dela necessitam, nem a denegrir as boas intenções das pessoas com um alto sentido de preocupação moral para com os desafortunados (que Smith partilhava)[21]. Está a referir-se à ajuda permanente e vitalícia de que todos necessitamos para subsistir e de que todos gozamos no nosso dia-a-dia. "Nenhum homem", disse ele, "a não ser um pedinte, depende da benevolência, mas mesmo este morreria numa semana se dependesse inteiramente dela" (LJ493). O inegável é que não podemos todos ser "mendigos"; a quem pediríamos nós benevolência se toda a população decidisse apoiar-se na caridade dos outros?

Muitos académicos, desconfortáveis com a ideia de modelarem processos sociais, decidem focar-se nos resultados, mais fáceis de sintetizar em equações. John Nash, o génio torturado, tipificou esta abordagem no clássico "O Problema da Negociação"[22], ao afastar-se do *processo* de negociação para definir o melhor dos resultados. Smith descreve o processo de negociação como uma alternativa a mendigar, afirmando que "é mais provável" que a pessoa dependente "prevaleça se conseguir apelar ao amor-próprio dos outros por si e lhes mostrar que é da vantagem deles fazerem o que lhes está a pedir" (WN26). Tem de se centrar nos outros e não em si mesmo. O negociador tem de abordar o amor-próprio das outras pessoas se quiser obter delas o que quer e tem de demonstrar que proceder assim é uma vantagem para a outra pessoa. Expressar o que quer de uma maneira egoísta não lhe vai garantir aquilo que quer.

Negociar é comum a todos os seres humanos, envolvendo um mínimo de duas pessoas a agirem de forma concertada (embora não necessariamente no mesmo tom) e inclui mais do que um ego e expressão de amor-próprio ou auto-interesse. Se o amor-próprio liderasse exclusivamente o comportamento, a propensão para "permutar, negociar e trocar" aplicar-se-ia apenas a um número limitado de casos. Negociadores num impasse nunca sairiam dele, devido ao desejo egoísta de um dos lados de ganhar, e só muito raramente concluiriam as suas negociações. Os modernos economistas modelam os processos de negociação como uma forma de "guerra" (seguindo Zeuthen)[23] por coacção, como greves, boicotes e sanções, formas longe de explorarem o "amor-próprio" da outra parte.

Interpretar erradamente a proposta de Smith e dizer que os seres humanos são motivados apenas por amor-próprio e egoísmo, é ignorar o processo de negociação que intervém no choque de paixões com que se inicia a interacção (geralmente, propõem-se pelo menos duas soluções para cada problema de negociação) e o resultado mediado em que as duas partes concordam ao chegarem a uma única solução. Todos os seres humanos respiram, mas a respiração não orienta as suas interacções. É verdade que não podem interagir sem respirar, mas a necessidade de respirar é independente do facto de negociarem ou não. Todas as pessoas têm amor-próprio ou auto-interesse, mas para se alcançar um resultado agradável devem modificar o seu amor-próprio e chegar a um resultado que seja agradável também para a outra parte, pois, claramente, "permutar, negociar e trocar", como processo só funciona se ambas as partes concordarem numa solução comum. Os negociadores fazem a quadratura do círculo quando simultaneamente modificam as suas paixões egoístas (em que cada um quer tudo) conforme o momento do acordo se vai aproximando. O egoísmo não motiva decisões conjuntas.

Smith escreveu o seguinte:

> Quem propuser uma negociação, seja ela sobre o que for, propõe-se a fazer isto. Dá-me o que eu quero e terás o que queres. (WN26)

Esta é a proposta condicional e é uma declaração de grande importância histórica, descoberta pela prática ainda na pré-história e não através de qualquer teoria racional. Abriu às relações humanas a perspectiva de uma alternativa viável à violência mutuamente destrutiva que eram as pilhagens, como meio de distribuir e redistribuir as dádivas da natureza e os frutos do trabalho. Smith ensinou isto muito antes de ter escrito *A Riqueza das Nações* (e possivelmente ainda antes de *Sentimentos Morais*) e isto é perfeitamente consistente com ambos. Vamos olhar para dois extractos das suas *Palestras*, sobre a necessidade de explorar o amor-próprio dos outros:

> Isto não se faz meramente com persuasão e sedução; disto nada se espera, a não ser que se consiga convertê-lo numa vantagem para o outro e apresentá-lo como tal. O mero amor não é suficiente enquanto não for aplicado de qualquer maneira ao amor-próprio do outro. (LJ347)

e

Da mesma forma, o homem trabalha sobre o amor-próprio dos seus pares, pondo-lhes à frente tentações suficientes para obter aquilo que quer; a linguagem desta disposição é: dá-me o que quero e terás aquilo que queres. (LJ219)

Querermos algo para nós próprios é egoísmo, no entanto todos nós (com excepção dos santos) por vezes queremos coisas que não temos, portanto todos temos necessidades egoístas. Isto é um facto e não significa que não sejamos boas pessoas. Contudo, pedir aos outros que nos forneçam aquilo que queremos sem lhes oferecermos algo em troca (principalmente se apoiarmos as nossas exigências numa ameaça – a "oferta que não podem recusar") é com toda a certeza egoísta e de forma alguma simpático. As nossas necessidades são finitas, os nossos meios são escassos; a natureza é miserável e nós também o somos.

Eis o seu parágrafo mais famoso:

Não esperamos que o nosso jantar venha da bondade do talhante, do cervejeiro ou do padeiro, mas sim da consideração que eles têm do seu próprio interesse. Apelamos não à humanidade deles, mas sim ao amor-próprio deles e nunca lhes falamos das nossas próprias necessidades, mas sim das suas vantagens. (WN27)

Da mesma forma que tenho de ir além do meu egoísmo e oferecer ao outro algo que ele queira, o outro tem também de ir além do seu egoísmo. Nós mediamos o nosso auto-interesse. Os nossos antepassados aprenderam esta verdade há muito tempo na savana africana, quando enfrentavam a fúria daqueles a quem não tinham oferecido reciprocidade em troca de serviços ou apoio. Se não praticarmos hoje estes princípios veneráveis, não conseguiremos concluir as nossas trocas porque as pessoas absolutamente egoístas não conseguem fechar negócios (têm de recorrer a formas de pilhagem ou passar sem as coisas).

Alternativamente, as duas partes podem modificar simultaneamente as suas motivações egoístas para concluírem as negociações. Elas fazem-no propondo: "Dá-me o que quero e terás aquilo que queres". O egoísmo mútuo ("dá-me o que quero") expressa apenas metade da proposta condicional. Permanece-se egoísta e qual é o resultado? Um impasse. Tal como dois cães a lutarem por um osso, o mais forte, ou o mais determinado, vence e o outro perde. Ou, como Smith disse: "Nunca ninguém viu um cão fazer com outro cão uma troca justa e deliberada de um osso por outro" (WN26)

Trocas negociadas

Na negociação, a troca voluntária é livre de coacção. Nós os dois transaccionamos não porque gostemos um do outro (embora o possamos fazer), mas sim porque queremos algo um do outro. A decisão negociada estabelece as condições da troca. Eu obtenho aquilo que quero (o meu lado egoísta) apenas se te der aquilo que queres (o meu lado não egoísta) e tu obténs aquilo que queres (o teu lado egoísta) apenas se me deres aquilo que eu quero (o teu lado não egoísta). A transacção transforma o egoísmo numa troca mutuamente intencional, a não ser que uma ou ambas as partes recusem os termos da transacção. Cada um de nós, no conteúdo das nossas ofertas, demonstra o lado não egoísta em troca das nossas exigências egoístas.

No início de uma negociação nenhuma das partes é imparcial de forma altruísta. O trabalhador procura obter do empregador o salário mais elevado que conseguir; o empregador oferece aos trabalhadores o salário mais baixo que pode. Mas quando existe um conflito de interesses a parcialidade resolve-se com o poder relativo de negociação nesse momento: trabalhadores a menos ou demasiados trabalhadores para contratar; poucas ou demasiadas vagas de emprego. Trabalhadores migrantes baixam o preço do trabalho e empregadores em concorrência elevam-no. Smith fez comentários (sarcásticos) sobre o desequilíbrio das leis britânicas de então contra trabalhadores em conluio para aumentar os salários e a ausência de leis contra empregadores em conluio para os baixar.

A negociação integra a ligação essencial do que Smith descreveu como "troca mercenária de bons ofícios de acordo com um valor acordado" (TMS86). É o meio necessário através do qual pessoas que não se preocupam umas com as outras e que provavelmente nem se conhecem se envolvem em transacções pacíficas, de forma a assegurar a cooperação mútua:

> Negociação é o processo pelo qual procuramos estabelecer as condições para obtermos aquilo que queremos de alguém que quer algo de nós[24].

O modelo de mediação de Smith entre uma pessoa e o espectador imparcial descreve bem a maneira como a mediação análoga das paixões em conflito entre as partes, através da conversão do auto-interesse num "valor acordado", se encontra também num processo de negociação.

Lembrem-se de como os indivíduos procuram obter simpatia de outros e o espectador imparcial se retrai com expressões excessivamente extravagantes das suas paixões. O nosso comportamento intolerável perante os nossos amigos chegados é menos tolerável para o espectador imparcial, que desaprova as expressões extravagantes de parcialidade. Isto leva-nos a "baixar as [nossas] paixões para um tom" que "os espectadores consigam acompanhar" (TMS23). Num passo notavelmente adequado, Smith acrescenta o seguinte:

> Portanto, sociedade e diálogo são o melhor remédio para recuperar a tranquilidade da mente se, por acaso, ela se tiver perdido; bem como a melhor forma de manter um humor constante e feliz, que é tão necessário para auto-satisfação e prazer. (TMS23)

A negociação é uma conversa intencional em que as partes propõem soluções diferentes para o mesmo problema, seja ele um preço, as condições de um contrato, as recompensas ou penalizações, ou resultados diferentes. A negociação requer comunicação; com amuos ninguém consegue negociar com êxito.

Nas disputas, o tom e os humores podem ser testados. As pessoas expressam apaixonadamente as suas exigências, sentem-se melindradas com as acusações, lembram queixas passadas e alimentam ódios profundos por "atrocidades verbais" cometidas pela outra parte. A negociação como alternativa à violência nem sempre é, nem tem mesmo de ser, "doce e ligeira".

Mesmo nas muitas negociações com um certo grau de "doçura e ligeireza" há necessariamente soluções diferentes em cima da mesa. Negociamos porque discordamos da solução da outra parte. Começamos com os nossos valores ainda por acordar e com a negociação alcançamos "um valor acordado", que é diferente das soluções com que tínhamos partido. Como se gere este movimento? O que nos leva a alcançar um acordo? O processo destacado nos *Sentimentos Morais* é reconhecível se estudarmos aquilo que os negociadores fazem.

Um "valor acordado" requer cooperação. A inimizade dificulta, mas não impede necessariamente um acordo. As partes alcançam um acordo a partir de duas soluções para o mesmo problema somente se concordarem numa única solução, geralmente diferente de qualquer uma das duas iniciais. Compromissos assumidos apenas por uma das partes são raros. O movimento das partes a partir das suas soluções iniciais expressa a contribuição de cada uma delas para o acordo conjunto. A minha aprovação à modificação das suas opiniões é adoptá-las; rejeitá-las é desaprová-las (TMS17).

As diferenças de opinião são endémicas no "permutar, negociar e trocar". Os negociadores não são pessoas que se limitem a aceitar o preço – se o fossem, não estariam a negociar. Emoções relativas ao valor, mérito e desmérito encontram-se em alta. Smith explicou isto muito bem:

Mas se não sentires empatia pelos infortúnios que tenho sofrido, ou nenhuma que seja proporcional à dor que me aflige; ou se não sentires indignação com as injúrias que sofri, ou nenhuma que seja proporcional ao ressentimento que sinto, não poderemos conversar sobre estes assuntos. Não nos podemos tolerar um ao outro. Nem eu suporto a tua companhia, nem tu suportas a minha. A minha violência e paixão confundem-te e a tua insensibilidade fria e falta de sentimento enfurecem-me. (TMS21)

Abandonar a mesa das negociações, retórica insultuosa e ameaças iradas ensombram o ambiente quando os negociadores dão vazão às paixões que, na ausência de empatia, distorcem as suas percepções. As tuas soluções ameaçam o meu futuro; as minhas ameaçam o teu. O negociador tem consciência de que só se "baixar a sua paixão para aquele tom" que a outra parte "seja capaz de acompanhar" poderá esperar um "acordo de afectos" como prelúdio da harmonia que provirá de um "valor acordado" (TMS22). E o que é verdade para uma das partes também é verdade para a outra. Smith sugere que o negociador irado "tem de suavizar a agressividade do seu tom natural, de forma a sintonizá-lo com a harmonia e concórdia das emoções daqueles que o rodeiam". O que cada parte sente nunca é exactamente o mesmo, porque ambas vêem os seus interesses de pontos diferentes, mas ao baixarem as expressões dos seus interesses próprios de forma a torná-los mais aceitáveis e adequados ao movimento da outra parte, ambas revêem os seus pontos de vista apaixonados (por vezes extremos), olhando para eles até certo ponto com os olhos da outra parte.

"A paixão reflectida [...] é muito mais fraca que a original" e "abate necessariamente a violência daquilo que se sente" antes da reunião (TMS22). Em suma, os negociadores não conseguem tudo o que querem e ao suprimirem as suas inclinações egoístas de pedirem tudo em troca de nada ou de muito pouco, "esforçam-se sempre por baixar as [suas] paixões para aquele tom que o [outro negociador] deve conseguir acompanhar"

(TMS22-3). A convergência negociada, desencadeada pelas propostas condicionais de Smith, traz os negociadores para "valores acordados" que "são o melhor remédio para recuperar a tranquilidade se a dada altura esta tiver sido perdida, bem como o melhor estabilizador desse temperamento equilibrado e feliz que é necessário para a auto-satisfação e prazer" e "que é tão comum entre os homens civilizados" (TMS23). É esta a "dança da negociação" através da qual as partes se aproximam das respectivas posições, pois trocam movimentos recíprocos, incluindo a passagem de um assunto que me interessa para outro que é importante para si e, em troca, passasse para um que seja importante para mim. Duas pessoas egoístas a tentarem fazer uma troca moderam o seu egoísmo para um nível que seja aceitável e com as propostas condicionais convertem o seu egoísmo num "valor acordado" que não é de forma alguma uma expressão do seu egoísmo irreconciliável. Eles "dão para terem", reduzindo as exigências e aumentando as ofertas.

A ligação das condições com as ofertas define a propensão comum do "permutar, negociar e trocar". O que é notável é que Smith tenha ensinado a proposta condicional mais de duzentos anos antes de ela ter entrado na bibliografia de negociação da actualidade, mas não tão notável como o facto de ela, tal como o casaco do trabalhador, ter sido praticamente ignorada e menorizada durante tanto tempo.

CAPÍTULO 7

Tivesse o estado original das coisas continuado

Introdução

Tal como os seus antecessores, contemporâneos e os seus sucessores do início do século XIX, Smith desenvolveu aquilo que é geralmente considerado uma teoria do valor-trabalho (de troca). Contudo, há indícios de que sabia que quaisquer que fossem os méritos que estas teorias tivessem para explicar a evolução do valor de troca no passado distante, consistente com o conhecimento convencional e com a sua perspectiva histórica, elas não bastavam para explicar os comportamentos de troca observados com o uso de preços nos mercados([1]). E isto criou um daqueles mistérios para sempre associados ao seu nome: até que ponto Adam Smith era comprometido com uma teoria do valor-trabalho? Eu diria que "muito pouco", se é que alguma vez esteve comprometido com uma. Portanto, não subscrevo a opinião expressa por Paul Douglas há muitos anos, de que "o caminho da sabedoria parece passar por estes tópicos num silêncio discreto"([2]).

A confusão gerada em torno da abordagem de Smith ao valor de troca embaraça todos os que acreditam que ele era o expoente de uma filosofia comercial categórica (o Adam Smith de "Chicago") e agrada a todos os que o vêem como um socialista encapotado (o Adam Smith "marxista"), mas a abordagem de Smith não merece nenhuma destas interpretações; em vez disso, deveríamos estudar atentamente aquilo que o Adam Smith de "Kirkcaldy" escreveu([3]).

Sem dúvida que a sua descrição do trabalho como "medida real do valor de troca de todos as mercadorias" (WN47-71) é menos que clara (como ele a descreveria; LRBL3, 25, 36), em parte porque abrangia duas circunstâncias muito diferentes. Com o tempo, os seus sucessores resolveram o problema do valor concebendo novas teorias de utilidade marginal. Entretanto, aqueles que se agarraram ao trabalho como medida de valor (os marxistas depois de Ricardo) tinham já entrado num beco sem saída, onde a sua teoria foi ignorada. Ao mesmo tempo, a maioria dos economistas tratou as teorias do valor-trabalho como curiosidade histórica.

O valor numa sociedade primitiva

Smith, seguindo John Locke, mostrou que nas sociedades primitivas de caçadores o trabalho era "a fonte do valor" na "troca". Ao relacionar valor com troca, Smith considerou "valor" como proporção e não como algo misticamente "intrínseco" ou "incorporado" num produto, nem de algum modo metafísico (uma teoria do valor estética). Contudo, com a divisão do trabalho e, mais importante ainda, com a cooperação de proprietários distintos em sociedades comerciais, Smith reconheceu também que o trabalho já não tinha um papel único na determinação do valor de troca, ou preço, quando se consideravam outros proprietários de factores. Portanto, os erros de uma teoria do valor-trabalho e dos seus sucessores clássicos e marxistas não deveriam ensombrar a contribuição da sua teoria do valor de troca baseada na mediação da procura efectiva com os elementos de custo a orientarem o preço da oferta.

Smith aborda a questão a partir da perspectiva histórica habitual de olhar para trás e abre com o seguinte:

Tivesse o estado original das coisas continuado | 177

Naquele estado primordial e rudimentar de sociedade *que precedeu a acumulação de provisões de capital e a apropriação de terras*, a proporção entre as quantidades de trabalho necessárias para adquirir objectos diferentes parece ser *a única circunstância* em que é possível uma regra de troca. (WN65; itálico meu)

Quando declara que o trabalho "parece ser *a única circunstância* em que é possível uma regra de troca e é a "medida real" do valor *de troca* na sociedade primordial mas, fortemente implícito, não depois dela, esta afirmação limita a aplicação da teoria do valor-trabalho. Depois de se ter verificado a "acumulação" e a "apropriação", circunstâncias diferentes sobrepuseram-se às da sociedade rude original.

A era da caça não era representativa do que se seguiu, principalmente porque a agricultura e o comércio, por exemplo, tinham funções multifactores de produção (terra, trabalho e provisões de capital) que eram significativamente diferentes do estado rudimentar da sociedade com um factor único e singular, o trabalho. Por conseguinte, Smith (e outros) exploraram o impacto dos mercados nas variações de preços e muitos contemporâneos propuseram versões de formulações de preços "naturais" e "de mercado" para explicar a distribuição dos rendimentos dos diferentes factores, bem como a razão pela qual os preços de mercado diferiam dos custos de produção([4]).

Na sua "parábola"([5]) dos caçadores de castores e de veados, Smith postulou que se numa "nação de caçadores [...] matar um castor exigir habitualmente duas vezes mais trabalho do que matar um veado, um castor deveria naturalmente ser trocado por ou ter o valor de dois veados" (WN65).

A parábola, sendo uma ilustração de abertura, era aplicável a uma sociedade rudimentar em que os dois tipos de caçadores possuem sem qualquer ambiguidade o produto do seu trabalho, porque mais ninguém o poderia reivindicar, deixando de lado, de momento, a implicação dúbia de que a troca se verificava sempre sob a premissa de que eles trocavam "valores equivalentes". As noções dos valores equivalentes de troca derivaram das noções medievais do "Preço Justo", no entanto, esta parábola, um auxiliar de ensino com uma aplicação altamente restrita, era apenas uma história. Baseia-se no pressuposto de que o trabalho é o único factor e, portanto, a fonte real do valor de troca. Neste caso, talvez os dois caçadores calculassem, embora não precisassem de o fazer, a sua (possível) troca com base numa qualquer proporção do trabalho e dos problemas necessários para caçar e matar os dois animais.

Smith chamou a atenção para os problemas de determinar as quantidades de trabalho despendidas pelos caçadores de castores e de veados. Apesar de o trabalho ser "a medida real do valor de troca de todas as mercadorias", Smith admite que seria "difícil estabelecer" as determinantes da quantidade de trabalho que constituem o valor real do trabalho porque, para além do tempo, entram outras qualidades na equação de quantidade, como os níveis de dificuldade e de engenho dos indivíduos, os graus em que uma hora de trabalho árduo excede uma hora de trabalho fácil e o valor de uma hora num trabalho que leva anos a aperfeiçoar, comparada com um mês de trabalho não-qualificado.

Numa receita segura para o argumento dos dois caçadores cansados, sujos e possivelmente ensanguentados devido ao trabalho, Smith levanta os problemas da comparação: "não é fácil", diz ele, "chegar a uma medida rigorosa do trabalho ou do engenho de cada um" e embora "se possa geralmente permitir uma margem para ambos" a razão de troca seria estabelecida "pela discussão e negociação do mercado" que, sugere ele, "é suficiente para se continuar com a vida comum" (WN48-9, 65). Mas quando se permite a "discussão e negociação" não há qualquer razão convincente para se acreditar que a "discussão" se limite unicamente aos custos alegados de trabalho (ou quaisquer outros) que as partes digam estar envolvidos nos seus produtos, o que nos leva a uma razão baseada naquilo que o castor e o veado valem para os caçadores na altura e no lugar em que tentam terminar transacção e isto pode levar a considerações completamente diferentes da quantidade de trabalho supostamente incorporada nas suas presas ou despendida a caçá-las. Mas Smith não continuou a explorar esta questão e durante um século mais ninguém o fez. Generalizando estas conclusões, aparentemente tanto para as sociedades rudimentares como para as sociedades avançadas, Smith contribuiu para a confusão posterior. Chamou a atenção para a continuidade do problema da determinação do "preço" fazendo uma afirmação sem qualquer prova ou explicação sobre a forma como ela funcionava:

> No estado avançado de sociedade, as margens deste género para dificuldades maiores e melhor mestria fazem-se geralmente nos salários do trabalho e provavelmente verificou-se algo do mesmo género durante o período anterior e mais rudimentar. (WN65)

Se se tivesse limitado a desenvolver o valor de troca primeiro para uma sociedade rudimentar, admitindo que se poderia encontrar um numerário aceitável, sendo o esforço e os problemas do trabalho os principais candidatos a factores pertencentes a quem os desenvolveu, e se tivesse demarcado o valor de troca de forma clara quando as sociedades passaram a um estado avançado, quando o trabalho já não era o único factor, sublinhando que outros para além dos trabalhadores detinham os outros factores (dos quais existem indícios), tudo poderia ter sido mais explícito. Mas o seu texto continuou a mudar de fontes comuns de valores nos diferentes modos de subsistência, fazendo com que os leitores impacientes não conseguissem captar nem o significado das diferenças na posse dos factores nem o que ele aparentemente tomou como garantido, nomeadamente que saberiam que ele estava a falar de dois fenómenos distintos do "valor de troca" nos estados rudimentares e nos estados "melhorados" de sociedade, depois de a propriedade ter sido inventada e se generalizar.

Sinais de confusão

Abre o capítulo V com uma afirmação que recorda Richard Cantillon([6]):

> Os homens são ricos ou pobres de acordo com o grau em que conseguem gozar as necessidades, comodidades e divertimentos da vida humana. (WN47)

Aqui, Smith fala do Estado moderno porque esta definição se aplica depois "de ter surgido categoricamente" a divisão do trabalho e faz a afirmação lógica de que neste estado as pessoas só conseguem obter, com o seu próprio trabalho, parte das suas necessidades e, obviamente, têm de obter de terceiros as outras coisas de que precisam. Nestas circunstâncias, o grau de riqueza ou de pobreza depende do trabalho que conseguem fazer e daquilo que conseguem "comprar" com o produto do seu trabalho. É o poder de aquisição dos produtos de outras pessoas através da troca (independentemente do seu custo em trabalho) ou, concretizando, aquilo que conseguem obter com aquilo que conseguem trocar, independentemente do trabalho supostamente "incorporado" nelas. Na sociedade rude tudo o que se consome é adquirido pelo trabalho e é necessariamente um pacote mais reduzido de bens do que aquele que se consegue obter com a mesma quantidade de trabalho numa sociedade em que a divisão do trabalho esteja estabelecida.

Nos termos do capítulo anterior sobre a troca negociada ("obtermos o que queremos de outras pessoas que querem algo de nós"), o valor de troca dos artigos da transacção é uma razão "daquilo que damos do que temos, por aquilo que queremos do que eles têm" (ou a razão daquilo que queremos/aquilo que eles querem). Smith afirmou isto claramente: "Dá-me o que quero e terás aquilo que queres" (WN26). Curiosamente, o Professor Jevons, um dos pais do que viria a tornar-se a escola neoclássica (e um crítico de Smith) escreveu: "a palavra Valor, na medida em que pode ser usada correctamente, expressa apenas a circunstância da sua troca por uma outra substância numa determinada razão"([7]). A essência da troca como razão não fora notada em *A Riqueza das Nações*.

Quando o trabalho já não é o único factor, a noção de que o que "custa realmente ao homem que quer adquirir" algo é puramente "o esforço e a dificuldade de o adquirir" assume um sentido importante. As pessoas têm acesso a muito mais bens do que aqueles de que os seus predecessores alguma vez "necessitaram" porque estes nunca teriam conseguido produzir o leque de artigos modernos numa vida de trabalho. A troca foi a força libertadora que expandiu o acesso a "necessidades, comodidades e divertimentos da vida" nunca antes imaginados.

Na sociedade melhorada, a divisão do trabalho e a especialização permite ao trabalhador adquirir aquilo de que necessita, trocando uma parte dos seus rendimentos (salários, rendas, lucros) por produtos pertencentes a outros. Ao dispor do dinheiro que recebe por contribuir para a produção de excedentes para troca, poupa-se ao *esforço e dificuldade* de fazer todos os produtos de que necessita, e embora sem a divisão do trabalho não tivesse esperança de adquirir os produtos oferecidos por outros para troca, encontra-se materialmente melhor. De facto, depende da capacidade de outras pessoas para fazerem o "esforço e dificuldade" de produzir tudo o que quer comprar dentro dos limites do seu rendimento. Este é o principal benefício de uma economia de troca com uma divisão de trabalho cada vez mais sofisticada – temos um aumento inimaginável de produtos diferentes à disposição para as nossas transacções de troca (tal como tribos dos Yanomamö e de Nova Iorque).

Não vale a pena queixarmo-nos do facto de as outras pessoas produzirem milhões de coisas que não queremos; é o nosso acesso àquelas que queremos que é um resultado positivo da enorme divisão do trabalho. Produz-se para todos os gostos e não apenas para o nosso. Os ricos têm maior acesso a mais daquilo que queremos do que os pobres, mas os pobres numa sociedade rica estão incomparavelmente melhor do que os "poderosos" numa sociedade pobre.

De forma confusa, o texto de Smith tem um pé nas sociedades rudimentares e o outro nas sociedades comerciais onde a divisão do trabalho "se realizou categoricamente", sem demarcar claramente a que sociedade se refere e sem fazer a distinção entre elas. Na sociedade rudimentar e com um único factor, a identificação do trabalho com o valor do trabalho pode ser boa, porque as pessoas usam apenas o seu próprio trabalho em conjunção com o "acesso aberto" à natureza para criarem os seus bens de consumo (auto-suficiência absoluta).

Os indivíduos nas sociedades melhoradas consomem produtos criados por muitos outros, num enorme contraste com os poucos produtos que os seus predecessores criaram para eles mesmos (autonomia absoluta e acesso mínimo à riqueza). Nas sociedades comerciais, de multifactores e proprietários múltiplos, o trabalho de um indivíduo perde o seu "monopólio" de relativamente poucos artigos em favor do acesso a um leque incomensuravelmente maior de produtos disponíveis.

"O trabalho", escreve Smith referindo-se às sociedades rudes, "era o primeiro preço, o preço original de compra, pago para todas as coisas". Na verdade, era com trabalho que "se comprava originalmente" (com o seu "esforço e dificuldade") tudo aquilo que se consumia e "o seu valor para aqueles que o possuíam e que o queriam trocar por alguns produtos novos" era "precisamente igual à quantidade de trabalho que lhes possibilitava a sua compra ou aquisição" (WN48), o que não era muito. No entanto, como notaram os economistas modernos, "Uma coisa é alegar que a verdadeira medida de valor, em termos reais, é o tempo de trabalho e outra coisa é afirmar que a fonte de valor é o custo necessário de produção de cada mercadoria"([8]); ou seja, o que é válido para as sociedades rudimentares e simples pode não ser válido para sociedades complexas e de múltiplos factores. Mas quando havia apenas (muito poucas) pessoas que viviam somente em sociedades rudimentares, "toda a riqueza do mundo" era incomparavelmente diminuta em quantidade, qualidade e variedade, quando comparada com "toda a riqueza do mundo" produzida por muitas pessoas a viverem em sociedades sucessivamente melhoradas. No início, a riqueza não era quase nada; com a disseminação da abundância tornou-se quase tudo.

As reservas ou "ajustamentos" de Smith revelam que se distanciou da noção original de valores do trabalho:

> Mas embora o trabalho seja a verdadeira [histórica] medida do valor de troca de todas as mercadorias, não é aquela pela qual o seu valor é geralmente calculado. (WN48)

Devido à dificuldade de determinar a comensurabilidade de duas quantidades de trabalho, voltamos a cair na "discussão" e negociação, tornando-se a "quantidade" de trabalho um substantivo tão abstracto como felicidade, difícil de definir mesmo para economistas experientes e não directamente relevante para aqueles envolvidos numa multiplicidade de transacções de troca para quem um cálculo deste género seria de interesse imediato, talvez até urgente. Se a quantidade de trabalho na realidade significasse alguma coisa, é pouco provável que alguém tentasse calcular o valor do trabalho na prática; se não significa nada, ser praticamente ignorado pelos compradores e vendedores é uma perda apenas para aqueles que sugerissem que ela significaria alguma coisa.

Nas sociedades comerciais, em que a divisão do trabalho está consolidada e a "negociação acabou" em favor da troca monetária, as pessoas fiam-se nos "objectos palpáveis" das quantidades de bens (WN49). Assim, "verificou-se", escreve Smith em tom bíblico, "que o valor de troca dos artigos é mais vezes calculado pela quantidade de dinheiro do que pela quantidade de trabalho ou de qualquer outro bem que se possa ter para a sua troca".

Em resumo, a teoria do valor de troca-trabalho não desempenha um papel credível fora das eras iniciais da sociedade rudimentar e, portanto, quando a divisão do trabalho se generalizou e a propriedade se enraizou, deixou de existir uma teoria útil do valor intrínseco do trabalho, pois o "esforço e dificuldade" despendidos numa sociedade de troca geraram um acesso muito maior aos produtos que outros criaram com o seu "esforço e dificuldade". Se Smith tivesse deixado os seus comentários por aqui, tudo estaria bem; mas não, enredou-se num argumento rebuscado para conciliar o "abstracto" com o "palpável" e inconscientemente prolongou a sua associação com a teoria do valor-trabalho, que os seus sucessores (incluindo Ricardo) interpretaram erradamente. Aquilo que os vários pioneiros da economia estavam a debater eram formas diferentes de tentar definir um padrão comum para a razão de troca. Estavam a tentar *medir* o valor, o que não é uma *teoria* do valor[9]. Estavam a tentar definir o valor usando unidades invariáveis de qualquer padrão plausível (tempo de trabalho, um dia no arado, ou qualquer outra coisa)[10] para calcular o seu "custo" por unidade. Quando ocorrem alterações no padrão, todos os preços se alteram proporcionalmente, tal como as características invariáveis de peso ou comprimento podem mudar de acordo com as regras aritméticas da proporcionalidade do peso ou da escala. O problema era encontrar um padrão apropriado, o que no caso das unidades de trabalho se tornou cada vez menos convincente (os custos de trabalho nos meados do século XVIII variavam imenso entre ocupações).

Do seu ensaio sobre astronomia, Smith já sabia que era absurdo tentar fazer com que um paradigma existente se adaptasse a uma realidade desobediente, como no caso das observações cada vez mais rigorosas dos movimentos planetários (EPS55-9). Quando a realidade choca com uma teoria impossivelmente barroca, como a teoria do valor-trabalho numa economia comercial de múltiplos factores, os filósofos deviam deitar fora a teoria e começar de novo. No entanto, Smith não optou propriamente pela via que defendia. Espalhou a sua proposta de teoria do valor do esforço e da dificuldade numa sociedade com um factor único um pouco por todas as suas outras reflexões sobre uma teoria de preços do valor de troca numa sociedade comercial de factores múltiplos. Smith pode ter pressuposto que o que tinha enunciado era suficientemente claro se os leitores percebessem o papel do "permutar, negociar e trocar" como razão dos "preços" e os papéis subjectivos das atitudes psicológicas do "esforço e dificuldade" despendidos no seu trabalho. O problema persistiu porque, apesar de todos os esclarecimento que fez, poucos leitores compreenderam na prática as suas intenções e os seus cépticos decidiram perseguir quimeras em vez de o tentarem perceber[11].

"Tivesse este estado continuado"

Antes de reflectirmos sobre a teoria de Smith das "partes componentes do preço" vou acompanhar brevemente a sua digressão especulativa sobre uma sociedade rudimentar:

> Nesse estado original das coisas que precede tanto a apropriação da terra como a acumulação de provisões de capital, todo o produto do trabalho pertence ao trabalhador. *Não tem nem senhorio nem patrão para o partilhar com ele.* (WN82; itálico meu)

A última frase é crucial para a diferença de propriedade que o trabalhador tem do seu trabalho na sociedade rude. Smith usa a frase "todo o produto do trabalho pertence ao trabalhador" três vezes (WN65, 82-3) e sempre relacionada com a primeira era original da caça. É um facto simples, sobre o qual não há disputa na justiça natural, que a posse do caçador quanto ao produto do seu trabalho constitui a sua propriedade. Um indivíduo tem um direito natural ou perfeito de posse do seu próprio corpo e quando as pessoas "traficam com aqueles dispostos a negociar com elas" (*liberi commerci*) (LJ8-9) têm um direito natural de posse na sua "indústria, trabalho ou divertimentos" desde que, como disse Hutcheson, não sejam "prejudiciais para outras pessoas ou bens"[12]. Smith enunciou o que tinha aprendido com Hutcheson e, através dele, com Pufendorf, deu aulas em Glasgow e escreveu A *Riqueza das Nações* com estes direitos claros bem em mente. A sua teoria do valor-trabalho para o homem na sociedade rude era simplesmente uma proposta da teoria do direito natural. Especula ao longo de dois parágrafos sobre uma situação imaginária: se aquela primeira era rudimentar em que os trabalhadores possuíam todo o produto do seu trabalho tivesse continuado indefinidamente...

> Tivesse este estado [ou seja, "o estado original das coisas"] continuado, os salários do trabalho teriam aumentado com todas as melhorias do seu poder produtivo a que a divisão do trabalho deu origem. (WN82)

Mas não desenvolve a reflexão sobre a maneira como isto teria funcionado sem uma transição para a divisão do trabalho em que outros, necessariamente, também possuem o trabalho como factor de produção. Smith identificou a troca como a força originária da divisão do trabalho. Contudo, quando numa sociedade avançada os proprietários de outros factores (terra e capital) se juntaram à produção, alteraram a situação anterior em que havia apenas um factor, o trabalho do caçador e do fabricante de setas. Numa sociedade avançada, no entanto, os donos de outros factores não transferem a posse para os seus parceiros. O proprietário continua a possuir a sua terra – "arrenda-a" – e os produtos dela são a sua renda; o trabalhador não vende o seu corpo a outros – prescinde dos produtos para ganhar os seus salários; e o empresário não deixa a posse do seu capital – usa-o para facilitar a produção do artigo para ganhar o capital que avançou mais um lucro. Assim, com a evolução da propriedade em terras, a situação tornou-se fundamentalmente diferente e acabou a velha situação da natureza como recurso livre. A troca de setas por caça pode-se repetir quase eternamente enquanto a madeira para as setas e as pedras para as suas pontas vierem de um recurso livre que não pertença a ninguém e enquanto os animais caçados para alimentarem as famílias dos caçadores não pertencerem a ninguém; estes movimentam-se livremente e podem ser caçados por qualquer pessoa nas terras de ninguém. A posse dos tesouros da natureza e dos frutos dos factores combinados de produção alterou a distribuição de títulos para comparticipações no produto proveniente da sua cooperação.

A invenção da propriedade comunal era inevitável se as populações humanas crescessem e permanecessem concentradas numa área relativamente pequena. Dez mil seres humanos a dependerem da caça para subsistência num território do tamanho de um continente (Índia, China, as Américas, Europa e Austrália) podiam subsistir durante milénios e presumimos que durante um longo período foi isso mais ou menos o que aconteceu. Eles podiam dispersar-se e movimentar-se para qualquer lugar sempre que, como Smith expôs, a "caça" se tornava "precária" ou as relações dentro dos grupos e entre os diversos grupos se tivessem tornado turbulentas.

Assim que se começou a praticar a pastorícia, a necessidade de impedir os rebanhos e manadas de fugirem e a necessidade de impedir seres humanos errantes de roubar afirmaram lenta e gradualmente conceitos de propriedade e de tudo o que lhe é intrínseco, primeiro como propriedade comunal (a inveja protegia contra outras comunidades) e depois em propriedade privada (a inveja protegia contra todos os que passassem). Os desenvolvimentos posteriores na agricultura tiveram o mesmo efeito só que mais intensivamente, pois a agricultura era mais propícia à sua evolução como novo modo de subsistência. Também alterou tudo o resto em relação à posse de produtos do trabalho e dos factores necessários para cooperação, que reduzem a comparticipação de um trabalhador individual no produto final, incluindo as comparticipações que vão para os outros donos de materiais contribuintes, a sua destreza e tecnologia e principalmente os donos da terra. Já não se tratava de um caso simples de trocas entre o fabricante de setas e o caçador com base na posse clara dos produtos do seu trabalho antes e depois da transacção. A evolução da propriedade estava associada à necessidade de adjudicação em disputas, com a emergência de "normas", "regras" e "leis", bem como com a sua imposição por um governo civil.

Como as trocas primitivas tornaram aqueles que nelas participavam "mais ricos" (um incentivo importante da divisão do trabalho), tiveram um efeito auto-reprodutor ao encorajarem comportamentos de troca semelhantes em toda a sociedade. Portanto, a proposta única de Smith de "permutar, negociar e trocar" foi precursora de um caminho de evolução social. Aqueles que não trilharam esse caminho, não havendo nada ordenado sobre indivíduos e mudança social, permaneceram sujeitos ao seu modo de subsistência, pois para eles o "estado original das coisas" continuou.

Constância da teoria do trabalho de subsistência

Embora as qualidades do trabalho, ou de qualquer outra mercadoria, pudessem variar e assim prejudicar a sua constância para efeitos da sua conversão num numerário fiável, alguns conjuntos de trabalho eram considerados mais ou menos "constantes". Hutcheson tinha ensinado que

> passar um dia a cavar ou a arar era tão difícil para um homem há mil anos como agora, embora não conseguisse obter tanta prata por ele; e um barril de trigo ou de carne tinha então o mesmo efeito de nutrir o corpo humano como tem agora quando se troca por quatro vezes mais prata. Correctamente, o valor do trabalho, dos cereais e do gado é sempre mais ou menos o mesmo, pois permitem o mesmo uso, desde que as novas tecnologias para trabalhar a terra ou melhorar pastagens não causem uma quantidade maior do que a procura. Foi principalmente o metal [isto é, o dinheiro] que sofreu a grande alteração no valor, pois desde que estes metais têm existido em abundância o valor da moeda alterou-se, embora esta mantenha o mesmo nome antigo[13].

Mas arar tem uma aplicação restrita como padrão fora da agricultura (tal como tentativa de usar "milho" como padrão numa sociedade comercial).

Do ponto de vista do trabalhador, afirma Smith, ele "tem sempre de dispor da mesma porção do seu conforto, da sua liberdade e da sua felicidade" quando está a trabalhar numa tarefa que não tenha mudado o seu conteúdo ("cavar" ou "arar") durante "mil anos" ou, se este período for demasiado longo para se considerar devido a [lentas] tecnologias inovadoras, que pelo menos não se tenha alterado muito durante a sua vida de trabalho, de modo a não mudar a percepção do seu valor relativo constante. Em termos de trabalho, "o preço que paga tem de ser sempre o mesmo, seja qual for a quantidade de bens que recebe em troca" pelo seu dia de trabalho. É a abundância ou a escassez das coisas que compra com o seu trabalho que varia e "não o trabalho com que as compra" (WN50). Isto significa que se acreditava que o trabalho em si (ou pelo menos uma certa forma de trabalho), quando comparado com todas as outras mercadorias, nunca variava no seu próprio valor real – "só ele é o seu preço real; o dinheiro é só o seu preço nominal". Porém, o empregador vê as coisas de outra maneira. No que lhe diz respeito, o trabalho varia em preço como qualquer outra coisa, umas vezes é mais caro, outras menos, mas, insiste Smith, na realidade "são os bens que são mais baratos num caso e mais caros no outro" e não o trabalho (WN51)[14]. Isto dá ao trabalho, tal como a todas as mercadorias, um preço real e um preço nominal, e o preço real cobre a "quantidade de necessidades e comodidades da vida dadas por ele" pelo empregador na forma de salários e "o seu preço nominal é a quantidade de dinheiro" (WN51).

Com base na tecnologia agrícola de longa duração e imutável, Smith adicionou um outro factor que fixa um elemento constante ao custo do trabalho. Embora o ouro e a prata sofram escassez e abundância devido à "esterilidade" ou à "riqueza" das respectivas minas e o seu preço se altere em termos monetários, a subsistência mínima do trabalhador permanece a mesma porque se for abaixo do nível mínimo de subsistência, os trabalhadores e as suas famílias morrem de fome e de doenças e maleitas relacionadas, sendo o aumento da mortalidade infantil sempre um bom indicador de deficiências na subsistência dos trabalhadores. A subsistência do trabalhador, escreve Smith, é o preço real do trabalho, embora ele reconheça que era variável em circunstâncias diferentes: "mais liberal numa sociedade que avance em direcção à abundância do que noutra que esteja parada; e mais numa sociedade que esteja parada do que noutra que esteja a regredir" (WN53).

Adam Smith chamou a atenção para estas dificuldades e propôs uma fonte diferente de valor que também tinha um elemento subjectivo importante e constituiu uma das suas constantes psicológicas, a par da "propensão para permutar, negociar e trocar", "automelhoria" e "auto-interesse" que variavam para cada indivíduo:

> O preço real de tudo, aquilo que tudo realmente custa ao homem que o adquire, é o esforço e a dificuldade de o adquirir. Aquilo que tudo realmente vale para o homem que o adquiriu e para quem quer desfazer-se daquilo ou trocá-lo por outra coisa qualquer é o esforço e a dificuldade a que se pode poupar e que pode impor a outra pessoa. Aquilo que se compra com dinheiro ou com bens é comprado pelo trabalho tal como aquilo que adquirimos com o esforço do nosso próprio corpo. Esse dinheiro ou esses bens na realidade poupam-nos este esforço (WN47).

O valor de troca nas sociedades avançadas

Smith deixou pouco clara a altura em que deu o salto da permuta directa para uma economia monetarizada, sem qualquer explicação. Num momento o leitor contempla a vida numa sociedade rude e na frase imediatamente a seguir tem de mudar de perspectiva para um sociedade inteiramente diferente, muitos milénios mais tarde (talvez Smith tenha eliminado algo que tivesse escrito aqui):

> Assim que o capital se acumular nas mãos de pessoas particulares, algumas delas irão naturalmente investi-lo no trabalho de pessoas engenhosas, a quem irão fornecer materiais e subsistência de forma a obterem lucro com a venda do trabalho deles, ou com o valor que o trabalho deles acrescenta ao valor dos materiais. (WN65-5)[15]

A existência original de provisões de capital consistia na subsistência (tal como o "adiantamento de capital" de um prospector de ouro) e nas ferramentas atribuídas pelo dono aos trabalhadores até que o seu trabalho estivesse concluído e vendido. Era um "adiantamento" a ser recuperado com a venda do produto. O produto da "manufactura completa" era trocado por dinheiro ou por bens em espécie, a um preço "acima e superior ao preço dos materiais e dos salários dos trabalhadores" e contribuía com algo para o "empresário" que "arrisca" o seu capital na "aventura".

Os trabalhadores acrescentam valor aos materiais do empresário e o valor adicionado servirá para os seus salários e o custo dos materiais que eles usam, bem como o lucro sobre os salários e sobre os materiais que o empresário adiantou. Mais importante ainda, o empresário só "arrisca" o seu capital no "empreendimento" se pensar que vai obter lucro com a venda da produção e é o motivo do lucro que promove o emprego de trabalhadores, porque sem expectativas de lucro o empresário retira-se na primeira oportunidade e é este imperativo simples que induz os empresários a focarem-se nos custos de produção em todo o mundo. Da mesma forma, se o empreendimento não tiver assegurado aos trabalhadores pelo menos o seu mínimo de subsistência, estes irão procurar oportunidades para obter rendimento do seu trabalho noutro lugar.

Smith adaptou a remuneração dos múltiplos factores envolvidos, fazendo assim algum progresso em economia analítica, que ele partilha, em vários níveis, com contemporâneos próximos, Turgot, Quesnay e os fisiocratas franceses, bem como com o ubíquo Richard Cantillon, que constituíram ligações no progresso da economia política dos meados do século XVIII. Sewall, seguindo Jevons, afirmou que tinha sido em "França que a infância da ciência económica fora embalada"[16], o que era um pouco descortês para com Smith, por implicar que era meramente um consumidor do trabalho dos seus colegas em França. Juntando estes elementos, Smith descobriu que nos preços de todas as mercadorias os três "donos" contribuintes partilhavam a receita entre eles como "salários do seu trabalho, lucros do seu capital, ou renda da sua terra", tornando salários, lucros e rendas as "três fontes originais de todas as receitas, bem como de todos os valores de troca" (WN69). Dinheiro emprestado a alguém que o emprega gera receitas para o seu dono, sendo a sua "renda" o juro pago por quem contraiu o empréstimo. O lucro de quem contraiu o empréstimo é dividido entre lucro pelos seus riscos no empreendimento e o lucro para o credor que permitiu ao devedor a oportunidade de fazer lucro (WN69-70). Com isto Smith afirmou explicitamente que o trabalho não era a única fonte de valor numa economia comercial de troca. Sem fazer alarde da mudança, Smith descartou uma teoria de valor-trabalho tão precisa e abruptamente como a mudança do contexto de uma sociedade rudimentar para uma comercial, porque foi aí que a sua análise o levou.

Smith não tinha uma teoria do valor de troca-trabalho para lá do seu relato histórico de uma sociedade rudimentar. A sua abordagem diferente revelou-se quando afirmou sem qualquer ambiguidade que "tal como num país civilizado há poucas mercadorias cujo valor de troca provenha apenas do trabalho, contribuindo rendas e lucros para o valor da maior parte das mercadorias, assim a produção anual do seu trabalho será sempre suficiente para comprar ou adquirir uma quantidade muito maior de trabalho do que a que foi usada para angariar, preparar e trazer os produtos para o mercado". A sociedade em perfeita liberdade gasta o suficiente para empregar a quantidade de trabalho, a terra dos proprietários e o capital do empresário requeridos para a sua produção anual e, crucialmente, para reproduzir o capital em cada volta da "grande roda da circulação". As famílias dos trabalhadores viviam dos seus rendimentos salariais (subsistência socialmente determinada), pouco ou nada restando para poupanças; as famílias dos empresários viviam dos seus lucros e as famílias dos proprietários viviam das suas rendas, tendo ambos uma capacidade maior para poupar do que os trabalhadores. Entre os empresários e os proprietários existia uma boa proporção de pessoas "ociosas" de todas as idades, que consumiam os rendimentos das suas famílias, provenientes de rendas e lucros. A proporção entre o consumo e as poupanças do trabalho produtivo e improdutivo, incluindo o ocioso, determina se a produção anual líquida aumenta, diminui, ou permanece a mesma (WN71).

CAPÍTULO 8

Assim nasceu finalmente a era do comércio

Introdução

Conforme as repercussões da queda de Roma se foram esbatendo, as leis feudais de propriedade foram enfraquecendo e o comércio sofreu um renascimento hesitante. Os problemas morais das novas formas de criação de riqueza complicaram-se com a tentativa de as adaptar à doutrina cristã, desde sempre hostil ao dinheiro como símbolo de pecado ("buracos de agulhas", "lírios do campo", "o amor ao dinheiro como raiz do mal" e quejandos)([1]). Referências ao poder de aquisição e suspeitas de lucros não se deram bem com a religião; acreditava-se que os lucros teriam provindo de "comprar barato" e "vender caro", tendo assim um estatuto moral questionável([2]).

A Igreja Católica naquele tempo monopolizava os recursos intelectuais da sociedade europeia e estabelecia o ritual e a liturgia de uma crença amplamente disseminada, em que um Deus invisível tinha criado o mundo e tudo o que nele existia. A Igreja exigia que as únicas explicações aceitáveis de todos os fenómenos fossem apresentadas como parte do seu plano divino, cujos mistérios estavam além da compreensão humana. Isto significava que as explicações sobre preços e valores não eram julgadas segundo critérios observados e seculares, mas sim segundo a sua concordância com doutrinas bíblicas.

Quando Smith publicou *A Riqueza das Nações*, as interrogações filosóficas sobre preços, valores e ética ainda tinham o peso dos debates no passado. Nem Cantillon nem Smith foram capazes de se distanciar das velhas formas para apresentarem as suas teorias. Ambos permaneceram dentro da tradição([3]) bem enraizada (WN72-81) da existência de duas formas de valor: o valor natural (intrínseco *à* mercadoria) e o valor de mercado ou preço (dependente de acontecimentos *extrínsecos à* mercadoria), sendo este último tratado na doutrina religiosa com a suspeita prejudicial de representar ganhos imerecidos. As distinções entre preço "natural" e "de mercado" contagiaram as obras sobre economia política até à década de 1870([4]).

Pelos padrões modernos, o preço de mercado e o formato de valor inerente eram vistos como arcaicos e alimentaram o argumento que levou os economistas a separarem a economia da teologia e da filosofia moral, bem como o seu culto da aversão contra a nova disciplina da sociologia. Mas, como outros, Smith encontrou o seu caminho num emaranhado de ideias. Os seus primeiros passos de "fuga" (ED3.2-3 em LJ562-81, 345-6, 495-6) foram precedidos por Cantillon ([1745])([5]) e acompanhados por Turgot ([1766])([6]) (conferir Chydenius, A. [1765] 1931)([7]).

Preço natural e preço de mercado

Smith distinguiu entre preço natural e preço de mercado, tendo-os obtido a partir de uma análise das taxas comuns e médias de salários e lucros aplicáveis em cada região (WN72) de acordo com as "circunstâncias gerais" de riqueza ou de pobreza. Uma outra influência era considerar se a região estava a "avançar, estacionária, ou em declínio" e se a renda média da terra local reflectia a sua fertilidade natural ou melhorada, o que implicava que podia haver diferenças simultâneas em salários, lucros e rendas entre regiões separadas e dentro de sociedades diferentes.

Dizia-se que os preços naturais ocorriam quando se pagava custos específicos (renda da terra, salários do trabalho e lucros das existências) por se trazer mercadorias para o mercado. O mecanismo de reacção não podia ser mais simples. Os factores que não recebiam os seus custos tendiam a mudar-se para outros usos e quando os factores atraíam preços mais elevados, acima dos seus custos, tendiam a movimentar-se para usos com preços mais elevados, "pelo menos onde existe liberdade perfeita" (WN73). O preço de mercado, o valor real pago por uma mercadoria, podia ser igual, superior ou inferior ao seu preço natural e dependia da quantidade trazida para o mercado relativamente à procura efectiva desse artigo.

Alguns autores têm reconhecido há muito as duas medidas de valor: uma medida ideal do custo de produção, com antecedentes enraizados em teorias teológicas do Preço Justo, e o preço orientado pelo mercado, baseado nas quantidades de procura. Elas têm origens separadas: a primeira é a prescrita pelos teólogos e a segundo por agentes de transacções competitivas de troca em mercados. O problema persistiu entre os teóricos por causa das tentativas engenhosas mas fúteis de conciliar as duas noções de determinação de preços.

Turgot expressou isto muito claramente:

> Os Empresários, sejam eles agrícolas ou de manufacturas, voltam a receber os seus adiantamentos e os seus lucros apenas com a venda dos frutos da terra ou dos produtos manufacturados. São sempre as necessidades e os meios do Consumidor que estabelecem o preço da venda; mas o Consumidor nem sempre precisa das coisas que são manufacturadas ou produzidas no momento em que a colheita se faz ou em que a manufactura acabou. Contudo, os empresários precisam que os seus capitais tenham retorno imediata e regularmente, de forma a poderem investi-los nas suas empresas[8].

Cantillon, embora aderisse firmemente às duas noções de valor, escreveu: "Nunca se verifica uma variação nos valores intrínsecos, mas a impossibilidade de proporcionar a produção da mercadoria ou dos produtos num Estado para o seu consumo causa uma variação diária e marés perpétuas nos Preços de Mercado"([9]). Também reconheceu a "impossibilidade" de os "valores intrínsecos" terem qualquer uso prático (a não ser como conceito no preço de oferta no longo prazo). Trata-se de uma noção abstracta e é notável que esta desequilibrada teoria do duplo valor tenha permanecido durante tanto tempo na economia.

Da mesma forma, a conciliação de Smith fez do preço natural o "preço central" em torno do qual os preços de mercado de todas as mercadorias "gravitavam continuamente" e para o qual "tendiam constantemente" (WN75), mas sem o conseguirem alcançar e sem conseguirem apoiar-se nele. Estes autores mencionaram a forma como os preços de mercado variavam de acordo com a procura, mas não desenvolveram as suas análises de valor do mercado em que o preço era claramente uma função da quantidade da procura (WN77)([10]).

A dicotomia entre custo de produção e determinação do preço de procura do mercado pode ser mais bem compreendida se se considerar brevemente o processo de negociação. Quando se pede a pessoas que ajam como "compradores" ou "vendedores" em experiências envolvendo o "estabelecimento do preço" de objectos simples (uma velha chávena de chá, uma cadeira, etc.), verifica-se que as estimativas dos compradores sobre o valor do objecto são quase sempre inferiores às estimativas dos vendedores. Normalmente os compradores não estão interessados nos custos de um vendedor (incluindo o "esforço e dificuldade" deles) e os vendedores não estão interessados no rendimento líquido do comprador depois da compra. É desta dicotomia que emerge a lacuna inicial entre os preços de abertura dos compradores e dos vendedores. As ofertas de abertura expressam os respectivos interesses, mas Smith diz que o interesse próprio não chega para negociar um preço comum, aceitável para ambas as partes. Os vendedores têm que mediar os seus interesses através da "discussão" (soma zero) ou da negociação condicional (soma não zero) em diversos assuntos. Têm de pensar nos seus custos de produção, mais que não seja para se perguntarem: "posso continuar no negócio?" Os compradores têm de avaliar o preço por oposição às suas preferências por um determinado artigo e os usos alternativos do seu dinheiro; só raramente, se é que alguma vez o fazem, pensam nos custos do vendedor. Os compradores nos mercados competitivos comparam os preços de vendedores rivais para minimizar os custos de aquisição; os vendedores nos mercados competitivos comparam os preços com o seu desejo de permanecer no negócio. As partes chegam ao preço da mercadoria partindo de pontos diferentes mas tentam mediar as suas diferenças com a negociação.

Nas negociações salariais Smith clarifica a abordagem diferente das duas partes, coerente com a sua explicação geral da negociação entre compradores e vendedores. Do ponto de vista do trabalhador, o esforço e a dificuldade do trabalho eram de valor igual, possibilitando-lhe a "saúde, força e espírito" e o seu grau de perícia e destreza, porque tem de sacrificar a "mesma porção" do seu conforto, liberdade e felicidade". O preço que o trabalhador paga é sempre o mesmo (o trabalho é uma desutilidade) independentemente daquilo que consegue comprar com os seus salários. O seu trabalho é o "preço real" que paga e os seus salários monetários são o "preço nominal". Em contraste, a valorização que o empregador faz do trabalho do trabalhador varia e "às vezes tem maior valor, outras tem menor valor". Não é o esforço e a dificuldade do trabalhador que ele está a compensar: ele compra o que foi produzido pelo esforço e dificuldade do trabalhador, que vende por um preço em mercados onde os compradores não estão preocupados nem com o esforço e a dificuldade do trabalhador, nem com o desejo de lucro do empregador (WN50-51).

Salários

As proporções de salários, lucros e rendas nos rendimentos totais das vendas de produtos no mercado são apresentadas como recompensas dos factores de Terra, Trabalho e Capital e tiveram um papel importante na análise que Smith fez da dinâmica da economia comercial em rápida expansão.

Na época, com muito poucas excepções, o trabalho não estava organizado em grandes empresas. Embora trabalhadores totalmente independentes a trabalharem para si mesmos, e não para patrões, não fossem comuns, eles existiam. Contudo, a maioria dos trabalhadores trabalhava para um patrão que lhes proporcionava a sua subsistência na forma de avanços salariais e materiais de que eles precisavam (Smith afirmou que por cada um que era independente, vinte outros trabalhavam para patrões, sozinhos ou juntamente com outros) (WN83). Os patrões para quem trabalhavam podiam ser artesãos, artífices ou negociantes que os empregavam usando o capital que tinham poupado e que trabalhavam lado a lado com eles, ou um patrão que empregava diversos trabalhadores em projectos específicos. Os patrões proporcionavam-lhes materiais, por vezes talvez ferramentas manuais, e não mecânicas, no seu local de trabalho, que geralmente era ao lado da habitação do patrão. A era das grandes fábricas ainda não tinha chegado; a Metalurgia Carron, as Louças Sotke e as fábricas de curtumes de Glasgow e outras eram excepções.

Os contratos entre os trabalhadores e os patrões determinavam as taxas salariais, mas não objectivamente, e as partes por vezes recorriam a "combinações" para fazerem valer a sua posição sobre a outra parte; os trabalhadores para aumentarem ou evitarem reduções nas suas taxas salariais; os patrões para reduzirem ou evitarem aumentos nos salários que estavam a pagar. Smith viu isto como um desafio injusto (WN83) que só sublinhava a disparidade global na disponibilidade de meios para aguentar uma semana ou mais sem salários, o que se aplicava a todos os trabalhadores que, sem emprego, não tinham meios reais para resistir a ofertas salariais demasiado baixas ou, se empregados, não estavam numa posição de resistir unilateralmente às reduções impostas de salários. Mesmo com taxas salariais crescentes a facilitar o recrutamento de mais trabalhadores, a presença de desempregados por perto ou capazes de migrarem para uma região era como que um travão na escala de qualquer aumento. Por outro lado, na maioria das circunstâncias, o empregador podia "esperar", para garantir aquilo que pretendia, "durante muito mais tempo" do que os trabalhadores (WN83-4).

Quando acontecia os trabalhadores de uma região "combinarem-se" em apoio das suas reivindicações e envolverem-se em acções colectivas, caía-lhe em cima todo o peso da lei. O desespero deles para resolverem a questão rapidamente, antes de a sua força colectiva definhar perante a incerteza, pressão e coacção, muitas vezes levava-os à "loucura e extravagância do homem desesperado que ou morre de fome ou intimida os seus patrões para aceitarem imediatamente as suas exigências". A dificuldade táctica dos trabalhadores levava ao recurso "ao maior tumulto e por vezes à mais chocante fúria e violência", que geralmente acabava "em nada, a não ser no castigo ou ruína dos agitadores" (WN85)([11]). O tom analítico de Smith é desapaixonado e pragmático e deixa pistas sobre a sua maior simpatia pelos trabalhadores, em detrimento dos empregadores, que usavam a estrutura existente de poder para assegurarem os seus interesses.

Smith alude ao que parece ser uma relação inevitável entre a procura mão-de-obra, os salários oferecidos numa região e o estado da economia. Quando por qualquer razão aumentava a procura por mão-de-obra, o nível dos salários também aumentava (sem que os trabalhadores tivessem "ocasião para se combinar"), porque a concorrência entre os patrões os punha uns contra os outros; da mesma forma, quando a economia declinava, a competição entre os trabalhadores fazia descer os salários. Smith afirma claramente que a "procura daqueles que vivem de salários, como é evidente, só pode aumentar se os fundos destinados ao pagamento dos salários também aumentarem" (WN86). Aumentos nas receitas e no capital levavam a aumentos na procura de mão-de-obra e os salários subiam mais depressa nos países cujas economias estivessem a crescer rapidamente (WN87). Smith indica o seu respeito pela dignidade do trabalho, perguntando, retoricamente, o seguinte:

> A melhoria das circunstâncias dos níveis mais baixos do povo deve ser vista como vantagem ou como inconveniente para a sociedade? À primeira vista a resposta parece ser muito simples. Criados, trabalhadores e empregados de todo o género constituem a maior parte de todas as grandes sociedades políticas. E aquilo que melhora as circunstâncias da maior parte dos seus membros nunca pode ser visto como um inconveniente para o todo. Nenhuma sociedade pode florescer e ser feliz se a maior parte dos seus membros forem pobres e miseráveis. É uma questão de justiça que aqueles que alimentam, vestem e albergam todo o corpo da sociedade tenham uma porção do produto do seu próprio trabalho para si mesmos, de forma que eles também sejam relativamente bem alimentados, vestidos e alojados. (WN96)

Isto revela um traço importante no carácter de Smith. Abordou as condições dos trabalhadores sem sentimentalismos porque não era um missionário com intuitos sociais. Estava a tentar despertar pessoas influentes para fazerem alterações nas políticas mercantis praticadas já há várias gerações. *A Riqueza das Nações* não era um manifesto de mudança social com uma redistribuição explícita, embora contivesse implicitamente a partilha da abundância futura que se antecipava, devido ao crescimento associado a uma maior procura de mão-de-obra. As suas conclusões, muito antes ainda de as ter publicado, e como demonstrado nas suas *Palestras* e *Sentimentos Morais*, eram que uma sociedade que progredisse para a disseminação da abundância teria de resolver de forma duradoura os problemas daquilo a que actualmente chamamos justiça distributiva relativamente à pobreza, falta de educação, saúde e mortalidade infantil, que provou com dados e exemplos. Para tal acontecer, o seu objectivo principal era identificar a natureza e as causas da criação de riqueza como sinais dos obstáculos enfrentados pela abundância geral (conferir WN99-104).

Em vez de fazer um apelo moral à consciência dos empregadores e dos legisladores, baseou a sua defesa de uma economia de salários altos para todos os que dependessem da produtividade do trabalho para aumentarem a abundância, apelando ao auto-interesse dos patrões. Dá um exemplo claro disto:

> Como a recompensa liberal do trabalho encoraja a propagação, esta aumenta também o empreendedorismo das pessoas comuns. Os salários do trabalho encorajam o empreendedorismo que, tal como qualquer outra qualidade humana, melhora em função do encorajamento que recebe. Uma subsistência abundante aumenta a força física do trabalhador e a esperança de ver a sua condição melhorar e de poder acabar os seus dias em conforto e abundância anima-o a exercer ao máximo essa força. Em conformidade, quando os salários são altos iremos sempre ver os trabalhadores mais activos, diligentes e céleres do que quando os salários são baixos. [...] É verdade que quando conseguem ganhar em quatro dias o suficiente para se manterem durante uma semana, alguns trabalhadores permanecem ociosos nos dias restantes. Contudo, estes não são de forma alguma a maior parte. Pelo contrário, quando são liberalmente pagos à peça os trabalhadores são bem capazes de trabalhar de mais e de, em poucos anos, arruinar a sua saúde e constituição. (WN99)

Smith reconheceu a contradição evidente entre a realidade no terreno e as conclusões extraídas apenas da dedução. *A Riqueza das Nações* mostra a tendência de Smith para "olhar para fora da sua janela" de modo a observar o mundo real e interpretar os acontecimentos e as experiências desse mundo na história. Smith escreveu mais como um historiador habituado a trabalhar com pouco material do que como um economista moderno, com conceitos teóricos completos construídos na sua mente a partir de "sistemas" criados por antecessores (e actualmente acessíveis na internet). Smith dispunha de pouquíssimos conceitos teóricos. Preferia referir provas que estivessem mais perto da experiência das pessoas, em vez de "cálculos fastidiosos e dúbios" (WN91) e as suas afirmações mais gerais eram seguidas de diversos parágrafos ou dados que as apoiassem, bem como de citações de outras autoridades, embora por vezes com precaução quanto à sua fiabilidade. Também referia muitos exemplos das suas próprias observações directas dos hábitos e preferências das pessoas comuns, com alguns sarcasmos às pretensões dos ricos, por exemplo – "lugar, esse grande objecto que divide as mulheres dos Vereadores" (TMS57) –, e de observações que lhe foram transmitidas por pessoas que conhecia.

A discussão de Smith sobre a "liberdade perfeita" nos salários e nos mercados lucrativos (WN16-275) é um capítulo importante de *A Riqueza das Nações* porque mostra a importância do uso que Smith faz do conceito de liberdade perfeita do filósofo moral na sua análise da natureza e das causas da abundância. Como na prática a liberdade perfeita não existe (era um conceito filosófico), a natureza dos obstáculos que isto criava causava, na sua opinião, uma taxa mais lenta de disseminação da abundância do que seria de esperar.

Smith abordou a noção de que o "todo das vantagens e das desvantagens dos diferentes usos do trabalho e do capital na mesma região tem de ser ou perfeitamente igual ou tender continuamente para a igualdade" em comparação com a realidade que observava no terreno. Na teoria, as taxas salariais e de lucro deviam sempre tender para a igualdade, porque se "um emprego" fosse "evidentemente mais ou menos vantajoso do que o resto, tantas pessoas iriam querer esse emprego num caso ou tantas abandoná-lo no outro que as suas vantagens em breve retornariam ao mesmo nível dos outros empregos". Mas este caso dar-se-ia apenas se a sociedade desfrutasse de liberdade perfeita e se todos os homens fossem livres de escolher o emprego que quisessem e pudessem mudar sempre que desejassem. A regra geral era que o interesse do homem o levava a procurar empregos vantajosos e a fugir de empregos pouco vantajosos (para ele) (WN116). Olhando para fora da sua janela, Smith verificou que "por toda a parte na Europa" as taxas salariais e de lucro eram diferentes e não eram "iguais" em lado nenhum, nem tendiam sequer para a igualdade, em parte porque há outras circunstâncias (reais ou imaginárias) para além das taxas salariais e de lucro nos empregos das pessoas que são importantes para elas, e em parte porque as políticas governamentais na Europa "não deixam em lado nenhum as coisas em perfeita liberdade" (WN116). Mas que valor tem uma teoria que não corresponde à experiência no terreno?

Smith não perdeu tempo a tentar conciliar a teoria com a prática; usou as divergências dos princípios do Direito Natural da liberdade perfeita para explicar a forma como o mundo real funciona e a partir dos dados, não da teoria, sugeriu como as coisas poderiam ter sido alteradas para se alcançar melhorias específicas que conduzissem o progresso para uma disseminação da abundância. Mas vejam como a sua descrição daquilo que deveria ter acontecido em condições de liberdade perfeita é aquilo a que Jerry Evensky chama uma "maravilhosa imagem da dinâmica da concorrência" na "ordem liberal ideal"([12]). As divergências que Smith notou era tão inevitáveis quanto naturais e portanto aceitáveis dentro de amplas margens, o que abre espaço para ele sublinhar as divergências impostas pelas violações à liberdade perfeita por monopolistas, regulamentos estatais, políticas mercantis e semelhantes, como prelúdio para influenciar legisladores a agir lenta e gradualmente para resolver as divergências.

Smith referiu cinco circunstâncias (naturais), "tanto quanto tenho conseguido observar", que compensam pequenos ganhos monetários nalgumas tarefas e contrabalançam grandes ganhos noutras, fazendo com que os trabalhadores fiquem como estão em vez de evoluírem, como deveria ser de acordo com a teoria. As cinco circunstâncias em que os salários variam são as seguintes:

1. primeiro, com "o grau de dificuldade, a limpeza ou sujidade, o nível de honra ou de desonra do emprego" (WN117-18);
2. segundo, com a "facilidade e baixo custo, ou a dificuldade e despesa de se aprender a profissão" (WN118-20);
3. terceiro, com a "constância ou inconstância do emprego" (WN120-2);
4. quarto, de acordo com a menor ou maior confiança que tem de ser atribuída aos trabalhadores" (WN122);
5. quinto, de acordo com "a probabilidade ou improbabilidade de sucesso" (WN122-8)

Smith descreve a forma como cada um dos casos varia, bem como a razão pela qual varia, incluindo uma discussão sobre a improbabilidade de se ganhar a lotaria.

No que expõe, explica a razão pela qual

- um alfaiate artífice ganha menos que um tecelão;
- um tecelão artífice ganha menos que um ferreiro artífice;
- um ferrador artífice ganha menos que um mineiro de carvão;
- o trabalho de um talhante ("um negócio brutal e odioso") é mais lucrativo que os trabalhos comuns;
- o carrasco público ("o mais detestável de todos os empregos") é mais bem pago que qualquer outra profissão comum;
- só as pessoas pobres "caçam e pescam" e recebem apenas uma "subsistência insuficiente, enquanto as pessoas ricas praticam estas "actividades como passatempo";
- o estalajadeiro ("exposto à brutalidade de todos os bêbedos") "faz um lucro bastante grande";

- as máquinas caras têm pelo menos que produzir lucros normais;
- a educação cara para adquirir "destreza e capacidades extraordinárias" é equivalente a erigir-se uma máquina cara e a razão pela qual uma pessoa que a possua tem de atrair salários "muito acima" dos salários dos trabalhadores comuns;
- o trabalho especializado impõe a necessidade de períodos longos de aprendizagem e de tudo o que se siga de leis destas;
- pintores, escultores, advogados e médicos ganham recompensas liberais;
- as horas de trabalho variam para pedreiros e assentadores de tijolo e assim variam os seus salários;
- os cadeireiros (que carregam pessoas) também trabalham como assentadores de tijolo;
- os carpinteiros ganham menos que os pedreiros;
- artífices que trabalhem ao dia, sujeitos a despedimento imediato, ganham mais do que os trabalhadores comuns em Londres;
- os mineiros de carvão em Newcastle e na Escócia ganham três vezes o salário do trabalhador comum;
- os carregadores de carvão[13] nas docas ganham quatro ou cinco vezes o salário do trabalhador comum;
- a constância ou inconstância do emprego não afecta os lucros do capital;
- os salários dos ourives e dos joalheiros são superiores aos de outros trabalhadores com habilidade semelhante;
- a remuneração dos médicos, advogados e procuradores ou representantes legais varia de acordo com o seu "nível na sociedade";
- a remuneração dos advogados mais bem-sucedidos é muito "extravagante" e a "admiração" pública por eles é muito alta;
- a remuneração de jogadores, cantores de ópera e bailarinos de ópera é "exorbitante", e gozam do aplauso popular;

- a hipótese de um ganho está sobrevalorizada e a de uma perda está subvalorizada;
- as pessoas jogam na lotaria;
- os jovens desdenham o risco;
- os homens jovens alistam-se no exército sem o consentimento dos seus pais;
- os marinheiros recebem menos que os trabalhadores comuns;
- as taxas de lucro variam com o risco, mas não porporcionalmente;
- as farmácias aparentemente têm lucros "invulgarmente extravagantes";
- os merceeiros retalhistas têm lucros de 40 ou 50 por centro sobre um capital de 100 libras, mas os grossistas fazem 8 por cento de lucro sobre um capital de 10 mil libras;
- há diferenças nos lucros e na dimensão dos comércios a retalho no campo e nas grandes cidades;
- os negociantes especuladores por vezes fazem "fortunas súbitas" mas têm maior probabilidade de as perder (WN116-31).

Como é típico do estilo de redacção de Smith, são necessárias 15 páginas para discutir os detalhes da razão pela qual os salários diferem nas 32 circunstâncias acima descritas. Neste contexto, vale a pena comparar a abordagem de Smith, o filósofo, com a de Richard Cantillon, o banqueiro, que analisou o que se passava no mundo real sem qualquer referência à especulação sobre as teorias dado Direito Natural da liberdade perfeita. Ele atribui a razão das diferenças entre os salários dos artesãos qualificados e dos agricultores ao custo e ao risco de se tornarem competentes nas suas profissões e considera-os como sendo assim por "razões óbvias e naturais"[14].

Este estilo literário explica a atracção de Jevons[15], de Canaan[16] e de Schumpeter[17] por Cantillon e Turgot[18]. Ao contrário de Smith, Cantillon dava provas limitadas das suas afirmações literárias sobre economia política (embora seja evidente a influência da sua vasta experiência bancária internacional). Cantillon, Turgot e Quesnay concentraram-se na teoria pura, sem provas de apoio como as que Smith dava, o que parece ser do agrado dos teóricos modernos que querem reproduzir as afirmações de qualquer autor; quando verificaram que conseguem repeti-las claramente de forma matemática, ainda que de forma limitada ou implícita, valorizam estes autores pelo seu esforço científico. Smith escreveu para os legisladores do século XVIII e para as pessoas que os influenciavam, um público muito diferente dos economistas actuais, que se mostram impacientes com as suas "diversões" e dados "aborrecidos", que consideram redundantes. Não admira que não se consigam interessar por Smith.

Duas das cinco circunstâncias referidas por Smith como geradoras de diferenças nos salários também afectavam os lucros de capital, nomeadamente o "grau de agradabilidade ou desagradabilidade" do negócio e o "risco ou segurança com que é realizado" (WN128). Smith considera que a agradabilidade ou desagradabilidade e o risco afectam menos o capital do proprietário do que os salários dos trabalhadores, porque o trabalhador é mais imediatamente afectado pela desagradabilidade de uma tarefa do que o dono do capital que o emprega; porque o trabalhador, mais do que o seu empregador, corre os riscos físicos associados à tarefa. Seja como for, Smith conclui que as "taxas médias e ordinárias de lucro numa região provenientes dos diferentes usos do capital deviam estar mais perto do nível monetário dos salários dos diferentes tipos de trabalho". E afirma: "eles são assim apropriadamente" (WN28), depois continua a discutir os exemplos que distinguem o seu estilo.

Mercados imperfeitos

Smith dá início ao seu primeiro assalto às barreiras artificiais impostas ao comércio depois de discutir a liberdade perfeita e as divergências naturais dela. A Europa, afirma ele, não deixa a sociedade em perfeita liberdade e "provoca outras desigualdades de muito maior importância", para além das divergências naturais. Os seus três exemplos de divergências artificiais (porque impostas institucionalmente) são as seguintes:

1. limites à concorrência em certos empregos;
2. aumento de concorrência noutros casos;
3. obstrução da "livre circulação do trabalho e capital" entre grupos de empregos e de um local para o outro (WN135)

O seu primeiro alvo, os "privilégios exclusivos das corporações", é recorrente ao longo de toda a sua investigação, apoiada por numerosos exemplos específicos, intervenções legislativas e comentários, bem como por páginas de dados de apoio. *A Riqueza das Nações* difere da maioria dos ensaios sobre economia política e diferencia as contribuições que Smith teve de muitos autores conhecidos apenas por historiadores do pensamento económico[19].

As corporações profissionais limitavam a concorrência onde quer que existissem. A sua característica principal era a aprendizagem, que limitava a concorrência a um número muito mais pequeno de homens que, de outra forma, poderiam ter entrado na profissão e competido com preços reduzidos (WN135-45). Smith atacou as aprendizagens com base na eficiência por desviarem capital e o poder de compra dos seus consumidores devido aos seus preços mais altos e não competitivos, bem como por serem ofensivas da igualdade ao negarem a livre escolha do trabalho àqueles que, de outro modo, teriam exercido os seus plenos direitos[20]. A irracionalidade dos limites é visível no fabricante de coches que não pode "nem fazer ele mesmo, nem empregar artífices que façam as rodas dos coches, tendo de as comprar de um mestre fabricante de rodas; [...] Mas um fabricante de rodas, embora nunca tenha trabalhado como aprendiz de um fabricante de coches, pode fazer ele mesmo ou empregar artífices que façam coches" (WN137). Esta anomalia surgiu porque os coches eram desconhecidos quando os estatutos se tornaram lei em 1563, mas as rodas já eram conhecidas e, portanto, ser fabricante de rodas tornou-se uma profissão protegida.

Ecoando John Locke, Smith denuncia o atentado dos estatutos à liberdade perfeita, nos termos mais categóricos:

> A posse que todos os homens têm do seu próprio trabalho, tal como o fundamento original de todas as outras posses, é também a mais sagrada e inviolável. O património do homem pobre assenta na força e na perícia das suas mãos; impedi-lo de empregar a sua força e perícia da maneira que pensa ser a mais adequada, sem causar dano ao seu vizinho, é uma violação clara desta mais sagrada posse. É uma manifesta violação da justa liberdade tanto do trabalhador como daqueles que possam estar dispostos a empregá-lo. Como impede um homem de trabalhar naquilo que pensa ser adequado, impede também os outros de empregarem quem eles pensam ser adequado. A capacidade para decidir se um homem é ou não adequado para determinado emprego deve seguramente ser confiada à discrição dos empregadores, a quem isto tanto interessa. A ansiedade afectada do legislador se eles por acaso ousarem empregar uma pessoa não adequada é evidentemente tão impertinente como opressora. (WN138)[21]

A sua crítica sublinha o seu tema comum sobre a Europa do século XVIII: grupos de interesses particulares procuraram obter poderes políticos e legais para reforçarem os seus interesses à custa do público. Os interesses nem sempre são benignos. Sempre que os negociantes e os artífices dominaram o governo local, os seus manifestos interesses mantiveram os mercados locais subfornecidos, permitindo-lhes cobrar preços mais elevados; além disso, numa ironia final, eles usaram os Estatutos de Aprendizado para limitarem o recrutamento e, portanto, o número de futuros profissionais. Em vez de proporcionarem um fluxo regular de trabalhadores competentes e devidamente qualificados[22], como era a intenção original dos estatutos, proporcionaram exactamente o oposto: monopólios nas profissões afectadas, preços mais altos e qualidade inferior do trabalho, na ausência de concorrência. Smith fala da "indignação e argúcia dos mercadores e manufactores" na sua pretensão de que os seus interesses privados são do "interesse geral de toda" a sociedade (WN154). E a esta afirmação segue-se a sua citação mais famosa:

> As pessoas da mesma profissão raramente se encontram, mesmo para comemorar ou para se divertirem, sem que a conversa acabe numa conspiração contra o público, ou nalgum plano para subir os preços. (WN145)

Obviamente, Smith está a referir-se às corporações "profissionais" numa cidade, como os cardadores de lã, talhantes, artesãos, artífices gerais, impressores, merceeiros retalhistas, chapeleiros, lojas de tecidos e outros semelhantes. Por "corporações" não se referia às corporações modernas, que ainda não existiam na altura. Deve ter-se cuidado quando se usa esta citação (famosa) para circunstâncias modernas. Smith refere-se ao comportamento das cidades geridas por "profissionais", que eram de facto negociantes e artesãos individuais que, segundo a lei, tinham o poder legal exclusivo para gerir as profissões dentro dessas cidades. Naturalmente, sendo humanos, a boa intenção original foi subvertida quando criaram monopólios e impediram a concorrência de profissionais não corporativos, como aqueles que não tinham trabalhado para um artífice durante sete anos de aprendizagem na mesma cidade, ainda que tenham feito a sua aprendizagem numa outra cidade.

Uma vítima famosa desta política (baseada na suposta qualidade e segurança pública) foi James Watt, a quem as Corporações Profissionais de Glasgow negaram autorização para ali exercer a sua profissão, embora fosse um fabricante talentoso e qualificado de instrumentos. Watt foi "salvo" de subempregos pelo senado da Universidade de Glasgow que, sendo um centro de aprendizagem situado imediatamente fora dos limites da cidade, estava isento dos direitos exclusivos das Corporações Profissionais de Glasgow. O senado nomeou James Watt fabricante de instrumentos da universidade; se isto não tivesse acontecido ele nunca teria recebido o modelo da universidade de um motor Newcomen para reparar em 1763 que, por interesse pessoal, decidiu "melhorar". Pior ainda, a parceria Watt-Boulton para o motor a vapor poderia nunca se ter verificado e o processo que levou à maquinaria mecânica da Revolução Industrial poder-se-ia ter atrasado. Curiosamente, Adam Smith era membro do senado que respondeu aos problemas de James Watt oferecendo-lhe um cargo na universidade, com aposentos para trabalhar e praticar o seu ofício.

O seu segundo exemplo foi uma inversão engenhosa da política de restrições na oferta para subir os preços: a oferta, e portanto a concorrência, era deliberadamente aumentada com o efeito de baixar, em vez de subir, a remuneração de certas profissões. Como muitas políticas, esta foi causada não com propósitos tortuosos, mas talvez por motivos bem-intencionados que tiveram consequências imprevistas e involuntárias. Entre as medidas que identificou estavam "pensões, bolsas de estudo, prémios e subsídios", que atraíam pessoas para profissões que elas de outra forma teriam evitado, como a "longa, aborrecida e cara educação" para a Igreja. O resultado era o seguinte:

> "[A] igreja, estava repleta de pessoas que, para obterem um emprego, estão dispostas a aceitar uma recompensa menor do que aquela a que teriam direito pela educação que têm" porque a "concorrência dos pobres retira a recompensa aos ricos". (WN146)

Da mesma forma, encontrou um paralelo entre as recompensas dos professores em comparação com as dos advogados e médicos. Era mais fácil ser-se professor porque era uma profissão povoada de gente "indigente", competindo apenas com "homens de letras ainda mais indigentes, que escreviam em troca de pão"; ser advogado ou médico era caro e portanto era difícil que uma pessoa pobre conseguisse chegar a essas profissões, porque eles (ou os seus pais) teriam de pagar o custo da sua qualificação. Smith referiu que antes de a imprensa ter sido inventada, "académico e mendigo pareciam termos quase sinónimos" e cita uma lei escocesa (1574) que dava às universidades o direito de atribuir aos seus académicos licenças para mendigarem (WN148-9). Sendo um académico clássico, acaba com uma referência às elevadas recompensas atribuídas aos professores na Grécia antiga, quando comparada com os tempos modernos, com a observação positiva de que "o baixo custo da educação literária é certamente uma vantagem que equilibra em muito esta consequência trivial" (WN151).

O seu terceiro exemplo de desigualdades artificiais é a obstrução da "livre circulação do trabalho e do capital, tanto de emprego para emprego como de lugar para lugar". A causa principal da obstrução do livre movimento da mão-de-obra de emprego para emprego, ainda que no mesmo lugar, era o Estatuto do Aprendizado, que exacerbava o problema de situar no mesmo lugar profissões em ascensão e profissões em declínio, sem que pudesse haver transferência entre elas da mão-de-obra excedente, mesmo quando o conjunto de perícias das profissões era tão semelhante que bastaria uma formação mínima para resolver o problema, se não fossem as "leis absurdas" que proibiam esta solução óbvia. As desigualdades criadas por esta situação (prevalecente em toda a Europa) tinham impactos diferentes no dono do capital e no pobre trabalhador que só tinha o seu trabalho para vender: "Em todo o lado é muito mais fácil para um mercador rico obter o privilégio de exercer numa cidade corporativa, do que para um homem pobre obter o privilégio de trabalhar nela" (WN152). A partir desta afirmação, Smith discute o impacto das leis isabelinas para o Auxílio aos Pobres, um dos seus tópicos favoritos, embora os editores da edição de Glasgow citem uma autoridade dizendo que na prática o efeito da lei na mobilidade da mão-de-obra provavelmente não era tão grave como Smith acreditava (WN152)([23]). Num país grande, as leis e regulamentos aprovados pelo governo central deviam ser aplicadas com graus diferentes de diligência em muitas cidades. A seriedade de uma determinada lei é menos importante do que o efeito geral da sua imposição. Que uma lei caia gradualmente em desuso em zonas diferentes a ritmos diferentes não evidencia a crítica do seu propósito; salienta a necessidade de a pôr de parte.

Mesmo assim, a prevalência destas leis era importante para Smith porque o que foi iniciado como política para abordar a indigência se converteu depois numa política que a prolongava; o que procurava evitar movimentos indesejados de mão-de-obra desempregada e das suas famílias para zonas com "melhores" perspectivas tornou-se uma barreira ao movimento de mão-de--obra à procura de emprego nas profissões em crescimento, com falta de trabalhadores. Ambas as obstruções atrasavam o progresso para a abundância. Sobre os aspectos legais opinou que "obrigar um homem que não cometeu transgressões a sair da paróquia onde escolheu viver é uma violação evidente da liberdade natural e da justiça" (WN157). Para as famílias afectadas por ordens destas não era consolo saberem da existência de outras famílias em paróquias diferentes, que tinham conseguido mudar-se sem problemas. Com o mesmo tom de cólera, Smith faz uma forte crítica às tentativas do parlamento para regular taxas salariais em lugares específicos, referindo uma tentativa destas em 1768. Observa que "[s]empre que os legisladores tentam regular as divergências entre patrões e os seus funcionários, os seus conselheiros são sempre os patrões. Portanto, quando a regulamentação é em favor dos trabalhadores, é sempre justa e igualitária; mas quando é a favor dos patrões nem sempre é assim". (WN158)

Acaba a sua reflexão sobre as desigualdades artificiais que afectam a liberdade perfeita com um ataque acutilante às combinações para alterar as taxas salariais da sua gravitação competitiva para a sua taxa natural. Smith opunha-se a todas as combinações de mestres ou de trabalhadores com o fim de afectarem as taxas salariais e este passo, bem como outros semelhantes, deve ser lido tendo em mente esse facto:

> Quando os mestres se juntam para reduzir os salários dos seus trabalhadores, geralmente envolvem-se num pacto privado ou num acordo para não pagarem mais do que um determinado salário, sob pena de determinada penalização. Se os trabalhadores entrassem em combinações semelhantes mas de sentido contrário, de não aceitarem um determinado salário sob pena de penalização, a lei iria castigá-los severamente; mas se a lei fosse aplicada imparcialmente, deveria tratar os mestres da mesma maneira. (WN158)

Dugald Stewart, o seu primeiro biógrafo, foi interpelado em nome das autoridades em 1793 sobre passos destes em *A Riqueza das Nações*, para se provar a contribuição potencial, se não mesmo real, de Smith para a disseminação do descontentamento entre cidadãos comuns potencialmente rebeldes. A atmosfera política na época estava ensombrada pelo Terror francês e a quase paranóia que provocou no *establishment* de que os pobres seguissem na Grã-Bretanha o exemplo francês. Esta leitura ultraconservadora de Smith como agitador, culpado de "incitação virtual"[24], causou também uma leitura radical de Smith que continuou até aos dias de hoje, com tentativas de usar citações semelhantes como prova da tendência esquerdista de Smith[25]. Na minha opinião, a verdade é menos tendenciosa. O passo acima pode ser lido como um ataque singular à injustiça das combinações entre os mestres, apoiados por leis injustas, mas penso que é mais certo lê-lo como um ataque ao princípio de as combinações serem usadas para decidir um preço que deveria, na opinião de Smith, ser determinado, como todos os preços, apenas pela concorrência entre as partes. Não existe qualquer sugestão, explícita ou implícita, de que as combinações entre trabalhadores deviam ser permitidas, como se passa com os sindicatos actuais, ou que os salários deviam ser estabelecidos ao nível da subsistência (seja ele definido como for) (noutro local Smith escreve explicitamente que favorece uma economia de salários elevados em vez de salários baixos) (WN99-104). Sendo um filósofo moral educado na escola do Direito Natural, favorecia a liberdade perfeita, pura e simples, e seguiu a sua análise onde ela o levou (ESP46), sem recear ou favorecer qualquer grupo de interesses. Não favorecia nenhum dos lados na determinação de salários, mas não ignorava as consequências injustas dos acordos que existiam.

CAPÍTULO 9

Fazer trabalhar pessoas empreendedoras

Introdução

Como de costume, Smith abre com um ensaio histórico sobre as características fundamentais da progressão para a abundância que contém material que nunca está longe do seu pensamento. Eu olho para aquilo que ele identificou como os elementos nucleares das causas do crescimento económico e da riqueza real, no contexto das distorções de séculos de economia política mercantil.

Acumulação de mudanças

Smith concentrou-se nos hábitos que contribuíram para o crescimento da riqueza, sugerindo que havia hábitos que afectavam negativamente o crescimento. Embora o seu tom por vezes ecoe a desaprovação moral indignada de um sacerdote da Kirk [Igreja escocesa] a analisar as fraquezas do seu rebanho, o seu argumento geral é solidamente pragmático: a sociedade cresce mais rapidamente para a abundância quando os seus membros não estão sujeitos a comportamentos prevalecentes que prejudicam o crescimento e crescem mais lentamente quando os seus sujeitos têm estes comportamentos.

Bastaria anular as políticas mercantis sem necessariamente conceber algo que as substituísse, porque as principais influências negativas tinham sido exercidas pelo homem. Só isto causava problemas práticos na transição de comportamentos que obstruem o crescimento para comportamentos que induzem o crescimento, o que confunde aqueles que acreditam que Adam Smith era um expoente do *laissez-faire*, como se as suas invectivas contra a gestão mercantil promovida pelo governo fossem prova da sua desaprovação da interferência do governo em todas as circunstâncias.

A emergência da "revolução" agrícola (na realidade um processo que durou vários milénios) ocorreu inicialmente junto à fronteira entre a Europa e o Próximo Oriente, mas dela não existe infelizmente qualquer história escrita (é mencionada de forma breve no Génesis, escrito muito depois). A partir de indícios arqueológicos recentes e de estudos genéticos de tendências migratórias, alguns habitantes que vagueavam nesta região em busca de comida, à medida que o aquecimento global substituía a última idade do gelo, optavam gradualmente por estilos de vida sedentários em povoações permanentes. Neste período desenvolveu-se a agricultura e a pastorícia, provavelmente em sobreposição, actividades que gradualmente se espalharam pela Europa e pela Ásia Central através das migrações e da imitação de comportamentos([1]).

Smith referiu o crescimento longo e gradual do "produto anual da terra e do trabalho" (aplicável a "qualquer país") durante séculos. Afirma que o produto anual da terra e do trabalho no século XVIII "era certamente muito maior do que era há pouco mais de um século, na época da Restauração de Carlos II" (1662), que por sua vez era maior do que tinha sido cem anos mais cedo "antes da ascensão de Isabel I ao poder" (século XVI) e que era muito mais "avançada em melhorias" do que no século anterior, "perto do fim das discórdias entre as casas de Iorque e de Lancaster" (século XV). Mesmo nessa época, estava provavelmente em melhores condições do que na época da "conquista normanda" (século XI), que era melhor do que durante a "Heptarquia Saxónica" [os sete reinos saxónicos, séculos VII a IX]. Comparou o empobrecimento relativo da nação sob os Saxões com as condições ainda piores do país antes da "invasão" (mais uma batalha que outra coisa) de Júlio César em 55 a.C. Antes dos Romanos, os habitantes de Inglaterra "estavam quase no mesmo estado que os selvagens da América do Norte" (WN344), descritos noutro local como situando-se "no estado mais baixo e mais rudimentar da sociedade" (WN699, LJ107, 201).

Cada um destes passos no processo "ideal" ao longo das quatro eras era "natural" e "gradual" e estava também ligado a regras (LJ15). À medida que a sociedade "melhorava" a sua agricultura e as suas "Artes" (principalmente o conhecimento, incluindo manufacturas rudimentares), ia usufruindo da produção gradual, ocasional e dispersa de excedentes acidentais de produção que criaram a oportunidade para descobrir divisões simples do trabalho, bem como para "permutar, negociar e trocar". Esta avaliação não é inconsistente com o facto de o consumo alimentar *per capita* na Europa ter permanecido relativamente estático ao longo de muitos milénios até ao seu aumento constante na Grã-Bretanha a partir de cerca de 1800. A diferença entre as sociedades melhoradas e as de caçadores assenta na produção crescente de excedentes, que possibilitaram que as populações se expandissem e, muito importante, que uma porção significativa dos excedentes fosse desviada pela elite dominante para seu consumo, para construir cidades (e igrejas), armar assalariados e equipar governos civis.

Com o correr do tempo, a era da agricultura permitiu ("finalmente") a era do comércio. Tratou-se de um escoamento localizado da população dos campos para "cidades" e povoados vizinhos, onde as pessoas viviam em condições que de forma alguma deixavam adivinhar o mundo do futuro. A sua importância na Europa, como centros de mudança lenta e gradual para um novo modo de subsistência na forma de comércio, significou que pela primeira vez na História humana se tornaram possíveis condições (desconhecidas e inesperadas) que acabaram por desencadear uma melhoria contínua na subsistência *per capita* ao longo de várias gerações. Não era de forma alguma um resultado certo, mas realizou-se pela primeira vez na Europa.

Quando a agricultura se disseminou, firmemente ligada à invenção da propriedade de terras, o deslocamento das pessoas do seu antigo modo de subsistência da caça colocou questões graves quanto à sua sobrevivência. Sem terra e sem um papel a desempenhar na sociedade, as alternativas destas pessoas eram limitadas; em casos extremos podiam envolver-se em banditismo ou mendicidade, ambas ocupações com perspectivas de curto prazo. Milénios mais tarde, Smith viu as cidades como abrigos convenientes para os trabalhadores fugitivos sem terra, que pareciam ser "servis ou muito perto de servis" e que constituíam um "conjunto de pessoas muito pobres e mesquinhas" (WN397). As cidades também eram locais convenientes para os mercadores se congregarem. A estes habitantes pouco promissores juntaram-se artesãos individuais, que vendiam os seus serviços àqueles envolvidos na agricultura, na criação de gado e na pastorícia. Como Pufendorf escreveu, "o Povo mesquinho, não tendo rendimento nem de Gado nem de Terra, era forçado a melhorar diversas Artes e Invenções"([2]). As pessoas gravitavam do campo para as cidades. O longo processo de desenvolvimento de uma era comercial nascente iniciou-se com pequenas oportunidades ligadas a manufacturas rudimentares, involuntariamente a partir de esforços individuais para "se manterem" e da legislação estatal destinada a auxiliar o comércio. Contudo, esta evoluiu de forma diferente, convertendo as tentativas para assegurar a oferta de artífices qualificados através dos Estatutos do Aprendizado em práticas e preços de monopólio, que inibiam o crescimento([3]).

Elementos da sociedade comercial

Provisões de capital, trabalho produtivo, terra e divisão do trabalho orientada pelo mercado foram os elementos que induziram o crescimento no contexto de uma base de conhecimento lentamente em expansão e de mercados também em lenta expansão. No início, as provisões de capital eram uma oferta de alimentos, poupada por um caçador de caçadas anteriores ou "avançada" por uma porção da caça. As provisões de capital vieram de excedentes e ofertas alimentares além do consumo regular. Nos locais onde permaneceu ocasional, irregular e relativamente inconsequente, o capital não teve papel algum a não ser o de facilitar elementos do *status quo*.

O processo pelo qual estas provisões de capital se transformaram no novo conceito social chamado *capital* envolveu longos períodos de transição. O trabalho era inicialmente caracterizado por cada indivíduo poder adquirir tudo para si mesmo – alimentos, vestuário, alojamento e os utensílios que ele próprio fazia para si mesmo. No início todos eram iguais e viviam num nível de vida baixo e de, como seria de esperar, curta esperança de vida. Quando não havia mecanismos de troca para distribuição entre utilizadores potenciais, os alimentos provenientes da caça ou da recolha e que ficavam por consumir apodreciam onde eram despejados([4]). Verifica-se um desperdício semelhante na natureza, permitindo que espécies mais pequenas de saprófagos comessem os restos deixados pelos predadores principais, num ponto mais alto na cadeia alimentar. É provável que os seres humanos relativamente frágeis, ao contrário dos destemidos predadores rivais, tenham iniciado as suas carreiras como saprófagos na base, ou perto da base, da cadeia alimentar e que lentamente se tenham elevado, aplicando o seu conhecimento acumulado e inteligência superior e descobrindo as vantagens do trabalho de grupo e de cooperação, bem como a vantagem potencial que os utensílios de pedra, os cestos de fibras e o fogo lhes deram.

Até a propensão para "trocar" promover a "divisão do trabalho" e os excedentes utilizáveis para além do consumo corrente terem coincidido com uma "procura efectiva" de artigos (*grosso modo*, uma versão primordial da "dimensão do mercado"), os indivíduos não tinham motivação suficiente para arriscarem dedicar-se "a um emprego" (WN31). Só era seguro arriscar ser dependente de outros se eles conseguissem trocar com outros a produção excedentária (WN47). A necessidade de juntar diversos elementos no mecanismo de troca para que este pudesse funcionar eficazmente indica como foi frágil, transitório e talvez acidental o encadeamento de circunstâncias que levaram pequenas minorias da população humana na Eurásia a dar estes passos iniciais, o que sugere que a propensão para trocar e as suas consequências foram um fenómeno isolado durante uma grande parte da pré-história.

Smith via "esse estado rudimentar e primordial da sociedade" como antecedendo "a acumulação de provisões de capital" (WN65), pois com níveis variáveis de acumulação repetitiva e primitiva a acontecerem em circunstâncias adequadas e inicialmente únicas emergiu a possibilidade de mudança. Depois de a terra ter sido "apropriada", em pequenas regiões formaram-se noções primitivas de propriedade, ao princípio de forma superficial, inicialmente desafiadas pela inveja de um grupo que contestava e vagamente definia o seu território de caça, e mais tarde como terrenos de pastagem definidos para os seus rebanhos e manadas. Mais tarde ainda, a agricultura disseminou-se por imitação e talvez por conquista (há um debate académico sobre a sequência exacta)([5]).

A dependência mútua dos seres humanos afectados por estas mudanças emergentes viria a enraizar-se, de maneira muito firme, em modos viáveis de subsistência, o que não significa que a transição tenha sido suave ou necessariamente sempre benéfica. Com os seres humanos isto raramente acontece. A evolução social é caótica; não existe qualquer imperativo natural, necessário ou irreversível para as sociedades de pastores ou agricultores independentes continuarem a evoluir socialmente em direcção à quarta era do comércio. A história só trata do que aconteceu e o presente é sempre cego em relação ao futuro. Os governos civis que protegiam os direitos de propriedade, naquele tempo e nas circunstâncias locais, continuaram a evoluir e alguns converteram-se em governos armados, protegendo os direitos de propriedade de pastores e agricultores independentes.

O que distingue umas sociedade das outras? Smith não aborda esta questão directamente. Referiu-se às diferentes pressões psicológicas nalguns casos, sem explicar a ausência destas nos outros. Neste caso, como noutros, era etnocêntrico (e sofria de uma enorme falta de dados). Em *Sentimentos Morais* esboçou uma explicação parcial para "todo o trabalho e actividade" e concluiu a partir da "avareza e ambição e da procura de riqueza, de poder e de importância" que o "grande propósito da vida humana" é aquilo "a que chamamos melhorar a nossa condição" (WN48). É esta ambição que leva alguns indivíduos, já bem avançados no caminho de transição de subsistência rudimentar, a guardarem algumas das suas provisões para uso futuro e que, estando acumuladas (aqui salta uma série de milénios) "irão naturalmente usar para fazer trabalhar pessoas empreendedoras, a quem fornecerão materiais e subsistência de forma a obterem lucro com a venda do trabalho deles ou com aquilo que o trabalho deles acrescenta ao valor dos materiais" (WN65). Não disse nada sobre as circunstâncias alteradas que fizeram com que trabalhadores desempregados estivessem disponíveis para trabalhar (Marx fez troça desta passagem quando perguntou: "de onde vieram 'estas pessoas empreendedoras'?")([6]).

As sociedades comerciais tinham existido muito antes de terem sido restabelecidas a partir do século XV. Onde quer que houvesse templos em cidades e cidades grandes no mundo antigo, o comércio tornou-se um elemento da sua vida económica e dos territórios que as rodeavam([7]). Os quatro factores necessários para uma sociedade comercial são os seguintes: provisões de capital na forma de excedentes alimentares e de produtos materiais da terra; trabalho na terra para grande parte da população; terra identificada como propriedade privada; acumulação de conhecimento, incluindo o dos tempos clássicos, condições estas todas presentes na Europa a partir dos séculos XIV-XV.

Origens das provisões de capital

A nomenclatura de Smith para sociedade comercial era arcaica. Usou amplamente a palavra "provisão" de forma intercambiável com "capital" (por vezes juntando-as em "provisões de capital").

Os caçadores tinham de acumular provisões porque os homens (e as mulheres) satisfaziam as suas necessidades imediatas com os seus próprios esforços à medida que elas iam surgindo ou quando eles quisessem, ou então passavam sem nada:

> Quando tinha fome, ia caçar à floresta; quando o seu casaco estava gasto, vestia-se com a pele do maior animal que conseguisse matar e quando a sua cabana começava a ruir, reparava-a o melhor que podia com as árvores e a turfa mais próximas. (WN278)

Surgiu um pequeno problema do tipo ovo-galinha porque, na natureza das coisas, "a acumulação de provisões tem de preceder a divisão do trabalho" (WN278; LJ521-1). Isto faz sentido durante algum tempo, quando as provisões começaram como pequenas acumulações de alimentos por consumir ou por peles e ossos de animais por transformar e postos de lado como excedentes das necessidades imediatas. Quando alguns indivíduos perceberam que os artigos excedentários podiam ser usados noutras alturas, surgiu a noção de "provisão de capital", que depois se consolidou em conhecimento social. Provavelmente tinha pouca importância imediata para os indivíduos que primeiro usaram a prática de conservar excedentes e a compreensão consciente do seu potencial foi verdadeiramente histórica. Significou que as pessoas conseguiam pensar sobre o seu futuro.

Smith referiu a emergência do capital primitivo a partir dos excedentes normais do trabalho diário como a causa original que levou algumas populações a desenvolverem-se. A emergência de capital primitivo foi um acontecimento sem dúvida repetido em múltiplas ocasiões, inconscientemente e sem direcção, por indivíduos anónimos em sociedade rudimentares, a maioria dos quais só esse capital como mero adiamento do consumo, sem mais ponderação. Para alguns, no início, para muitos, depois, estas pequenas acumulações de provisões poupadas – a poupança original que produziu capital – tornaram-se um meio poderoso de prolongar o trabalho, porque lhes permitiam realizar deslocações de caça/recolha/reconhecimento mais longas, com a cooperação de outros. A mudança da saprofagia para a caça de animais maiores, em competição com predadores rivais e mortais, necessitou de um trabalho de equipa dirigido e disciplinado e foi facilitada pelo acesso a melhores provisões de capital, em comparação com os esforços dos indivíduos singulares a caçarem presas pequenas.

O interesse de Smith no capital como pré-requisito da divisão do trabalho, ela própria orientada pela propensão para a troca, assenta no corte decisivo que esta representou com o estado mais rudimentar da sociedade humana, em direcção às divisões iniciais de trabalho que puseram alguns seres humanos no longo caminho da abundância. Sabe-se agora que esta transição foi acompanhada de um declínio na nutrição, à medida que os seres humanos se adaptavam à longa luta para responder às exigências sem precedentes da acumulação primitiva de capital, necessário para completar os ciclos sazonais da pastorícia e da agricultura[8]. Durante algum tempo o número de vítimas pode ter sido significativo.

Durante a longa transição da pastorícia para a agricultura, com "provisão de capital" Smith referia-se à oferta de provisões diárias de que cada participante precisava, por causa da lacuna de tempo entre a captura dos animais e a sua criação, ou o plantio das sementes e a sua colheita e a absoluta necessidade de guardar provisões para a plantação da estação seguinte. Os recursos para "adiantamentos" eram postos de lado e "armazenados algures" (WN276) e consumidos durante o intervalo entre a produção e o consumo. Este processo formou o capital original da sociedade. Quanto mais longa fosse a duração do intervalo necessário entre a sementeira e a colheita, maior era a provisão de capital que tinha de ser poupada pelos indivíduos, para ser distribuída mais tarde. Em 1764, Smith referiu que "antes de um homem poder começar a ser lavrador tem de ter de lado pelo menos um ano de provisões, porque só recebe os frutos do seu trabalho no fim da estação" (LJ521). Em 1766 Turgot também referiu a necessidade de adiantamentos entre os jornaleiros([9]).

Do relato de Smith fica claro que a provisão se iniciou como reserva de alimentos e de sementes, que gradualmente se alargou para incluir matérias-primas, vindo a converter-se numa reserva monetária, ou daquilo que o dinheiro podia comprar. A sua "regra" era que o número de mãos empregues na sociedade comercial dependia da "reserva [provisão] do reino" e em particular da quantidade de provisão de reserva mantida por cada empregador, porque "muitos bens produzem nada durante muito tempo" (citando o caso do "produtor, fiador, penteador de linho"). Onde forem necessárias mais mãos é necessária mais provisão, porque o produto do trabalho não tem retorno apenas num dia e quanto mais longo fosse o intervalo até ao retorno do rendimento dos produtos, mais provisão era necessária para as manter. Mas a provisão é limitada pela quantidade de alimentos, de vestuário e de outras necessidades que os manufactores conseguem pagar (LA365-6). Smith concluiu que a quantidade de provisão era um factor limitador da expansão do emprego, porque a provisão não era facilmente adquirida. Quando provinha da mesma fonte usada para "consumo próprio" – alimentação, vestuário e alojamento – tinha de ser substituída antes ou ao mesmo tempo que o seu consumo. "Este é o estado", afirma Smith, "da maior parte dos trabalhadores pobres em todos os países" (WN279). A maioria dos trabalhadores não tinha sobras dos seus escassos meios. A frugalidade mitigava a miséria, como bem sabiam aqueles que não resistiam às tentações da prodigalidade.

Aqueles capazes de, por sorte ou previdência, manterem provisões para imprevistos, adquiriam os serviços dos que andavam em busca de trabalho, proporcionando-lhes "adiantamentos". Estas transacções eram da maior importância para o desenvolvimento futuro de uma sociedade. Sempre que uma pessoa poupava no consumo familiar e usava a sua provisão para financiar o seu trabalho dentro do intervalo necessário (dias no caso de recolha/caça/reconhecimento; meses no caso da pastorícia e da lavoura), os seus direitos ao produto do seu trabalho não tinham qualquer ambiguidade. Era o seu trabalho e a sua provisão de capital. A posse concedia-lhe plenos poderes sobre os frutos do seu trabalho. Quando não tinha provisão de capital (por qualquer razão), tinha necessariamente de receber provisões para consumo de alguém que estivesse disposto a adiantar-lhas. Isto implicava relações cooperativas de propriedade entre duas partes; a pessoa que detinha as previsões de capital e as diferentes pessoas que possuíam o seu trabalho. A partir deste ponto começou a emergir uma sociedade diferente (desigual) na era da agricultura.

A divisão inicial do trabalho e as primeiras formas de propriedade criaram direitos novos, partilhados pelo produto das provisões de capital provenientes das poupanças de uma pessoa, do trabalho que fez no passado e do produto do trabalho de outra pessoa. O direito partilhado era estabelecido por "discussões e negociações" entre as partes, tal como duas ou mais pessoas que cooperassem na caça de animais grandes, talvez perigosos, tinham de dividir a presa de acordo com uma regra acordada e relacionada com as suas contribuições individuais. Ninguém iria cooperar e suportar os riscos de uma caçada, incluindo o risco de não conseguir caça, se estes riscos rendessem apenas uma porção demasiado pequena da presa. O custo do fracasso era o tempo que a pessoa passava longe das oportunidades alternativas para alimentar a sua família.

As origens do capital descritas por Smith eram da maior importância para o desenvolvimento coerente de uma economia e esclarecem muita da confusão sobre a sua alegada afinidade com a teoria do valor-trabalho. A legitimidade do direito de um detentor de provisões a uma porção (negociável) dos rendimentos da produção contribuiu para a sua motivação de oferecer adiantamentos aos trabalhadores que, de outra forma, não iriam trabalhar. Para isto era necessária uma coincidência de alguém disposto a pedir emprestadas as provisões e de alguém disposto a emprestá-las. O crescimento tornou-se possível com a disseminação e manutenção destas disposições; se elas não existissem, os modos de subsistência permaneciam isolados e primitivos. Mais uma vez, no modelo socioevolucionário de acções individuais separadas que originava resultados involuntários em que o uso de provisões excedentárias era gerido com sucesso, reforçou-se a produtividade através de divisões mais sofisticadas de trabalho e produziu-se riqueza.

Formas de provisões de capital

Smith dividiu as provisões em duas partes principais: o rendimento reservado para consumo pessoal consoante as circunstâncias e a inclinação e a parte que podia ser usada para gerar rendimentos futuros. A primeira parte, diz Smith, é a "provisão" da pessoa (tal como era originalmente para toda a gente) e a segunda parte (nova) era o "capital" da pessoa. Smith menciona que nas provisões reservadas para consumo imediato há um elemento de provisão não consumida imediatamente, como o vestuário (de vários anos), a mobília doméstica (de "meio século ou de um século") e casas de habitação (de "muitos séculos") (WN281). Actualmente, este resíduo de provisões por consumir constitui os bens conjuntos das pessoas nas economias desenvolvidas, incluindo dos mais pobres (WN279). A diferença entre provisão como rendimento para consumo imediato e provisão de capital como fonte de rendimentos futuros é importante para a tese geral de Smith (WN10). O rendimento gasto em consumo imediato não substitui o que é consumido; é sacado à "roda da circulação". Mas as provisões de capital produzem resultados que as repõem e acrescentam um excedente acima do que foi reposto. A forma como as provisões de uma sociedade são divididas proporcionalmente entre estes dois papéis é crucial para a taxa de progresso para a abundância.

Smith identificou o capital fixo, que gera rendimentos ou lucros sem sair do seu proprietário. Consiste no seguinte:

- máquinas e instrumentos do ofício úteis que facilitam o trabalho;
- edifícios rentáveis (alojamentos para arrendar), lojas, armazéns, casas de quintas, estábulos e celeiros;
- melhorias nas terras para as tornar "adequadas à lavoura e cultura";
- "capacidades adquiridas ou úteis a todos os habitantes da sociedade", conhecidas hoje como capital humano e provenientes da educação, do estudo, da aprendizagem e da prática e "realizadas na sua pessoa" (WN282).

Também identificou o capital circulante, que é "empregue para produzir, manufacturar ou comprar bens" para revenda com lucro. Em circulação, possibilita que o seu proprietário ganhe receitas. Smith distinguiu quatro partes constituintes:

- dinheiro com o qual o capital é posto a circular e distribuído aos "consumidores adequados" (utilizadores);
- provisões de capital que "o talhante, o pastor, o agricultor, o comerciante de cereais, o cervejeiro" esperam vender para obter lucros;
- matérias-primas para "tecidos, mobília e construção" que permanecem nas mãos dos produtores, manufactores, comerciantes e vendedores de tecidos, comerciantes de madeira, carpinteiros, marceneiros e assentadores de tijolos;
- obras concluídas nas mãos dos mercadores ou manufactores ainda não liquidadas e nas lojas dos ferreiros, dos fabricantes de móveis, ourives, joalheiros e mercadores de porcelana (WN282-3).

De notar que os ofícios abrangidos pelos "manufactores" de Smith são mais bem descritos como manufacturas menores e lojistas. Quando menciona, como faz com frequência, "mercadores e manufactores" em *A Riqueza das Nações*, são estas as pessoas a que se refere.

Em suma, o capital circulante vende bens e usa as receitas para comprar, ou produzir, mais bens para revenda e assim sucessivamente. O seus lucros realizam-se com a recepção das receitas das vendas (WN279). Na sociedade comercial, além dos vendedores ambulantes, vendedores e grossistas, o lucro não se restringia a comprar barato e vender caro, a imagem enraizada nas preocupações morais sobre a fonte dos lucros que se suspeitava derivarem de mercadores desonestos, ou pelo menos pouco sinceros, que acrescentavam ficções desnecessárias aos seus custos reais. Os lucros na sociedade comercial eram proporcionais ao valor do capital empregue e independentes do esforço despendido. As suas origens estavam nas receitas provenientes do uso do capital no emprego da mão-de-obra e esta noção assinala em Smith um avanço em relação aos seus predecessores[10].

Empregam-se misturas diferentes de capital fixo e circulante nas diferentes ocupações. As distinções entre capital fixo e circulante são suficientemente claras, mas talvez não tão importantes para o progresso para a abundância como a distinção entre provisões de rendimento (consumo imediato) e provisões de capital (para produzir receitas futuras). Edwin Canaan criticou o que considerou ser uma confusão na análise de Smith dos aspectos constituintes da sua teoria de capital. Eu penso que a teoria de Smith do capital como provisões e das receitas como fluxos resiste bastante bem à crítica de Canaan, por muito que este tenha sido influenciado por convenções modernas de contabilidade que requeriam uma precisão maior nos cálculos aritméticos do que a da teoria do capital de Smith[11].

Todas as provisões mantêm e aumentam a receita que "alimenta, veste e aloja as pessoas" e é destas que "depende a sua riqueza ou pobreza". O capital circulante proporciona os materiais e a manutenção dos trabalhadores empregados tanto com capital fixo como circulante. Sem capital circulante nenhum capital fixo conseguiria produzir rendimentos ou lucros; não haveria materiais com que trabalhar nem pessoas para os trabalharem, porque estas são pagas com o capital circulante do dono, capital esse que, pela sua natureza, circula quando os fornecedores dos materiais gastam as suas receitas e os trabalhadores gastam os seus salários no consumo imediato. Sempre que os fornecedores de materiais usarem as suas receitas para contratar mão-de-obra para extrair e preparar novos fornecimentos de materiais, uma porção das suas receitas reverte para a circulação. Qualquer porção das suas receitas que gastem no seu próprio consumo (imediato ou ao longo do tempo) escoa a provisão de rendimentos e não conta como provisão de capital. A "grande roda da circulação" gira, acrescentando uma parte às provisões líquidas de capital e diminuindo o restante, conforme vai sendo escoado (gasto) a partir das provisões de rendimento.

Uma nação torna-se mais rica ou mais pobre consoante o crescimento das provisões líquidas de capital, que põe em movimento o capital circulante, para criar mais provisões líquidas de capital e para financiar o consumo crescente. Se as provisões de capital não forem mantidas e repostas regularmente, a economia fica num estado estacionário que, a seu tempo, irá declinar.

As provisões gerais de uma sociedade são a soma das provisões de todos os seus habitantes, dividindo-se em três porções. Primeiro, a porção para consumo imediato e residual de que não derivam mais receitas ou lucros. Segundo, o capital fixo que "proporciona um rendimento" sem mudar de donos. Terceiro, o capital circulante, que "permite um rendimento apenas pela circulação ou por mudar de donos".

Há dois últimos pontos importantes: primeiro, todo o capital fixo deriva originalmente do capital circulante, que fornece os materiais e a manutenção da mão-de-obra que se aplica aos materiais. Mesmo a terra melhorada não gera receitas se não for trabalhada e as máquinas úteis e os utensílios profissionais não produzem nada sem se empregar a mão-de-obra paga. E "o único fim e propósito", tanto do capital fixo como do circulante, é "manter e aumentar" as provisões reservadas para consumo imediato (WN284). O capital circulante sacado à provisão para ser usado na activação de capital fixo e adicionar à provisão reservada para consumo imediato é tão grande que requer um reabastecimento contínuo dos produtos da terra, das minas e das pescas na forma de provisões e de materiais (a agricultura ainda era o sector dominante da economia britânica em 1750). A terra, as minas e as pescas tanto usam capital fixo como circulante para cultivar e para que se possa extrair produtos deles, e estes substituem com lucro o capital que usam. Verifica-se uma troca, na prática indirectamente, entre os agricultores que substituem as provisões que os manufactores consomem e os materiais que usaram no ano anterior; o manufactor substitui as manufacturas que o agricultor usou durante o mesmo período. O agricultor vende os seus produtos por dinheiro e usa o dinheiro para comprar produtos do manufactor (WN284).

Desde o momento inicial da evolução da sociedade comercial que as pessoas trabalham, sem direcção central, em linhas e redes interligadas de produção, usando as suas provisões de capital para adquirir "ou prazeres actuais ou lucros futuros". Nas sociedades com "alguma segurança", Smith afirma que todos os homens de senso comum se esforçam por investir todas as provisões que conseguem "em prazeres actuais ou lucros futuros". O consumo imediato reduz as suas provisões e não se substitui a si mesmo. Substitui as suas provisões por lucros futuros dos investimentos em capital fixo ou circulante e só se um homem "for completamente louco" é que não "emprega todas as provisões que conseguir, quer sejam suas ou alcançadas através de empréstimo" para adquirir prazeres presentes através do consumo imediato (alimentação, vestuário ou alojamento), ou como capital fixo ou circulante (WN284). Em condições de insegurança intolerável, em que as pessoas estão "continuamente receosas da "violência dos seus superiores" (e, sugiro eu, dos seus vizinhos), elas "enterram ou escondem uma grande parte das suas provisões" em detrimento da disseminação da sua própria abundância e da abundância da sociedade (WN284-5). Smith considerou que enterrar as provisões monetárias era uma prática tão comum entre "os nossos antepassados durante a violência do governo feudal" que o rei impôs leis na Grã-Bretanha (ainda em vigor) que declaravam estes artigos escondidos "tesouros perdidos" que pertenciam ao soberano.

O dinheiro como capital

Os papéis do capital fixo e do dinheiro na produção de receitas líquidas são análogos. Ambos facilitam a produção de rendimento líquido, mas não estão incluídos nele. O capital fixo aumenta os poderes produtivos da mão-de-obra e possibilita que o mesmo número de trabalhadores produza uma quantidade muito maior de produtos. A despesa que o capital fixo representa é recuperada em lucro e a produção anual aumenta numa quantidade superior à da despesa. Assim, a quantidade de materiais e de trabalho necessários, que têm custos de oportunidade noutras ocasiões, é sempre vista como "extremamente vantajosa" porque permite que os mesmos trabalhadores produzam uma quantidade maior de produtos com maquinaria mais barata e mais simples do que antes, com uma divisão e especialização cada vez mais sofisticada do trabalho, e o que se poupa da produtividade melhorada pode ser atribuído a pôr a trabalhar trabalhadores deslocados e a comprar materiais para eles poderem trabalhar (WN287-8).

Ao contrário do capital circulante, o capital fixo está excluído dos cálculos do rendimento "limpo" (líquido) da sociedade; se o capital fixo reduz os custos de material e de mão-de-obra devido a aplicações mais eficientes, o rendimento bruto permanece mais ou menos o mesmo, mas o rendimento líquido aumenta. Das quatro partes do capital circulante nas formas de dinheiro, provisões (alimentos), materiais e produtos acabados, os três últimos são regularmente retirados, ou para funcionarem como capital fixo (o rendimento futuro da sociedade) ou como provisões para consumo final (rendimento corrente da sociedade) (WN288). Isto faz com que o dinheiro e o capital fixo tenham "semelhanças muito grandes entre si". O dinheiro requer uma determinada despesa: primeiro para o recolher e depois para o manter, sendo ambas as despesas (incluindo a despesa de arranjar "máquinas e instrumentos de trabalho" e depois mantê-los) deduções do rendimento líquido da sociedade (WN288-9).

Smith descreve o dinheiro como "a grande roda da circulação", distinguindo-o dos "bens que são circulados por seu meio" e afirma com segurança que "nem um simples centavo pode alguma vez fazer parte" nem do rendimento bruto nem do rendimento líquido da sociedade (WN289). Refere este ponto mais do que uma vez (WN292). Tendo reflectido sobre as origens e a evolução do dinheiro em peças de ouro e prata no Livro I (WN37–46, 51–64, 195–260), Smith descreve o papel do dinheiro nas suas formas em papel como a nova "grande roda da circulação" nas sociedades comerciais e considera-o uma melhoria, pois o papel "substitui um instrumento de comércio muito caro por outro muito mais barato e por vezes igualmente conveniente" (WN292). A base do papel-moeda, tal como para o ouro antes dele, é que quando as pessoas têm confiança na "fortuna, probidade e prudência de um determinado banqueiro", e acreditam que está sempre pronto a pagar, a pedido, o valor facial das suas notas promissórias, elas acabam por aceitar as suas notas no pagamento de dívidas, tal como em tempos tinham aceitado ser pagas em ouro e prata (WN292). Os banqueiros nesta posição aprendem que não precisam de ter à mão 100 por cento dessa quantidade na forma de ouro e prata, caso alguns clientes apresentem as suas notas promissórias para pagamento. Isto cria a possibilidade de "empréstimos bancários fraccionais".

Enquanto os clientes usam as suas notas promissórias (e os clientes e fornecedores aceitam as notas promissórias como dinheiro) eles pagam-lhe juros sobre os seus empréstimos.

Algumas notas serão reembolsadas relativamente depressa, outras depois de períodos mais longos e algumas podem continuar a circular como dinheiro durante anos. As que não retornam rapidamente podem perfazer 80 por cento e as suas reservas contra as suas notas podem cair para até 20 por cento (WN292).

O banqueiro empresta o ouro e prata que lhe restam como barras de ouro ao estrangeiro para um uso rentável ou para financiar compras externas para venda com lucro. Juntos, estes lucros contribuem para o rendimento do país e, tal como todo o rendimento líquido, dependem daquilo que os seus donos fazem com ele: como provisões para consumo final (sem aumentarem a produção), ou como capital para promover a indústria através da aplicação na subsistência dos trabalhadores e em materiais para os agricultores e manufactores. Com isto reforçam o rendimento anual, ou produto, da sociedade e depois de deduzirem o que é necessário para manter os instrumentos e ferramentas de trabalho, aumentam o rendimento líquido da sociedade (WN294-5).

Smith refere provas que apoiam a afirmação de que os empréstimos bancários fraccionais e a substituição do ouro por papel-moeda beneficiam o progresso da sociedade em direcção à abundância. Os seus temas eram consistentes; as suas qualificações eram particularmente exactas no caso dos procedimentos bancários fraccionais. Através "dos princípios da prudência comum" que "nem sempre governam o comportamento dos indivíduos, mas influenciam sempre a maioria de qualquer classe ou nível". Por esta razão Smith acredita que "a maior parte do" dinheiro "forçado para o estrangeiro" pelas operações bancárias "destinar-se-á naturalmente ao uso pela indústria e não à manutenção da ociosidade" (WN295). São necessárias três condições para pôr a indústria em movimento: materiais que possam ser trabalhados, ferramentas e a recompensa, a razão pela qual o trabalho é realizado. Embora esta última seja paga em dinheiro, o rendimento real não consiste em dinheiro mas sim nas coisas que o dinheiro pode comprar (WN295).

Smith dissertou sobre o papel dos novos bancos na Escócia ao contribuírem para o aumento do valor anual dos produtos da terra e do trabalho e traçou a "constituição" de sociedades anónimas concorrentes, o Banco da Escócia (1695), o Real Banco da Escócia (1727) em Edimburgo e o Banco Ship (1750) em Glasgow, lembrando-nos de que não se opunha em princípio às sociedades anónimas. Via estes bancos como causas importantes da possível quadruplicação do comércio em Edimburgo e da sua duplicação em Glasgow (na altura uma cidade mais pequena), acrescentando que por causa de "dificuldades" latentes nas operações bancárias (debatidas mais abaixo) eles requeriam uma Lei do Parlamento que regulasse a sua conduta (WN97; LJ378-9), uma surpresa talvez para aqueles que acreditam que Smith defendia o *laissez-faire*.

Também afirmou que os bancos escoceses inventaram as "contas de tesouraria" juntamente com as notas promissórias para uso por "qualquer indivíduo que conseguisse arranjar duas pessoas de crédito indubitável e boas propriedades para serem seus avalistas", que teria de reembolsar quando lho pedissem e pelas quais tinha de pagar juros. Este mecanismo (semelhante ao actual empréstimo em conta-corrente) com "condições fáceis" era a "causa principal do "grande comércio" destas companhias e dos benefícios que o país recebia. A moeda circulava dos mercadores para os manufactores de bens, dos manufactores para os agricultores por materiais e provisões, dos agricultores para os proprietários por renda e dos proprietários para os mercadores pelas "comodidades e luxos" que eles lhes forneciam (WN299).

As consequências malignas do auto-interesse

Estes desenvolvimentos parecem todos muito ordeiros e tranquilizadores até a perversidade do comportamento humano se começar a fazer sentir (como Pufendorf expressou tão elegantemente, é "muito mais fácil imaginar homens perfeitos do que encontrá-los)([12]). E Smith não se desviava das manchas nesta imagem feliz dada por muitos tutores modernos do seu modelo alegadamente benigno, causadas por pessoas que defendem os seus interesses pessoais, embora seja notável que os seus comentários sobre o mau comportamento individual nos sistemas económicos tenham suscitado tão poucos comentários. As acções egoístas dos indivíduos nem sempre têm as consequências benignas reivindicadas pelos entusiastas do seu uso da metáfora "mão invisível". Smith menciona muitos exemplos que contradizem (há mais de 50 só nos Livros I e II) uma suposta mão invisível universalmente benigna, a beneficiar a sociedade na forma universal que os economistas modernos afirmam (embora ele nunca o faça).

Smith percebia claramente as limitações de colocar em circulação papel-moeda em vez de ouro. Se se imprimisse um excesso de papel-moeda acima do valor em ouro que os bancos tinham, o papel, ao contrário do ouro, nem podia ser enviado para o estrangeiro de forma lucrativa nem podia ser utilizado com segurança na circulação, porque logo que os bancos não o pudessem trocar por ouro, as pessoas o rejeitariam, desencandeando-se "uma corrida aos bancos para trocar totalmente este papel supérfluo" e a "preocupação que isto iria causar iria necessariamente" aumentar a corrida aos bancos e levar os bancos prevaricadores à bancarrota, bem como muitos dos seus credores (WN301). Smith afirma que se todos os bancos percebessem e defendessem o seu próprio interesse particular não arriscariam a sobrecapitalização com papel-moeda e lamenta que isso por vezes não aconteça (WN302). A expressão "interesse particular" deve abranger os *verdadeiros* interesses dos bancos e não os interesse deles, tal como os vêem. Se os bancos agirem com base no seu auto-interesse em determinada circunstância e se este for diferente do seu "verdadeiro" auto-interesse, então a noção de auto-interesse torna-se contraditória. Os bancos que sobrecapitalizaram com papel-moeda agiram no seu auto-interesse, embora mais tarde o tenham lamentado. Este interesse nem sempre é benigno para as pessoas ou para a sociedade, o que torna inapropriada a alegoria de Stigler do "granito do auto-interesse"[13].

Os interesses motivam acções – as pessoas não agem sem objectivos. Os seus interesses, tal como elas os entendem, orientam as suas acções. Não interessa se as suas acções são consideradas relevantes ou não por outros, porque não conseguimos definir auto-interesse apenas se nos levar aos "melhores" resultados, uma vez que os resultados estão separados das intenções. Portanto, agir de acordo com o interesse individual pode levar-nos, e frequentemente leva, a maus resultados. Smith passou algum tempo a referir exemplos de indivíduos, e por vezes de instituições, que, procurando concretizar os seus interesses, não causaram benefícios à sociedade. Não há qualquer menção a "uma mão invisível" que os tenha guiado nestas ocasiões!

Os bancos podiam dar mais atenção aos comportamentos dos seus clientes, observando se estes fazem os reembolsos dos créditos pedidos, tal como acordado; se eles reembolsam a tempo e na quantia devida, o banco pode continuar a conceder empréstimos com segurança; se "falham em muito" os seus reembolsos, o banco "não pode, com segurança, continuar a lidar com clientes assim"; poderá decidir se os seus devedores estão em "circunstâncias prósperas ou em declínio" e agir de acordo com isso (WN305). Quando os bancos se recusavam a conceder mais crédito, os devedores infelizes "queixavam-se da pouca visão e do espírito mesquinho" dos directores do banco e instavam estas instituições a expandirem o seu crédito "em função da dimensão do comércio no país", inferindo-se daqui "a dimensão dos seus próprios projectos" (WN308).

Ao "uso e retalho" (WN303) das moedas, uma prática antiga e fraudulenta geralmente praticada por reis e utilizadores de moedas de ouro e prata muito antes de os bancos se terem estabelecido, veio juntar-se outra prática fraudulenta chamada "saque e re-saque", à qual "negociantes infelizes recorrem por vezes quando estão à beira da falência" (WN308). Os utilizadores regulares à beira da falência, principalmente devido à sobrecomercialização de "alguns maquinadores em ambas as partes do Reino Unido", eram "a causa original" da "circulação excessiva de papel-moeda" (WN304).

Os fluxos de dinheiro que deixaram a vítima da fraude não voltam porque as promessas dos seus devedores são fictícias. Os maquinadores concebem uma "maquinação elaborada"; alguns bancos não tinham a "mais remota suspeita" de fraude até ser demasiado tarde. Diversos maquinadores, percebendo que era do seu "interesse auxiliarem-se uns aos outros neste método de fazer dinheiro", tornam "tão difícil quanto possível" para as vítimas "distinguir entre as notas de câmbio reais e fictícias". A fraude é tão grave que quando um banco a descobre, pode já estar demasiado enterrado para se conseguir desenredar, sabendo que se recusar o saque e re-saque mais vezes "se pode arruinar" (WN312-13).

Para confirmar que uma política de empréstimo demasiado liberal, devido quer à fraude dos que contraem empréstimos quer às falsas convicções dos banqueiros, era ruinosa para o interesse geral da sociedade, a formação do "Banco Ayr" em 1772, no meio daquilo que David Hume descreveu como "situação melancólica" da depressão económica (Corr162), veio piorar ainda mais a situação. Smith disse que a sua "concepção era generosa, mas a execução era imprudente" (WN313) e a prática dos subscritores do seu capital inicial de contraírem empréstimos excessivos das suas contas-correntes só piorou a questão. O interesse destes actores funcionou directamente contra os melhores interesses de toda a gente afectada pelas suas acções. A sua franqueza sobre comportamentos prudentes e imprudentes mostra que Smith tinha noção de que os interesses privados nem sempre levam ao bem da sociedade. Se este ponto for amplamente percebido pelos economistas, o falso consenso de que Smith acreditava numa "teoria da mão invisível dos mercados" deixaria de se ouvir. Este ponto era tão importante para Smith que este considerou necessário argumentar em favor da intervenção do governo na regulamentação dos mercados bancários:

Pode dizer-se que impedir os privados de receberem em pagamento as notas promissórias de um banqueiro, quer a quantia seja grande ou pequena, quando eles próprios estão dispostos a recebê-las; ou impedir um banqueiro de emitir tais notas quando todos os seus vizinhos estão dispostos a aceitá-las, é uma violação dessa liberdade natural que a lei não deve infringir mas sim apoiar. Sem dúvida estes regulamento podem ser considerados, em certa medida, uma violação da liberdade pessoal. Mas o exercício da liberdade natural de alguns indivíduos que faça perigar a segurança de toda a sociedade é e deve ser impedido pelas leis de todos os governos, tanto dos mais livres como dos mais despóticos. A obrigação de construir paredes divisórias para evitar a propagação do fogo é uma violação da liberdade natural precisamente da mesma natureza que os regulamentos do comércio bancário que aqui se propõem. (WN324)

Escrita em 1772, seis anos depois de Smith se ter encontrado com os fisiocratas, esta passagem raramente citada rejeita directamente as ideias puristas de *laissez-faire* e mostra que Smith não se opunha a todas as intervenções nos mercados livres. Smith nunca apoiou o *laissez-faire* e este parágrafo mostra porquê: continuou a argumentar que se os banqueiros fossem impedidos de emitir e pôr em circulação notas bancárias, ou notas a pagar ao portador por menos que uma certa quantia e fossem incondicionalmente obrigados a pagar imediatamente quando as suas notas fossem apresentadas pelos portadores, o seu negócio poderia, "com segurança para o público", ser "declarado livre em todos os seus outros aspectos". A concorrência de muitos outros bancos (não estava preocupado com a formação de grande número de bancos) "obriga todos eles a serem mais circunspectos na sua conduta" e a "salvaguardarem-se contra investidas maliciosas que a rivalidade de tantos concorrentes pode propiciar" (WN329). Eram necessárias intervenções legais para salvaguarda do interesse público e depender da liberdade perfeita não era protecção suficiente para os riscos do *laissez-faire* sem restrições. Nestas questões ele não era um ideólogo.

Consideremos as afirmações que fez nas *Palestras*, agrupadas como "causas do progresso lento da abundância" (LA521-9). Smith identifica dois conjuntos de impedimentos: aqueles de causas naturais e os causados por opressões do governo civil. A "grande causa" do progresso lento da abundância é a falta de capital suficiente para um trabalhador se sustentar a si mesmo e à sua família durante o período entre o início de uma actividade e a recepção do rendimento. Isto parece uma barreira inultrapassável: enquanto não se acumular capital não pode haver divisão do trabalho e antes da divisão do trabalho só se pode verificar "muito pouca" acumulação de capital (LJ552). Mas não é um problema puramente financeiro. Também tem de se abordar circunstâncias institucionais.

A acumulação gradual de capital era (ainda é) um processo extremamente precário, provisório e lento, afectado por acontecimentos nefastos, entre os quais a guerra e as brigas entre vizinhos contam como impedimentos importantes, para não mencionar o roubo, a batota, a corrupção e a discórdia entre indivíduos em instituições. É pouco provável que pessoas roubadas das suas posses e gravemente prejudicadas sejam empreendedoras (no contexto do Direito Natural estas são violações aos direitos naturais ou perfeitos do indivíduo) (LJ8-9). Grupos de bárbaros provocaram "convulsões violentas" quando participaram em saques, rapinas e pilhagens. E assim, "grandes partes do país ficam frequentemente despojadas de todos os seus pertences[...] [e] nada consegue ser um obstáculo maior ao progresso da abundância" (LJ522).

Mas assim que a acumulação se inicia, manifesta-se a melhoria nos "grandes poderes produtivos do trabalho" (WN277), sujeita, é claro, aos contra-efeitos das medidas opressoras do governo. Geralmente Smith apresenta exemplos da história, com que estava familiarizado, e inclui toda a espécie de acontecimentos, medidas e atitudes "prejudiciais ao progresso da abundância" (Prova 9.1):

Prova 9.1 Medidas prejudiciais ao progresso da abundância

- falta de capital, que desencoraja a divisão do trabalho;
- medidas que desencorajam a melhoria das actividades não-agrícolas;
- insegurança pessoal, reduzindo ou eliminando incentivos para se ser empreendedor;
- indolência generalizada das pessoas que vivem à custa dos empreendedores;
- guerras perpétuas e invasões hostis que impedem a acumulação de capital;
- medidas que desencorajam melhorias nas artes de manufactura;
- leis que promovem a primogenitura e implicações que impedem o loteamento de grandes propriedades improdutivas pelos mais produtivos ao longo de gerações;
- uso de escravos no cultivo;
- uso de servos e vilãos no cultivo;
- recurso à força para dominar e manter grandes pedaços de terra pelos "homens fortes" locais;
- inquilinos com rendas de "laços fortes" (em que o proprietário possui os instrumentos agrícolas, alfaias e gado, que não "podem ser levados pelos inquilinos que partem") (LJ189-90)([14]), que não tinham segurança na sua ocupação;
- rendas pagas em géneros, quando a escassez arruína inquilinos produtivos;
- taxas impostas aos inquilinos por vontade do senhorio, rei ou governo;
- famílias antigas sem capital, que não melhoram as suas terras;
- proibições nas exportações de cereais, que eliminam incentivos e encorajam a escassez por conversão a pastos;
- desincentivos nas importações de cereais por bónus especiais;

- ignorância da causa de escassez, que leva a soluções ineficazes (citando os imperadores romanos Calígula e Cláudio e os escritores Virgílio e Catão) e tentativas "altamente ridículas" de oprimir os manufactores com impostos pesados para os forçar a mudarem-se das cidades para o campo (Filipe IV);
- uso de trabalho escravo nas manufacturas, que inibe o progresso (os escravos não têm qualquer incentivo para inventar máquinas, enquanto o trabalho livre encoraja melhorias);
- sentimentos enganadores que afirmavam que o desempenho sem recompensa era "nobre", que o comércio era "odioso" e que negociar era "mesquinho";
- limitar o negócio ao nível mais baixo das pessoas (perseguição dos judeus) obstruiu a disseminação do comércio;
- atitudes de desprezo em relação aos mercadores e imposição de impostos altos sobre as suas actividades abrandaram a acumulação de capital;
- efeitos posteriores das imperfeições na lei dos contratos;
- honestidade pouco comum nas pessoas "rudes" (o comércio cria "honestidade e pontualidade");
- dificuldades de transporte de pessoas e bens;
- presença de "pessoas ociosas" e de "dependentes" que desencadearam "violência e desordem";
- pirataria e riscos de navegação que atrasaram o comércio;
- feiras obrigatórias em dias específicos e em locais específicos inibiram o comércio, como o inibiu o castigo de "obstrutores" (pessoas que viajam no campo comprando produtos e que desafiam as leis que limitam as vendas às "feiras" oficiais);
- efeitos das designadas "Cidades Exclusivas"([15]);
- todos os impostos sobre exportações e importações aumentavam os preços, baixavam as vendas, desencorajavam os manufactores e obstruíam divisões do trabalho;
- todos os "monopólios e privilégios exclusivos";

- "má tendência" dos Estatutos de Aprendizado de não assegurar produtos contra fraca qualidade e maus acabamentos;
- concessão de prémios encorajava uma mercadoria e desencorajava as outras, "prejudicando o estado natural do comércio";
- corrupção dos oficiais públicos era um "método perigoso" para eles obterem rendimento;
- "Extorsões graves" nos impostos alienavam os afectos do público e enfraqueciam a vontade de defender o país (LJ522-30).

Esta não é uma lista completa dos obstáculos ao progresso da abundância que Smith identificou, alguns sancionados pela economia política mercantil e outros provenientes das imperfeições da natureza humana e das instituições, mas ilustra os problemas com os que ele se preocupava (WN276-375).

CAPÍTULO 10

Aumentar o fundo para mãos produtivas

Introdução

A *Riqueza das Nações* apresentava os elementos de uma teoria do crescimento (não um modelo)([1]), apoiada em provas e especulação, bem ao estilo de Smith. A "teoria" implícita não é apresentada de uma forma com que os economistas modernos se sintam confortáveis, porque Smith entretece o seu relato com uma grande quantidade de detalhes históricos. Mesmo assim, era uma parte importante do seu pensamento e contribuiu para aquilo que se transformou na "teoria clássica de crescimento".

A Grã-Bretanha do século XVIII tinha-se desenvolvido de uma sociedade predominantemente agrícola para uma sociedade comercial. No período de algumas décadas foi gradualmente "apanhada" por outros países, principalmente porque a história e instituições destes nos dois séculos anteriores tinham preparado os seus alicerces comerciais. À medida que as suas economias cresciam, a esperança de vida e as taxas de sobrevivência infantil foram melhorando marginalmente no início. A mortalidade infantil, que tinha permanecido relativamente alta durante séculos, também diminuiu, lentamente no início e depois drasticamente no século XIX. A redivisão contínua do trabalho e a especialização dentro das indústrias e entre elas reduziu o custo dos bens manufacturados e a aplicação de tecnologia aumentou o leque de bens disponíveis para compra, que por sua vez fizeram aumentar a procura de mão-de-obra, parcialmente fornecida por uma população em crescimento com taxas crescentes de participação, o que por sua vez aumentou os rendimentos reais. O crescimento transformou-se numa espiral virtuosa, ainda que superficial.

Os dados empíricos sobrepõem-se à especulação abstracta e o estudo de Smith baseava-se em dados, não era um compêndio de especulações abstractas[2]. Baseando-se nos dados obtidos de um leque esotérico de fontes indirectas Smith obteve relações económicas simples[3]. Esta restrição foi imposta principalmente pela sua falta de acesso a uma biblioteca de referência bem apetrechada, isolado como estava durante grande parte do tempo em Kirkcaldy (do que David Hume se queixava bastante, chegando mesmo a pedir a Smith que o visitasse em Edimburgo) (Corr160-3, 166-8, 185-6).

As teorias de crescimento económico mudaram muito desde *A Riqueza das Nações*. Nenhum estudante iria longe profissionalmente sem passar algum tempo a estudar teorias de crescimento (Hicks, Harrod–Domar, Solow–Swan, Kaldor, Romer e etc.)[4]. A teoria de crescimento tem uma agenda longa, prestigiada e rica; quando os licenciados abordam a apresentação literária que Adam Smith fez da sua teoria retraem-se frequentemente numa consternação impaciente, sem pensarem que não tinha acesso por computador à abundante bibliografia sobre teoria de crescimento. Isto pode afastar o leitor moderno, mas Smith contribuiu modestamente para tornar a economia de crescimento acessível a ministros do governo e a pessoas que os podiam influenciar.

O crescimento "smithiano" de Lowe

Fazer um relato das interpretações modernas do "modelo" de crescimento de Smith, de que existem inúmeras e excelentes versões disponíveis[5], iria desviar-nos de descrever o pensamento de Smith sobre o assunto. Por exemplo, Adolph Lowe fez um relato do crescimento smithiano que seguiu por um atalho, ao presumir que os "factores naturais, psicológicos e institucionais" encontraram a sua "forma final" na "organização competitiva" do "sistema de liberdade natural" do Ocidente moderno, através de um "longo processo evolucionário desde a sociedade rude". Isto permitiu-lhe tratar estes factores institucionais como constantes porque (de forma controversa) eles então não estariam sujeitos a mais "desenvolvimento histórico"([6]).

Presumiu-se que um mercado competitivo tinha de ser protegido por governos constitucionais através da "preservação da lei e da ordem", que protege a propriedade, a liberdade de contrato e as liberdades pessoais e que funciona dentro da distribuição desigual de propriedade, da mobilidade social e técnica dos factores de produção, da divisão do trabalho e da livre troca([7]). Nas constantes psicológicas do modelo de Smith incluem-se duas forças impulsionadoras inatas, a "propensão para permutar, negociar e trocar" e o "desejo de melhorarmos as nossas condições" (WN25, 341), e uma terceira, a compulsão para procriar (WN25, 79, 341, 709-10)([8]). No entanto, não é realista afirmar que a organização competitiva das economias ocidentais era como um "sistema de liberdade natural", da maneira como Smith concebia a ideia. Na verdade, o próprio parágrafo de *A Riqueza das Nações* que Lowe cita para apoiar o seu argumento abre com Smith a afirmar a sólida condição prévia de que só se todos os "sistemas de preferência ou de contenção" tivessem sido "completamente retirados" se "aplicariam as condições de "liberdade natural"". Claramente, estas não se aplicavam ao mundo real.

Os modelos neoclássicos de concorrência perfeita presumem que os obstáculos à concorrência perfeita foram "completamente eliminados" e, por conseguinte, não constituem uma estrutura analítica preocupante com uma "vida própria", desligada do mundo real. Não foi assim que Smith discutiu o crescimento em *A Riqueza das Nações*. Para ele, os "factores naturais, psicológicos e institucionais" existentes estavam firmemente enraizados na sociedade e eram obstáculos aos potenciais efeitos benéficos do crescimento comercial, daí a sua crítica à economia política mercantil. De facto, como a liberdade natural foi apresentada como ideal inatingível no estudo de Smith (WN471), ela deixou a sua teoria como se fosse uma "mistura de propostas teóricas, descrições empíricas, discursos históricos e recomendações políticas" espalhadas por *A Riqueza das Nações*([9]), contribuindo para a negação de Joseph Schumpeter de que Smith tivesse atravessado o "Rubicão científico" da economia moderna([10]).

Smith e os economistas neoclássicos falam em línguas diferentes sobre os fenómenos do crescimento. Smith fala sobre a criação de riqueza numa economia real, com uma liberdade natural idealizada como pano de fundo, mas não como propósito; os economistas neoclássicos falam sobre o equilíbrio perfeito (parcial e geral), inexistente em tudo o que seja reconhecível como mundo real, incluindo pessoas. O seus propósitos e âmbito são muito diferentes. Na mente de Smith, a sua teoria não era uma hipótese de equilíbrio nem ele tentou transformá-la numa. Não estava interessado em especificar um equilíbrio geral; o seu objectivo era definir as políticas práticas que os legisladores podiam implementar para anular os constrangimentos mercantilistas que inibiam a disseminação da abundância.

Ao presumir que a liberdade natural funciona quando ela claramente não funciona, Lowe produziu uma versão modificada da teoria de crescimento do século XVIII de Smith, inteligível aos economistas modernos, mas que não correspondia ao objectivo de Smith de explicar a razão pela qual a economia política mercantil e a política existente eram obstáculos importantes à concretização do potencial pleno do crescimento económico (WN687). Lowe usa as características de uma liberdade natural inexistente para tratar factores-chave como "constantes" na sua análise, absolvendo-os de exercerem a sua influência indubitável na economia([11]). Na realidade do século XVIII, eles influenciavam um "processo central contínuo" que, por acaso, estava à beira de "mais um desenvolvimento histórico", na forma que conhecemos como "capitalismo".

É na sociedade comercial a nascer que *A Riqueza das Nações* é mais interessante, por exemplo na maneira pela qual o desejo vitalício de "automelhoramento", que vai do "útero" até à "sepultura" (WN341), promoveu – positivamente – as actividades competitivas do mercado e – negativamente – as distorções monopolistas dos "mercadores e manufactores", que eram o foco principal do seu estudo.

Elementos constituintes do crescimento puramente smithiano

Smith liberta "o soberano" de tentar supervisionar "a indústria de privados e de a dirigir para usos mais adequados ao interesse da sociedade" (WN687), argumentando que tentar fazê-lo era "ilusório". Contudo, perante o mundo real, o soberano (o governo e as suas agências) não "se libertou" de tais ilusões. Perceber a forma como uma economia funciona é o primeiro passo para se reconhecer a forma como tanto governos como mercadores e manufactores se comportam de maneiras que podem não ser "adequadas aos interesses da sociedade", quando comparadas com os padrões de liberdade perfeita, e porque as distorções que eles impõem para uma trajectória optimizada de crescimento não preenchem os requisitos de um progresso optimizado para a abundância[12].

Smith identificou a terra, o trabalho e o capital como os três factores principais de produção, mais a influência crucial da divisão do trabalho associada ao conhecimento aplicado ("artes") que, ao longo do tempo, tiveram enormes implicações que foram além da influência meramente aditiva das quantidades de factores; podiam originar retornos locais crescentes para dimensionar a manufactura a partir da especialização e de métodos indirectos de produção. Mesmo no famoso exemplo dos alfinetes a produção aumentou de um máximo de 20 para 48 mil alfinetes por dia, o que era um aumento substancial. Com mais divisões do trabalho em pequenas etapas e com a disseminação de métodos indirectos de produção em entidades comerciais separadas, era possível imaginar aumentos contínuos na produtividade, pelo menos até ao nível do pleno emprego. Uma vez alcançado o pleno emprego, não se pode realizar mais nenhuma subdivisão do processo de trabalho, a não ser que a mão-de-obra seja libertada de outras tarefas, substituindo o trabalho por capital. Isto quebrava o aumento de produção por trabalhador da quantidade de empregos numa indústria – a produção não era simplesmente proporcional aos números de empregados (WN17); relacionava-se com a "dimensão do mercado", capital, mudanças tecnológicas e inovação de produtos (WN31).

Na prática, o que aconteceu no fabrico de alfinetes (tomando o "exemplo muito trivial" de Smith), e posteriormente em muitos mais, foi replicado por todas as manufacturas nos séculos XIX-XX através da introdução de maquinaria mecânica que permitia ter menos, não mais, trabalhadores individuais para realizar o trabalho de muitos homens e aumentar substancialmente a produção. Estes efeitos "contrários" da divisão do trabalho no emprego, relatados por Smith no exemplo do fabrico de alfinetes, ao recombinar as operações originalmente divididas da divisão primitiva do trabalho em operações automaticamente controladas por uma única máquina (posteriormente bancos de máquinas), por sua vez controlada por um operador. Isto permitia ao operador fazer as famosas "18" operações[13], mas com níveis do desempenho muito superiores aos alcançados no salto original em produtividade, quando se passou de um trabalhador para muitos. Se 18 trabalhadores operassem individualmente bancos de máquinas mecânicas, digamos que o aumento de produtividade podia ser preocupante, produzindo retornos significativamente aumentados à escala, como na realidade aconteceu:

Em 1820 havia 11 fábricas de alfinetes em Gloucester empregando 1500 pessoas numa população de 7500, mas em 1870 já não havia indústria de alfinetes em Gloucester [...] Em 1939 o número de manufactores no Reino Unido tinha diminuído para cerca de doze e hoje [1978] restam apenas dois, o Grupo Newey, com uma fábrica de alfinetes em Birmingham, e Whitecraft Scovill, que tinha uma fábrica em Gloucestershire. A concentração do comércio no Reino Unido envolveu fusão de empresas, aquisições maioritárias e empresas que deixaram o negócio[14].

O Professor Mike Munger (a fonte destes dados) relata que existiam cerca de 5300 empregados nas fábrica de alfinetes nos Estados Unidos em 2002, tendo descido de mais de oito mil em 1997. É difícil comparar historicamente [...] mas a indústria de alfinetes nos Estados Unidos empregava claramente mais de 50 mil pessoas nos finais de 1800[15].

Concentrarmo-nos no famoso exemplo de Smith do fabrico de alfinetes e ignorarmos o seu exemplo dos elementos constituintes na manufactura do casaco do trabalhador comum faz-nos perder um elemento importante no crescimento smithiano e muito daquilo a que nos leva. O exemplo único da fábrica de alfinetes tem o efeito secundário de isolar a divisão do trabalho daquilo que tem de ser a sua aplicação geral na economia, com múltiplos exemplos de manufactores a simplificarem os seus processos de produção "simultaneamente e em série", se é que posso usar a expressão, em resposta à dimensão dos seus mercados, eles próprios em constante mudança consoante as suas cadeias de fornecimento aumentam a produtividade, e bastante separados daquilo que está a acontecer entre os seus clientes e entre os clientes dos seus clientes, a maioria dos quais tem ligações limitadas ou nenhumas. As melhorias nas ferramentas manuais, provenientes de uma melhor divisão do trabalho, não só reduzem os custos unitários do fabrico de tesouras para tosquiar ovelhas, por exemplo, como podem também melhorar os martelos para os carpinteiros bem como todo o género de ferramentas de metal para outros usos, de forma a satisfazerem a procura crescente nos mercados em expansão. À medida que a produção aumenta em resposta ao crescimento da dimensão do mercado, torna-se possível separar suboperações e transformá--las em processos indirectos, o que vem aumentar a produtividade em mais do que um manufactor numa indústria. A divisão do trabalho não é apenas interna a uma fábrica de alfinetes; torna-se externa entre as numerosas fábricas e diversas indústrias, traduzindo-se em processos que Allyn Young disse serem "cumulativos"[16]. Assim, o "mercado em crescimento de uma mercadoria produzida em condições de retornos crescentes tem geralmente o efeito líquido [...] de alargar o mercado a outras mercadorias"[17]. Allyn Young deu o seu próprio exemplo do efeito cumulativo destes processos no início da indústria impressora:

> Tem-se muitas vezes observado que os sucessores dos primeiros impressores não são apenas os impressores actuais, com as suas próprias organizações especializadas, mas também os produtores de pasta de papel, de várias variedades de papel, de tintas e dos seus diferentes ingredientes, da máquina de composição e da letra, o grupo de indústrias relacionadas com as partes técnicas de produzir ilustrações e os manufactores de ferramentas e máquinas especializadas, que se usam para imprimir e nestas diversas indústrias auxiliares. A lista pode ser ampliada, tanto enumerando outras indústrias directamente subsidiárias dos negócios actuais de impressão, como voltando a indústrias que, embora forneçam indústrias que fornecem a indústria da impressão, fornecem também outras, relacionadas com fases preliminares no fabrico de produtos finais diferentes dos livros e dos jornais[18].

Allyn Young sintetizou a sua divergência em relação aos temas de Adam Smith, avisando que retornos crescentes não são "adequadamente compreendidos observando os efeitos das variações em dimensão de uma firma individual ou de uma indústria particular" porque "a divisão progressiva e a especialização das indústrias é uma parte essencial do processo pelo qual se realizam retornos crescentes" entre "todas as operações industriais" quando "vistas como um todo inter-relacionado". Descreveu retornos crescentes como dependentes "da divisão progressiva do trabalho e das economias principais da divisão do trabalho" que surgem cumulativamente de se "usar trabalho em formas indirectas". Por último, enquanto "a divisão do trabalho depender da dimensão do mercado" a dimensão do mercado "também depende da divisão do trabalho" e "nesta circunstância assenta a possibilidade de progresso económico, para além do progresso que resulta dos novos conhecimentos"([19]).

A descrição de Allyn Young clarifica o crescimento smithiano como um processo aberto e não fechado, orientado por retornos crescentes e não decrescentes. Não está num estado de equilíbrio porque muitos milhares de indivíduos participam nele, sem controlo central, bastante independentes uns dos outros, sem limites impostos à imitação, inovação ou invenção, sem um estabelecimento regulado de preços ou custos e sem supervisão do processo das suas trocas negociadas. Há bastante amplitude para erros humanos, para leituras erróneas das condições do mercado e para não inovar ou adaptar quando talvez se devesse fazê-lo, bem como para inovar ou adaptar quando talvez não se devesse fazê-lo. Nestas condições, Smith classificava os fracassos comerciais sob a sua definição de trabalho não-produtivo, porque, tal como a prodigalidade, eles contribuíam para taxas de crescimento mais baixas (WN357).

O melhor sistema comercial pode ser descrito como um conjunto de elementos constituintes. A taxa de crescimento no emprego dependia da taxa de acumulação de capital que permitia um aumento na divisão do trabalho e na especialização, bem como de mais processos indirectos de produção. A divisão do trabalho dependia da dimensão dos seus mercados (WN277) que, com o progresso técnico, produziam retornos crescentes à sua escala e preços mais baixos por unidade. A produtividade vai aumentar tanto graças ao uso de mais capital para empregar mais trabalhadores para subdividir o trabalho de forma ainda melhor (devido à "perícia" e poupança de tempo), como graças ao uso de mais capital para implementar invenções ou comprar máquinas que "facilitem ou reduzam o trabalho", pressupondo que existe uma "segurança aceitável". O resultado era um aumento na produção líquida do "produto da terra e do trabalho" e como o rendimento mantém todos os trabalhadores, produtivos ou não, bem como os seus dependentes ("aqueles que não trabalham") (WN332), o impacto-chave no crescimento depende da proporção de rendimento que é gasta em actividades produtivas que induzem crescimento ou em actividades que inibem o crescimento.

O rendimento ou é gasto no consumo ou é poupado. Por uma questão de simplicidade, Eltis pressupõe que no século XVIII a despesa com capital fixo (o capital consumido ao longo de vários anos) era escassa e podia ser ignorada com confiança[20] e que a despesa se dividia principalmente entre o consumo e a poupança para capital circulante que, pela sua natureza, era igualmente gasto na manutenção de mão-de--obra produtiva e nos materiais para produção. Aqueles que também fazem poupanças do seu rendimento aumentam o seu capital, quer empregando mãos produtivas, quer através de empréstimos sobre uma parte dos seus lucros (de outra forma seriam "perfeitamente loucos") (WN285). A única fonte deste capital é o rendimento poupado e/ou os ganhos líquidos daqueles que pouparam alguns lucros de um ciclo prévio de produção.

Era a "parcimónia, aumentando o fundo destinado para a manutenção de mãos produtivas, que tende a aumentar o número dessas mãos cujo trabalho adiciona valor ao sujeito ao qual este é concedido", que aumentava o valor de troca do produto anual do país, pondo em movimento "uma quantidade adicional de indústria, que dá um valor adicional ao produto anual" (WN337).

O herói de Smith era o "homem frugal" cujas poupanças permitiam a manutenção de um número adicional de mãos produtivas e que "estabelece um fundo perpétuo para a manutenção de um número igual para o futuro". E isto consegue-se "através de um princípio muito poderoso, o interesse simples e evidente de todos os indivíduos a quem pertencerá uma parte dele". Se o indivíduo alterar esta frugalidade, vai sofrer "uma perda evidente" por "pervert[er]" o seu capital "retirando-o do seu destino certo" (WN338).

O princípio poderoso que leva a sociedade a poupar porque afecta a maioria das pessoas "é o desejo de melhorar a nossa condição" porque "ninguém é tão perfeito e completamente satisfeito" que "não tenha desejo de alteração ou de melhoria, seja ela qual for" (WN341). Grande parte dos homens melhora a sua condição "aumentando a sua fortuna", poupando e acumulando capital e "na maior parte dos homens, tomando toda a sua vida como uma média, o princípio da frugalidade parece não só predominar, mas também predominar em grande" (WN341, 345, 405, 540).

Smith sublinha a importância da sua conclusão de que o esforço "para melhorar a sua própria condição" é a motivação orientadora, acrescentando:

> É este esforço, protegido por lei e permitido por liberdade de se exercer da forma que é mais vantajosa, que tem mantido em Inglaterra o progresso para a abundância e melhoria até agora e que, espera-se, continuará a fazê-lo nos tempos futuros. (WN345)

Condições necessárias para o crescimento?

A economia da Grã-Bretanha estava longe da feliz coincidência das condições acima discutidas e ninguém sabia isso melhor do que o autor de *A Riqueza das Nações*, principalmente porque se concentrou nas "medidas políticas [que] podem ser tomadas para se criar um ambiente favorável ao rápido crescimento"([21]). A mudança para "um ambiente favorável ao rápido crescimento" nas circunstâncias da Grã-Bretanha do século XVIII teria envolvido uma enorme agenda de mudanças institucionais, económicas e políticas que mal aconteceram e, portanto, para perceber o relato completo de Smith sobre crescimento temos de considerar os elementos que inibem o crescimento tal como ele os viu.

Smith insistia em que "esperar [...] que a liberdade de comércio venha a ser completamente restabelecida na Grã-Bretanha é tão absurdo como esperar que venha alguma vez a estabelecer-se aqui uma Oceana ou uma Utopia", tal como na verdade a história confirmou desde 1776, o que levanta a seguinte questão: não sendo a "liberdade de comércio" a política a que é notoriamente associado, que outras políticas que não o comércio livre seriam praticáveis, apesar dos "preconceitos do público" e "dos inconquistáveis [...] interesses privados de muitos indivíduos" que se "opõem terminantemente" à revisão das medidas comerciais existentes, estabelecidas na Grã-Bretanha desde Cromwell e às quais se juntaram outras desde essa altura? (WN471)

Tinha de explicar como as medidas menos que óptimas que existiam eram apesar de tudo suficientemente viáveis para originarem crescimento suficiente que, com o tempo, iria proporcionar uma espécie de abundância à população, incluindo aos trabalhadores pobres, bem como mostrar que eles estariam manifestamente melhor do que na situação em que se encontravam. Afirmou claramente na sua crítica ao Dr. Quesnay que a liberdade perfeita não era essencial para o progresso da abundância (WN673). As suas propostas para rever a economia política mercantil e muitas outras políticas estatais, como o poder das Associações Profissionais locais, os Estatutos de Aprendizado e a Lei do Estabelecimento, e para mitigar comportamentos comuns na sociedade, como a prodigalidade pública, as empresas coloniais, o domínio dos mercados coloniais pela metrópole e a inveja do comércio, constituíam um programa importante. Deixá-los tal como estavam, acreditava ele, era prejudicial para a garantia de um crescimento contínuo da abundância dentro de uma economia comercial. Todas estas instituições e políticas associadas afectavam o crescimento económico, tornando essencial que a busca de políticas que promovessem o crescimento tivesse em conta os seus efeitos[22].

Trabalho produtivo e não-produtivo

Os economistas neoclássicos abandonaram a distinção entre trabalho produtivo e não-produtivo quando agregaram o trabalho de qualquer espécie num único factor, o que pode ter melhorado o modelo económico, mas que não era smithiano.

Quais foram as circunstâncias que levaram a Inglaterra do estado quase "rude e selvagem" para uma produção anual da terra e do trabalho amplamente aumentada e evidente no século XVIII? Smith argumentou que isto foi causado pela acumulação lenta mas constante da parte das provisões de capital que foram utilizadas para "produzir, manufacturar ou comprar bens e vendê-los com lucro " e para "melhoria da terra" (WN270), e identificou o equilíbrio proporcional entre aquilo a que chama "trabalho produtivo e não-produtivo" como a força motivadora da cadeia interligada da acumulação de capital. As distinções de Smith entre trabalho produtivo e não-produtivo eram arcaicas, mas continham um subtexto importante que ainda pode ser relevante: certas actividades aumentam a criação de riqueza e outras não. *A Riqueza das Nações* alterou as fronteiras entre os dois tipos de trabalho.

Comparada com as distinções entre trabalho "produtivo" e "estéril" dos fisiocratas[23], a distinção de Smith (em comum com as apresentações de Cantillon e Turgot[24]) representava um passo em frente, porque trouxe o trabalho das manufacturas (principalmente artesãos menores, artesãos especializados e artífices) para o conjunto de actividades indutoras de crescimento, característica que os fisiocratas tinham erradamente atribuído apenas à agricultura. Os fisiocratas consideravam que a manufacturação era "estéril" e não produzia excedentes e que a agricultura era a única fonte de excedentes desfrutados pelo resto da sociedade. Esta teoria levou-os a um beco sem saída. A teoria de Smith do trabalho produtivo e não-produtivo avaliava a produtividade do trabalho, vendo quais as formas de trabalho que contribuíam para o crescimento e quais eram as que não ajudavam. Eltis propôs uma distinção semelhante em 1976, quando identificou o trabalho no sector comercial, fornecendo bens valorizados e *serviços* comerciáveis, como indutor de riqueza em termos de produção e o trabalho no sector não-comercial do Estado, que se afastava da produção de riqueza[25].

Para Smith, um conjunto de trabalho (produtivo) acrescentava valor àquilo a que era aplicado; o outro conjunto (improdutivo) não tinha este efeito. Um trabalhador a dar forma a um pedaço de ferro quente numa forja produz um objecto vendável, que faz retornar para o seu empregador o custo do objecto e algum lucro; um empregado doméstico que tira a rolha a uma garrafa de vinho para o patrão "acrescenta valor a nada", embora o seu serviço seja útil ao seu patrão e talvez lhe permita também um grande prazer. A utilidade, na verdade a necessidade desesperada pelos serviços dos trabalhadores improdutivos (soldados e marinheiros que defendem a sociedade de invasões bárbaras, por exemplo), não tinha nada a ver com a acumulação de capital e, portanto, estes eram "improdutivos", apesar da sua grande utilidade vital e da sua coragem e sacrifícios individuais. Ainda que as despesas com a defesa fossem improdutivas, sem dúvida que os custos bem superiores das consequências "improdutivas" de uma invasão aceite sem contestação, dado o hábito de rapina e destruição das guerras internas na Europa, transformavam as despesas com a defesa num benefício social e protector do crescimento do resto da economia.

Os serviços dos trabalhadores improdutivos não "põem em movimento uma quantidade de trabalho igual" ao seu custo, nem podem pôr. Seja o que for que os seus serviços "produzem", isto geralmente acaba "no preciso instante do seu desempenho e raramente deixam qualquer vestígio ou valor atrás deles" do "qual se possa adquirir depois uma quantidade igual de serviço" (WN330). Isto leva ao famoso parágrafo de Smith que aparentemente ataca algumas das instituições mais venerandas na sociedade em que vivia:

> O soberano, por exemplo, com todos os oficiais de justiça e de guerra às suas ordens, mais o exército e a marinha, são todos trabalhadores improdutivos. São os criados do público, sendo sustentados por uma parte do produto anual da indústria de outras pessoas. O serviço deles, independentemente da sua utilidade ou necessidade, não produz nada com que se possa depois adquirir uma quantidade igual de serviço. A protecção, segurança e defesa do bem comum, que é o resultado do trabalho deles este ano, não vai comprar protecção, segurança e defesa para o ano que vem. Na mesma classe têm de ser também classificadas algumas das profissões mais sérias e mais importantes, bem como algumas das mais frívolas: homens da Igreja, advogados, médicos, homens de letras de todo o género; actores, comediantes, músicos, cantores de ópera, bailarinos de ópera e companhia. O trabalho do mais desafortunado destes tem um certo valor, regulado exactamente pelos mesmos princípios que regulam o valor de toda a espécie de trabalho e o trabalho do mais nobre e mais útil não produz nada com que se possa depois comprar ou adquirir uma quantidade igual de trabalho. Tal como a declamação feita pelo autor ou a palestra feita pelo orador, ou a cantiga tocada pelo músico, o trabalho deles acaba no preciso momento em que é produzido (WN330-1)[26].

Muitos pensam que Smith estabelece aqui uma distinção entre o trabalho que produz produtos tangíveis e o trabalho que realiza serviços, com a implicação de que para Smith todos os serviços eram improdutivos. Eu penso que esta é uma conclusão demasiado apressada([27]).

Nos tempos modernos, a fronteira produtivo/improdutivo alterou-se: os músicos, cantores, artistas de ópera, actores e outros gravam as suas actuações em DVD e em *downloads*; os homens e mulheres de letras, as personalidades do desporto e as celebridades vendem livros, histórias, artigos associados aos seus nomes, colunas nos jornais e programas de televisão que duram muito para além das suas actuações "ao vivo". Estes desenvolvimentos alteraram o argumento sobre a produtividade do trabalho "perecer no preciso instante" porque aqueles definidos por Smith como "improdutivos" vendem bens nos mercados. Muitos serviços são agora vendáveis. Por exemplo, o entretenimento que se paga é tão vendável como os produtos tangíveis que Smith definiu como provenientes de trabalhadores produtivos([28]), enquanto outros (funcionários públicos, soldados e etc.) continuam a fornecer os seus serviços fora dos mercados (pagos com os impostos) e, portanto, permanecem "improdutivos".

Tomemos um caso mais próximo do nosso filósofo moral: as palestras de Smith em Edimburgo entre 1748-51 renderam-lhe 100 libras por ano (Corr24)([29]), uma bela maquia quando comparada com a sua bolsa anual de 40 libras como académico Snell e provavelmente cobriram as suas despesas, deixando-lhe uma quantia para alugar as salas de aula na estação seguinte e um lucro para os apoiantes (lorde Kames e James Oswald). O produto das suas palestras de Edimburgo acabou no instante em que as fez, mas tê-las dado no mercado da educação originou-lhe receitas, disponíveis para "consumo imediato" ou para acumulação de capital. Actualmente descreveríamos esta actividade como produtiva e Smith também teria de o fazer se a sua definição de trabalho produtivo for vista como mais importante do que os seus exemplos de trabalho improdutivo. Porém, para o "respeitável público" que nelas participou, as compras dos bilhetes foram só para o seu consumo final, com a possível excepção daqueles estudantes a cujo capital humano tenham, nalguma medida, acrescentado algo.

Oitenta e seis anos depois de *A Riqueza das Nações*, Karl Marx criticava com razões semelhantes, mas não muito seriamente, a distinção de Smith entre trabalho produtivo e improdutivo. Eu penso que alguma parte da ambiguidade na distinção de Smith provém de não separar os consumidores de bens e serviços para consumo final dos fornecedores desses bens e serviços. O consumidor gasta com o fornecedor (do bem ou serviço) e não reembolsa esta despesa vendendo aquilo que "pereceu" no decurso do consumo (imediato ou ao longo do tempo) e, nesse sentido, o trabalho usado é improdutivo para o consumidor. Os fornecedores que contratam mão-de-obra para realizar certas tarefas e que vendem a produção dessa mão-de-obra para recuperar os seus custos (renda, capital e salários) com lucro contrataram claramente trabalho produtivo. Os empregados domésticos são improdutivos para o agregado familiar porque o custo deles não é recuperado; os empregados num restaurante, bordel, teatro ou sala de palestras são produtivos para os fornecedores, porque os seus custos se recuperam com lucro. No caso das despesas com a defesa financiadas pelos impostos, os consumidores pagam impostos e não recuperam as suas despesas, portanto o trabalho empregado é improdutivo para os contribuintes; os fornecedores de bens e serviços ao sector da defesa vendem os seus produtos ao governo e obtêm receitas que reembolsam os seus custos com lucro e, portanto, o seu trabalho é produtivo para os fornecedores. Esta era a distinção limitada na mente de Smith.

Sempre que se estabelece a fronteira numa economia que distingue os trabalhadores produtivos dos improdutivos, a proporção entre eles, na teoria de Smith, determina se "o produto anual vai ser maior ou menor". Divide-se em duas partes, destinando-se a parte "maior" a substituir capital ou as "provisões, materiais e trabalho acabado" que foram retirados no ciclo anterior e a "parte mais pequena" (os lucros) aos donos do capital, podendo ir para o seu rendimento de consumo ou para as suas poupanças (WN322). "[O] grande proprietário ou mercador rico" e "até o trabalhador comum" (se o rendimento lho permitir) partilham o hábito de gastar rendimento no consumo imediato e todos irão "manter um criado menor", ou assistir a "uma peça de um espectáculo de marionetas", cada um contribuindo "para manter um conjunto de trabalhadores improdutivos", ou podem "pagar impostos" para manter outro conjunto "igualmente improdutivo" (WN333). Toda a despesa de consumo feita a partir do rendimento é improdutiva – não substitui os custos com lucro para os consumidores finais, embora para os produtores dos serviços de consumo final ela possa compensar os custos com lucro para eles. Depende do lado da transacção para que se olha, o que pode dar mais apreço à distinção que Smith estava a tentar expressar.

A proporção atribuída ao capital e ao rendimento resulta das escolhas cumulativas de milhares de indivíduos agindo separadamente com base naquilo que motiva as suas escolhas, e as suas acções regulam a proporção entre "indústria e ociosidade". Smith conclui que quando o capital predomina nesta proporção, "a indústria prevalece"; quando o rendimento predomina nela, prevalece a "ociosidade". Mudanças nas proporções de capital e rendimento podem mudar o número de mãos produtivas empregues, afectando "a riqueza real e o rendimento dos habitantes de um país". Na busca de soluções sábias para o progresso da abundância, Smith conclui que os "capitais são aumentados pela parcimónia e diminuídos pela prodigalidade e pelo mau comportamento" (WN337). A parcimónia é a chave para o aumento do valor de troca dos produtos da terra e do trabalho de uma nação.

O rendimento gasto com "hóspedes ociosos" e "criados menores" não deixa nada para trás; capital gasto com "trabalhadores, manufactores e artífices" que reproduzem com lucro o seu consumo anual, aumenta as provisões de capital. Efectivamente, este último é "um fundo perpétuo para a manutenção de um número igual no futuro" (WN338). É inevitável a despesa improdutiva de uma quantidade mínima em consumo (todos temos que comer), mas o pródigo distorce este processo: vive acima dos seus meios, consome o seu capital e "tende não só a empobrecer-se, mas também a empobrecer o seu país", reduzindo o capital que estaria disponível para a sociedade (WN339). Da mesma forma, Smith regressa ao mesmo tema de sempre – "todos os pródigos parecem ser inimigos públicos e todos os homens frugais benfeitores públicos" (WN340). Também generaliza a partir do pródigo que se desvia do seu caminho de autodestruição, do mau comportamento do especulador, do fracasso da sua visão, da sobrecomercialização, inocência, má sorte ou simples incompetência na gestão de um projecto de capital, que também diminuem os fundos produtivos da sociedade (WN341).

Com a ociosidade, a prodigalidade individual e os projectos de capital fracassados, pode-se questionar até que ponto é que são fiáveis as forças dentro da sociedade comercial para controlar o que poderiam ser fugas grandes da força potencial para o crescimento do capital de uma nação. Aqui Smith tem um tom optimista. Afirma que uma grande nação não pode ser muito afectada nem pela prodigalidade nem pelo mau comportamento de indivíduos, por muito graves que estes comportamentos possam ser individualmente, porque a "profusão ou imprudência de alguns é mais do que compensada pela frugalidade e boa conduta de outros". Para esta força compensatória ser suficientemente forte para ultrapassar a prodigalidade e o mau comportamento, tem de ser alimentada por uma pressão relativamente forte e persistente em toda a sociedade. E é mesmo isso que acontece, afirma Smith.

A "paixão do prazer no presente" é por vezes "violenta e muito difícil de controlar" e, felizmente, é diminuída pelo "princípio que nos leva a poupar", nomeadamente o "desejo de melhorarmos a nossa condição" (WN341).

A outra fonte importante de despesa no consumo final surge na preparação de guerras com graus variados de necessidade, um campo cujo impacto no crescimento económico global está amplamente por explorar[30]. Assim, embora "as quatro guerras francesas onerosas de 1688, 1702, 1742 e 1756" custassem "cento e quarenta e cinco milhões de dívida" (WN345-6) e a dissipação geral do governo tenha sem dúvida "atrasado o progresso natural da Inglaterra para a riqueza e melhoria, não foi capaz de o travar" porque apesar de todas as necessidades do governo o "capital tinha sido acumulado silenciosa e gradualmente graças à frugalidade privada e à boa conduta dos indivíduos, devido ao seu esforço universal, contínuo e ininterrupto para melhorar a sua condição" (WN345). Deve notar-se que, como seria de esperar, Smith não expressa um ponto de vista sobre a eficácia ou legitimidade das causas das quatro guerras, nem diz se de forma geral as guerras deveriam ter ocorrido. Apresenta simplesmente os seus custos orçamentais e consequências para o progresso da abundância.

Dado que a Inglaterra nunca tinha sido abençoada com um governo parcimonioso, declarou que, "portanto, é da mais alta impertinência e presunção de reis e ministros quererem vigiar a economia dos privados", porque os governos "são eles mesmos sempre e sem excepção os maiores perdulários da sociedade. Se estes tomarem conta das suas próprias despesas, os privados tomarão conta das suas. Se a sua dissipação não arruinar o Estado, não é a dos seus súbditos que o vai fazer" (WN345-6).

O capital que emprega mãos produtivas é o motor do crescimento; gastar provisões no rendimento acima do que é necessário – prodigalidade em vez de frugalidade – desvia o produto anual e corrói aquilo que de outra forma poderia contribuir para o aumento líquido do capital na sociedade. Em resumo, a proporção de trabalho produtivo está no centro da teoria do crescimento de Smith. Para Smith esta era a melhor escolha para todos os participantes numa economia comercial. A forma como se reage a essa escolha determina efectivamente o gradiente da trajectória do crescimento na sociedade. Smith reduziu aquilo que estava em jogo a uma escolha extrema entre "prodigalidade" *versus* "parcimónia". O pródigo gasta o rendimento e não "guarda nada". A quantia gasta não acrescenta nada ao seu rendimento no período seguinte, porque o seu consumo é uma fuga e não um investimento. Se poupar algo do seu rendimento, este é consumido por "um conjunto diferente de pessoas", como "trabalhadores, manufactores e artífices produtivos, que reproduzem com lucro o valor do seu consumo anual" (WN338).

A prodigalidade é uma espécie de "perversão" (usa o verbo "perverter" três vezes em dois parágrafos) no vocabulário de Smith, porque desperdiça a herança que o pródigo recebeu da frugalidade dos seus antepassados, diminui os fundos destinados ao emprego de mão-de-obra produtiva e, assim, o valor do produto anual do país e diminui ainda a riqueza real e o rendimento dos outros habitantes, incluindo, embora não o diga, os trabalhadores pobres. Com efeito, a prodigalidade alimenta "o ocioso com o pão do empreendedor" e o pródigo empobrece-se não só a si mesmo como também "empobrece o seu país" (WN339). Smith escreve muito mais sobre pessoas pródigas num tom e humor semelhantes.

A apresentação que Smith fez das suas ideias sobre o crescimento é uma mistura de história, economia, provas e pressupostos dirigida numa ampla direcção – abundância continuamente crescente. Portanto, e compreensivelmente, os teóricos modernos do crescimento têm problemas com ela, porque em vez de se tratar de um crescimento precisamente equilibrado, baseado numa interligação de muitas condições técnicas, ela nada diz sobre as condições necessárias para se produzir equilíbrio. Dissecar e voltar a juntar as partes dentro de um enquadramento de equilíbrio para o qual ela não está adaptada é como fazer uma má tradução de uma língua estrangeira, em que se perdem as subtilezas essenciais da história do autor.

O crescimento smithiano não tratava do equilíbrio. É verdade que implicitamente Smith aceitou uma excepção numa qualquer futura fase terminal, quando, estando-se numa espécie de equilíbrio, já não se estaria a crescer(WN111). Mas esta situação, declarou Smith, nunca tinha acontecido porque "talvez nenhum país tivesse ainda chegado a este grau de abundância". Não parecia ter considerado que tal viesse a acontecer brevemente, mas aceitou que a "China parecia estacionária há bastante tempo e provavelmente tinha há já muito tempo o complemento total de riquezas condizente com a natureza das suas leis e instituições". Provavelmente, embora não o tenha dito, "outras leis e instituições, a natureza do seu solo, clima e situação" poderiam produzir um complemento superior de riquezas.

Smith abordou pela primeira vez o papel das exportações no crescimento. As suas observações sobre a China em estagnação afirmam que ela era "auto-infligida", no sentido em que o seu governo se tinha isolado do resto do mundo, o que explicava o problema da China e os problemas das economias que não negociavam. O capital mobiliza trabalho e materiais para produzirem excedentes para venda, mas uma região pode não ter procura suficiente para satisfazer a oferta e isto requer capital para "transportar ou os produtos em bruto ou os produtos manufacturados dos lugares onde eles abundam para os lugares onde são precisos" (WN360). Se esse transporte estiver ausente, "não se podia produzir mais do que o necessário para o consumo da região" e assim desencorajava-se a indústria e diminuíam-se os "prazeres" daquilo que teria sido trocado com o comércio (WN360-1). Claramente, uma proibição geral de contacto e de comércio com o mundo exterior, como na China, prejudicava o país que iniciou a proibição, pois afectava mais todos os seus produtos do que o resto do mundo (WN680-1).

Smith discutiu "o progresso das nossas colónias americanas" e avisou que se "por combinação ou por qualquer outra espécie de violência" (taxas, proibições) elas descontinuassem o comércio com a Grã-Bretanha em manufacturas, iriam "atrasar" o "progresso [desse país] para a riqueza e grandeza", porque isto iria "desviar" uma parte considerável do seu capital para a manufactura de bens que actualmente importava e faria "reverter" para a manufactura uma porção maior de capital do que "naturalmente iria para ela", retirando-o a uma outra indústria (agricultura?) em que de outra forma seria utilizado (WN377-7, 687).

Para além da sua preocupação com acontecimentos actuais, as exportações desempenham um papel importante na sua teoria do crescimento. Promovem no estrangeiro uma procura efectiva de produtos excedentários, em troca de produtos de outros países que alargam a escolha nacional de consumo. Fazem parte do progresso para a abundância, orientam a divisão do trabalho e os métodos indirectos de produção e aumentam o emprego. Sem comércio internacional, o crescimento definharia; todas as restrições sobre comércio internacional prejudicam a abundância de um país.

Trajectórias de crescimento

Gavin Reid concentrou-se nas trajectórias de crescimento das quatro eras de Smith – da caça, pastorícia, agricultura e comércio – e nas suas sucessões ao longo do tempo no crescimento do "produto social" de cada era[31]. Novos modos de subsistência não antecipados para o futuro previsível iriam adiar o caso limitador da altura em que um país alcança "o seu complemento total de riquezas" que "a natureza do seu solo e clima e da sua situação com os outros países lhe permitem adquirir" (WN111). Solo, clima e situação são condições relativamente básicas que tipificam uma economia dominada pela agricultura, como era a Grã-Bretanha da época de Smith. Em termos de produção, com milhões de pessoas a precisarem diariamente de alimentos, a agricultura representa menos de 3 por cento do PIB, sendo os restantes 97 por cento representados por manufacturas e serviços da economia pós-industrial. Ao solo, clima e situação devemos acrescentar conhecimento e tecnologia, que podem não ter limites.

O crescimento continuava, e sempre que aparecia um novo modo de subsistência o produto social aumentava de ano para ano com mais excedentes que no ano anterior. Quando o crescimento abrandava e depois parava de aumentar o produto social, o modo de subsistência existente na sociedade mudava ou, como acontecia em algumas partes do mundo em certas alturas, estagnava ou declinava.

A ideia de Reid sobre a trajectória do crescimento é intencionalmente esquemática no que diz respeito às durações relativas das diferentes eras, ou aos dados reais das suas taxas de crescimento. Há muito âmbito para objecções triviais e desconcertantes sobre estas questões e que não servem propósito algum. Em certa medida, todas as eras alcançaram um crescimento máximo no produto social bruto e, se se tomar em conta as alterações na população, pouca modificação houve no produto social *per capita* durante milénios. Para a maioria da população, o excedente da subsistência era apropriado, sendo controlado por elites poderosas e utilizado para os seus objectivos (dissipação, guerras, construção, artes e afins). A subsistência *per capita* da maioria dos pobres permaneceu mais ou menos inalterada ao longo da maior parte da história[32].

Reid cita[33] Dean e Cole sobre as alterações significativas e historicamente únicas que começaram a ocorrer nos finais do século XVIII:

> Antes de 1745, quando a produção total crescia muito lentamente, a população pouco se alterava, com o resultado de que a produção aumentava lentamente [...] Contudo, no final do século, houve uma mudança crucial. Depois de 1785, tanto a produção total como a população estavam a crescer muito mais rapidamente do que anteriormente, com a primeira a adiantar-se nitidamente em relação à segunda. Pela primeira vez a produção *per capita* começou a aumentar cerca de 9 por cento por década – ou seja, mais de três vezes a taxa média para o resto do período[34].

Estes aumentos extraordinários no produto social, tanto *per capita* como bruto, continuaram ao longo das eras industrializada e pós-industrializada e para a maioria da população nos países desenvolvidos a pobreza deixou de ser maioritariamente absoluta.

Segundo Smith, o crescimento era crucial para resolver as privações da maioria da população. É a partir deste contexto que devemos avaliar o seu tom contra a economia política mercantil. Nunca se tratou de Smith querer impor um "grande plano" ou esquema capaz de eliminar as máculas numa economia perfeitamente absoluta, só porque estas deviam ser eliminadas. Smith não era um "homem de sistema" (TMS232-4). Opunha-se à economia política mercantil e àqueles que iriam piorar as suas soluções ao tentarem o estatuto de monopólio, porque quase esgotava, embora não completamente, as frágeis forças indutoras de crescimento que, se fossem menos pressionadas, acabariam muito mais cedo com a pobreza absoluta em que vivia a maioria da população.

Moderou o entusiasmo de outros (Francois Quesnay e os outros fisiocratas, por exemplo) porque o interesse de Smith pela história do homem o ajudou a perceber que a perfeição nas questões humanas não era normal e que as alterações positivas de longo prazo nas instituições sociais e económicas provavelvelmente estavam muito longe de pré-requisitos puristas. Isto sugeria-lhe que uma plataforma de alterações práticas aqui e ali que os legisladores e aqueles que os influenciavam pudessem ser persuadidos a adoptar talvez fosse uma base mais responsável do que uma longa lista de exigências impraticáveis para as instituições existentes e para os homens que as geriam.

CAPÍTULO 11

«Um ataque muito violento»

Introdução

Em 1780 Smith descreveu a sua crítica da economia política mercantilista como um "ataque muito violento [...] a todo o sistema comercial da Grã-Bretanha" (Corr251). Quatro anos mais tarde intensificou o ataque acrescentando à terceira edição (1984) uma afirmação igualmente robusta (WN442-62; Corr266).
Personalidades importantes questionam se o Livro IV deveria ser considerado economia embora tenha "um imenso valor para os historiadores"([1]); afirmam que era "uma peça de propaganda de comércio livre"([2]) e dizem "que o ataque de Smith ao sistema mercantilista seria completamente inconsistente se esse sistema fosse, de facto, meramente uma componente necessária do estado mais alto e mais civilizado do desenvolvimento social" contra o qual "sem dúvida não valia a pena revoltar--se"([3]). Estas respostas interpretaram erroneamente o significado do estudo de Smith.
Durante três séculos governos sucessivos seguiram políticas, susceptíveis de serem descritas sucintamente como economia política mercantilista, que envolveram "invejas comerciais", hostilidade aos vizinhos e despesas em preparativos e actos de guerra que vieram piorar as condições dos seus participantes

porque os "inimigos" foram considerados rivais de morte, e não fontes de benefício mútuo através do comércio. É mais apropriado tentar perceber a análise de Smith do que ficar perturbado com o seu tom; ele via a economia política mercantilista como uma oportunidade perdida para se generalizar a abundância.

A história é caótica e mais do que uma simples viagem ao longo de quatro eras, o que gera imagens desnecessárias de progressão, com tons de inevitabilidade. Essas imagens devem ser contrariadas. Nenhuma era, foi ou é inevitável; surgiram modos de subsistência diferentes em cada uma delas, compatíveis com formas alternativas de governação. Os acontecimentos podem inverter ou prejudicar gravemente o progresso. Portanto, não é inconsistente que Smith critique a economia política mercantilista ou prefira a adopção de políticas diferentes. Determinadas políticas da economia política mercantilista podiam ser substituídas alterando o futuro; felizmente, Smith percebeu que não era necessário mudar tudo para mudar alguma coisa.

Políticas mercantilistas

A doutrina das políticas mercantilistas interferia com as inclinações naturais das pessoas, incluindo o forte impulso de "se melhorarem"; ao desviarem estes impulsos prejudicavam o caminho natural do crescimento económico através do comércio. Quando Smith concentrava a atenção em exemplos específicos de políticas que atrasavam a criação de riqueza, considerava as excepções à liberdade natural de acordo com os seus méritos, sem se preocupar com a possibilidade de estas ofenderem ou não a doutrina purista. Um problema com a polémica de Smith é que muitas das questões específicas que aborda já não são consideradas actuais. Já se realizou muita pesquisa sobre políticas mercantilistas[4], atraindo a nova denominação alemã de "mercantilismo"[5], que nunca foi usada por Smith (embora Rosenberg insista que foi Smith que a "inventou")[6].

Smith contestou a noção de que a "riqueza" consistia em ouro e prata e não nos bens que se podia comprar com eles. As políticas que contestam a noção de que dinheiro é riqueza estão desde então intimamente associadas à crítica de Smith, mas isto não era de forma alguma o único foco da sua atenção (ver o excelente relato da bibliografia económica do século XVII, de Samuel Holland e o relato mais longo, de Jacob Viner)([7]). A noção de que o dinheiro é sinónimo de riqueza encorajou países sem minas de ouro e prata a exportarem mais do que aquilo que importavam. Os seus excedentes de exportação rendiam ouro e prata o que, obviamente, não era possível para todos os países ao mesmo tempo. Smith acreditava na falácia da doutrina segundo a qual a riqueza é dinheiro, mas não conseguiu atribuir as suas origens a alguém especificamente. A noção de que dinheiro é riqueza estava firmemente enraizada no pensamento popular: "as pessoas ricas têm cofres de ouro e prata", portanto os países ricos também os deviam ter. Esta falsa noção estava de tal modo generalizada que Smith chegou a afirmar que "todas as diferentes nações da Europa" estudavam, "com pouco resultado", formas de acumularem ouro e prata.

As proibições à exportação de ouro eram facilmente contornáveis, o que as tornava inúteis, mas "a balança comercial" não podia ser escondida e as preocupações com ela desviavam a atenção de outras políticas. Cantillon, um banqueiro, aceitava a ideia de que regular de alguma forma a balança comercial era uma função importante do governo([8]). Mas se um país importava mais do que exportava, a balança comercial ajustava-se por si mesma, pois os mercadores enviavam ouro e prata para o estrangeiro para pagarem os seus défices. Os mercadores individuais ajustavam o seu comportamento conforme os custos de troca aumentavam ou diminuíam. A compreensão do mecanismo de ajustamento, disse Smith, era "sólida", mas a inferência que alguns faziam dele era "sofística". Smith questionava a conclusão de que o ouro e a prata deviam ser aumentados para se lidar com as balanças comerciais, enquanto que não era preciso dar atenção à balança comercial de outras mercadorias. Com a "liberdade comercial" em todas as mercadorias, incluindo ouro e prata, a chamada balança comercial "desfavorável" ajustar-se-ia "sem falhas" e não necessitava da atenção do governo (WN432-3):

> Um país que tem meios para comprar vinho vai sempre conseguir o vinho que quiser; e um país que tem meios para comprar ouro e prata, nunca terá falta destes metais. (WN438)

Smith afirma que "seria demasiado ridículo tentar provar seriamente que a riqueza não consiste em dinheiro, nem em ouro e prata, mas sim naquilo que o dinheiro compra e que tem valor apenas para comprar" (WN438). Admite que ao compilar as implicações destas noções "ridículas", o fez "com o risco de se tornar entediante". Para Smith, as teorias resumiam-se a legislação prática. Resumiu os erros da economia política mercantilista que levaram a limites sobre as importações e ao encorajamento de exportações que, supostamente, eram "os dois grandes motores de enriquecimento de um país".

As seguintes políticas mercantilistas prejudicavam o comércio:

- restrições sobre importações para consumo nacional que podia ser produzido internamente;
- restrições sobre importações de todas as mercadorias de países específicos com que um país tivesse um desequilíbrio da balança comercial;
- restrições impostas através de taxas altas ou proibição directa;
- encorajamento das exportações por *drawbacks*[9], recompensas, tratados comerciais vantajosos com determinados países e pelo estabelecimento de colónias;
- *drawbacks* de taxas e impostos sobre manufacturas nacionais quando exportadas e quando materiais ou manufacturas importadas, sujeitos a taxas de importação, são reexportados;

- recompensas dadas para encorajar novas indústrias ou qualquer indústria considerada meritória de determinados favores;
- tratados de comércio vantajosos para determinados mercadores em determinados países, para além do acordado para todos os outros países e seus mercadores;
- privilégios de monopólio para as mercadorias de mercadores do país que estabelece colónias (WN450-1).

A única preocupação de Smith era o significado destas medidas na sua tendência para aumentar ou diminuir o valor do produto anual de um país e assim promover ou inibir o progresso da abundância.

Limites às importações

Smith referiu que parecia haver dois casos em que seria vantajoso "pôr algum fardo sobre indústrias estrangeiras" para se "encorajar a indústria nacional" (WN463). Estes casos contrariam a sua reputação de comerciante livre e defensor do *laissez-faire*. Para Smith, no entanto, o que era vantajoso baseava-se apenas no pragmatismo e não em doutrinas. Reflectindo sobre os casos em que a importação livre deveria ser permitida, referia: primeiro, sempre que estas eram necessárias para a defesa do país; e segundo, sempre que, por razões políticas, se impunha uma taxa à produção nacional dos mesmos produtos. Aprovava o primeiro e estava céptico quanto ao segundo.

A primeira isenção centrava-se nas Leis da Navegação[10] vindas já do tempo de Oliver Cromwell (1651) e reforçadas por governos sucessivos. A Grã-Bretanha dependia da sua marinha para a defesa nacional; Smith afirmou que as Leis da Navegação davam "muito correctamente" aos barcos e marinheiros britânicos um monopólio do comércio marítimo para o seu país insular. Os donos e as tripulações estrangeiras arriscavam "a perda do barco e da carga", bem como o "imposto duplo para estrangeiros", caso tentassem violar o monopólio britânico de comércio costeiro e o seu comércio com as suas colónias. Mais ainda, os navios estrangeiros só eram autorizados a entregar cargas provenientes directamente dos seus próprios países quando "os donos, mestres e três quartos dos marinheiros" eram do país que tinha produzido a carga (de outra forma poderiam ficar expostos a retaliação por navios britânicos) (WN463-4).

As frotas estrangeiras eram consideradas hostis aos interesses britânicos. E foi a partir deste problema estratégico, desencadeado pelo espírito de "preconceito nacional e ressentimento", que se promoveu esta violação singular e muito descarada dos princípios do comércio livre (WN474). Todos os governos estavam persuadidos de que a situação insular do país era uma fraqueza grave e uma ameaça potencial à sua independência. Os rivais do continente tinham acesso aos fornecimentos e mercados continentais; a Grã-Bretanha era uma ilha. Na periferia do "ressentimento violento que subsistia entre nações", preferiram subjugar os interesses comerciais da nação à sua segurança naval (WN464).

Para Smith, as Leis da Navegação eram um critério definidor da subordinação da economia à política nacional. Conhecia bem o custo económico das Leis da Navegação, que encareciam as importações estrangeiras e embarateciam as exportações nacionais. Afirmou como alto princípio que o primeiro dever do soberano (WN687) era "proteger a sociedade de […] violência e invasão", acrescentando que "a lei da navegação é, talvez, o mais sábio de todos os regulamentos comerciais da Inglaterra" (WN464-5). As leis da navegação, embora fossem violações claras do comércio livre, eram compatíveis com as possibilidades de a Grã-Bretanha, com o comércio, alcançara abundância e a liberdade natural, apesar dos efeitos de distorção na acumulação de capital em diversos sectores da economia. Tratava-se de uma escolha pragmática e não de princípio, causada pelas conclusões a que Smith chegara sobre a melhor estratégia de ataque às políticas britânicas da altura. Nas condições da Grã-Bretanha dos meados do século XVIII, considerava que havia uma oportunidade muito pequena de acabar com estas Leis de uma só vez, havendo mais hipóteses se elas fossem sendo desmanteladas a pouco e pouco e, portanto, sabiamente, optou por esta última linha de ataque.

Devido a esta falha na defesa de Smith do comércio universal livre, Friedrich List criticou o facto de Smith, como ele o via, aparentemente "esconder" as verdadeiras intenções da Grã-Bretanha na defesa do "comércio livre". Criticou o "juízo distorcido [de Smith] sobre as Leis da Navegação", sublinhou a distinção de Smith entre os seus efeitos "políticos" e "económicos" e tomou isto como argumento artificial para esconder o facto de o "poder ser mais importante do que a riqueza". List defendeu que a "franqueza" de Smith se devia tornar um precedente para as suas próprias contribuições nacionalistas na sua Alemanha natal, que devia assumir uma forte linha mercantilista (proteccionista) nas suas políticas comerciais em vez de cair na fraqueza nacional, como aconteceria se adoptasse uma economia política "inglesa"([11]).

Porém, Smith considerou pouco convincentes os argumentos contra a importação livre. Especifica as circunstâncias que favorecem qualificações limitadas à política geral do comércio livre na rubrica geral de encorajarem a indústria nacional. Sabia que os defensores das políticas mercantilistas tradicionais eram ouvidos pelos legisladores e que eles procuravam obter protecção especial para casos individuais sobre os quais exerciam forte influência.

Smith apresenta os casos de excepção, com sinais óbvios de cepticismo, para quando:

- existe um imposto nacional sobre produtos específicos, de forma a equilibrar a desvantagem de se comprar um produto nacional e importado (WN465);
- "todas as espécies de produtos estrangeiros" que concorrem com os produtos nacionais, em particular os "bens de primeira necessidade", deviam ter "algum imposto" sobre elas, de forma a igualar a melhoria de preços do produto nacional (WN465-6);

- países estrangeiros retêm "taxas elevadas ou proibições" sobre as exportações nacionais para eles, a "vingança [...] naturalmente exige retaliação" sobretudo se existe a probabilidade do seu cancelamento, mas não de outra forma (WN467-8).

Mostrou que estes eram expedientes, e não políticas de princípio, ao referir-se-lhes como "de acordo com certas pessoas" que "dizem" ou "pensam" os argumentos a favor daqueles e comenta que são "certamente uma forma muito absurda de fazer correcções" aos problemas identificados como causa da necessidade de impor taxas e impostos. Também as descreve como "geralmente vantajosas" para se encorajar a indústria nacional, aprovadas por legisladores para "pararem com as queixas gritantes dos nossos mercadores e manufactores", destacam o risco de serem "arruinados" pelas mercadorias estrangeiras. Também comentou que a decisão de impor este ou aquele imposto talvez não pertença à ciência de um legislador, cujas deliberações devem ser governadas por princípios gerais que são sempre os mesmos, mas sim à habilidade de um animal insidioso e esperto, vulgarmente chamado homem de Estado ou político, cujos conselhos são dirigidos pelas flutuações momentâneas das questões. (WN468)

Smith referia-se a políticas e às pessoas que as defendiam e não mostrou qualquer alteração na sua crença sobre a eficácia do comércio livre. Os seus comentários seguem uma discussão sobre o restabelecimento do comércio livre e das perspectivas de sucesso de tais políticas (WN471). Mostrou-se preocupado com os pedidos de vingança contra países que impunham taxas e proibições aos produtos britânicos; se tivessem sucesso, poderiam piorar a situação para todo o país e não apenas para aqueles afectados pelas acções de um governo estrangeiro. Devia-se julgar se a retaliação contra a imposição de tarifas prejudiciais por um país iria desencadear perspectivas para o cancelamento destas taxas e proibições, ou se aqueles mercadores que iriam perder as taxas internacionais suscitariam a ira contra um governo estrangeiro. As proibições nacionais causam prejuízos verdadeiros a outros, para além daqueles afectados inicialmente pela conduta de um vizinho. Isto requeria "deliberação" dos prós e dos contras em cada situação específica, tal como se devia considerar a altura para se restabelecer a importação livre que tinha sido interrompida durante algum tempo devido à protecção nacional. A contribuição do político comum para debates sobre alturas apropriadas para determinada acção não era a mesma do economista político e disse-o abertamente nas suas *Palestras*: "aqueles a quem chamamos políticos não são os homens mais notáveis do mundo pela sua probidade e pontualidade" (LJ539).

Quando uma indústria gozou de protecção e se expandiu em consequência desta e emprega um "grande número de mãos", princípios de humanidade "requerem que a liberdade de comércio seja restabelecida apenas em pequenos passos e com uma grande dose de reserva e circunspecção", pois quando as taxas são eliminadas "todas de uma vez", a inundação do mercado interno com importações mais baratas priva "muitos milhares da nossa gente do seu emprego habitual e do seu meio de subsistência" e causa uma "desordem" considerável (atraindo a atenção de políticos e agitadores), embora provavelmente com "muito menos" justificação do que "geralmente se imagina" (WN469). O mercado interno não vai entrar em colapso se a transição for gerida cuidadosamente, tendo em conta como e quando os trabalhadores desempregados irão encontrar outro trabalho. A rapidez com que um mercado de produtos nacionais diminui e quantos trabalhadores anteriormente empregados que permanecem desempregados é uma questão empírica.

Smith, o filósofo moral, entra no território das musas de Smith, o influenciador, e cita a reinserção igualmente pacífica na economia dos soldados e marinheiros desmobilizados (acostumados, como muitos estavam, ao "uso das armas" e a vidas de "rapina e pilhagem") depois da "última guerra". Aproveita ainda a oportunidade para chamar a atenção para as excepções legais em algumas das políticas mercantilistas nacionais então em vigor, de que gozavam anteriores militares e sugeriu que os mesmos privilégios atribuídos aos anteriores militares deviam ser concedidos a todos os trabalhadores afectados pelo cancelamento de "privilégios exclusivos de corporações", que "revogam o estatuto do aprendizado" e "a lei do estabelecimento" (WN469-71).

Resumiu os problemas políticos que obstruíam o restabelecimento do comércio livre em palavras que não deixam dúvidas sobre a fragilidade das perspectivas de sucesso. Abre com o que parece ser a sua rendição ao pessimismo total. Considera "absurda" a crença de que o comércio livre venha alguma vez a ser *inteiramente* restabelecido na Grã-Bretanha (WN471). Isto, sugiro eu, não é bem aquilo que parece. Não é uma previsão de que não haverá "alguma vez" progresso no restabelecimento do comércio livre. Considerou que se podia e devia fazer algum progresso nessa direcção e que qualquer progresso nesta direcção iria ajudar a elevar a taxa de crescimento. O comércio livre não seria "inteiramente restabelecido", apenas isso, nem tal precisa de acontecer para se melhorar o crescimento, a divisão do trabalho e o emprego.

Os obstáculos eram impressionantes, não eram triviais (ainda são impressionantes). Aos preconceitos do público aliavam-se os "inconquistáveis" interesses privados daqueles indivíduos que se "opunham terminantemente" ao comércio livre. Compara-os aos mestres manufactores que são contra qualquer lei que possa permitir a entrada de rivais no mercado interno e, numa analogia passível de agradar a políticos, sugere que estes pensem sobre as consequências que surgiriam se os oficiais do exército se opusessem com "o mesmo zelo e unanimidade" a uma redução análoga do seu número. Os manufactores incitam e espicaçam os seus trabalhadores "para atacarem com violência e raiva os defensores" de qualquer regulamento de comércio livre e, tal como um exército demasiado grande, tornaram-se "preocupantes para o governo e em muitas ocasiões intimidaram os legisladores" (WN471).

Smith conheceu muitos membros do Parlamento através do seu amigo de longa data, o deputado James Oswald, a quem ele ouviu falar do destino que aguardava qualquer deputado que "apoie todas as propostas para reforçar este monopólio" comparado com o destino daqueles que se opunham a elas. O proteccionista adquiria "não só a reputação de conhecer o comércio, mas também grande popularidade e influência com uma ordem de homens cujo número e riqueza lhes dava grande importância, em contraste com o membro que se lhes opunha e, pior ainda, era "capaz de os impedir". Ao apoiante do comércio livre, "nem a probidade mais reconhecida, nem o mais alto grau hierárquico, nem o maior dos serviços públicos o pode proteger do insulto e da maledicência mais infames, bem como do verdadeiro perigo que por vezes surge devido à raiva insolente dos monopolistas furiosos e desapontados" (WN471). Estes comentários ecoam as conversas privadas de Smith com ambos os lados do argumento proteccionista, o que sugere um pouco uma atmosfera preocupante à volta de Westminster, especialmente por falta de protecção relativamente ao "perigo verdadeiro".

Smith propõe uma mensagem conciliatória, expressando a sua compreensão "igualitária" da possível luta de um grande fabricante que "sem dúvida iria sofrer muito consideravelmente" se os seus mercados internos subitamente fossem abertos aos estrangeiros – terá ele ouvido isto de empresários individuais ou através de deputados influenciados por eles? O empresário podia movimentar o seu capital circulante para qualquer outro uso, mas o seu capital fixo "não poderia ser eliminado sem uma perda considerável". Smith sugere que as mudanças "nunca deveriam ser implementadas abruptamente, mas só lentamente, gradualmente e depois de um longo período de aviso", e que os legisladores deveriam pautar as suas deliberações "não pela clamorosa impertinência de interesses parciais", mas sim por "uma visão alargada do bem comum" e, no futuro, deveria ter especial cuidado em "nem estabelecer novos monopólios deste género, nem alargar mais aqueles que já foram estabelecidos" (WN471). Dentro destes constrangimentos, Smith permaneceu convencido da exequibilidade de se proceder com paciência ao longo do tempo, para restabelecer algo que se parecesse com o comércio livre.

Limites extraordinários à importação

As propostas para restrições protectoras do comércio com origem no "interesse privado e no espírito de monopólio", disse Smith, conjugavam-se com "preconceitos nacionais e ressentimentos" "ainda mais irrazoáveis" e sem fundamento contra os parceiros comerciais estrangeiros que negociavam com eles e, sinistramente, contra estrangeiros que negociavam com êxito com outros estrangeiros (WN474). Nas mentes dos governantes europeus e dos seus "conselheiros", motivados pelo auto--interesse, os êxitos felizes dos países rivais eram vistos como ameaças terríveis à sua própria felicidade e segurança, parecendo tão perigosos como as conquistas territoriais.

A lenta compreensão de que o comércio internacional poderia ser um substituto da aquisição territorial despertou novas paixões nos governantes dos diferentes Estados, principalmente o vício irritante da ganância, embrulhado como sempre em inveja. Receios alimentados pela percepção de ameaças à segurança nacional representadas por exércitos a marcharem através de fronteiras converteram-se lentamente em paranóia quando as exportações atravessavam as mesmas fronteiras ou eram transportadas em navios com pavilhão de reinos estrangeiros. A economia política comercial nos séculos XVII e XVIII estava longe de ser o modelo de harmonia e reconciliação associado às expectativas idealistas das consequências pacíficas do comércio internacional. A xenofobia latente ou manifesta era reforçada pela proliferação de conflitos internacionais e suspeitas associadas, bem como pela desconfiança gerada por guerras semelhantes e receios de guerras semelhantes.

Smith assumiu a sua posição normal contra as doutrinas "absurdas" que promoviam, em vez de diminuírem, as atenções históricas de "comerciantes menores" que acreditavam, erradamente, que os seus interesses correspondiam aos da nação, erigindo-os "em máximas políticas para a condução de um grande império" e que pensavam que "empobrecer os seus vizinhos" era do seu interesse. Isto contrastava com os comerciantes livres, que compravam as suas "mercadorias sempre onde elas eram mais baratas e melhores, sem olharem a pequenos interesses deste género" (WN493).

As paixões invejosas prevalecentes dos interesses dos mercadores levaram Smith a escrever uma das suas passagens mais veementes:

> Todas as nações foram levadas a olhar com um olho invejoso a prosperidade de todas as nações com que negociavam e para ver o lucro destas como perdas suas. O comércio que naturalmente deveria ser realizado entre nações, como entre indivíduos, um laço de união e de amizade, tornou-se a fonte mais fértil de discórdia e do ressentimento. A ambição caprichosa de reis e ministros não tem sido, no século actual e no século anterior, mais fatal para o repouso da Europa do que a inveja impertinente dos mercadores e manufactores. A violência e a injustiça dos governantes da humanidade é um mal antigo para o qual, receio, a natureza dos assuntos humanos não consegue arranjar solução. Mas a rapacidade mesquinha, o espírito monopolizador dos mercadores e dos manufactores, que nem são nem devem ser governantes da humanidade, embora não possam ser corrigidos, podem facilmente ser impedidos de estragar a tranquilidade de toda a gente menos a deles. (WN493)[12]

De facto, Smith culpa a inveja de alguns mercadores e manufactores pelas guerras em que a Grã-Bretanha se envolveu durante este século, principalmente quando lutou pela hegemonia contra os interesses mercantis dos Holandeses e dos Franceses, com a percepção errada de que o comércio era como uma guerra a favor ou contra expansão territorial – quanto mais se ganhava, mais perdiam os nossos inimigos[13]. Ao inflamar inimizades nacionais tomando medidas legislativas contra as exportações de outro país, só agravava estes problemas. Smith acreditava que a imposição de taxas, devolver, ou confiscar cargas provocava acções retaliatórias, que desencadeavam sentimentos latentes de "algo tem que ser feito". Hume, seguido por Smith, detectou o problema e apontou as falhas no argumento. Vizinhos ricos, embora fossem "perigosos na guerra", eram também "vantajosos no comércio" (WN494). Vizinhos ricos e hostis dispunham de frotas e exércitos superiores e políticas para os tornar mais pobres não eram objecto de reflexão adequada, principalmente quanto aos seus efeitos no próprio país. Leis que os tornassem mais pobres, mesmo que funcionassem bem, o que não era de todo garantido, não diminuíam a sua hostilidade e enfraqueciam o país que as tinha iniciado.

O comércio em produtos de baixo preço aumentava os rendimentos reais; as importações mais as tarifas impostas aumentavam os preços e baixavam os rendimentos reais, uma dor auto-infligida pela legislação de taxas contra produtos estrangeiros, em favor de uma minoria de interesses nacionais, que não coincidiam com os interesses da maioria dos consumidores nacionais. Estas fraquezas eram exacerbadas pela mobilização de exércitos e de frotas equipadas com mão-de-obra improdutiva para lutar em guerras, na busca de falsas noções de "interesse nacional" que eram prejudiciais para a criação de "verdadeira riqueza" nos países em guerra e nos países pericamente afectados.

A política alternativa de Smith (e de Hume) afirmava que "um estado de paz e comércio" era mutuamente benéfico porque possibilitava aos países produzirem e trocarem valores mais altos das "necessidades, comodidades e divertimentos" da vida. Quanto mais ricos fossem os vizinhos com quem um país negociava melhor seria, porque os vizinhos ricos são clientes melhores para as pessoas empreendedoras. É verdade que as nações com quem se negociava incluíam "rivais perigosos", mas só no sentido comercial; elas podiam "subvender" manufacturas domésticas, o que era "vantajoso para a maior parte das pessoas" que, assim, iriam considerar os seus vizinhos ricos como "a causa provável e a ocasião" de elas mesmas adquirirem riquezas do comércio (WN494-5). Portanto, o comércio é uma corrida para o topo e não para o fundo. Da mesma forma, Smith chamou a atenção para o custo real da "inveja mercantil e do ressentimento nacional" contra a França, então prevalentes na Grã-Bretanha e espelhados em França:

> A inveja mercantil é excitada e tanto se inflama a si mesma como inflama outros através da violência do ressentimento nacional: e os comerciantes dos dois países anunciaram, com toda a confiança apaixonada da desonestidade interessada, a ruína certa dos dois devido a uma balança comercial desfavorável, aquilo que afirmaram ser o efeito infalível do comércio sem restrições um com o outro. (WN496)

Disse aos seus alunos que se houvesse outros meios de "pagar as despesas do governo", "todos os impostos, taxas e tarifas aduaneiras deviam ser abolidos" e todos os países deveriam ter "comércio livre" com a Grã-Bretanha como "porto franco" (LJ514). Para Smith isto era bastante radical, mas entre esse objectivo definitivo e a situação de que todas as nações da Europa deveriam partir, os obstáculos não seriam modestos, sendo um dos mais importantes a persistência teimosa das crenças populares, alimentadas por partes interessadas, de que a sobrevivência nacional estava intimamente ligada à "balança comercial". Comparou a "balança de produtos" com a "balança comercial" e referiu que um excedente de produção acima do consumo aumenta, enquanto um défice reduz, a acumulação de capital, constituindo a primeira crescimento e a última um declínio. Enquanto um excedente de importações sobre exportações aumenta a riqueza real (o fluxo de bens ou o "valor de troca do produto anual da sua terra e trabalho") porque existe um fluxo para fora de ouro e de notas de débito, nenhum dos quais é riqueza real, um excedente de exportações sobre importações reduz a riqueza real porque causa um fluxo de ouro pago para o interior pelos importadores estrangeiros pelo fluxo para o exterior do país dos seus produtos do trabalho e da terra. Em casos extremos, um país com pouco ou nenhum comércio externo (a China desde o século XV) podia ser comparado com países com comércio externo (as colónias britânicas da América do Norte) e a estagnação do primeiro com o crescimento dos últimos "pode servir de prova" desta conclusão (WN498).

Economia política mercantilista e as colónias

As colónias vieram complicar muito o progresso para a generalização da abundância na análise de Smith. Acrescentaram uma dimensão quase ruinosa ao desenvolvimento das nações europeias a nível económico e a nível político, quando conjugadas com os riscos de inveja comercial (especialmente com guerras).

Como sempre, Smith procurou na idade clássica da Grécia e de Roma as raízes das colónias e encontrou-as em circunstâncias não excepcionais de pressão da população nacional sobre pequenos territórios, forçando a mistura de motivos que promoveram a dispersão e a expansão (WN556-8).

A "descoberta" das ilhas junto das Américas por Colombo, em 1492, pareceu no início ser de pouca importância; estes territórios não tinham nada "em "produções animais e vegetais do solo" que constituísse "verdadeira riqueza para os países (WN560). Consistiam em "terreno bastante coberto de florestas, inculto e habitado apenas por algumas tribos de selvagens nus e miseráveis" (WN559). Isto deu aos europeus no início da colonização das Américas motivos diferentes da "irresistível necessidade ou da clara e evidente utilidade" da Grécia e de Roma, cujas colónias se expandiram em territórios já povoados predominantemente por sociedades de agricultores e pastores. As Américas eram povoadas por caçadores-recolectores, com baixa densidade demográfica. As poucas sociedades agrícolas na América Central e perto dela desfizeram-se relativamente depressa sob a pressão europeia.

A ganância por ouro, como produto subsidiário da procura de Espanha por uma rota ocidental para a China e para a Índia, tornou-se a sórdida "sede sagrada" desse país (WN562), preparada, notou Smith, para "o pio propósito de converter" os habitantes ao "Cristianismo", que "santificou a injustiça" da "pilhagem de nativos indefesos" (WN561). A Espanha tomou posse de toda a região, a partir da visão de alguns pequenos "enfeites de ouro" trazidos por Colombo, que ofereceu à coroa metade de todo o ouro encontrado no futuro. Este motivo irresistível iniciou o que se viria a transformar na mais infeliz e, em muitos casos, na mais desprezível série de actos cometidos por um povo contra outro, como forma de apresentação ao mundo "moderno".

Smith interessou-se por aquilo que fez a prosperidade nas novas colónias, pelo menos para os colonizadores. Enumerou as causas do rápido avanço das colónias para "riqueza e grandeza" quando comparadas com os "países-mãe" (WN564--90):

- transmitiram um conhecimento superior de agricultura e de artes úteis (ainda) não encontradas nas "nações selvagens e bárbaras";
- transmitiram o hábito da subordinação, governo regular, sistemas de leis e administração de justiça, que instalaram nos novos povoados;
- adquiriram mais terras do que as que podiam cultivar sem terem de pagar impostos ou rendas aos proprietários e pagando apenas um "pouco" ao soberano;
- pagam os trabalhadores "liberalmente", mas os trabalhadores partem para eles próprios possuírem terra (a terra é barata e o trabalho é caro);

- os salários elevados encorajam a fertilidade e uma mortalidade infantil mais baixa; na chegada à idade adulta, o preço elevado da mão-de-obra e o preço baixo da terra criam oportunidades para se emularem as gerações anteriores (WN564-6).

Comparadas com as relações entre a pátria e as colónias romanas, as colónias americanas, como ficavam distantes de "casa", estavam "menos sob a vista e menos sob o poder", dificultando a intervenção da pátria (WN567). O ouro manteve a atenção de Espanha firmemente centrada nas suas colónias americanas; a sua ausência nas colónias britânicas criou os seus próprios problemas, e um dos mais importantes foi como pagar para as defender contra as ambições de outras potências europeias, enquanto os governos nacionais praticavam uma negligência benigna e os legisladores coloniais se envolviam em trivialidades facciosas endémicas, às quais as colónias distantes eram susceptíveis (WN567-8).

As colónias da Europa do Norte na costa da América do Norte eram geralmente o resultado de empresas comerciais subsidiadas por companhias exclusivas de mercadores, que monopolizavam os fornecimentos de e para pequenos enclaves. Smith referiu os efeitos nocivos e os contra-efeitos mitigadores das cinco causas do seu progresso para a abundância.

> O governo de uma companhia exclusiva de mercadores é, talvez, o pior de todos os governos, seja para que país for. Contudo, não foi capaz de parar completamente o progresso destas colónias, embora o tivesse tornado mais lento e lânguido. [...] A abundância e o baixo custo de terra boa era uma causa tão forte para a prosperidade que mesmo o pior dos governos não era capaz de deter em geral a eficácia da sua operação. (WN570; conferir 572, 637-41)

Notou ainda que a ocupação das terras incultas, embora praticada em pequena escala nas colónias inglesas, teve apenas um pequeno efeito na disponibilidade de terra, nem sequer próximo da escala da prática seguida na América do Sul, onde foram dadas vastas terras aos favoritos da corte. Em contraste, nas colónias setentrionais com limitações sobre a primogenitura, e exclusões dela, bem como com a moderação de impostos, foram "postas em movimento" maiores quantidades de mão-de-obra e ao deixar maiores proporções de rendimento nas mãos dos colonizadores e não dos seus proprietários ausentes, elas de certa forma preencheram os melhores requisitos da teoria do crescimento de Smith (WN572-3). Estas condições felizes deveram-se a leis da terra mais livres nalgumas das colónias inglesas. Os proprietários que não desenvolviam as suas terras podiam vê-las atribuídas a outra pessoa (WN572), em contraste com a terra negligenciada na Grã-Bretanha, que podia decair durante gerações. Este é um exemplo da sua aceitação de que poderia haver um papel útil para o governo no progresso para a abundância, se o governo adoptasse as leis "correctas", enquanto afirma enfaticamente que "a liberdade para gerir os seus próprios assuntos à sua maneira" é uma causa importante "da prosperidade em todas as novas colónias". Em comparação, as colónias espanholas importaram as leis e as práticas da pátria (ocupação de terras e primogenitura) directamente para as suas leis locais. As leis da terra geridas desta forma traziam para as colónias espanholas os efeitos negativos que tinham na pátria, encarecendo a terra ainda disponível, que ficava por melhorar e menos produtiva. A liberdade sob leis erradas inibe o progresso para a prosperidade; como sempre, Smith defendeu bem o seu ponto de vista, com um apelo aos legisladores para fazerem a coisa "correcta".

Há uma linha directa no relato de Smith desde a emergência do comércio como questão de política nacional até o comércio se tornar o centro de ressentimentos e invejas nacionais, momento a partir do qual parece ter sido inevitável que a ideia de estabelecer colónias modernas se tenha rapidamente transformado no estabelecimento de monopólios exclusivos para benefício da pátria, pois a competição entre rivais comerciais era uma fonte de pressão e desconforto. Quando a isto se liga a exploração marítima do resto do mundo desconhecido, em si mesmo uma outra área de competição internacional, a "corrida" para encontrar, reivindicar e manter colónias era inevitável. Os principais poderes marítimos dos séculos XV e XVI, que primeiro exploraram as Américas, reivindicaram vastas porções de território e tentaram estabelecer colónias em pequenos enclaves para "legalizar" esta reivindicação. Felizmente, as terras reivindicadas para colonização eram vastas e embora tivesse havido alguns "incidentes" locais nas disputas ocasionais (principalmente devido à "pirataria" inglesa), normalmente o processo não era violento entre os poderes europeus até aos séculos XVII e XVIII, altura em que se estabeleceram largas "esferas de influência".

Smith propôs uma interpretação económica da colonização europeia. Os comerciantes coloniais tinham o monopólio do comércio (contra todos que viessem depois, incluindo "aventureiros" dos seus próprios países) e a população colonial era obrigada por lei a comprar todas as suas mercadorias europeias na companhia que tinha a exclusividade, à qual deviam também ser vendidos todos os produtos coloniais. "Portanto, era no interesse da companhia", referiu Smith, "não só vender caras as primeiras e comprar os segundos tão barato quanto possível, mas também não comprar mais dos segundos, mesmo a este preço baixo, do que aquilo que pudessem vender a um preço alto na Europa". Isto tinha o efeito de não só "baixar o valor dos produtos excedentes da colónia", mas também de desencorajar e manter em baixo o "aumento natural da sua quantidade", fazendo com que Smith resumisse a economia deste ajuste como sendo indubitavelmente o meio "mais eficaz" de as companhias exclusivas conseguirem "conspirar para atrofiar o crescimento natural de uma nova colónia" (WN575). Não escondeu o que pensava deste ajuste. Isto compelia uma parte do capital da Grã-Bretanha a deixar o comércio internacional pelo consumo:

- primeiro, com vizinhos na Europa e no Mediterrâneo para o de "países distantes" do outro lado do Atlântico (WN601);
- segundo, de uma forma indirecta (o capital demora muito mais a retornar e circular) (WN602);
- terceiro, para o comércio de transporte de mercadorias, que violou "completamente aquele equilíbrio natural que de outra forma se verificaria entre os diferentes sectores da indústria britânica" (WN604).

Consequentemente, disse Smith usando uma analogia médica, o "corpo político" é "menos saudável", passível de "muitas doenças perigosas" das quais a ameaça de "ruptura com as colónias" causa "mais terror" do que o que "alguma vez se sentiu em relação à armada espanhola a uma invasão francesa".

Não acreditava que a Grã-Bretanha abdicasse voluntariamente da sua autoridade sobre as suas colónias americanas, porque "uma tal medida nunca foi nem nunca será adoptada por qualquer nação do mundo", citando o precedente de que "nenhuma nação alguma vez abdicará voluntariamente do domínio de qualquer província, por muitos problemas de governação que ela causa ou por muito pequeno que seja o seu rendimento em relação à despesa que dá", e referindo que tais sacrifícios podem ser "agradáveis para o interesse" mas eram "sempre fatais para o orgulho de qualquer nação" e de "consequências ainda maiores" eram "sempre contrários ao interesse privado de governar parte dela" no esforço de "ter tantos locais de confiança e de lucro, ou muitas oportunidades para se adquirir riqueza e distinção, que a posse da mais turbulenta e, para muitas pessoas, da província menos rentável raramente deixa de proporcionar" (WN616-17).

Em contraste, propôs uma hipótese alternativa segundo a qual a Grã-Bretanha devia aceitar uma separação pacífica e estabelecer com as colónias americanas um "tratado comercial" assegurando o comércio livre, vantajoso para o povo e menos vantajoso para os mercadores, que favorecesse a pátria "na guerra, bem como no comércio" e que convertesse estes "súbditos turbulentos e facciosos" nos "nossos aliados mais fiéis, afectuosos e generosos" (WN617). Contudo, o receio universal da perda da "honra nacional" e de uma "dignidade" diminuída, principalmente "aos olhos da Europa" e, internamente, "a ira e a indignação pela desgraça pública e pela calamidade" do "desmembramento do império", que os seus amigos deputados lhe terão transmitido durante as suas conversas privadas, encontravam-se no caminho do bom senso([14]).

Devido a sentimentos transitórios como estes, desencadeados pela longa prática das falsas doutrinas mercantilistas, o governo perdia uma boa oportunidade de arranjar uma solução sábia baseada no crescimento do comércio, na paz entre a pátria e as anteriores colónias e na estabilidade política internacional. Mas o peso das questões políticas era tal que o conselho de Smith não valeu de nada. O rei não se dispôs a fazer qualquer concessão para manter a sua suserania sobre as colónias britânicas e não propôs nada; os colonos decidiram "puxar da espada para defender a sua própria importância" (WN622) e o rei, relutante em conceder alguma coisa, acabou por perder tudo.

Smith propôs um plano alternativo e engenhoso, mas demasiado tarde para fazer qualquer diferença, e embrulhado em linguagem delicada para não ferir as susceptibilidades do rei e da sua corte. Tanto o rei como os colonos já tinham atingido um ponto para além de um compromisso corajoso, em que estavam a tentar resolver as questões entre si pela força. Smith propunha que os colonos enviassem representantes seus como deputados ao parlamento britânico, em quantidade proporcional às quantias com que cada colónia contribuía para a receita pública, que seria aumentada conforme as suas contribuições anuais também aumentassem. Os líderes de cada colónia teriam ao seu alcance um "objecto fabuloso de ambição" na "roda da grande lotaria do Estado da política britânica", "em vez dos irrisórios prémios" da "rifa caricata da facção colonial". No entanto, Smith também reconheceu que era pouco provável que os "lojistas, negociantes e juristas" nas colónias, "que estão a transformar-se em grandes homens de Estado" planeando "uma nova forma de governo para um império extenso[...] que parece provável que se tornará um dos maiores e mais formidáveis do mundo", abandonem estas fantasias e ambições para voltarem a ser súbditos da pátria (WN623).

Além disso, Smith sugeriu, como outros já o tinham feito, que o seu plano para a representação parlamentar, embora fosse o melhor que o rei e os estadistas britânicos pudessem esperar para além de uma vitória militar, não era apelativo para os colonos porque o "rápido progresso" das colónias americanas em "riqueza, população e melhoria" (os principais ingredientes da economia do crescimento de Smith) iria "talvez no decurso de pouco mais de um século" exceder a quantia fiscal na pátria, fazendo com que o seu plano de representação proporcional às contribuições fiscais deslocasse "o trono do império" de Londres para a América. Efectivamente, este plano pedia aos colonos ambiciosos que esperassem até 1880 para inverterem a sua dependência da monarquia britânica, mesmo presumindo (na verdade, um grande pressuposto) que a monarquia estaria disposta a concordar com a sua eventual extinção desta forma.

Companhias comerciais concessionadas

As companhias comerciais concessionadas eram uma extensão natural do colonialismo mercantilista e baseavam-se em privilégios monopolistas concedidos pelo soberano, ou por leis parlamentares, e que defendiam os seus monopólios com tenacidade, porque motivadas por uma intensa inveja contra os seus rivais. Eram um alvo particular da ira de Smith; devido ao calor da sua crítica e das aparentes, embora erróneas, semelhanças das suas disposições institucionais como "sociedades anónimas" com as actuais empresas capitalistas internacionais, não é invulgar encontrar académicos modernos que aplicam a condenação que Smith fez delas ao contexto actual, como se os contextos fosse semelhantes e as instituições fossem idênticas, o que não se verifica em qualquer dos casos.

Com base no seu desempenho ao longo de quase dois séculos, havia muito para Smith criticar. O problema principal residia no extraordinário atraso na comunicação entre as companhias comerciais e os corpos dirigentes que as geriam. O correio levava seis a dez meses a chegar à Índia, mais o atraso para chegar aos centros que a Companhia das Índias Orientais tinha no interior, e uma resposta para Londres demorava o mesmo tempo. Quando finalmente chegava, os acontecimentos, o pessoal e o interesse no assunto geralmente já tinham mudado, de maneira que as instruções datadas, as perguntas e os relatórios de rotina sobre governação, bem como as auditorias de supervisão dependiam muito da responsabilidade dos gestores locais e criavam ampla oportunidade de malevolência a todos os níveis. Smith não se coibia de condenar os resultados (WN631).

Sob a protecção do monopólio também se faziam fortunas privadas. Os gerentes e escrivães locais, que supostamente olhavam pelos interesses dos seus patrões em Londres, comerciavam por sua própria conta apesar dos esforços ocasionais para se acabar com esta prática. Smith referiu que "nada pode ser mais pateta do que esperar que os escrivães de uma grande empresa a dez mil milhas de distância e, por conseguinte, longe da vista, após uma simples ordem dos seus patrões desistissem imediatamente de fazer os seus próprios negócios e abandonassem para sempre a esperança de fazer fortuna, tendo todos os meios à sua disposição para a fazerem, contentando-se com os salários magros que recebiam" (WN638-9).

Por uma questão de prudência legal, Smith negou estar a lançar qualquer "acusação odiosa sobre o carácter dos empregados da Companhia das Índias Orientais" e esclareceu que estava a culpar o governo pela "situação em que elas eram colocadas". Descreveu as empresas concessionadas como "empecilhos em todos os aspectos; sempre mais ou menos inconvenientes para os países em que estavam estabelecidas e destrutivas para os países que tinham o infortúnio de cair sob o seu governo" (WN641).

Pode retirar-se dois argumentos gerais daqui. O primeiro é a identificação da primazia dos interesses dos consumidores sobre os produtores:

> O consumo é o único fim e propósito de toda a produção e os interesses dos produtores só devem ser defendidos na medida em que forem necessários para promover os interesses do consumidor. [...] Contudo, nos sistemas mercantilistas, o interesse do consumidor é quase constantemente sacrificado ao do produtor, parecendo que se considera a produção, e não o consumo, o objecto e objectivo final de toda a indústria e comércio. (WN660)

Esta afirmação é clara. A sua aplicação a uma sociedade em que os grupos de interesses têm influência sobre os legisladores não era encorajadora. Os mercadores e manufactores a que Smith raramente se refere sem reprovação tinham mais hipóteses de se fazer ouvir pelos legisladores do que a massa dispersa de consumidores. Smith afirmou que os "conspiradores deste sistema mercantilista" eram "os produtores cujos interesses têm sido cuidadosamente protegidos" e entre eles "mercadores e manufactores têm sido de longe os arquitectos principais" (WN661). Esta afirmação refuta acusações de que Adam Smith protegeu os interesses da classe "dominante"[15].

Segundo, a filosofia original para as companhias concessionadas foi a necessidade de "protecção extraordinária" dos comerciantes na costa ocidental de África. Quando os comerciantes se mudaram para a "Índia", insistiram em "proteger as suas pessoas e propriedades da violência" erguendo fortes. Mas quem iria pagar a despesa de defender um interesse comercial – os comerciantes ou o governo, cujo dever primeiro é "a defesa do bem comum"? (WN731-3)

Na altura havia dois tipos de companhias, um "regulamentado" e o outro em "sociedade anónima" estabelecida quer por carta régia ou por lei parlamentar (WN740). As companhias regulamentadas pareciam-se com as corporações comerciais existentes nas cidades (WN733), em que as pessoas se juntavam a elas através do pagamento de uma "multa" e aceitavam ficar ligadas aos seus regulamentos, principalmente em relação ao seu estatuto de monopólio. Os indivíduos que não eram membros da corporação não tinham autorização para negociar dentro do território dela. Smith era de opinião que as companhias regulamentadas tinham sido menos "repressivas" que "inúteis", o que "é talvez o melhor elogio que alguma vez se lhes pode fazer com justiça" (WN735). Os seus directores não têm um interesse particular na "prosperidade do comércio geral" e a "decadência" deste "pode até por vezes contribuir para a vantagem do comércio privado deles" porque as companhias regulamentadas diminuem "o número dos seus concorrentes", o que lhes permite "comprar barato e vender caro" (WN737).

Em contraste, os directores de uma companhia em sociedade anónima, tendo apenas uma parte dos lucros do capital comum que gerem em nome dos accionistas e não dispondo de comércio privado, vêem o seu interesse privado ligado ao comércio geral da companhia, incluindo a manutenção de fortes e guarnições necessárias para a sua defesa (WN737).

As companhias em sociedade anónima diferem das companhias regulamentadas e das companhias em "co-parceria". Nestas últimas, o capital dos parceiros está trancado e não pode ser transferido para um parceiro exterior, nem é permitido que um dos parceiros aceite um parceiro novo sem o consentimento dos outros. Os parceiros podem retirar-se da co-parceria e requisitar o pagamento da sua parte do capital comum. Numa companhia em sociedade anónima, os seus membros ou accionistas podem retirar-se da companhia sem consentimento dos outros membros e transferir para outrem as suas acções através de um acordo privado sobre o preço, tornando-se estes membros novos por direito próprio (WN740). Os membros da co-parceria eram responsáveis pelas dívidas da companhia, respondendo por elas com o total da sua fortuna privada, enquanto os accionistas da sociedade anónima só eram responsáveis pelo total das suas acções.

A companhia em sociedade anónima era gerida pela "corte de directores". Smith acreditava que os proprietários recebiam "com contentamento os dividendos semestrais ou anuais que os directores achavam por bem atribuir-lhes" (WN741). Acreditando que se aplicava a responsabilidade limitada a estas companhias, elas encorajavam "muita gente que de forma alguma iria arriscar as suas fortunas numa co-parceria a tornar-se investidores nestas companhias em sociedade anónima" (WN741)([16]).

A crítica principal que Smith fez às companhias em sociedade privada e que é mais frequentemente citada actualmente em comentários sobre o problema conhecido do "responsável principal operador económico", era que não se pode esperar que os directores que geriam o dinheiro das outras pessoas em vez do dinheiro deles "o guardassem com a mesma vigilância ansiosa com que os parceiros de uma co-parceria vigiam o seu" e, consequentemente, "a negligência e excesso prevalecem mais ou menos na gestão dos assuntos destas companhias" (WN741).

Smith reconheceu que pode haver razões para conceder um monopólio durante um número limitado de anos a uma companhia de mercadores que tenciona, por sua conta e risco" abrir comércio com "uma nação remota e bárbara", mais ou menos como um inventor ou como o autor de um livro. Mas um "monopólio perpétuo" seria errado porque onera os consumidores de duas maneiras: os preços altos do monopólio das mercadorias, que seriam mais baratas com o comércio livre, e a exclusão de outros do comércio monopolista no qual eles poderiam fazer lucro, se pudessem entrar nele como desejavam. O estatuto de monopólio desfrutado pelo monopólio perpétuo possibilita que a "companhia tolere a negligência, o excesso e má conduta dos seus empregados, cujo comportamento desordeiro raramente permite que os dividendos da companhia excedam a taxa normal de lucro nos comércios livres e, muito frequentemente, a fazem cair um bom bocado abaixo dessa taxa" (WN755).

Apesar destas restrições específicas, Smith não abandonou completamente o princípio de uma companhia em sociedade anónima. Afirmou que havia algumas circunstâncias em que estas companhias seriam apropriadas, principalmente se tinham necessidade de um grande capital para funcionarem eficientemente e não tinham privilégios de monopólio, bem como quando as suas operações podiam ser reduzidas a regras restritas ou a rotinas com pouca ou nenhuma variação. Estas incluíam o seguinte:

- o negócio da banca (o Banco de Inglaterra, o Banco da Escócia e o Real Banco da Escócia, bem como as principais empresas banqueiras da Europa);
- o comércio dos seguros;
- a construção de canais e aquedutos;
- a canalização do fornecimento de água (WN756-7).

Smith considerava que a localização nacional era crucial para as companhias em sociedade anónima funcionarem. Das companhias que operavam no comércio ultramarino, a única excepção era a Hudson Bay Company. A natureza do terreno e do clima no Norte do Canadá eliminava investidores individuais quando comparados com a capacidade da companhia de gerar cargas rentáveis para alguns navios que aportavam no lapso de seis semanas que o clima permitia (WN743-4). De forma igualmente importante, as operações das companhias nacionais em sociedade anónima estavam sob estreita supervisão, com os tribunais nacionais a corrigirem atempadamente fraudes realizadas pelos directores e escrivães da companhia (excluindo loucuras por acções em "bolhas" especulativas).

Comércio colonial e distorções de capital

Os supostos ganhos de uma colónia florescente para a pátria é o acesso e o desfrute de excedentes de produtos coloniais, mas o comércio exclusivo imposto pela metrópole reduz esse excedente abaixo daquilo que de outro modo seria e torna-o muito mais caro (WN593).

Durante um longo período, os efeitos dos monopólios do comércio colonial na distorção da economia nacional foram evidentes. Smith analisou estes efeitos à luz das suas ideias sobre crescimento. Primeiro, o monopólio do comércio colonial e dos seus lucros atraía capital, em busca de lucros mais elevados do que os obtidos em casa, que poderiam de outra forma ter sido disseminado por todos os comércios nacionais (WN596). O efeito é gerado pelo facto de o crescimento no comércio externo não aumentar o seu capital em proporção às suas necessidades de capital a partir dos seus próprios recursos e, portanto, ter de atrair capital de outros comércios nacionais, incluindo comércios intra-europeus. Este último efeito distorceu ainda mais o comércio interno, porque este tinha de mudar a sua mistura de produtos de artigos adequados aos requisitos intra-europeus para os requisitos mais distantes da América.

Segundo, o monopólio comercial imposto pelas Leis de Navegação manteve a taxa de lucro acima do que teria sido se todas as nações da Europa tivessem sido capazes de comerciar directamente com as colónias americanas. Smith também salientou que a causa principal dos preços altos dos produtos coloniais na Europa eram as taxas de lucro mais altas e não os salários altos, como se dizia (WN599).

O capital nacional que anteriormente tinha crescido para apoiar o comércio internacional de consumo com os países europeus vizinhos foi forçado a transferir-se para o comércio americano e, devido à distância maior e ao tempo requerido para terminar uma transacção, retirou parte do capital interno britânico do comércio internacional directo para consumo, para o comércio internacional indirecto (WN602). Isto cativava um capital grande naquilo que era essencialmente um mercado grande com um retorno lento, em vez de muitos mercados internos mais pequenos com retornos mais rápidos, e reduziu a contribuição de excedentes de capital para outras finalidades, incluindo a melhoria das terras nacionais (um alvo favorito de Smith) e o aumento nas manufacturas domésticas devido a divisões de trabalho mais sofisticadas. O efeito derradeiro foi reduzir o comércio na Grã-Bretanha através de uma acumulação mais lenta de capital. Um crescimento mais rápido, sugeriu Smith, teria aumentado a superioridade da Grã-Bretanha sobre os seus rivais europeus (WN603-4).

O maior comércio internacional com as colónias americanas era enganador quando se considerava o capital utilizado e o seu retorno, se comparado com a definição de "vantajoso" de Smith, nomeadamente que alocação mantém a "maior quantidade de trabalho produtivo e os maiores aumentos do produto anual da terra e do trabalho" de um país. Um capital de 1000 libras usado no comércio internacional de consumo, em que os proveitos são feitos regularmente uma vez por ano, mantém uma quantidade de trabalho produtivo que pode ser mantido por mil libras. O mesmo capital usado internamente e que pode render o seu valor "duas ou três vezes por ano" mantém uma quantidade de trabalho no valor de duas ou três mil libras por ano, com efeitos benéficos para o uso de duas ou três vezes a quantidade de trabalho produtivo necessária no comércio colonial distante. Na mente de Smith, a loucura era óbvia; se ela afectasse as mentes de alguns dos decisores do país, Smith teria alcançado o seu propósito (WN600). Deu exemplos do comércio de tabaco, que envolveu transacções "indirectas" ainda mais longas, durante "três ou quatro anos" e por vezes "quatro ou cinco anos". Isto manteve em emprego constante um quarto ou uma quinta parte daqueles que poderiam ser empregados produtivamente (WN602-3). Mais ainda, como as Leis da Navegação requeriam que as exportações para as colónias fossem enviadas primeiro para portos britânicos e só depois para o seu destino, a Grã-Bretanha desembolsava uma quantia muito maior do seu escasso capital neste processo, com muito desse capital parado nos armazéns portuários à espera de carga em navios para outros países na Europa e do retorno de mercadorias a chegarem para venda na Grã-Bretanha. Era provável, conjecturava Smith, que o comércio interno do tabaco pudesse ser conduzido com uma quantia muito menor de capital, permitindo que o excesso necessário sob a corrente de dispositivos monopolistas fosse usado noutras actividades comerciais nacionais com lucro. Os beneficiários destes dispositivos monopolistas eram aqueles envolvidos no comércio colonial britânico; os perdedores eram um número maior de pessoas invisíveis, que podiam ser empregadas produtivamente, ganhar o seu sustento e proporcionar lucros aos seus empregadores (WN604).

Smith descreve o seu desdém pela economia política mercantilista, que funcionava em detrimento da criação de riqueza e da promoção de crescimento:

> Fundar um grande império apenas com o propósito de criar um povo de clientes pode à primeira vista parecer um projecto digno de uma nação de lojistas. Contudo, é um projecto totalmente indigno de uma nação de lojistas, mas extremamente digno de uma nação cujo governo seja influenciado por lojistas. Estes homens de Estado, e só estes homens de Estado, conseguem imaginar que irão retirar alguma vantagem de usarem o sangue e o tesouro dos seus concidadãos para fundar e manter um tal império. (WN613)

Antes do início dos "distúrbios", os elementos necessários para a defesa estavam a cargo do rendimento do governo britânico, bem como os custos dos efeitos das "distorções" causadas pelo atribuição geral e errada do capital na economia. Mas quando chegou o momento da verdade, este deu-se devido ao custos de defesa e não devido às questões bem maiores da distorção de capital referidas por Smith.

O fluxo de moeda saída do Tesouro para artigos num orçamento parlamentar é muito visível, quando comparado com os custos escondidos nos fluxos económicos fundamentais numa economia, que Smith tinha analisado pacientemente, mas que não desempenharam qualquer papel na decisão de contestar a rebelião. O estudo de Smith chegou demasiado tarde para ter impacto sobre estes assuntos.

CAPÍTULO 12

A mão invisível

Introdução

Adam Smith não atribuiu à metáfora da "mão invisível" a importância que muitos economistas modernos lhe atribuem. O que foi exactamente que Adam Smith quis dizer com esta metáfora?

William Grampp identificou nove significados diferentes da mão invisível (dez, incluindo o seu) na bibliografia moderna[1] e Warren Samuels analisou a forma como a mão invisível é usada pelos economistas neoclássicos[2]. Eu argumento que Smith não tinha qualquer "teoria" das mãos invisíveis (usou a expressão apenas três vezes) e não mostrou qualquer inclinação para as tratar como algo mais que uma metáfora isolada. Além disso, esta metáfora não desempenha qualquer papel na sua teoria de mercados competitivos.

E, no entanto, três economistas predominantes elogiaram esta metáfora[3], descrevendo-a das seguintes formas diferentes:

- "A mais profunda observação de Smith" [...] "o sistema funciona nas costas dos participantes; a mão dirigente é invisível"[4];
- "certamente a contribuição mais importante [do] pensamento económico"[5];

- "uma das maiores ideias da história e uma das mais influentes"([6]).

Como foi que uma metáfora acidental alcançou este estatuto quando nem Smith nem leitores seus contemporâneos lhe deram grande importância?

A metáfora da mão invisível é associada a Adam Smith, mas ele não foi o primeiro a usá-la. Há muitas referências anteriores a "mãos invisíveis", documentando o seu uso antes de Smith([7]):

- Homero (*Ilíada*, 720 a.C.): "E por trás, Zeus empurrou-o com uma mão excessivamente poderosa"([8]);
- Horácio (65-8 a.C.), Ovídio (*Metamorfoses*, DC 8): "torceu e dobrou a sua mão invisível, causando feridas dentro das feridas";
- Lactâncio (*De divinio praemio*, c. 250–325): "*invisibilis*";
- Santo Agostinho, 354-430, "a "mão" de Deus é o seu poder que move coisas visíveis por meios invisíveis" (em *A Cidade de Deus*, xii, 24);
- Shakespeare, "A tua mão sangrenta e invisível" (*Macbeth*, 2,3; 1605)([9]);
- Daniel Defoe, "Uma pancada súbita de uma mão quase invisível destruiu toda a minha felicidade", em *Moll Flanders* (1722a); "tudo tem sido varrido por uma mão invisível" (*Coronel Jack*, 1722b)([10]);
- Nicolas Lenglet Dufesnoy disse que "uma mão invisível" tem poder sobre "aquilo que se passa sob os nossos olhos"([11]);
- Charles Rollin (1661–1741), descrito como "muito conhecido nas universidades inglesa e escocesa", disse sobre os sucessos militares dos reis israelitas: "a rapidez das suas consequências devia ter-lhes permitido discernir a mão invisível que os conduziu"([12]);
- Charles Bonnet (com quem Smith travou amizade em Genebra em 1765) escreveu sobre a economia do animal: "É levado para o seu fim por uma mão invisível"([13]);

- Jean-Baptiste Robinet (tradutor de Hume) refere-se à água doce como "aquelas bacias de água mineral preparadas por uma mão invisível"[14];
- Voltaire (1694-1178), em *Édipo* (1718), escreve: "Treme, infortunado Rei, uma mão invisível está suspensa sobre a tua cabeça" e "uma mão invisível empurrou os meus presentes"[15];
- O Professor W. Leechman (1706–1785) (1755) disse, "a mão silenciosa e invisível de uma Providência sábia"[16];
- Kant (1784) "História Universal": "leva-nos a inferir o desígnio de um criador sábio e não [a mão de um espírito maligno]".

A mão invisível quase não foi referida após a sua morte em 1790, até que pressupostos sobre o seu papel entraram na corrente dominante, primeiro quase ignorado no último quartel do século XIX[17] e depois na segunda metade do século XX, altura em que a sua ligação a Adam Smith foi universalmente aceite. Entre as poucas excepções estiveram Karen Vaughan[18], Noel Parker[19] e Emma Rothschild[20].

Smith, reflectindo sobre a forma como Shakespeare usava metáforas, descreveu-as como uma "figura de retórica" na qual "tem de haver uma alusão entre um objecto e outro" e que uma metáfora pode ter "beleza" se "estiver tão adaptada que dá força devida de expressão ao objecto a ser descrito e, ao mesmo tempo, faz isto de uma forma mais marcante e interessante" (LRBL29). Uma metáfora é representativa; não é idêntica ao seu objecto.

A mão invisível na "História da Astronomia"

Na sua "História da Astronomia" (Corr168) de "intenção juvenil", Smith menciona o deus romano Júpiter e a sua mão invisível (EPS49) que protegia o imperador com raios. Para os crentes, a mão não era uma metáfora, era real. O seu ensaio explica a razão pela qual a humanidade tinha "pouca curiosidade" durante as "primeiras eras da sociedade". Um "selvagem cuja subsistência é precária e está exposto ao mais rude dos perigos, não tem inclinação para procurar o que parece não servir para mais nada a não ser tornar o teatro da natureza um espectáculo mais ligado à sua imaginação". Como aquelas "aparências o aterrorizam, está disposto a acreditar em tudo aquilo que as torne menos assustadoras" (EPS48-9); a ignorância alimenta a paranóia.

A explicação de Smith das origens das religiões pagãs explica o seu comentário sobre "a mão invisível de Júpiter", sem qualquer pretensão de se referir a algo mais que um objecto imaginário nas mentes assustadas de gente ignorante.

> Porque se pode observar que em todas as religiões politeístas, entre os selvagens, bem como nas eras primordiais da antiguidade pagã, são somente os acontecimentos da natureza que são atribuídos à acção e poder dos seus deuses. O fogo arde e a água refresca; os corpos celestiais descem e as substâncias leves voam pela necessidade da sua própria natureza; nem a mão invisível de Júpiter foi alguma vez suspeita de ter sido utilizada nessas questões. (EPS49-50)

Smith reformulou um pouco esta passagem num dos seus outros ensaios quando falou das "primeiras eras do mundo":

> [...] a aparente incoerência das manifestações da natureza confundiu de tal forma a humanidade que esta desesperou de descobrir qualquer sistema regular nas suas operações. A sua ignorância e a sua confusão de pensamento originaram necessariamente essa superstição pusilânime que atribui quase todos os acontecimentos inesperados ao desejo arbitrário de algum desígnio, *desses seres invisíveis* que o produziram com algum propósito privado ou particular. (EPS112-13; itálico acrescentado)

Fez radicar múltiplos "seres invisíveis" em "superstição pusilânime", o que compromete aqueles que afirmam que Smith acreditava numa força providencial que guiava a economia moderna, apesar de ele ter explicado a forma como os mercados funcionavam numa economia comercial moderna sem qualquer referência a qualquer coisa invisível. Era e continua a ser uma mera metáfora que não acrescenta nada à nossa compreensão da forma como os mercados funcionam. Na realidade, com o seu tom metafísico, ofusca a nossa compreensão[21]. Como a ciência explica o arco-íris sem afectar a nossa admiração da sua beleza crua, Smith analisou a "cadeia de ligação dos acontecimento intermédios" que preenche "o intervalo entre eles" no "decurso normal das coisas" e embora o filósofo tenha perdido o seu "assombro", ganhou a sua "admiração" da "beleza" dos "eclipses do Sol e da Lua", que simultaneamente "excitam o terror e o espanto da humanidade".

"A filosofia", afirmou ele, "é a ciência dos princípios de ligação da natureza" (EPS41-5) e tal como o artesão "está há muitos anos familiarizado com as consequências da sua arte" e "não sente tal intervalo" entre os "princípios de ligação" da sua profissão, o filósofo é capaz de, "representando os elos invisíveis" que "impõem ordem no caos das gritantes aparências discordantes", acalmar o seu "tumulto da imaginação e de o restabelecer quando estuda as grandes revoluções do universo [e no comércio quando revela "uma máquina tão bela e tão ordenada" (TMS186)] no tom de tranquilidade e compostura, que é agradável em si mesmo e muito adequado para a sua natureza" (EPS45-6).

Sentimentos Morais e a mão invisível

Em *Sentimentos Morais* a metáfora da "mão invisível" era um instrumento retórico útil para apoiar a "cadeia de ligação de acontecimentos" e as suas consequências não premeditadas. É significativo que Smith tenha primeiro explicado a "cadeia de acontecimentos"e só depois usado a metáfora: a metáfora funcionou como mero suporte da sua explicação para aqueles que não percebiam os acontecimentos. Aqueles que não percebem a natureza apoiam-se em noções de "seres invisíveis" com "mãos invisíveis". Alguns académicos, talvez por não terem percebido bem as explicações de Smith, concentraram-se na metáfora para identificar a teologia na linguagem de Smith, pretendendo mostrar que ele era, senão cristão, pelo menos teísta[22] ou crente na Divina (quem sabe "pusilânime") Providência[23].

Smith admite que filósofos antes dele reconheceram que a utilidade era uma fonte "importante" de beleza, citando especificamente a definição de David Hume segundo a qual a "utilidade de qualquer objecto [...] agrada ao mestre [dono] transmitindo-lhe perpetuamente o prazer da conveniência que ele foi preparado para promover". O título do capítulo de Smith sugere que a beleza está intimamente ligada à admiração da "adequação para o propósito" de um artefacto (TMS179). Smith observou que "qualquer produção de arte devia geralmente ser mais valorizada do que o fim para o qual foi concebida" (TMS179-80). Viu como altamente significativo que as pessoas estivessem mais interessadas "na perfeição da máquina que serve para alcançar" um fim do que no fim em si mesmo. Por "arte" Smith não se estava a referir a esculturas ou quadros, mas à "arte" (perícia, conhecimento, etc.) de fazer um artigo mecânico ou manufacturado que sirva um fim, tal como o que se fazia, por exemplo, na Sociedade de Edimburgo para Encorajar as Artes, Ciências, Manufacturas e Agricultura na Escócia, fundada em 1755[24].

Smith descreve a tragédia do "filho do homem pobre a quem o céu, na sua ira, dotou de ambição", que faz com que se dedique "para sempre à busca de riqueza e grandeza", sacrificando a "tranquilidade real que está sempre em seu poder". Os ricos não eram tão admirados pela superior comodidade ou prazer de que supostamente usufruem", como pela sua posse de "inúmeros aparelhos artificiais e elegantes que promovem esta simplicidade ou prazer". Ninguém imaginava que os ricos fossem realmente mais felizes do que as outras pessoas, mas sim que "possuem mais meios de felicidade" (TMS180-1).

Quando o filho do homem pobre chega à velhice, "consumido pelo rancor ou por doença", "amaldiçoa a ambição" e "lamenta em vão" ter prescindido "tolamente" dos "prazeres e comodidade" da sua juventude por aquilo que adquiriu em busca da felicidade. Percebe demasiado tarde que o poder e a riqueza são "máquinas enormes e trabalhosas, concebidas para produzirem umas comodidades triviais para o corpo" e na sua elaboração melancólica desta "filosofia rabugenta" ele padece de "doença e mau humor". Contudo, em tempos mais felizes "de comodidade e prosperidade", antes de se instalar o mau humor, a sua ambição e optimismo transformaram-se em admiração pela beleza dos "palácios e da economia dos grandes" porque acredita que tudo neles está "adaptado para promover a comodidade deles, evitar as suas necessidades, gratificar as suas vontades e concretizar os seus desejos mais frívolos" (TMS181). É só mais tarde, já como homem rico, que se apercebe de que esta felicidade é efémera, faltando-lhe a satisfação que ambicionou e que não valeu a pena a ansiedade, receio e lamentos aos quais se expôs enquanto adquiria a sua riqueza (TMS182-3). Estas perspectivas opostas manifestam-se em toda a sociedade, alcançam todos os estratos sociais e afectam os indivíduos em todos os estados de ilusão.

Smith desvia a direcção do seu argumento destes logros e volta-se para o papel social do esforço que se faz em busca de tais miragens. Por mor da sociedade, assegura-nos ele, é bom que estes "logros" se encontrem disseminados amplamente, porque eles "despertam e mantêm em movimento a indústria da humanidade" (TMS183).

> Foram eles que os levaram a cultivar a terra, a construir casas, a fundar cidades e comunidades e a inventar e melhorar todas as ciências e as artes que enobrecem e embelezam a vida humana; que mudaram completamente

toda a face da Terra, que transformaram florestas em planícies agradáveis e férteis e que fizeram dos oceanos estéreis e sem trilhos um novo fundo de subsistência e a grande via de comunicação entre as diferentes nações da Terra. (TMS183-4)

Por exemplo, estes logros afectaram o "senhorio orgulhoso e insensível", que considerava os seus campos extensos sem sequer pensar nas necessidades do seu rebanho. Ao olhar para os seus campos e para as culturas a crescerem neles, quase podemos ouvi-lo pensar: "Meus! Todos Meus!" No entanto, não conseguiria consumir tudo aquilo que vê porque "a capacidade do seu estômago não tem qualquer proporção com a imensidão dos seus desejos". O proprietário rico não tem outra escolha que não seja livrar-se de qualquer maneira dos excedentes acima do seus desejos extravagantes, porque só pode (TMS184) distribuir os excedentes entre "os milhares a quem dá trabalho", nomeadamente aos trabalhadores:

- que labutam na terra do proprietário;
- que "arranjam da melhor forma" aquele "pouco de que ele próprio faz uso";
- aqueles que "equipam o palácio em que este pouco deve ser consumido";
- que "organizam e mantêm em ordem todos as coisas e objectos" usados "numa economia da grandeza";
- todos aqueles que assim satisfazem a sua luxúria e capricho e que partilham as necessidades da vida que eles em vão teriam esperado obter da sua humanidade ou justiça" (TMS184).

Este era um grande grupo de particular interesse para os juízos morais de Smith. O "egoísmo e rapacidade naturais" do proprietário servem a sua própria "conveniência" e a "gratificação" dos seus "desejos vãos e insaciáveis". Como o proprietário não trabalha, "contrata" trabalhadores sem terra para fazerem tudo por ele em troca de uma parte para a subsistência anual deles. Seja como for, a subsistência do trabalhador é mantida a partir dos produtos excedentes da terra, isenta do fornecimento de sementes para a estação seguinte. Isto está afirmado claramente e não deve ser visto como excepcional. Uma abordagem interessante à mão invisível, de Grampp, interpreta de forma totalmente errónea as afirmações de Smith como exemplo da "caridade" dos proprietários e diz que estes têm uma tendência para ser "estúpidos", que "nunca aprendem", que precisam apenas de fazer "uma distribuição" aos pobres, como se a subsistência dos sem-terra não fosse necessariamente perpétua em cada estação – quem plantaria as culturas e as colheria se a subsistência não passasse de caridade que se fazia apenas uma vez? (TMS184; WN908)[25]

Smith afirma, de modo célebre, que os proprietários "são levados por uma mão invisível a fazer aproximadamente a mesma distribuição das necessidades da vida que seria feita se a terra tivesse sido dividida em porções iguais pelos seus habitantes e assim, sem ser sua intenção e sem o saberem, promovem o interesse da sociedade e proporcionam os meios para a multiplicação da espécie" (TMS184-5).

A propriedade privada de terras estava inextrincavelmente ligada à agricultura. Campos abertos e expostos à passagem de seres humanos e de rebanhos e manadas em pastagem livre foram problemáticos na prática (como as desventuras de Abel e Caim demonstraram) e desencadearam a emergência gradual da propriedade como suporte da civilização. A propriedade não é incompatível com porções iguais de terra distribuídas entre aspirantes a agricultores. A igualdade na distribuição de terras fora consagrada nas primeiras leis agrárias romanas mas, referiu Smith, tendências e acontecimentos subsequentes inviabilizaram as suas hipóteses de sucesso porque o "curso dos assuntos humanos, por casamento, sucessão e alienação, desconcertou necessariamente esta divisão original e colocou terras que tinham sido atribuídas para a manutenção de muitas famílias diferentes na posse de uma única pessoa" e esta lei "ou foi negligenciada ou evitada, sendo que a desigualdade de fortunas continuou a aumentar" (WN556-7).

A igualdade na distribuição da terra limita o crescimento da população até à capacidade do território povoado, quando dividido em lotes viáveis. Para além desta capacidade, há demasiados indivíduos em busca de iguais porções de lotes viáveis que não teriam terra suficiente para distribuição sem que se fizessem novas conquistas, possivelmente deslocando populações de residentes, menos os mortos ou vendidos como escravos, uma "solução" associada ao imperialismo romano. A subsistência mínima, relacionada com a reprodução sustentável da população, estabelece a base abaixo da qual a subsistência não pode cair sem ter impacto na população[26]. A propriedade privada de terras (porções iguais ou desiguais) como alternativa a um modo de subsistência de caçadores-recolectores só era viável se a sua produção total fosse pelo menos equivalente aos níveis anteriores à agricultura para se poder manter a população, e teria de aumentar acima desses níveis consoante o crescimento da população, mantendo a produção *per capita* mais ou menos constante[27]. Portanto, dizer que os proprietários conseguiam distribuir os seus produtos "muito perto da mesma quantidade" que "teria sido realizada se a terra tivesse sido dividida em porções iguais" não é afirmar nada de excepcional. A medida comparativa de Smith do resultado da ilusão que orientava o comportamento dos proprietários ao distribuírem porções de produtos excedentários é totalmente explicada pelas necessidades de subsistência de uma população crescente.

A auto-ilusão conciliava proprietários "orgulhosos e insensíveis" com a partilha (ainda que não igualitária) de parte dos seus excedentes com os assalariados, servos e inquilinos, o que pode funcionar, como funcionou, num vasto leque de níveis relativos de "subsistência" para as famílias dos trabalhadores, desde a profunda pobreza até à suave prosperidade, consoante as estações trouxessem escassez ou abundância.

Pierre Force refere, perspicazmente, que "na tradição retórica a economia é a relação entre o todo e as partes"[28], uma ideia prenhe de discernimento do uso que Smith faz da metáfora da "mão invisível" em *Sentimentos Morais*. O proprietário não era "guiado por uma mão invisível", divina ou fantasmagórica, num sentido misterioso ou "milagroso'" em que haveria uma entidade real a orientá-lo para agir da maneira que agiu; era orientado por uma necessidade que mantinha em funcionamento as "máquinas trabalhosas" do modo de subsistência, porque sem sustentar os trabalhadores para trabalharem por ele nas suas quintas e com os seus rebanhos e sem os seus assalariados armados para defenderem os seus direitos de propriedade contra rivais ricos, pobres indigentes e invasores estrangeiros, todas as ambições dos seus "desejos vãos e insaciáveis" teriam sido frustradas, conforme a reprodução da população tivesse caído para níveis abaixo dos necessários para manterem uma capacidade básica de trabalharem e multiplicarem a espécie o suficiente para substituir os sujeitos que a morte natural levou. Como *o todo é a soma das partes*, negligenciar a subsistência das partes teria acabado com a "grandeza e riqueza" do proprietário. A ambição que o guiava ter-se-ia convertido em fracasso. Os detritos em pedra de civilizações passadas são testemunhos desta realidade crua, desde que a agricultura e a propriedade surgiram na Terra.

Aqueles que buscam felicidade na riqueza iludem-se na sua ânsia por "grandeza e riqueza", mas fazem-no partindo do princípio da "beleza" que agrada ao olho e da imaginação na "adequação ao propósito" dos "inúmeros acessórios e aparelhos artificiais e elegantes" que são as forças motrizes principais da economia comercial. O princípio original de Smith explicava a forma como a utilidade era menos importante do que a sua "beleza" – tanto uma cabana como um palácio protegem as pessoas dos elementos, mas a "adequação ao propósito" do palácio leva os aspirantes à sua posse a levantarem-se todas as manhãs e a esforçarem-se por adquirir os meios para terem a beleza dele, quer trabalhando duramente, quer assegurando que outros trabalham arduamente para si.

A metáfora da "mão invisível", como "sentido figurado", exerce precisamente a sua função, tal como Smith desejou, ao evocar a imagem de uma "alusão entre um objecto e outro", sendo o objecto a auto-ilusão do proprietário; a "beleza" da metáfora é "estar tão bem adaptada que dá a força devida à expressão do objecto a ser descrito e ao mesmo tempo faz isto de uma forma marcante e mais interessante" (LRBL29). Um candidato ideal para fazer isto de uma "forma marcante e interessante" era a conhecida metáfora da literatura contemporânea de "uma mão invisível", adaptada a uma versão moderna de economia smithiana. Mas as metáforas são representativas, não são reais; existem apenas como figura imaginária daquilo a que aludem, não o definem (LRBL30-1).

A mão invisível em *A Riqueza das Nações*

Smith escreveu que as taxas de importação, os impostos especiais e as proibições garantem os monopólios nacionais nos artigos afectados por eles. Os pastores ingleses beneficiam das proibições sobre a importação de gado vivo irlandês, ganhando com isso um monopólio no fornecimento de carne aos talhantes. Os produtores de cereais beneficiam das taxas altas, como as da importação do milho, e o mesmo se passa com outros produtos, com taxas sobre as lãs, sedas e linhos estrangeiros. Smith confessa que as taxas e proibições sobre artigos estrangeiros estão de tal forma generalizadas que "se não se souber o suficiente da lei alfandegária" se pode inocentemente violar a lei (Corr245-6).

As tarifas e os monopólios no mercado interno encorajam aquelas indústrias que beneficiam deles, que assim atraem uma porção maior de trabalho e capital do que seria o caso na ausência destas tarifas e monopólios. Estas distorções do "equilíbrio natural de uma indústria" podem reduzir o uso de capital, causando uma taxa de acumulação de capital abaixo do normal (WN453). Os princípios que Smith propôs foram os seguintes: "A indústria geral da sociedade nunca pode exceder o capital que a sociedade consegue utilizar" e "o número daqueles que conseguem estar continuamente empregados por todos os membros da sociedade tem de conter uma certa proporção de todo o capital dessa sociedade e nunca pode exceder essa proporção". Afirmou ainda que a regulamentação do comércio não consegue aumentar a quantidade de indústria para além daquela que consegue ser mantida com o seu capital. Os regulamentos só desviam capital dos sítios para onde este teria ido de outra forma e é pouco provável que estas diversões "sejam mais vantajosas" do que seriam se o capital fosse "pela sua própria vontade" (WN453).

A protecção e as proibições estimulam a produção nacional de certos artigos, o que inevitavelmente desvia capital e emprego dos sectores desprotegidos para os sectores protegidos. A concorrência reduzida, ou eliminada, das importações reduz a pressão na competição de preços nos fornecedores nacionais e os consumidores perdem devido aos preços mais altos e à procura reduzida de outros produtos. Os ganhos líquidos e as perdas distorcem a atribuição do capital em toda a sociedade.

Quando se consideram as inclinações naturais dos indivíduos, estes "esforçam-se continuamente" por encontrar um uso mais vantajoso para o seu capital. Smith demonstra que, ao esforçarem-se desta maneira, podem sem intenção preferir o que é mais vantajoso para a sociedade (WN454). Quando todos os indivíduos se esforçam por encontrar para o seu capital o uso que for mais vantajoso, a soma dos esforços pessoais orienta a sociedade para o uso mais vantajoso do seu capital. Smith acreditava que isto se conseguia mais facilmente deixando as pessoas escolher o uso que mais lhes convinha, porque os indivíduos são os melhores juízes dos seus interesses e não necessitam de direcção central. Mas não se segue automaticamente que, como eles sabem o que é melhor para eles, o resultado seja sempre o melhor para a sociedade. Em 1765, um economista político finlandês, Anders Chydenius, publicou *Ganho Nacional*, com passagens semelhantes às de Smith, como esta:

todos os indivíduos tentam espontaneamente encontrar o local e o negócio com que podem aumentar ao máximo o Ganho Nacional, desde que a lei não os impeça de o fazer. Todos os homens desejam o seu próprio ganho. Esta inclinação é tão natural e necessária que todas as Comunidades no mundo se baseiam nela. Senão, as Leis, os castigos e as recompensas não existiriam e a humanidade rapidamente pereceria. O trabalho que tem o melhor valor é sempre o que é mais bem pago e o que é mais bem pago é aquele que tem maior procura[29].

Smith dá um exemplo em que isto é simultaneamente o melhor para a sociedade. As pessoas preferem oportunidades de investimento "tão perto de casa quanto possível", desde que possam obter o lucro normal, ou não muito inferior ao normal, do seu capital. Os grossistas preferem ter o seu capital "debaixo [da sua] vista ou ordens imediatas" e, portanto, preferem o comércio nacional ao comércio internacional para consumo e estes dois ao comércio do transporte. O comportamento deles era influenciado pelo aumento do risco (e portanto da desconfiança) de comerciar em longas distâncias durante longos períodos, pelo que preferem aceitar lucros internos inferiores, por causa dos maiores riscos do comércio longínquo (WN454).

A predilecção normal entre os mercadores era apoiarem o investimento nacional e assim produzirem para a economia nacional o "maior valor possível". Pode confiar-se neles para trabalharem desta maneira, sem precisarem de direcção ou encorajamento. O mercador não se comporta com a intenção de estimular a indústria nacional; age para maximizar os seus lucros com um mínimo de risco e pressão, o que não aconteceria se se envolvesse em vendas e compras distantes e, agindo assim, "necessariamente esforça-se por tornar a receita anual da sociedade tão grande quanto possível". Tendo em conta os princípios que Smith destacou, este resultado não é excepcional e não precisa de ser comentado. Smith desenvolve o seu argumento pressupondo que não existe interferência de regulamentos mercantis a desviarem parte do capital da nação para sectores protegidos:

> Portanto, como todos os indivíduos fazem o possível para usar o seu capital no apoio à indústria nacional e assim fazer com que o produto dessa indústria tenha o maior valor; todos os indivíduos trabalham necessariamente para aumentar tanto quanto possível o rendimento anual da sociedade.

Só depois de ter afirmado este resultado lógico dos seus pressupostos é que usa a metáfora, comum à época mas famosa actualmente, para sublinhar os imperativos do comportamento natural do mercador adverso ao risco:

> Na verdade, ele geralmente nem tenciona promover o interesse público, nem sabe quanto o está a promover. Ao apoiar a indústria nacional em vez da internacional, defende apenas a sua própria segurança; e ao influenciar essa indústria de forma que os produtos dela tenham o maior valor, tenciona apenas obter o seu ganho e, neste como em muitos outros casos, é guiado por uma mão invisível para promover um fim que não fazia parte das suas intenções. (WN456).

Mas Smith já tinha explicado completamente o comportamento do mercador antes de recorrer ao conceito de "mão invisível" para o levar a fazer o que já fazia, defendendo "apenas a sua própria segurança" na sua aversão aos riscos do comércio internacional. Na obra de Smith, a mão invisível é apenas "um ponto relativamente pequeno"[30]. E este é o papel adequado para uma metáfora; neste caso ela expressa a simples ligação aritmética entre as acções individuais e os resultados agregados, na forma de uma alusão compreensível para os seus leitores não alertados para a sua explicação anterior.

Devemos concluir que Smith sugeriu que as motivações de um indivíduo são redundantes ou demasiado fracas para afectarem e orientarem o seu comportamento, de tal forma que precisou de inventar a expressão "mão auxiliar"? Certamente que não! Necessitar de uma mão auxiliar torna redundante a sua explicação da aversão ao risco do mercador, que não quer perder o seu capital de vista "no comércio internacional do consumo". Assim, como é que "uma mão invisível" induz o comportamento que a insegurança de um indivíduo iria induzir de qualquer forma? Não induz nada! Acreditar outra coisa implica um elemento desconhecido e "invisível" nas motivações humanas, semelhante às crenças ingénuas na possibilidade de a mão de Júpiter determinar a sorte humana, para o bem ou para o mal, de que Smith troçou na sua "História da Astronomia".

A metáfora da mão invisível é só uma metáfora e o assombro moderno sobre o seu significado, bem, não tem significado. Esta conclusão é sublinhada no parágrafo seguinte, onde Smith notoriamente (porque tem sido muito citado) avisa que os estadistas não deveriam tentar orientar os privados em relação a como e onde "devem empregar os seus capitais". Que eles presumam que sabem melhor do que os indivíduos é uma "tolice e presunção" que, porque é "perigosa", não pode "seguramente" ser confiada a uma "pessoa singular" (WN456).

Se não se pode confiar aos estadistas (como na verdade ele acreditava que não se podia) o papel da distribuição de verbas, o facto de Smith deixar aos indivíduos o papel de distribuírem os seus próprios capitais, porque eles são os melhores juízes das suas circunstâncias, faz muito mais sentido do que a falsa conclusão de que Smith criou uma entidade metafísica desnecessária e redundante, supostamente de uma mão descarnada e invisível, santa até, para explicar aquilo que já tinha explicado perfeitamente. A metáfora, que Smith não pretendia que fosse tomada literalmente, serviu fins explicativos apenas para aqueles leitores (incluindo estadistas) incapazes de perceberem a cadeia de ligação entre uma motivação criada pela aversão ao risco e a solução "mais segura" de investir localmente e não no estrangeiro.

Então o que é que a metáfora acrescenta àquilo que já sabemos sobre o comportamento e que já sabemos desde o século XVIII e não só devido a Adam Smith? Como o propósito de Smith era persuadir estadistas, legisladores e aqueles que os influenciam sobre os benefícios de permitir que sejam os mercadores e manufactores a organizar os seus próprios assuntos segundo os seus interesses, a sua alusão a uma mão invisível serviu melhor para aqueles que sentiram que a ligação entre a aversão ao risco e o benefício social era demasiado difícil de compreender ou, mais importante, para eles poderem explicar depois a outros que não a perceberiam[31].

No meio disto tudo, os mercadores e manufactores eram um público pouco promissor, como Smith rapidamente percebeu devido ao exemplo da sua tendência para o "protesto e argúcia" (WN144); a sua "conversa [que] acaba em conspiração contra o público" (WN145); a sua "combinação tácita mas constante e uniforme [...] sempre conduzida no maior dos silêncios e dos segredos" (WN84); as suas tentativas de "alargar o mercado e estreitar a concorrência'" (WN267); o seu conselho de que "qualquer proposta de lei nova ou regulamento do comércio" proveniente deles deveria ser ouvida com "a maior das precauções e nunca devia ser adoptada antes de ter sido longa e cuidadosamente analisada, não só com a mais os insultos e a maledicência mais infames [...] insultos pessoais [e] por vezes [...] perigo real proveniente da sua ira insolente de monopolistas furiosos e desapontados" (WN471).

Ausência de "mãos invisíveis"

Robert Nozick identificou 16 exemplos de "explicações da mão invisível"[32], que cobriam a teoria evolucionária, ecologia, raça, religião, genética, QI, cálculo de preços, equilíbrio nos mercados, crime, comércio, incompetência de gestão e teorias económicas, e somente metade daqueles que citou têm resultados benignos. Karen Vaughan aceita, e bem, que "pode facilmente imaginar-se uma ordem espontânea em que as pessoas são como que guiadas por uma mão invisível, para promoverem um fim perverso e desagradável" (Smith nunca usou as palavras "como que") (TMS184; WN456). Ela comenta que "o desejo de ordem que emerge como consequência não intencional da acção humana depende em última instância do tipo de regras e instituições dentro dos quais os seres humanos agem e das alternativas reais que estes têm"([33]). Vaughan desfaz a presumida ligação entre uma mão invisível sempre benigna e a sua aplicação geral.

Como os indivíduos realizam várias acções possíveis em resposta às suas motivações e ao respeito pelos seus interesses próprios, como eles os interpretam, só depois, e não antes, é que podemos saber se o resultado das suas acções leva ou não a uma ordem emergente benigna. O que estavam as explicações da mística mão invisível a fazer durante os processos, talvez longos, em que os resultados agregados de uma miríade de acções humanas emergiram como malignos para a sociedade (por exemplo, a "tragédia dos comuns"([34]))? Seja qual for a resposta, a possibilidade de resultados malignos anula a generalidade da metáfora.

A metáfora permaneceu em relativa obscuridade, quase não sendo notada durante o desenvolvimento da ciência social, até ter retrospectivamente concedido a honra de uma aura mística às teorias modernas de mercados, santificadas pela sua alegada afinidade com a metáfora muito promovida de Adam Smith, mas não, significativamente, com a sua teoria de mercados. A metáfora também é popular com aqueles que procuram significados divinos nas actividades comerciais. Os defensores de mãos invisíveis, acreditando que algo místico está envolvido, ignoram a dinâmica dos exemplos de Smith sobre a necessidade da distribuição ao nível da subsistência em *Sentimentos Morais* e a simples aritmética de que o "todo é a soma das suas partes" em *A Riqueza das Nações*.

Hayek[35], o autor original da atribuição de Karen Vaughan ao papel da mão invisível como a entrada que tornou possível a ciência social, pediu "emprestada" a metáfora a Smith como uma primeira aproximação ao seu próprio tema de "ordem espontânea"[36]. A identificação de Smith do processo associado às consequências não intencionais das acções individuais em fenómenos tão diversos como a linguagem, o dinheiro, os sentimentos morais, as trocas e os mercados[37], em toda a experiência social, são utilmente consideradas um primeiro reconhecimento da "ordem emergente" evolucionária que, na minha perspectiva, é uma expressão mais útil do que ordem espontânea ou autogeradora, porque são necessários muito testes autocorrectores ao longo de longos períodos para que possa emergir uma ordem que funcione como norma aceite, enquanto "ordem espontânea" sugere uma mudança súbita e não uma ordem em evolução lenta. Sistemas complexos, como a linguagem e os mercados, não emergem subitamente; requerem um longo período de maturação. Duas pessoas a tentarem comunicar na ausência de uma língua comum cometem muitos erros, conforme vão experimentando diferentes combinações de gestos, caretas e sons de palavras, de forma a compreenderem mutuamente significados simples e, igualmente importante, para se fazerem entender por outros; os hominídeos que bateram com pedras umas nas outras para fazerem facas ou machados muitas vezes erraram no batimento ou bateram de mais e partiram ferramentas quase acabadas, vendo-se obrigados a começar de novo até criarem ferramentas úteis, replicáveis por outros, e o mesmo se passou com outras ordens emergentes. Longos períodos de experiências individuais, incluindo muitos becos sem saída que não produziram inovações utilizáveis ou duradouras (ou "ordens espontâneas") e períodos ainda mais longos de tecnologias de baixo nível inalteradas até ao século XVIII, e mais, sugerem a ausência de uma mão invisível.

Smith não partilhava da ideia de que as acções de auto--interesse fossem sempre socialmente benignas; a sua explicação não era uma explicação generalizada de todas as consequências não intencionais, mas sim uma explicação parcial e funciona "neste e em muitos outros casos", mas não em todos os casos (WN456). Não era uma regra universal benigna para os mercados, necessitando que Smith tivesse de escrever: "neste, como em todos os *outros* casos". Na verdade, como Fleischacker salientou:

> Se ele tivesse querido proclamar que uma mão invisível guia sempre as decisões económicas individuais para o bem da sociedade, esperaríamos a proclamação logo na abertura do livro, como parte da sua teoria básica da actividade económica. A teoria que Smith nos dá apoia a alegação de que os indivíduos geralmente promovem o bem social no seu comportamento económico sem tencionarem fazê-lo, mas não há pistas nas leis empíricas ou metafísicas de que isto se aplique a todos os casos e menos ainda que a sua aplicação seja garantida[38].

Os comportamentos humanos em situações em que os mercados funcionam menos do que perfeitamente no agregado podem originar, e originam, resultados menos que óptimos, tal como nos monopólios, proteccionismo e conspirações para restringir os fornecimentos, aos quais podemos acrescentar poluição e indiferença dos poderes externos e tragédias dos comuns. Se em condições perfeitamente competitivas em equilíbrio geral o qualificador "muitos outros" casos se transforma em "todos os outros casos" não está aqui em questão; estas condições não existem fora das construções lógicas dessa teoria, de onde os seres humanos estão ausentes.

Primeiro, compare-se a alternativa da explicação metafórica da "mão invisível" com a forma como Smith descreve o que se passa no comércio mercantilista usando somente economia, que explica completamente o processo pelo qual acções não intencionais têm resultados não intencionais benéficos para a sociedade, sem mencionar ou sugerir que havia "uma mão invisível" a trabalhar.

"O capital mercantilista de cada país, viu-se no segundo livro, procura naturalmente, se é que se pode dizer isto, o uso mais vantajoso para esse país."

O país que realiza um comércio de transporte de mercadorias "torna-se o entreposto comercial das mercadorias de todos os países, mas o dono "deseja desfazer-se de uma parte tão grande quanto possível destas mercadorias em casa", mesmo com um preço muito mais baixo e por um lucro mais pequeno do que obteria se "as mandasse para o estrangeiro", porque assim evita os "problemas, risco e despesas de exportação". Com efeito, empenha-se em "transformar o seu comércio de carga num comércio internacional de consumo". Pela mesma razão, vai preferir "deixar em casa uma parte tão grande quanto possível dos produtos nacionais" tornando o seu comércio internacional um "comércio nacional". É de notar que estas tendências são orientadas pelo sua aversão natural ao risco, preferindo o uso próximo e evitando o "distante e lento". Isto mantém uma "maior quantidade de trabalho produtivo no país a que pertence", em contraste com os locais onde mantém "a menor quantidade". Gera emprego onde "é mais vantajoso" e evita-o onde é "menos vantajoso (WN628-9).

Smith continua nesta nota porque o comércio distante é "tão necessário para o bem-estar da sociedade como o comércio próximo". Como acontece então que "algum capital se retire do uso vantajoso localmente para locais distantes onde existe menos vantagem? A resposta está totalmente explicada no Livro II, nomeadamente nos lucros mais elevados obtidos no comércio distante (o capital mais escasso é usado no comércio distante e não no comércio local, aumentando a taxa de lucro do mercado acima da sua taxa natural), que motiva alguns indivíduos a ultrapassarem a sua aversão ao riso. Queiram notar que embora esta explicação seja quase idêntica ao parágrafo da "mão invisível", não existe qualquer menção à metáfora. Desta vez os "interesses e paixões privados dos indivíduos levam-nos naturalmente a investir o seu capital em usos que, normalmente, são mais vantajosos para a sociedade" e para os quais não é necessário o encorajamento de uma mão invisível. A variável que age sobre os mercadores é a muito real influência da "queda de lucro", e não partes do corpo descarnadas e metafóricas, que "imediatamente os levam a alterar" a disposição do seu capital. Portanto, "sem qualquer intervenção da lei […] os interesses privados e as paixões dos homens levam-nos naturalmente a dividir e distribuir o capital de cada sociedade, por todos os usos que nela existem, na proporção que estiver mais perto dos interesses de toda a sociedade" (WN630). Mais uma vez não se faz qualquer menção à metáfora da "mão invisível".

Não há necessidade de recorrer a nada remotamente místico ou literário sobre incentivos de mercado. O funcionamento natural dos mercados é totalmente suficiente para explicar o que acontece e não precisa de uma mão invisível. A metáfora não acrescenta nada ao que Smith, o analista, sabia. Era uma "liberdade poética" para manter a atenção dos leitores. Perceber os processos por detrás deste e outros casos é mais importante que a interpretação pusilânime de uma metáfora.

CAPÍTULO 13

Paz, impostos fáceis e justiça

Introdução

Smith escreveu sobre o papel do governo para legisladores e aqueles que os influenciavam. Inabaláveis por uma massa eleitoral inexistente (Adam Smith não tinha voto no sistema existente), ministros, lordes e deputados eram contudo sensíveis à imagem que tinham junto dos seus pares e não se sentiam confortáveis com algo que pudesse minar o respeito social que esperavam dos seus "inferiores". Smith percebeu isto e escolheu as suas palavras em conformidade; o seu estilo é relativamente contido e, excepto na "história completa de todas as companhias concessionadas na Grã-Bretanha" (WN731-58; Corr263-4), desprovido de retórica([1]). A secção invulgarmente longa sobre a governação da Igreja (WN788-814) contrasta nitidamente com a secção que escreveu sobre despesas governamentais com projectos públicos para facilitar o comércio (WN724-31).

Há muito que a posteridade está muito confusa pelo que parecem ser mensagens contraditórias nos seus livros, permitindo que leitores com perspectivas e visões muito díspares invoquem certas passagens e ignorem ou desacreditem outras. Veja-se o exemplo de um ensaio, que se acredita ter sido escrito por ele mas que estava perdido e que minimiza o papel do governo na economia:

Pouco mais é requerido para levar um Estado da mais baixa barbárie ao mais alto grau de abundância, do que paz, impostos fáceis e uma administração aceitável da justiça; tudo o resto acontecendo pelo curso natural das coisas. Todos os governos que frustram este curso natural, que forçam as coisas por um outro canal ou que se esforçam por deter o progresso de uma sociedade num ponto particular, são artificiais e para se apoiarem são obrigados a ser opressores e tirânicos. (EPS322)([2])

Da perspectiva deste excerto do ensaio de 1755 (o filho de Stewart queimou-o quando padecia de uma doença mental) ([3]), se o Estado tinha pouco mais que fazer para além daquilo que fosse financiado por "impostos fáceis", os seus fardos não eram onerosos. Aqueles que se ativeram à citação de Stewart de um ensaio que só ele tinha visto ignoram a proposta bem mais longa sobre o papel do governo em *A Riqueza das Nações*. Como Smith era cauteloso com a interpretação dos deveres exactos do soberano, a passagem é lida para o proclamar como autor de um Estado mínimo, tal como foi articulado no século XIX pelo "Estado guarda-nocturno" de Ferdinand Lassale, ou "anarquia com polícia" de Carlyle([4]). Sendo o rumor a mãe da crença, estes rótulos enganadores ficaram erroneamente conhecidos como sendo de Smith.

O primeiro dever do governo

"O primeiro dever do soberano, o dever de proteger a sociedade da violência e da invasão de outras sociedades independentes, só pode ser desempenhado por meio de uma força militar" (WN689).

As despesas com a defesa contra "a violência e invasão de vizinhos" representavam uma grande parte das despesas governamentais na Grã-Bretanha do século XVIII e aumentaram acentuadamente nos período de cinco anos após a morte de Smith, com o advento das guerras napoleónicas([5]). A Grã-Bretanha esteve em guerra durante 70 anos entre a "Gloriosa Revolução" (1680) que levou à sucessão hanoveriana e a Batalha de Waterloo (1816), um período suficientemente longo para testar o impacto das despesas com a defesa numa economia. Estariam as despesas com a defesa e o crescimento económico relacionados de alguma forma, quer negativa, quer positivamente? A guerra tem efeitos retardadores, desde a destruição física de capital real, o desvio de mão-de-obra escassa e de recursos de capital e matéria-prima de usos produtivos para usos improdutivos, até ao aumento dos riscos e incertezas das empresas mercantilistas e de manufacturas; mas também promove crescimento, na medida dos seus efeitos indutores da procura, atrai para uso produtivo factores subutilizados, estimula a produção nas indústrias cuja expansão reduz os custos ou cria oportunidades para outros sectores da indústria e precipita desenvolvimentos fiscais, financeiros ou organizacionais, que redistribuem rendimentos ou oportunidades em favor de empresas inovadoras([6]).

O equilíbrio apropriado entre estes efeitos é uma questão política([7]), posta em contexto com quaisquer outros acontecimentos que afectam os dados. Phyllis Deane cita os resultados do Professor John([8]) em que para o período de 1700-63 as despesas com a defesa estavam associadas positivamente ao crescimento, mas menos positivamente durante a Guerra Americana (1776-83), quando a actividade económica contraiu. As despesas com a defesa cresceram de cinco para seis milhões de libras por ano no início do século e para 40 milhões de libras no final, ou seja, cerca de 5 por cento do rendimento nacional no fim das guerras de Marlborough e 15 por cento em 1801([9]). O impacto das despesas militares específicas nas tecnologias industriais foi além das quantias monetárias e pode ter contribuído qualitativamente para os estados iniciais da Revolução Industrial. As ligações entre manufacturas na construção naval, engenharia e tecnologias de guerra estavam particularmente próximas do crescimento da indústria e do comércio. As fábricas Carron Iron, e as suas fornalhas associadas por Ashton ao início da

"Revolução Industrial"([10]), foram mantidas por despesas governamentais em artilharia naval, como os "Carronades"([11]).

Os artigos de defesa comprados pelo governo provinham de manufactores privados. Estes juntaram-se à procura agregada em certas indústrias, incitando os manufactores a aumentar a capacidade para fornecerem as encomendas do governo. Inevitavelmente, alguns fornecedores optaram por se especializar em bens de defesa (armamento, navegação, víveres, armaduras, carretas para canhões e artigos para expedições), enquanto para outros isto não passava de outro mercado. Um fluxo contínuo de despesas de aquisição injectado em economias junto de guarnições e portos teve efeitos económicos positivos, além dos investimentos originais. O efeito cumulativo destas despesas ao longo de muitas décadas e o seu aumento ao longo do tempo foram benéficos. Para Smith, o trabalho das forças armadas era improdutivo (não se substituía a si mesmo), mas o trabalho dos manufactores de armamento e de outros fornecedores do sector privado era produtivo (substituía-se a si mesmo com lucro).

Se as despesas com a defesa faziam com que o capital fosse direccionado para empresas menos produtivas que o seu destino comercial original, isto para ele era um sacrifício necessário de uma porção do crescimento, feito por um Estado prudente. A defesa de prevenção era um sacrifício da abundância que valia a pena fazer em tempos normais (participar em guerras era incomparavelmente mais caro do que financiar a prevenção) (WN464-5), mas se crescesse demasiado quando a sobrevivência do país não estava em perigo, podia prejudicar a abundância a longo prazo e provocar ou promover guerras.

A sua história da guerra ao longo das quatro eras do homem recebeu o seu tratamento histórico habitual, pormenorizando também a despesa crescente da guerra nos tempos modernos (WN689-708). Descreveu a consequência:

> Na guerra moderna a grande despesa com armas de fogo dá uma vantagem evidente à nação que conseguir suportar melhor esta despesa e, consequentemente, a uma nação rica e

civilizada sobre uma nação pobre e bárbara. Nos tempos antigos, a nação rica e civilizada tinha dificuldades em se defender contra nações pobres e bárbaras. Nos tempos modernos são as pobres e bárbaras que têm dificuldade em defender-se das ricas e civilizadas. As armas de fogo, uma invenção que à primeira vista parece ser perniciosa, favorecem tanto a permanência como a expansão da civilização (WN708).

O segundo dever do governo

"O segundo dever do soberano, proteger tanto quanto possível todos os membros da sociedade da injustiça e da opressão do resto dos seus membros, ou o dever de estabelecer uma administração rigorosa da justiça, requer d[oi]s([12]) níveis muito diferentes de despesa em períodos diferentes da sociedade" (WN708-9).

A justiça é um pilar essencial da sociedade. A despesa com a justiça tem de ser paga ou pelos litigantes ou pelo Estado a partir das receitas fiscais. Quando são os oficiais da justiça a angariar rendimento para a sua recompensa, isto leva a corrupção (quem tem o "presente" maior para o juiz ganha o caso) (WN716) e quando ela é administrada gratuitamente, o pagamento diferencial aos advogados e conselheiros desequilibra necessariamente as hipóteses de sucesso em favor dos que contratam a advocacia litigante mais talentosa e mais cara.

Smith resumiu em *A Riqueza das Nações* muito do que já tinha abordado em *Palestras*. A sua conclusão principal, segundo Montesquieu([13]), era a favor da separação de poderes porque a liberdade do indivíduo fica mais protegida quando a lei é independente do poder executivo e ambos são independentes do poder judicial. Expressou isto da seguinte forma:

da administração imparcial da justiça depende a liberdade de todos os indivíduos, o sentido que eles têm da sua própria segurança. Para que todos se sintam perfeitamente seguros na posse de todos os direitos que lhes pertencem, é não só necessário que o poder judicial esteja separado do poder executivo, mas também que fique tão independente quanto possível desse poder. O juiz não deve ser passível de ser afastado do seu cargo de acordo com os caprichos desse poder. O pagamento regular do seu salário não deve depender da boa vontade, nem mesmo da boa economia desse poder. (WN722-3)

Smith deixa bem claro que o objectivo que tem em mente não está constrangido por considerações de frugalidades orçamentais. Os assuntos de justiça e defesa em questão ultrapassam considerações de despesa.

O terceiro dever do governo

Smith dividiu o terceiro dever do soberano em três: obras públicas e instituições para facilitar o comércio, que eram demasiado caras para serem asseguradas e mantidas pelos interesses privados, a educação da juventude e a educação das pessoas de todas as idades.

Uma estrada, uma ponte ou canal navegável beneficiam geralmente o comércio e devem ser construídos com fundos públicos e mantidos com receitas de pequenas portagens sobre os utilizadores, para aliviar os custos de gestão e reparação. O Estado também deve proporcionar uma cunhagem rentável quando o seu valor facial exceder o conteúdo em ouro e a este negócio aprovado e gerido pelo Estado ele acrescentou o correio (WN724). Estes projectos caracterizavam-se por poder gerar receitas para aliviar as despesas necessárias e para reduzir a carga fiscal. A gestão e a recolha fiscal podiam ser atribuídas a privados, sendo o teste a utilidade e não o princípio (WN725-6).

As obras públicas para beneficiarem o comércio numa localidade, cuja despesa ou manutenção não pudesse ser recuperada com receitas, constituíam uma categoria especial de finanças públicas. Smith concluiu que a melhor maneira de os manter seria através da administração local e abriu assim um segundo nível de despesas públicas, que cresceu em importância política à medida que as cidades cresciam e se transformavam em grande cidades municipais no século XIX. Deu o exemplo das ruas de Londres, cujos pavimentos e iluminação eram financiados pelo fisco da rua local, da paróquia ou do distrito em vez de serem financiados pelas receitas nacionais dos habitantes da Grã-Bretanha em geral, "a maioria [dos quais] não tira qualquer espécie de benefício da iluminação ou do pavimento das ruas de Londres" (WN730-1). Também comentou que os "abusos que por vezes se instalam na administração local de uma receita local" são quase sempre "triviais" quando comparados com os abusos comuns no "rendimento de um grande império" e são "muito mais facilmente corrigidos" (WN731).

Onde forem necessários projectos para sectores particulares do comércio, os custos devem recair sobre os beneficiários imediatos, que garantidamente irão passar estes custos aos seus consumidores, os beneficiários derradeiros. No entanto, o princípio do rendimento estatal para projectos civis superiores à riqueza dos privados e a sua gestão por autoridades públicas ou pessoas privada abriram a porta à intervenção estatal noutros aspectos da economia. Se a coligação de governo no parlamento nada fazia sobre a falta de certos projectos grandes na economia, ninguém podia fazer nada, apesar do grande estímulo que boas estradas bem colocadas, canais navegáveis e portos de águas profundas podem proporcionar ao comércio. Porém, assim que o Estado entrar nesta via, o destino final não é óbvio e o nome de Smith não deve ser invocado com justiça para apoiar ou contestar projectos particulares financiados ou geridos pelo Estado. Era uma questão de utilidade, não de princípio. Longe de poder ser considerado modesto de acordo com os padrões modernos, se o seu programa fosse realizado com algum grau de diligência, construir e manter um sistema rodoviário com um nível razoável teria custado muitas dezenas de milhares de libras, sugerindo a necessidade de despesas importantes só para construir uma rede nacional de estradas adequadas entre as principais cidades do país. O estado daquilo que passava por ligações rodoviárias entre as principais cidades é inimaginável mais de dois séculos mais tarde. Samuel Smiles (1812-1904) relatou que Thomas Telford levou 20 anos a construir 1600 quilómetros de estradas na Escócia (uma média de 80 quilómetros por ano), bem como numerosas pontes e canais. A descrição de Smiles das estradas escocesas clarifica a escala do problema:

Quando Smollett viajou de Glagow para Edimburgo a caminho de Londres, em 1739, não havia carruagem, carroça ou vagão na estrada. Assim, acompanhou os carregadores de cavalos de carga até Newcastle, "sentado numa sela de carga entre dois cestos, "um dos quais," diz ele, "continha os meus artigos numa sacola." [...] Foi só no ano de 1740 [dois anos antes de Smith fazer a sua visita "rápida" à Universidade de Glasgow para ser nomeado professor] que se iniciou o primeiro transporte público entre as duas cidades, chamado "A Caravana de Glasgow e Edimburgo" e que fazia a viagem em dois dias."

Em 1763 havia apenas uma carruagem mensal em toda a Escócia para comunicação com Londres, que saía de Edimburgo e levava 10 a 15 dias, conforme o estado do tempo; aqueles que realizavam uma viagem tão perigosa geralmente tomavam a precaução de fazer o testamento antes de a iniciarem[14] (foi o que Smith fez em 1773). Smith fez muitas vezes a viagem de 70 quilómetros entre Glasgow e Edimburgo para se encontrar com os seus amigos e viajou da Escócia para Londres e vice-versa diversas vezes, portanto escreveu com propriedade sobre a necessidade de transportes públicos nas estradas. Conceber que estas despesas potenciais eram "modestas" reflecte ignorância sobre a absoluta necessidade de investimento importante nas estradas a longo prazo, e também na sua manutenção regular depois de construídas.

Educação e saúde

A despesa de educar a juventude deve ser paga a partir do rendimento geral da sociedade ou pelos pais ou tutores dos beneficiários. Smith aqui viu-se num aperto, pois acreditava que a qualidade dos serviços oferecidos pelos professores em troca de um salário, pago a partir da receita fiscal, de subsídios privados, doações ou legados, iria deteriorar-se até ao ponto de indiferença:

> Em todas as profissões, o esforço da maior parte daqueles que a exercem é sempre proporcional à necessidade que têm de fazer esse esforço. [...] quando a concorrência é livre, a rivalidade dos concorrentes, que estão sempre a tentar acotovelar-se para fora do emprego, obriga todos os homens a esforçarem-se por executar o seu trabalho com um certo grau de exactidão. (WN759)

Os salários e as suas compensações, a maior parte da despesa com educação, quando pagos na totalidade (independentemente da fonte) levam ao declínio dos compromissos dos seus professores para educarem os mais novos, para quaisquer padrões com que se conseguirem safar, pois é "no interesse de todos os homens viver com tanta comodidade como conseguir" (WN760).

O facto de os objectivos dos administradores frequentemente entrarem em conflito com os interesses dos putativos beneficiários dos seus serviços e de os custos de administração de serviços públicos fornecidos com indiferença serem pagos pelos contribuintes, muitos dos quais nem sequer são beneficiários, continua a ser um problema importante na economia da burocracia[15].

Smith afirmou que "os serviços públicos são mais bem executados quando as suas recompensas dependem da sua realização e são proporcionais à diligência demonstrada na sua realização. Smith, embora incerto sobre a forma como a educação deveria ser paga, tem ideias firmes sobre o que se deve alcançar, principalmente nos níveis inferiores:

> Mas embora as pessoas comuns não possam, em qualquer sociedade civilizada, ser tão bem instruídas como as pessoas de estatuto e fortuna, as partes mais essenciais da educação, como ler, escrever, fazer contas, podem ser adquiridas tão cedo na vida que a maioria daqueles que vão ser criados para as ocupações mais baixas têm tempo para as adquirir antes de ficarem empregados nestas ocupações. Por uma despesa muito pequena, o público pode facilitar, pode encorajar e pode até impor a quase todas as pessoas a necessidade de adquirir estas partes mais essenciais da educação.

Recomendou o estabelecimento de uma pequena escola "em todas as paróquias ou distritos" para ensinar as crianças por uma taxa moderada "que mesmo um trabalhador comum possa pagar", com o mestre "pago parcialmente" pelo público. Se a experiência da Inglaterra seguisse a da Escócia, o estabelecimento destas escolas iria ensinar quase toda a gente comum a ler, e muitos passariam a ser capazes de "escrever e fazer contas". Smith sugeriu manuais escolares mais "instrutivos" e em vez de "um conhecimento superficial de latim", que não lhes era de grande uso, deveriam ser instruídos em "geometria e mecânica" elementares, que seriam úteis na maioria dos ofícios comuns (WN785-6).

Analisadas desapaixonadamente, as propostas de Smith, modestas como eram e bem aquém da educação universal obrigatória, implicavam uma intervenção substancial do Estado; Smith reconheceu que a dimensão da intervenção que propunha não era apenas financeira, pois também abrangia o *curriculum*. As consequências financeiras desta intervenção iriam abrandar a vontade do governo de assumir um fardo administrativo e financeiro importante. Eu creio que é em considerações como esta que se nota que ele exagerou o efeito debilitador da divisão do trabalho na sua retórica para defender as suas reformas, o que, dizem alguns, contradiz a sua análise dos efeitos importantes da divisão do trabalho no Livro I (WN13-14)([16]).

O homem cuja vida é passada a desempenhar algumas operações simples, cujos efeitos são talvez sempre os mesmos, ou quase os mesmos, não tem ocasião para recorrer à compreensão ou à invenção para encontrar expedientes que resolvam dificuldades que nunca ocorrem. Portanto, naturalmente, perde o hábito deste exercício e geralmente torna-se tão estúpido e ignorante quanto é possível a um ser humano. O torpor da sua mente torna-o não só incapaz de apreciar ou de participar numa conversa racional, mas também de conceber qualquer sentimento generoso, nobre ou terno e, consequentemente, de formar qualquer juízo justo mesmo sobre os deveres vulgares da vida privada. É completamente incapaz de formar juízos sobre os muitos e extensos interesses do seu país e, se não se fizer um esforço particular para o tornar diferente, é igualmente incapaz de defender o seu país numa guerra. A uniformidade da sua vida estacionária corrompe a coragem da sua mente e fá-lo olhar com horror a vida irregular, incerta e aventureira de um soldado. Corrompe mesmo a actividade do seu corpo e deixa-o incapaz de exercer a sua força com vigor e perseverança em qualquer outro emprego, excepto aquele em que foi criado. A sua perícia na sua profissão particular parece, desta forma, ter sido adquirida às custas das suas virtudes intelectuais, sociais e marciais. Mas em todas as sociedades melhoradas e civilizadas este é o estado em que os trabalhadores pobres, ou seja, a maior parte das pessoas, têm necessariamente de viver a não ser que o governo tome medidas para o evitar. (WN781-2)

Neste argumento, Smith invoca o sentido de humanidade na mente do leitor e num parágrafo posterior apela às preocupações dele com a estabilidade política, referindo o perigo de as pessoas sem educação darem ouvidos a demagogos. Proporcionar instrução aos "níveis inferiores" iria torná-los "menos passíveis" de ser influenciados por "ilusões de entusiasmo e superstição" e pelas "desordens mais horríveis". As pessoas educadas estão mais "dispostas a respeitar os seus superiores", são mais "capazes de detectar queixas interessadas de facção e agitação" e menos susceptíveis de serem "iludidas para seguirem qualquer oposição gratuita e desnecessária ao "governo". O seu argumento final era severo:

> Nos países livres, onde a segurança do governo depende muito do juízo favorável que o povo pode formar da sua conduta, deve certamente ser da máxima importância que o povo não o julgue de forma apressada e caprichosa. (WN788)

Só os filhos varões de pais ricos eram educados formalmente; a educação das crianças pobres esperava que abundância chegasse às suas famílias (embora a educação dos pobres na Escócia fosse melhor na época do que na Inglaterra e ajudasse à mobilidade social ascendente) e era pouco provável que uma solução de mercado abordasse o problema (WN785-6). Mas também era pouco provável que a educação se realizasse à escala sugerida por Adam Smith, a não ser que os legisladores tomassem medidas políticas que orientassem fundos públicos para este fim. O facto de defender que eles o façam sublinha a desconfiança que Smith tinha do *laissez-faire*[17].

O reconhecimento de Smith de que a despesa na educação não podia ser deixada ao *laissez-faire* tem um significado maior do que a modéstia das suas propostas. Da mesma forma, reformas modernas astutas para converter o financiamento público da educação num modo quase de mercado, por meio de cheques de educação, são de âmbito verdadeiramente smithiano.

Num parágrafo pouco notado em *A Riqueza das Nações*, Smith foi muito mais além na sua defesa da intervenção estatal do que o financiamento e prestação da educação. Propôs um pequeno passo de afastamento da visão geral de a doença ser aceite como a sorte que coube aos infortunados que sofrem os seus efeitos, com a ideia de o Estado disponibilizar um financiamento modesto para mitigar as consequências de certas doenças. E, curiosamente, fez isto sem ver uma vantagem comercial directa nesta acção. Se adoptada, era inevitável que o leque de intervenções estatais na prestação da saúde iria, com o tempo, expandir-se.

Aborda esta questão através de uma discussão dos atributos de um "cobarde", um homem incapaz de se defender ou de se vingar. Primeiro propõe uma solução para a "mutilação mental, deformidade e miséria" que a cobardia necessariamente implica, merecendo portanto "a mais séria atenção do governo" (WN787). Na sua discussão das antigas milícias da Grécia e de Roma, vejo uma preferência por exercícios "militares e de ginástica" regulares e obrigatórios e instituí-los na Grã-Bretanha requeria fundos e recursos (por exemplo, instrutores e campos públicos sob a supervisão do magistrado local) (WN696, 786). Curiosamente, mas não tão curiosamente como o resto da frase:

> Da mesma forma que evitar o contágio da lepra ou de qualquer outra doença desprezível e ofensiva, ainda que não seja nem mortal nem perigosa, mereceria a sua mais séria atenção; embora, talvez, nenhum outro bem público resultasse desta atenção senão a prevenção de um mal público tão grande. (WN787)

Defender despesas públicas no tratamento da doença mais infame abre as portas a mais financiamento para a saúde pública física e mental, para doenças menos debilitantes. Que Smith tenha incluído o tratamento da doença, bem como a educação, na sua discussão sobre despesas públicas sugere uma mente mais flexível do que a da sua imagem moderna e em grande parte inventada como expoente do *laissez-faire*.

O comentário final sobre uma despesa necessária para o governo funcionar era a despesa que apoiava "a Dignidade do Soberano". Esta era uma despesa necessária numa sociedade rica e melhorada, onde "todos os níveis diferentes" eram "todos os dias mais caros nas suas casas, na sua mobília, nas suas mesas, no seu vestuário e no seu equipamento". As despesas do soberano "necessariamente" iriam crescer quando este também adquirisse estes artigos, para "se manter na moda" e para apoiar a sua "dignidade elevada". Despesas semelhantes seriam necessárias para corresponder à "dignidade" de qualquer outro chefe de Estado e também para todos os representantes do país, financiadas pelas receitas fiscais (WN814).

Receitas públicas

Qualquer que fosse a quantia gasta pelo Estado para cumprir os seus três deveres principais, o dinheiro tinha de ser angariado por um meio ou outro, com "o povo a contribuir com uma parte do seu próprio rendimento privado, de maneira a formar receitas públicas para o soberano e para o bem comum" (WN824). A tributação dos rendimentos privados das pessoas era a fonte principal de receitas do governo. Smith não tinha grande opinião da capacidade comercial dos soberanos e ainda menos da capacidade dos mercadores, destacando os da Companhia das Índias Orientais com desprezo particular, pois eram "maus comerciantes" e "maus soberanos" (WN819). Smith destacou "máximas" (não "cânones"!) para um sistema justo de tributação: igualdade, certeza, conveniência e economia[18]. Em resumo, os súbditos deviam

- contribuir com impostos "tão proporcionais quanto possível às suas respectivas competências, ou seja, proporcionais ao rendimento de que gozavam sob a protecção do Estado";
- a quantia do imposto a pagar devia ser correcta e não arbitrária, porque a desigualdade "não é nem de perto um mal tão grande como um grau muito pequeno de incerteza";

- os impostos deviam ser cobrados na altura mais conveniente, como a altura em que uma pessoa compra mercadorias que atraem imposto, ou em que recebe a renda, ou em que importa os produtos;
- os impostos deviam ser "planeados de forma a tirar e a manter fora dos bolsos das pessoas tão pouco quanto possível, além do que traz para o tesouro público do Estado" (WN825-6).

Smith não reivindicou a originalidade das máximas (muitas vezes incorrectamente etiquetadas como as "suas máximas" ou, pior ainda, os "seus cânones"); pelo contrário, salientou que as máximas já tinham sido levadas por outros "à atenção de todas as nações" (WN827).

O Professor Stigler aplicou a sua versão do alegado princípio smithiano de "auto-interesse" à política de finanças públicas[19] e comentou que tinha ficado confuso com os exemplos abundantes que Smith dá dos fracassos do auto-interesse para justificar os comportamentos políticos dos legisladores. Os "cânones[!] da tributação", se adoptados por um Chanceler do Tesouro, escreve Stigler ironicamente, "garantir-lhe-iam pelo menos a admiração temporária dos professores de filosofia moral, mas este é um público reduzido e notavelmente inconsistente sobre o qual formar um partido."[20] Stigler errou no ponto de Smith. As máximas eram simplesmente orientações para a política de tributação, e não soluções firmes para ela, e seguramente não eram descrições de legislação passada ou actual. Os regimes actuais de tributação são o produto de muitas legislaturas passadas, cada uma delas consistindo em grupos de interesse "eleitos", indivíduos filiados e homens do partido que têm povoado os assentos das legislaturas britânicas e estrangeiras desde o século XVIII. Os "dois cânones" substituídos por Stigler devido às "máximas de Smith" têm um certo ar de modernidade política: "O sistema de receitas não pode fazer perigar o apoio político do regime" e "O sistema de receitas não tem de fazer perigar o apoio político ao regime" e "O sistema de receitas tem de criar rendimento."[21]

Na época de Smith, quando um governo alcançava os votos dos parlamentares necessários (muitos dos quais eram deputados com interesses agrícolas) era improvável que enfrentasse a ira eleitoral dos (poucos) eleitores registados que pudessem estar contrariados com o que tinha sido votado. As circunstâncias da política eleitoral na Grã-Bretanha do século XVIII produziam programas legislativos confusos para os grupos de interesse beneficiários que Stigler compilou e pela necessidade, a que Smith aludiu, de aplicar as máximas à cobrança de receitas tão praticável quanto possível nas circunstâncias, se nos lembrarmos que dos 26 exemplos da lista de Stigler, 19 não eram medidas fiscais[22].

Alan Peacock criticou as declarações de Stigler:

> uma coisa é empregar os talentos comerciais e políticos na promoção do auto-interesse numa sociedade que aceitou a necessidade de competição como forma de canalizar o auto-interesse para os objectivos da sociedade e outra é fazê-lo em condições onde abundam privilégios de monopólio bem estabelecidos[23].

Curiosamente, Stigler critica a preferência claramente afirmada e de longa data de Smith por persuasão moral: "na melhor das hipóteses, é um método extraordinariamente lento e incerto de alterar políticas; no pior dos casos, pode conduzir a políticas que fazem perigar a sociedade"[24]. Se é pouco provável que a persuasão funcione, o que estava o Professor Stigler exactamente a sugerir?

O fracasso do governo

Não é sensato pôr de lado o reconhecimento de Smith dos fracassos manifestos do governo e das suas agências no desempenho dos papéis que assumiram no século XVIII. Foi a partir de conceitos da fraqueza da acumulação primitiva de capital no início dos mercados comerciais que viu um papel para o governo usar alguns dos fundos que cobrava (na verdade, poupanças forçadas das receitas fiscais) para projectos públicos e foi devido a fracassos governamentais na administração de projectos que tomou uma atitude cautelosa, quando considerou atribuir ao governo qualquer papel que não podia ser deixado aos mercados competitivos. Como de costume com Smith, não é correcto atribuir-lhe visões claras e dogmáticas, relevantes para os debates persistentes de "mercados *versus* governos" dos séculos seguintes.

Há duas considerações para avaliar a eficácia de um grande projecto de obras públicas: embora "possa ser vantajoso ao mais alto grau para uma grande sociedade", nunca pode "reembolsar a despesa a um indivíduo, ou pequeno número de indivíduos" para o concretizar e manter (WN24). O custo de realização de um projecto de obras públicas tem de ser considerado em separado do custo para o manter em boas condições de funcionamento. Se os privados não conseguem angariar o capital para realizar ou manter obras públicas vantajosas (boas estradas, pontes, canais navegáveis e portos – embora haja excepções individuais bem documentadas) para facilitar o comércio em todos os países – então quem consegue? O governo é a única opção, embora esta conclusão desqualificada não resolva os problemas reais do fracasso do governo em áreas importantes como a eficiência, a corrupção e o desvio de capital escasso para usos improdutivos, em detrimento do crescimento económico nacional. Estas considerações financeiras levam-nos ao cerne do conceito de fracasso do governo e Smith tinha muito a dizer sobre a realidade destes fracassos.

Pondo de lado os custos de realização de obras públicas, Smith considera o problema da sua manutenção (uma fraqueza importante actualmente nos países em desenvolvimento). As estradas e as pontes necessitam de manutenção e de reparações regulares, os canais e os portos precisam de dragagem para serem navegáveis e os beneficiários destas obras deviam pagar pequenas portagens para as usar. As carruagens que usam estradas e pontes com portagem podem pagar de acordo com o seu peso (WN724) (embora Smith também proponha a cobrança de acordo com o valor dos seus conteúdos, para fazer com que os ricos contribuam "de uma forma fácil para aliviar os pobres",WN725), os canais navegáveis, pelo número e tonelagem dos batelões e os portos pela tonelagem carregada para dentro do barco ou descarregada dos barcos que os abrigam (WN724).

A estas obras públicas Smith acrescenta a cunhagem de moeda que "alivia a sua própria despesa" e o correio que, "para além de aliviar a sua própria despesa, proporciona em quase todos os países receitas muito consideráveis para o soberano" (WN724). Em todos estes casos os beneficiários identificam-se por usarem as instalações com as suas despesas aliviadas por taxas moderadas. Parece, nota ele, "pouco possível inventar uma forma mais igualitária de manter estas obras" (WN724-5). Os consumidores finais, os derradeiros beneficiários, devem pagar as portagens e também estas são igualitárias.

Por causa da ligação directa entre a necessidade de uma estrada, ponte, canal ou porto e o comércio que por eles passa, estes deviam ser construídos apenas onde são necessários com a "sua grandeza e magnificência" determinada por aquilo que "o comércio pode pagar". O capital desviado para a sua construção não devia ser investido em estradas com pouco interesse comercial ou "onde ninguém passa". As obras públicas financiadas por "outras receitas que não as que elas mesmas são capazes de gerar" são esbanjadoras (WN725).

Os privados podem ser levados, por lucro pessoal, a manter a estrada ou o canal devidamente reparado e em boas condições e os comissários públicos podem negligenciar aquilo que não é deles, dependendo da noção que têm de dever público. Os comissários públicos podem dissipar portagens em "despesas ornamentais e desnecessárias", permitindo ao mesmo tempo que "partes essenciais do trabalho [...] fiquem em ruínas" (WN725-6). Os proprietários privados de uma estrada principal "podem negligenciar completamente a reparação de uma estrada e no entanto continuar a cobrar as mesmas portagens", tornando-se necessário que a estrada "seja posta sob a gestão de comissários ou curadores" (WN726). Smith não era dogmático quanto a estes assuntos. A utilidade, não o princípio, era decisiva aqui, tal como no resto, e a decisão devia recair na gestão que funcionasse melhor ou "menos mal" nos diferentes casos e circunstâncias.

Levanta-se um problema diferente na gestão pública: o desvio das suas receitas excedentárias sobre custos para cumprir as "exigências do Estado". Poucos governos conseguem resistir à tentação de inventar novas formas de aumentar as suas receitas e de as gastarem. As estradas com portagens saem prejudicadas quando os proprietários privados ou os comissários governamentais as construíram para obter receitas gerais ou lucros, com ambas as agências a repararem inadequadamente as estradas e agindo como um "fardo muito grande" no comércio interno de um país (WN727-8). A diferença entre operadores incompetentes privados das cabines de portagem e os operadores governamentais incompetentes é que os operadores privados podem ser substituídos, mas é mais difícil fazer com que o governo gaste as receitas da portagem apropriadamente, e quanto maiores forem as receitas cobradas pelos "curadores" nomeados pelo governo, maior será a dificuldade de alterar os seus comportamentos (WN729).

As diatribes de Smith contra monopólios de qualquer género implicavam uma necessidade de vigilância, que por sua vez implicava intervenções das organizações do Estado para observar, avaliar e decidir se se tinha de fazer alguma coisa para impedir que se estabelecessem monopólios e/ou que estes aparecessem por defeito ou por descuido. As intervenções deveriam ser produtivas; não se deve impor a ninguém a maneira de investir o seu capital ou mão-de-obra, mas também não se deve agir não competitivamente. Não há dúvida de que os concorrentes procuram formas de reduzir a competição e se a conduta deles não for vigiada, o seu auto-interesse inevitavelmente vai fazer com que eliminem ou controlem a rivalidade competitiva.

Para policiar a economia competitiva de um país requer-se a disponibilidade de instrumentos de intervenção (legislação, inspecção, policiamento, tribunais e justiça), bem como o desejo hipotético e a intenção de permitir que a justiça siga o seu curso.

Além disto, os deveres do soberano introduziram na narrativa de Smith propósitos específicos e deliberados para os quais eram necessários fundos estatais. O sector da defesa era um negócio sério e caro e todas as décadas ficava mais caro (WN798). A justiça criava empregos financiados publicamente para os tribunais e seus funcionários (escrivães, mensageiros, juízes, chefes da polícia, carcereiros, solicitadores, advogados, escribas legais e escrivães). As despesas da justiça estavam condenadas a crescer com o rápido aumento no número de Leis do Parlamento no final do século.

Se as modestas reformas educativas de Smith tivessem sido concretizadas, o orçamento anual para a educação teria crescido significativamente. A existência de "pequenas escolas" em todo o país exigia um grande aumento na despesa com edifícios e em salários para assegurar, pelo menos, um professor por cada escola "pequena". Passou obviamente um século ou mais antes de a escolaridade nacional obrigatória ter entrado em vigor[25].

Despesas públicas

A abordagem de Smith às despesas públicas, incorridas, mantidas e financiadas pela tributação governamental só raramente é referida nos discursos modernos. A questão está mais presente na economia moderna porque agora as dívidas públicas são um enorme elemento das finanças públicas, por vezes avolumando-se de tal forma que chegam a causar problemas graves na economia, contribuindo para o não cumprimento do pagamento de dívidas internacionais. As despesas públicas preocupavam Smith na sua análise da economia política mercantilista, a que aplicou a sua habitual abordagem histórica.

Nas sociedades pré-comerciais, quando havia poucos ou nenhuns luxos manufacturados para comprar, as pessoas ricas tinham opções limitadas para dispor dos seus produtos agrícolas excedentários acima do seu próprio consumo. Os excedentes consistiam em "comida simples e vestuário grosseiro, em cereais e gado, em lã e couros" e tudo o que elas podiam fazer com estes artigos excedentários era "alimentar e vestir tantas pessoas quantas eles alimentavam e vestiam". Podiam gastá-los em "hospitalidade" com os assalariados, servos ou inquilinos favoritos e em diversões como "lutas de galos". Dada a sobrevivência multigeracional dos "grandes detentores de terra", Smith viu nisto um sinal de que cada geração tendia a viver dentro dos seus meios, vendendo o pouco que não distribuíam e guardando as receitas. As normas sociais não viam com bons olhos os empréstimos contra juros (usura), de forma que este aspecto das suas finanças era socialmente ineficiente (WN907-8). Os soberanos tinham o mesmo problema que os senhores – "quase não havia nada" em que gastar os seus excedentes, "a não ser na generosidade para com os seus inquilinos, na hospitalidade para com os seus assalariados" e no aumento dos seus "tesouros" (WN908).

Nos tempos mais duros que os países enfrentavam, com vizinhos invejosos e gananciosos, as pretensões ao trono feitas por linhagens superiores e os receios de apropriação por ambiciosos soberanos vizinhos davam origem a guerras. Enquanto a paz impunha a "necessidade de parcimónia", a guerra requeria os fardos da dívida para gerir a mudança. Smith calculou que a despesa de guerra custava três ou quatro vezes mais do que manter uma força defensora em tempos de paz. Além disto, como era necessário tempo ("dez a doze meses") para subir os impostos acima dos níveis existentes, era necessário contrair empréstimos a curto prazo para participar numa guerra quando ela deflagrava; esperar um ano para o exército "ser aumentado", para a frota "ser equipada" e para fornecer armas, munições e provisões às cidades com guarnições não era uma opção (WN909).

As sociedades comerciais tinham maior acesso ao empréstimo de fundos: "um país com muitos mercadores e manufactores [...] necessariamente tem um conjunto de pessoas que têm sempre no seu poder a capacidade de avançar, se o quiserem fazer, uma grande quantia de dinheiro ao governo" (WN910). A confiança que leva "grandes mercadores e manufactores" a "confiar a sua propriedade à protecção de um governo particular" também os leva a "confiar a esse governo o uso da sua propriedade". E a participação num empréstimo destes aumenta a segurança deles porque é um risco menor do que conceder empréstimos a outros mercadores em tempos normais. Contudo, os governos com acesso a estes fundos sentiam menos pressão para serem parcimoniosos e demonstravam menos tendência para poupar (WN910-11).

O hábito de contrair empréstimos era apelativo porque representava uma alternativa conveniente à imposição de impostos adicionais para financiar contingências por altura de tensões internacionais crescentes, o que poderia causar "repugnância" por um movimento de guerra entre a população. Na ausência de custos de guerra directos e visíveis, as pessoas quase "não são incomodadas pela guerra" e "desfrutam, com conforto, do divertimento de lerem nos jornais os feitos das suas frotas e exércitos" que produzem "mil esperanças visionárias de conquista e glória nacional" (WN920).

A análise de Smith mostrou a forma como países se enredavam em dívidas cada vez maiores devido aos empréstimos contraídos. Na realidade, o dinheiro emprestado ao governo transfere reivindicações da manutenção de trabalho produtivo para trabalho improdutivo ("para ser gasto e perdido") e se esta transferência se tornar significativa por ser "retirada de certos usos para ser transformada noutros" (WN924), "sem dúvida impedirá mais ou menos a continuação da acumulação de novo capital" (WN925). Uma desvantagem de se financiar despesas de guerra por tributação em vez de se contrair empréstimos é que as pessoas sentem o "fardo total" da guerra logo quando ela começa e "em breve ficariam fartos dela". Isto poderia ter o efeito de as pessoas pensarem cuidadosamente antes de se comprometerem a "exigir gratuitamente a [guerra] quando não existe uma razão sólida e real para se lutar" (WN926).

A fonte original para se recorrer a empréstimos era a necessidade inescapável de aumentar a tributação pública insuficiente para cobrir as necessidades de financiar as despesas cada vez maiores com a defesa. Da sua compreensão daquilo que era provável que fossem os requisitos contínuos e crescentes, Smith virou a sua atenção para o gasto das receitas adicionais. Se a defesa era um requisito importante, era natural que se analisasse o rendimento gasto. Smith viu a anomalia de o império britânico ser defendido a um custo financiado pelo público britânico, embora o teatro de guerra estivesse localizado no estrangeiro e as populações britânicas ultramarinas não contribuíssem para os custos da guerra que as protegia de ameaças e intrusões de poderes estrangeiros europeus, principalmente da França e da Espanha e, no início, a leste do cabo da Boa Esperança, dos Holandeses.

A solução de Smith era alargar o fardo fiscal a todo o império. Isto esbarrou imediatamente num problema constitucional, porque a "constituição" britânica não admitia representação das colónias (nem da Irlanda até 1801). Smith já tinha aludido à possibilidade de as colónias terem representação em função das suas contribuições fiscais (WN622-7) e referiu que "o interesse privado de muitos indivíduos poderosos" e os "preconceitos confirmados de muitas pessoas parecem" actualmente opor-se a esta grande mudança e estes obstáculos "podem ser muito difíceis, talvez até totalmente impossíveis de ultrapassar" (WN633-4). Por causa disto, especulou que a proposta para "aplicar as leis alfandegárias" às colónias devia ser acompanhada de uma proposta, "como em justiça devia ser, com uma ampliação do comércio livre". Isto iria criar um "imenso mercado interno para todos os produtos de todas as províncias diferentes", que "em breve compensaria tanto a Irlanda como as plantações por tudo o que pudessem sofrer devido ao aumento das taxas aduaneiras" (WN935). Iria produzir receitas que em poucos anos podiam "acabar com a dívida" e assim "restabelecer completamente o vigor debilitado e decadente do império" (WN938).

Smith chegou a esta posição a partir da sua crítica à economia política mercantilista, em que o domínio da relação mercantilista com as colónias era um factor importante. Os acontecimentos na América criaram a oportunidade de acabar com o fardo económico americano de desviar capital britânico para investimentos "artificiais", em detrimento da acumulação "natural" de capital. Outros chegaram a uma posição semelhante, favorecendo a separação, ainda que por razões diferentes, como Edmund Burke[26] em 1775, que defendia a reconciliação, e Josiah Tucker, que já em 1774 tinha defendido que se deixasse a América[27].

Smith considerou a sua própria proposta justificada, porque a dívida era contraída para assegurar aos "protestantes da Irlanda" a autoridade de que eles desfrutavam "no seu próprio país" e à qual "diversas colónias da América" devem "as suas concessões actuais" e a "liberdade, segurança e propriedade de que têm sempre desfrutado".

CAPÍTULO 14

O legado de Adam Smith

Introdução

O legado de Adam Smith tem atraído muita bagagem falsificada que tem pouco a ver com o que é reconhecidamente seu. Separar o seu legado daquilo que lhe tem sido atribuído é, em si mesmo, uma tarefa bastante controversa[1].

Em vez de fazer um relato exaustivo do seu legado, escolhi duas das suas áreas: primeiro, até que ponto Adam Smith foi um expoente do *laissez-faire*, questão ainda hoje importante na medida em que demarca duas escolas modernas de economia política; e segundo, quais eram as suas opiniões sobre a redistribuição de rendimentos para aliviar tensões entre a desigualdade da pobreza e da riqueza, tema que permanece uma "grande questão" no século XXI.

O fim *do* laissez-faire[2]

O *laissez-faire* foi erradamente associado a Adam Smith, quer como um adjectivo composto hifenizado, quer como substantivo. Jacob Viner (1892-1970)[3] baseando-se apenas em *A Riqueza das Nações*[4], mostrou que Adam Smith está longe de ser um ideólogo do *laissez-faire*. O *laissez-faire* tem mais a ver com a "Escola de Manchester" do século XIX e com os seus descendentes do que com Adam Smith[5]. Viner observou, com o seu característico humor sardónico, que "se encontram nesse livro tão católico vestígios de toda a espécie possível de doutrinas e um economista tem de ter na verdade teorias peculiares para não conseguir tirar uma citação de *A Riqueza das Nações* para apoiar os seus propósitos especiais"[6].

Smith identificou uma série de iniciativas legislativas relativamente grande para restabelecer ou iniciar as formas naturais de liberdade e apontou o que estava errado na economia mercantilista. Muito tinha de ser feito, incluindo a abolição do Estatuto de Aprendizado, a revogação das leis de primogenitura e de herança para permitir o comércio livre no país, comércio livre nacional e abolição das taxas aduaneiras locais, comércio livre internacional através da abolição de taxas, prémios e protecções mercantis, bem como das companhias comerciais concessionadas. Viner identificou o tema central de Smith – "que estas várias restrições e regulamentos são represensíveis, porque contribuem para impedir o comércio, o trabalho ou o capital de seguirem os canais que deveriam seguir, ou porque atraem para espécies particulares de indústrias uma porção maior dos factores do que normalmente seriam utilizados nelas". Nestes casos há um conflito entre os interesses privados e públicos, porque a interferência do governo, "em vez de promover, impede, embora não evite necessariamente o alcance da abundância", enquanto "num sistema em liberdade natural" haveria harmonia[7].

Viner, controversamente na minha opinião, concluiu que o *laissez-faire* "tinha sido alcançado" na Grã-Bretanha, com a ressalva de que infelizmente "a maior das suas vitórias, o estabelecimento do comércio livre no comércio internacional, enfrentou a sua primeira ameaça séria em sessenta anos" (desde 1868)[8]. O *laissez-faire* converteu-se numa ideologia política e de campanha no século XIX, mas não tinha conquistado amplamente a Europa. Campanhas pela lei das dez horas e por restrições ao trabalho infantil, bem como as reformas tentadas pela Inspecção Fabril, parecem indicar que o *laissez-faire* não servia os interesses do trabalho([9]). Viner concluiu que Smith reconheceu muitos casos em que eram necessárias excepções à doutrina da harmonia natural, que não explicitou. Ignorando as muitas excepções e usando citações selectivas, era inevitável que uma descrição incompleta do pensamento de Smith ganhasse credibilidade no século XX.

Smith reconheceu que os conflitos entre interesses privados e públicos corroíam o argumento em favor do *laissez-faire*. O argumento de que os mercados livres resolveriam estes conflitos com efeitos secundários menos desagradáveis do que outras forma de intervenção era pouco convincente na prática. Onde se deve definir a fronteira entre o voluntarismo do mercado e a compulsão do Estado é uma questão perene e ainda por resolver.

As obras de Smith eram um tratado sistemático sobre "filosofia social" e "tratado[s] da época"([10]). Smith tentou persuadir legisladores, e aqueles que os influenciavam, a acabar com muitas intervenções legislativas existentes e deixou "à sabedoria dos estadistas e legisladores futuros que determinasse" o que os deveria substituir (WN606). Geralmente preferia que o governo controlasse intervenções que perturbassem a ordem natural e que encorajasse aqueles que a apoiavam([11]). Não concedeu ao governo qualquer dever de "supervisionar a economia dos privados" (WN346), nem era provável que o "governo de Inglaterra" conseguisse conduzir uma "administração parcimoniosa", dado que em tempos de paz "geralmente se comporta com [...] profusão indolente e negligente" e em tempos de guerra tem "constantemente agido com toda a dissipação descuidada" que um governo pode demonstrar (WN818).

Aos papéis atribuídos ao governo (defesa, justiça, obras públicas e instituições e a "dignidade dos soberanos") Smith acrescentou outros de natureza mais controversa. Para alguns defensores do *laissez-faire* é uma questão de princípio fundamental e para outros uma disputa de fronteiras. Entre esses papéis, Smith identificou os seguintes:

- as Leis da Navegação, abençoadas por Smith sob a afirmação que "contudo, a defesa é muito mais importante que a abundância" (WN464);
- marcas esterlinas nas placas e selos nos tecidos de linho e de lã (WN138-9);
- fazer cumprir os contratos através de um sistema judicial (WN720);
- salários pagos em moeda e não em bens;
- regulamentos do papel-moeda no sistema bancário (WN437);
- obrigação de se construir paredes divisórias para evitar que o fogo se espalhe (WN324);
- direitos dos agricultores para mandarem produtos agrícolas para o melhor mercado (a não "na mais urgente necessidade") (WN539);
- "Prémios e outros encorajamentos para desenvolver as indústrias do linho e da lã" (TMS185);
- "Polícia", ou a preservação da "limpeza das estradas, ruas e evitar os maus efeitos da corrupção e de substâncias putrificantes";
- assegurar o "baixo preço e grande quantidade [de provisões]" (LJ6; 331);
- patrulhas feitas por guardas urbanos e bombeiros para vigiar acidentes perigosos (LJ331-2);
- erigir e manter certas obras públicas e instituições públicas orientadas para facilitar o comércio (estradas, pontes, canais e portos) (WN723);
- cunhagem de moeda (WN478; 1724);
- correios (WN724);
- regulamento de instituições, como estruturas de empresas (empresas em sociedade anónima, co-parcerias, empresas regulamentadas, etc.) (WN731-58);
- monopólios temporários, incluindo os direitos de autor e patentes, de duração fixa (WN754);
- educação da juventude ("escolas de aldeia", concepção do *curriculum*, etc.) (WN758-89);

- educação das pessoas de todas as idades (dízimo ou imposto sobre a terra) (WN788);
- encorajar "a frequência e a alegria de diversões públicas" (WN796);
- prevenção da "lepra e de outras doenças repugnantes e ofensivas" (WN787-88);
- encorajar exercícios marciais (WN786);
- registo de hipotecas de terras, casas e barcos com mais de duas toneladas (WN861; 863);
- restrições governamentais ao juro dos empréstimos (leis de usura) para ultrapassar a "estupidez" dos investidores (WN356-7);
- leis contra emissão de notas promissórias de baixa denominação por bancos (WN324);
- liberdade natural pode ser violada se indivíduos "fizerem perigar a segurança de toda a sociedade" (WN324);
- limitar a "exportação livre de cereais" apenas "aos casos da mais urgente necessidade" ("miséria" transforma-se em "fome") (WN539) e
- moderar as taxas de exportação nas exportações de lã para receitas governamentais (WN879).

Viner concluiu, sem surpresa, que "Adam Smith não era um defensor doutrinário do *laissez-faire*"([12]). Que seja necessário escrever isto 150 anos depois de *A Riqueza das Nações* para relembrar conclusivamente aos leitores do século XX que o livro continha provas específicas de violação na defesa do *laissez-faire* popularmente atribuído a Smith indica que se verificou um movimento substancial de afastamento de elementos importantes do legado de Smith entre os economistas do início do século XX. Como pode Smith ter sido tão intimamente associado às políticas do *laissez-faire* quando tão clara e explicitamente não era seu defensor([13])?

De onde veio a ideia do *laissez-faire*? Não surpreendentemente, as palavras foram primeiro proferidas por um mercador no regime francês dirigista de M. Jean-Baptiste Colbert

(1619-83), o ministro francês das Finanças no tempo de Luís XIV. O nome do mercador era Le Gendre, descrito[14] como o mercador "mais sensível e bem-falante"; ao que tudo indica, terá respondido à pergunta "*'Que faut-il faire pour vous aider?*' (Como podemos ajudar-vos?) com "*Laissez nous faire*" (Deixe-nos fazer sozinhos). Colbert foi um ministro das Finanças célebre pelo seu licenciamento, inspecção e controlo opressivos dos mercadores, personificando a burocracia francesa no seu pior (*plus ça change…*).

Jean Vincent, senhor de Gournay, popularizou uma versão do apelo de Le Gendre para ser libertado de regulamentos mesquinhos, mas o marquês d'Argenson (1694-1757) – que era um promotor activo da teoria económica e um membro do primeiro clube (*salon*) de economia, o Clube d'Entresol (1726) – foi o autor que agarrou nas palavras de Le Gendre, largou o "nós" e transformou o *laissez nous faire* (deixe-nos fazer sozinhos) em *laissez-faire* (deixe fazer) e num princípio de política económica. Foi também o ministro dos Negócios Estrangeiros de França na corte de Luís XV durante dois anos. Não publicou as suas ideias, mas fê-las circular como era costume, em manuscritos, pelos intelectuais franceses. Para governar melhor, dizia ele, tem de se governar menos. A verdadeira causa do declínio das nossas manufacturas, declarou, é a protecção que lhes damos. Curiosamente, François Quesnay, por exemplo, não incluiu *laissez-faire* no seu *Máximas Gerais de Governo*[15].

A expressão *laissez-faire* foi usada pela primeira vez em inglês por George Whatley, um contemporâneo, amigo e correspondente de Benjamin Franklin, em 1774[16]. Keynes referiu que Jeremy Bentham usou a expressão "laissez-nous faire" em 1793[17]. Bentham, que não era economista, adaptou "a regra de *laissez-faire*, na forma em que os seus avós a conheciam", à filosofia utilitária. Por exemplo, em *Um Manual de Economia Política*, Bentham escreve: "A regra geral é que nada deve ser feito ou tentado pelo governo; o mote ou máxima do governo nestas ocasiões deveria ser: está quieto. O pedido que a agricultura, manufactores e comércio apresentam aos governos é tão modesto e razoável como o que Diógenes fez a Alexandre, *o Grande*: "Sai da frente do meu sol."[18]

Da defesa de Bentham em 1798 da sua versão inglesa do *laissez-faire* ("deixar fazer") chegamos à defesa de Keynes em 1926 de algo que nem é *laissez-faire* nem socialismo de Estado:

> Vamos tirar do terreno os princípios metafísicos ou gerais sobre os quais de vez em quando o *laissez-faire* tem sido apoiado. *Não* é verdade que os indivíduos possuam uma "liberdade natural" dogmática nas suas actividades económicas. Não existe qualquer "cláusula" que confira direitos perpétuos aos que Têm ou aos que Adquirem. O mundo *não* é tão governado a partir de cima que os interesses privados e sociais coincidam sempre. *Não* é tão gerido a partir de baixo que na prática eles coincidam. *Não* é correcto deduzir dos Princípios da Economia que o auto-interesse iluminado funcione sempre no interesse do público. Nem é verdade que o auto-interesse *seja* geralmente esclarecido; com frequência, os indivíduos que agem separadamente para promover os seus próprios fins são demasiado ignorantes ou demasiado fracos até para obter estes. A experiência não mostra que os indivíduos sejam mais visionários quando compõem uma unidade social do que quando agem separadamente[19].

Sinto que o cuidado de Keynes de, em vez de agir de acordo com um princípio absoluto, inabalável, de uma forma ou outra, numa escolha entre "*laissez-faire*" absoluto *versus* socialismo de Estado, é algo com que Smith teria concordado[20]. No entanto, nas circunstâncias actuais, varrer o *laissez-faire* não é sequer uma opção a considerar e o socialismo abrangente está desacreditado.

Porém, o legado de Smith deixa espaço para intervenções financiadas e possivelmente geridas pelo Estado, como as despesas em saúde que abordou tão ao de leve (WN787-8). Em todas estas discussões Smith iria perguntar às gerações de hoje:

"Para que fins estão a propor a possibilidade de financiamento do Estado?" e "Não poderiam estes ser realizados ou geridos de forma diferente por organizações privadas?" A medida orientadora smithiana, como sempre, seria não um "princípio" abstracto, mas "o que funcionar". A aceitação das respostas dependeria de "méritos do detalhe" e não do facto de isso expandir ou reduzir as fronteiras entre os sectores público e privado, principalmente porque a dificuldade destacada por Smith, de que os privados não conseguiriam angariar as enormes quantias de capital envolvidas em obras e instituições públicas bastante modestas, já não é válida.

Um elemento importante no legado de Adam Smith é o da liberdade natural, mencionado diversas vezes em *A Riqueza das Nações* e algumas pessoas inventaram uma ligação, ou pior, uma identidade entre estas duas ideias muito diferentes[21].

A liberdade natural tem um papel muito maior na sua filosofia moral do que de mero sinónimo da economia *laissez-faire*. O Direito Natural era sobre o direito humano individual fundamental de protecção pela virtude negativa da justiça, de acções destrutivas de outros na sua pessoa, reputação e propriedade e o seu "direito de traficar com aqueles que estão dispostos a lidar com ele" (LJ8). Era a base pela qual todas as sociedades e regimes políticos eram julgados. Não estava ligado a nenhuma sociedade, regime ou economia específicos. *Laissez-faire* não era uma política com a qual se pudesse concordar, ou concordasse, completamente. As suas suspeitas, para não dizer pior, da conduta provável (e bem conhecida na realidade) dos "mercadores e manufactores" são claras e bem afirmadas. Smith dá muitos exemplos de violações à liberdade natural feitas por governos persuadidos pelo "sofisma" de "mercadores e manufactores" para fazerem valer os seus privilégios de monopólio. Não era suficiente libertar todos os comércios por declamação virtuosa; o sistema de justiça era necessário para impedir que "mercadores e manufactores" regressassem a condutas erradas pelas quais eram famosos, ou que começassem a adoptá-las. Esta é a falácia intrínseca do *laissez-faire*; requer que os governos a façam valer e também que controlem o comportamento e as actividade das agências financiadas pelo Estado, que agem monopolisticamente.

Smith, tal como Hume, seguiu a tradição filosófica escocesa ao afirmar que "por natureza o homem era uma criatura que não podia viver sem sociedade" e portanto "não podia viver sem leis". O homem é uma pessoa legal com "direitos" que "têm de ser definidos e protegidos por leis públicas" e como tal, a sua primeira preocupação não é "a arte de governar mas sim a busca racional das suas preocupações e interesses privados"[22]. Smith escreveu que Grócio tinha sido o primeiro a tentar "dar ao mundo algo parecido com um sistema desses princípios que deviam ser transversais e a base das leis de todas as nações; e o seu tratado de leis de guerra e paz, com todas as suas imperfeições, é talvez até hoje a obra mais completa que se fez sobre este assunto" (TMS341-2; LJ397, n1)[23].

Descreveu o que queria dizer com liberdade natural, enquanto estabelecia os papéis legítimos do Estado (não dos mercados!), que em A *Riqueza das Nações* é associado a uma agenda surpreendentemente grande, com o corolário de que financiá-la seria um requisito inescapável para um nível relativamente alto de receitas fiscais e contracção de empréstimos. Neste caso, Smith usou as suas ideias sobre liberdade natural para enuciar os deveres do governo de respeitar a justiça, não o *laissez-faire*, e julgar o seu desempenho contra o padrão de liberdade natural aplicável por lei, como um padrão para "aqueles princípios que devem ser transversais e os fundamentos das leis de todas as nações" e de qualquer forma de governo e não só de um modo de subsistência específico". A aplicação de Smith do Direito Natural não era uma agenda libertária, embora também não fosse uma agenda governamental "grande". Na realidade, Smith confirmou que a sua noção de liberdade natural era consistente com tributação pública significativa e com despesas governamentais regulares, ideias que não estão normalmente associadas aos defensores do *laissez-faire*.

Na sua crítica aos fisiocratas franceses, centrou-se no seu erro estratégico de "preferirem a agricultura a todos os outros usos" e para a promover, "impor[em] restrições à manufactura e ao comércio internacional". Desta forma, se um governo francês adoptasse as suas políticas, iria "agir contrariamente ao fim a que se propõe e, indirectamente, desencorajar os tipos de indústria que queria promover" (WN686). E para cujo erro o *laissez-faire* por si só não era solução.

Smith escreve que "o sistema óbvio e simples de liberdade natural se estabelece por seu próprio acordo". Portanto, a liberdade perfeita não é um estado prévio ou histórico da sociedade antes de esta ser corrompida por ataques às suas instituições; é um estado social hipotético estabelecido "por seu próprio acordo" se "se retirar completamente" os sistemas de "preferência e constrangimento". É uma opção que se consegue se "as coisas forem deixadas seguir o seu curso natural" e se não se interferir com acções contrárias ou políticas impostas por decreto ou por ordem do governo, agindo por sua conta ou por influência de grupos especiais de interesse, ou mercadores poderosos.

Sendo específico, Smith afirma que para as "coisas seguirem o seu curso natural" era essencial que "houvesse liberdade perfeita" (WN116, 135; conferir WN131), mas na Europa não existe "liberdade perfeita em lugar nenhum" (WN135). Portanto, a liberdade perfeita é uma aspiração, não uma condição histórica ou conhecida; é uma referência e não algo que alguma vez tenha existido. Mas como todos os governos intervêm em certo grau noutros, nenhuma sociedade está "em perfeita liberdade" e algumas não o estão num grau extremamente elevado.

É sempre tranquilizador lembrar que Adam Smith era principalmente um filósofo moral. Conhecia bem o Direito Natural e a jurisprudência natural, assuntos com os quais esperava que a maioria dos seus leitores estivesse à vontade, quando lhes relatasse os seus comentários sobre economia política. As suas *Palestras* abriram com uma discussão sobre "aqueles direitos que pertencem a um homem por ser homem" (LJ8) e que o expõem a danos quanto à sua pessoa, reputação e propriedade. Remete os seus estudantes para a obra de Samuel Pufendorf

[1672/1691] e traz o "direito de traficar com aqueles que estão dispostos a lidar com ele" (*libiri commercii*, ou comércio livre) para o âmbito dos direitos básicos. Os direitos perfeitos são "aqueles que temos o direito de pedir e, se recusados, obrigar outrem a cumprir" e os direitos imperfeitos são aqueles que "nos deviam ser atribuídos mas não temos o direito de pedir que sejam cumpridos" (LJ9). Podemos ser objecto de dano na nossa propriedade, que possuímos e que nos é devida por empréstimo ou contrato.

Smith disse aos seus alunos que

> o desígnio primeiro e principal de todos os governos civis é [...] preservar a justiça entre os membros do Estado e evitar todos os ataques aos indivíduos que fazem parte dele, por parte de outros da mesma sociedade. Ou seja, manter todos os indivíduos nos seus direitos perfeitos. A justiça é violada sempre que uma pessoa é privada daquilo a que tem direito e podia exigir dos outros com justiça, ou melhor, quando lhe é causado dano ou dor sem causa. (LJ8-9)

E Smith demonstra a sua mestria dos detalhes das minúcias legais na bibliografia de jurisprudência e mostra pelas suas referências a direitos naturais e perfeitos ao longo das suas obras que estes estavam profundamente enraizados no seu pensamento[24]. Os direitos de "um homem por ser homem" eram independentes do modo de subsistência e dos regimes particulares de governação a ele associados, precisamente por estarem enraizados na prática da jurisprudência a partir de "circunstâncias históricas específicas da sua emergência e desenvolvimento subsequente"[25] ao longo das quatro eras da humanidade (LJ14-16)[26].

Em *A Riqueza das Nações* vemos um padrão contra o qual ele julga as políticas mercantilistas como violações da liberdade natural, para além do seu conteúdo económico, principalmente no papel delas na distorção dos fluxos de capital. Na sua discussão dos privilégios exclusivos das corporações profissionais das cidades, que constrangem a concorrência preservando os direitos de aprendizagem e legitimando constrangimentos de mercado, transferidos como poder local para os mesmos órgãos que tinham interesse em limitar o mercado nas suas localidades, vemos o dilema da justiça natural. As consequências ao longo dos mais de 200 anos que se seguiram eram previsíveis, fosse qual fosse a intenção original; tiveram o efeito de impedir a mão-de-obra de entrar numa profissão em que de outra forma entraria e assim privaram pessoas de emprego (WN135-59). Smith relaciona este resultado com a liberdade de uma pessoa sob o Direito Natural (WN138) e continua com a inclinação das "pessoas da mesma profissão estarem juntas", referindo que "é impossível na verdade impedir tais reuniões por uma lei que possa ser executada, ou que seja consistente com a liberdade e a justiça" (WN145). De forma semelhante, ao discutir a aplicação das Leis de Estabelecimento de 1662 na Grã-Bretanha, escreveu: "Retirar um homem que não cometeu qualquer crime da paróquia em que escolheu residir é uma violação evidente da liberdade natural e da justiça". Isto expôs completamente o problema de o padrão do Direito Natural que ele e outros delinearam não se aplicar neste e em muitos outros casos, porque as pessoas ignoravam o que era ter liberdade:

> Porém, as pessoas comuns da Inglaterra tão ciosas da sua liberdade, tal como as pessoas comuns da maioria dos outros países, nunca percebem correctamente em que ela consiste; expuseram-se há mais de um século ao sofrimento desta opressão sem uma solução. (WN157)

Reconheceu que embora os "homens de reflexão" se tivessem queixado sobre a validade da Lei dos Estabelecimentos, sob a justiça natural, esta não tinha ainda levado a "nenhum protesto popular geral" embora referisse que quase não existia um homem com menos de 40 anos que não "se tivesse sentido cruelmente oprimido devido à má concepção desta lei dos estabelecimentos"

(WN157). Este tipo de passagem pode ter causado preocupação em 1793 entre o *establishment* legal, que interrogou Dugald Stewart em busca de sinais de que a obra de Smith poderia ter incitado trabalhadores a causar desordens públicas([27]).

Defendeu a "violação" da liberdade no caso de a lei impedir os bancos de emitirem notas promissórias de baixa denominação, embora a invenção de se apresentar uma nota de uma libra no Banco de Inglaterra e se receber "uma libra" em retorno quase não seja notada por milhões de utilizadores, enquanto no século XVIII a promessa era que o banco pagava no acto a denominação da nota em ouro ou prata. A tentação para emitir mais notas do que aquelas que as reservas de ouro ou prata do banco conseguiam pagar no acto fez perigar a confiança no sistema bancário, com consequências bem mais vastas para a economia.

"Regulamentos destes podem sem dúvida ser considerados, em certo aspecto, uma violação à liberdade natural. Mas o exercício de liberdade natural de alguns indivíduos que pode fazer perigar a segurança de toda a sociedade é e deve ser restringido pelas leis de todos os governos, do mais livre ao mais despótico" (WN324). Curiosamente, colocou o fardo de ultrapassar a liberdade individual tanto nos governos livres como naquele que era "o mais despótico".

Foi buscar o caso da aplicação da liberdade natural sempre que este ajudava a sua crítica da economia política mercantilista. Um exemplo notável disto foi a sua discussão sobre o restabelecimento da liberdade de comércio e a sua preocupação com a possibilidade de um "grande número de pessoas" perder os seus postos de trabalho "no seu emprego normal e no método de subsistência comum" e também enfrentar restrições sob as leis existentes, que favoreciam as profissões corporativas que regulam os estatutos de aprendizado. A sua proposta fez um paralelo com as liberdades a serem isentas destas restrições, atribuídas por vários soberanos desde 1660 aos soldados e marinheiros desmobilizados (WN470-1). Aplicou o mesmo teste de liberdade natural à sua proposta para substituir uma prática existente no comércio dos cereais e a resposta habitual do governo à miséria, que ele argumentou que acabaria por transformar a miséria em fome: "Contudo, a fome que obrigou o agricultor a exercer a profissão de um comerciante de cereais era de longe a pior das duas" (WN530-1).

Smith certamente preferia a adesão total à liberdade natural, mas não ia tão longe como Quesnay ao ver a liberdade natural como um pré-requisito no comportamento do governo para a economia funcionar (WN674).

Isto é mais que uma diferença de ênfase. Segue-se da crença de que embora a liberdade perfeita e a justiça perfeita "devessem ser transversais e o fundamento das leis de todas as nações", elas decididamente não o tinham ainda feito. Embora eminentemente desejáveis, não eram absolutamente essenciais numa forma pura. A melhoria lenta e gradual das condições de vida em relação aos séculos anteriores e para as quais Smith chamou a atenção, tinham continuado com regimes políticos diferentes, sem provas de "liberdade perfeita e justiça perfeita" em toda a escala, o que, combinado com as políticas fisiocratas para a manufactura e apesar dos seus conceitos interessantes de fluxo circular de rendimento no *Le Tableau*, significava que era óbvio para Smith que era viável uma estratégia de reforma diferente e mais modesta. Expressou isto através da rejeição firme da crença de que a "liberdade comercial" seria alguma vez restabelecida na Grã-Bretanha, quando a considerou "utópica" (WN471), e esta sua rejeição dá forma à sua abordagem mais gradual e mostra a razão pela qual tinha algum cepticismo em relação às políticas de *laissez-faire* de alguns dos apoiantes do Dr. Quesnay.

A liberdade natural era importante, mas a justiça era essencial numa sociedade comercial. Sintetizou as suas opiniões sobre o papel da justiça e indicou claramente as suas prioridades para a disseminação da abundância:

> Em resumo, o comércio e as manufacturas só raramente podem florescer num Estado em que não haja um certo grau de confiança na justiça do governo. (WN910)

E os pobres?[28]

Um dos debates mais importantes no século XXI nos países mais ricos prende-se com problemas de desigualdade de rendimentos ainda por resolver, principalmente para as pessoas mais pobres nas sociedades ricas. Não é um problema novo; tem uma longa história e não foi causado pelo fracasso de sociedades comerciais de consumo, mas sim pelo seu sucesso, porque antes da era do comércio a pobreza era universal. A segurança social nas sociedades modernas mais pobres está incluída na pobreza geral prevalecente na sociedade, excepto nas elites ricas que nela vivem. As sociedades pobres não conseguem pagar despesas de segurança social em nada que se pareça com os parâmetros praticados por alguns governos europeus e, como não se estabeleceu ainda qual o esquema (completamente estatal, parcialmente estatal, parcialmente privado e/ou completamente privado) apropriado, ou melhor, ou mesmo viável, a questão presta-se a vastas divergências de opinião, abordagem e política.

Qual é a posição de Adam Smith nestas controvérsias? Colocar esta questão não nos leva a respostas muito úteis. Na verdade, a segurança social, ou justiça distributiva, tinha um significado muito diferentes em meados do século XVIII e a opinião de Smith não era muito diferente de opiniões contemporâneas que abordavam um debate muito diferente. As versões modernas de justiça distributiva não faziam parte da agenda das primeiras economias comerciais então a emergir. A ideia da redistribuição directa por via do Estado para aliviar a pobreza não surgira ainda, embora a noção de redistribuição surgisse nos ensinamentos morais sobre caridade privada, esmolas e actos para minorar o sofrimento grave. Nesta época acreditava-se que a sociedade precisava de ser altamente estruturada e que as pessoas pobres estavam destinadas a permanecer pobres e os ricos a permanecer ricos[29]. Adam Smith era uma voz que contestava estas crenças, embora elas estivessem amplamente disseminadas e as autoridades religiosas as subscrevessem. Houve muito mais pessoas com uma atitude diferente depois de Smith morrer do que antes de ele ter nascido.

Samuel Fleischacker[30] traça uma história concisa do significado de justiça distributiva, tal como este conceito foi pensado por Platão, Aristóteles, Agostinho, Tomás de Aquino e pela tradição cristã, bem como por Grotius e Pufendorf e todos os que se seguiram a Smith. Resumir mais de dois mil anos de filosofia aqui seria um feito heróico. Em vez disso, apresentarei a perspectiva de Smith para que se possa perceber como o problema da justiça distributiva ficou diferente depois de alguns comentários hesitantes de Smith.

Smith escreve que os "direitos perfeitos" ou "justiça comutativa" podem ser aplicados num sistema de jurisprudência, mas a "justiça distributiva", ou "direitos imperfeitos", representa um "sistema de moral que não cai sob as leis da jurisdição" (LJ9). Dar dinheiro a um pobre é uma virtude mas não é algo pelo qual um indivíduo deva ser punido se não o fizer. Até finais do século XVIII não existia qualquer dúvida, nem na filosofia nem na prática, de que a propriedade de uma pessoa não podia ser confiscada com o propósito de a dar a outrem. Fazer isto, ainda que por uma boa razão, seria uma injustiça que colocaria em risco a sociedade civil. Se isto é ou não aceitável para os leitores de hoje não é relevante; a verdade é que não era aceitável no contexto nem na lei nem na filosofia moral durante a época de Smith. Mas a adesão de Smith ao consenso tradicional da vida pública não era injustificada. Também neste campo conseguiu deslocar um pouco as fronteiras.

Smith entrou neste debate num contexto diferente. A era de pobreza permanente iria terminar, mas só se as tendências da época continuassem; por extrapolação, a abundância numa escala nunca antes vista por uma grande massa de pessoas era uma perspectiva tentadora, embora ainda longe da realidade. O imperativo existente de não haver redistribuição quando havia muito pouco para redistribuir seria enfraquecido quando a abundância predominasse, ou pelo menos Smith assim pensava. E este optimismo emergia de tudo o que pensava sobre as quatro eras da humanidade, que até aí tinham sido uma história da subsistência para a maioria das pessoas.

Foi o aparecimento de um excedente na subsistência da pastorícia e da agricultura que marcou a mudança, com o aparecimento da propriedade, que, ao princípio, criou a oportunidade de uma minoria mais rica escapar da igualdade e das limitações da baixa subsistência *per capita*. A história de dirigentes possuidores de propriedade diferencia as sociedades baseadas na propriedade das sociedades igualitárias e sem propriedade dos caçadores-recolectores. A evolução social do comércio a partir da propriedade e da divisão do trabalho criou mais recursos para um avanço geral da pobreza em direcção à abundância para segmentos mais alargados da população do que até ali alguma vez tinha sido possível.

A era do comércio nas circunstâncias únicas da Grã-Bretanha, com um governo estável sob a monarquia constitucional hanoveriana, um sistema firme de justiça e respeito pela lei e um crescimento modesto mas persistente, aumentou a esperança numa melhoria das condições de pobreza permanente em que vivia a maioria da população. A enorme desigualdade de rendimentos e circunstâncias provenientes da divisão do trabalho e do comércio era um preço alto, mas era o único meio para os descendentes dos pobres escaparem ao destino dos seus antecessores, uma perspectiva manifestamente negada nas sociedades igualitárias dos caçadores-recolectores. Os pobres selvagens na América, África e Austrália não tinham descoberto o caminho da abundância; permaneciam na era da caça. Nas eras mais recentes da pastorícia e da agricultura, há oito mil anos, o dilema da pobreza, medida historicamente em termos da subsistência *per capita*, não estava muito melhor do que alguma vez tinha estado.

Nestas condições, indivíduos beneficentes com riqueza para partilhar – guiados pelas opiniões morais de recompensa, ou de caridade cristã para com os filhos de Deus, no espírito de "generosidade, compaixão e presciência" de "fazer bem aos outros" – mostravam fortes atributos morais mas, na escala das coisas, os seus gestos eram meros paliativos e não soluções. Arranhavam apenas a superfície, ainda que fossem bem-vindos por aqueles que recebiam tais atenções. Os santos podiam despojar-se de tudo e juntar-se ao pobres miseráveis; não iriam fazer qualquer diferença no número de pobres a precisarem de piedade. Além disto, os moralmente bons nada tinham a oferecer (não considero os seus ganhos espirituais) em termos de solução para a privação contínua na ausência de riqueza que, como sempre para Smith, era considerada uma ausência das "necessidades, comodidades e divertimentos da vida". Embora os filósofos morais clássicos tivessem debatido a beneficência no formato estrito do voluntarismo, eles graduaram a justiça "distributiva" de acordo com o princípio do "mérito"[31], que recompensava com "honra ou cargo político ou dinheiro" os seleccionados em "estrita proporção dos seus méritos". Os seus debates estavam, literalmente, a mundos de distância dos debates modernos sobre redistribuição de rendimentos e transferências fiscais adequadas para as redistribuições, ainda que modestas, para os pobres.

Smith não abordou directamente o auxílio à pobreza. Ninguém deveria surpreender-se com isto. Certamente teve muito a dizer sobre a condição dos pobres, sobre a sua contribuição significativa para a sociedade, tendo inclusivamente estabelecido um contraste com a indolência, frivolidade e desperdício criados por aqueles "acima" deles no esquema das coisas. Subjugados, desprezados e "merglhados em obscuridade", os pobres trabalhadores e as suas famílias suportavam toda a gente nos níveis sociais acima deles em troco de "uma porção muito pequena" da produção anual *per capita* e o trabalhador comum "carregava nos seus ombros toda a humanidade", sacrifício que o empurrava "para baixo, para a parte mais baixa da Terra" (LJ341).

Smith seguia a própria máxima de que um filósofo não "devia fazer nada mas observar tudo". Não apresentou planos, esquemas ou programas para melhorar a condição dos pobres na forma tradicional. O seu propósito era indirecto, porque nunca foi um "homem do sistema" (TMS233-4). As tentativas para minorar a pobreza de certa forma traduziam-se em proporcionar os meios para alimentar, vestir e abrigar os pobres que viviam em barracas. A celebração da pobreza na forma de estética religiosa não era a resposta. As transferências através do sistema fiscal do governo não estavam nos planos e, portanto, não faziam parte da resposta.

A resposta de Smith assentava em atrair os pobres trabalhadores para o emprego, de modo a partilharem o consumo anual das "necessidades, comodidades e divertimentos da vida". A melhor forma de fazer isto seria aumentando continuamente o capital líquido *per capita*, disponível para fins produtivos, a partir do qual existiria um aumento constante do emprego. As limitações na formação de capital que afectavam o crescimento do emprego abrandavam a divisão do trabalho e a especialização das cadeias da oferta e inibiam o alargamento dos mercados. Só o crescimento do produto líquido podia ultrapassar esta barreira; a competição dos empresários por mais trabalhadores iria fazer aumentar os salários e, na análise de Smith, deprimir lucros porque os empresário teriam de pagar salários mais altos para atrair e reter mão-de-obra e, do aumento resultante na produção, baixar os preços unitários para atrair e reter clientes (aumentando os salários reais).

Esta análise simples fazia parte da crítica de Smith à política colonial mercantilista, que desviou capital do seu caminho "normal" em busca de lucros mais elevados nos monopólios coloniais. A procura de lucro tanto tem um efeito indutor de crescimento como tem um efeito pernicioso. O efeito pernicioso leva aqueles que procuram o lucro a afastarem os seus interesses dos interesses da sociedade em que vivem. A tendência dos empregadores para os monopólios, protecção e "conspirações" para aumentarem os preços faz com que eles "alarguem o mercado e estreitem a competição [o que] é sempre no interesse dos negociadores". Smith acrescenta numa breve observação que "os lucros eram sempre mais elevados nos países que caminhavam mais depressa para a ruína"

(WN267). Os lucros altos estão associados a países pobres e a produtos novos, especialmente das novas tecnologias. Os países ricos estão associados a lucros mais baixos, embora estes sejam "compensados" com mais capital que produz lucros totais mais elevados. Os empregadores individuais podem ver com tristeza as suas taxas de lucro cair nalguns comércios particulares, apesar de "uma grande quantia com lucros pequenos geralmente aumentar mais depressa do que pouco capital com lucros maiores" (WN110).

Aos salários aplica-se o inverso, o que sugere que a "recompensa liberal do trabalho", um alvo particular para Adam Smith, aumenta o crescimento demográfico (mortalidade infantil mais baixa e melhor estado de saúde) e a produtividade do trabalho[32]. À medida que a economia cresce, sobem os salários e caem os lucros e a abundância dissemina-se lenta e gradualmente por toda a sociedade. É deste processo que Smith espera que venha e continue o auxílio à pobreza, desde que os rendimentos não sejam dissipados em prodigalidade pública ou privada e que o capital líquido encontre o seu caminho para induzir emprego produtivo.

Na medida em que a melhoria própria impulsiona as poupanças e o investimento de capital e que os governos constrangem a sua paixão para intervir em assuntos nacionais e estrangeiros, a generalização perpétua da abundância poderia continuar, senão de forma perfeita (um ideal inalcançável), pelo menos o suficiente para deixar uma marca positiva e duradoura na sociedade. Iria também aumentar os padrões de vida *per capita*, incluindo os padrões do trabalhadores pobres e outros, com uma duração maior do aquela a que os esquemas alternativos, naquela época e actualmente, podiam aspirar. A abordagem de Adam Smith aos problemas da pobreza dos trabalhadores mostrou ser robusta contra as alternativas.

E a história dos séculos XIX e XX provou exactamente isto. À medida que os salários subiram (Marx não acertou nesta) a abundância disseminou-se por entre os trabalhadores pobres, em comparação com os níveis de subsistência dos séculos anteriores. É certo que os problemas iniciais e as horríficas condições de trabalho fizeram parte do pacote, mas, com o tempo, cada vez mais pobres foram saindo das barracas, não para palácios, mas para o que se veio a chamar bairros operários (e os seus descendentes para os subúrbios). Os mais pobres na Grã-Bretanha do século XXI estão incomparavelmente melhor que os seus antepassados do século XVIII ou, caso tenham imigrado para a Grã-Bretanha, muito melhor do que aqueles que deixaram para trás.

Smith pôde ver, no século XVIII, o resultado de planos e programas de grandes planos para aliviar a pobreza, alguns de longa duração, tendo talvez o maior destes sido a Lei da Pobreza de Inglaterra (1601). Por lei parlamentar, todas as paróquias podiam recolher dinheiro dos membros mais ricos da comunidade e distribuí-lo pelos mais pobres na sua comunidade. Na prática, os guardiães dos fundos da Lei da Pobreza distribuíam-nos de acordo com os seus próprios critérios, fortemente marcados por noções de "merecedores" e "não-merecedores" e "prerrogativa" (ditos populares como "as cold as charity" eram literalmente verdadeiros). As famílias itinerantes pobres eram desencorajadas de se mudar para uma outra paróquia apoiada pelas Leis do Estabelecimento que deviam antes ser designadas por "Leis de Desencorajamento do Estabelecimento". O que se pretendia que fosse um esquema para aliviar a pobreza dos pobres em cada paróquia transformou-se inevitavelmente num esquema para aliviar a paróquia dos seus pobres. Para além da época de Smith, o sistema de "Speenhamland" (1795), um plano de subsídio ao rendimento ligado ao preço do pão e ao número de filhos, veio reforçar a miséria e a perda de dignidade dos pobres. Também se tornou uma desculpa para reduzir os salários dos trabalhadores pobres, pois afectavam os custos do empregador. Embora Smith não tivesse vivido tempo suficiente para ver a "solução" Speenhamland, os seus efeitos negativos a longo prazo não o teriam surpreendido.

As propostas de Smith para transferência de rendimentos eram modestas mas adequadas às alterações que o comércio em expansão trazia. Fleischacker([33]) cita o comentário de Gertrude Himmelfarb sobre o papel de Smith:

> [S]e *A Riqueza das Nações* era menos do que um romance nas suas teorias da moeda, do comércio ou do valor, era genuinamente revolucionária nas suas perspectivas sobre pobreza e atitudes para com os pobres([34]).

Ficou claro em diversas passagens que Smith se preocupava com a situação em que vivia a maioria da população. Durante grande parte do seu tempo em Edimburgo ele, como era costume nessa cidade, viveu e conviveu com pessoas de todos os diferentes níveis da sociedade. Para ir e vir da Casa das Alfândegas, entre 1778 e 1790, caminhava para cima e para baixo na High Street. As relações de amizade e contactos próximos durante as suas "horas sociais" com um grande número de pessoas garantiram a sua percepção directa das condições sociais dos pobres em Edimburgo e ele próprio teria também visto muita pobreza enquanto vivera em Fife. Os *Diários de Edimburgo* de James Boswell dão-nos uma boa ideia da Edimburgo da sua época([35]). O parágrafo mais sugestivo em *A Riqueza das Nações* talvez seja proveniente do seu debate contra a noção prevalente de que os níveis mais baixos do povo não deviam ser encorajados a ambicionar subir acima do seu nível através de salários mais altos que lhes permitissem vestir-se com roupas mais finas do que deveriam usar, pois isso seria incitar o seu "descontentamento". Smith responde com a sua afirmação famosa (e muito citada) de que era "mais do que óbvio" que melhorar a condição da maioria pobre nunca poderia ser considerado uma "inconveniência" e que é uma questão "de igualdade" que aqueles que "alimentam, vestem e abrigam todas as pessoas tenham uma parte do produto do seu próprio trabalho, de modo que eles mesmos se possam alimentar, vestir e abrigar toleravelmente" (WN96).

Este foi o argumento moral que apresentou para defender que uma maior parte da riqueza anual da sociedade fosse para a maioria pobre, o que significava principalmente criar emprego para as pessoas pobres e pagar salários mais elevados devido ao crescimento. Os salários provinham do emprego e as pessoas pobres necessitavam de empregos para cumprirem os seus objectivos de "automelhoria". Smith viu a expansão do emprego nas sociedades comerciais como o verdadeiro e duradouro programa de combate à pobreza de que o país e os pobres precisavam. O antídoto da pobreza é o emprego através da criação de riqueza.

A sua sugestão era aumentar a carga fiscal das pessoas com rendimentos mais altos, o que é sugerido pela sua defesa (nas suas máximas sobre tributação) de que a carga fiscal seja estabelecida "tão proporcionalmente quanto possível às respectivas capacidades; ou seja, na proporção do rendimento respectivode que gozam sob a protecção do Estado" (WN825). No caso de uma quantia baixa fixa de despesa pública, quanto mais os ricos pagarem, menos têm os pobres de contribuir.

Era a favor de portagens mais elevadas "sobre carruagens de luxo" nas estradas e nas pontes, do que sobre os carros e carroças vulgares, para fazer com que os ricos contribuam "de maneira fácil para o auxílio aos pobres", que iriam gastar menos dos seus benefícios ganhos com o transporte de mercadorias pelo país (WN725). Também defendia um imposto sobre as rendas mais altas que as pessoas ricas pagavam pelas esplêndidas casas em que viviam, o que não seria "muito irrazoável", porque os "ricos deviam contribuir para a despesa pública, não só proporcionalmente ao seu rendimento mas com algo mais do que essa proporção" (WN842). Em todas estas recomendações sobre tributação, especificamente sobre o consumo das famílias mais ricas, estava consciente do contexto delas, nomeadamente de que "não existe arte que o governo possa aprender mais depressa do que aquela de retirar dinheiro dos bolsos das pessoas" (WN861).

Também recomendou uma expansão em grande escala de instalações educativas em todas as paróquias, salientando o facto de a educação das raparigas estar ausente (a não ser no que diz respeito ao que "os seus pais ou guardiães consideram necessário ou útil elas aprenderem") (WN781), o que deve ser visto como um comentário a esta prática prevalecente e não como uma aprovação dela. Podemos também notar que se referia a "crianças" em geral e não apenas a rapazes.

Posfácio

A principal diferença entre a abordagem de Adam Smith à economia política e a abordagem dos construtores de modelos modernos é que Smith tentou enraizar as suas teorias na mistura de motivações humanas dentro do seu contexto histórico e contemporâneo, enquanto os economistas modernos constroem os seus modelos sobre a maximização dominante da simplicidade da utilidade e da dimensão única do "auto--interesse em granito". Isto representa uma lacuna intransponível entre as duas abordagens e encoraja uma procura selectiva de citações aparentemente de tom igual que, na realidade, com frequência se referem a contextos e circunstâncias históricas completamente diferentes.

Vou terminar referindo duas "mensagens" merecedoras de consideração, principalmente por parte daqueles que descendem dos povos que abraçaram a quarta era de Smith, o comércio, de uma ou outra forma. Smith fez um comentário pouco notado, cauteloso e talvez clarividente relativamente aos poderes relativos dos países que exploravam o globo, tomavam "posse" de terras distantes e estabeleciam colónias para seu próprio engrandecimento e à forma como os seus antepassados recentes tratavam os nativos desse países "selvagens".

O profundo conhecimento de Smith sobre estas civilizações no Norte de África (incluindo a Espanha muçulmana), do

Médio Oriente e mais para leste, para a China, era relativamente limitado. É de notar que os poderes de pilhagem das tecnologias ainda baseadas na terra conseguiam gerir um tráfico árabe de escravos negros a partir de África, levando-os até à China durante várias centenas de anos. Portanto, a sua mensagem para aqueles que abusaram do poder que tinham sobre as sociedades de caçadores-recolectores aplica-se a todas as pessoas e não só aos europeus que Smith conhecia.

O poder armado dos europeus, por exemplo, permitia-lhes "cometer com impunidade toda a espécie de injustiças nesses países remotos". No futuro, avisou ele, "os nativos desses países podem tornar-se mais fortes, os da Europa podem tornar-se mais fracos e os habitantes de todos os quadrantes do mundo podem chegar a essa igualdade de coragem e de força que, por inspirar receio mútuo, consegue por si só transformar a injustiça de nações independentes numa espécie de respeito pelos direitos de cada um". Se esta "igualdade de forças" não for reconhecida politicamente, virá do progresso económico depois "dessa comunicação mútua de conhecimento de toda a qualidade e de toda a espécie de melhorias que um comércio intenso de todos os países a todos os países iria naturalmente ou necessariamente trazer" (WN626-7). Não é exagero sugerir que a política internacional actual demonstra a importância do aviso de Smith.

A sua outra "mensagem" é geral, embora provavelmente tenha uma ressonância especial junto dos povos das Ilhas Britânicas (e para as potências que substituíram o Império Britânico). É do último parágrafo de *A Riqueza das Nações* e aborda aquilo que para Smith e para os seus contemporâneos foi classificado como a "questão das Américas". O primeiro império da Grã-Bretanha na América do Norte acabou depois de 1776. A questão era: o que iria a Grã-Bretanha fazer depois de este império acabar? Smith aconselhou o seguinte:

> Se não se conseguir que uma das províncias do império britânico contribua para o apoio de todo o império,

é certamente altura de a Grã-Bretanha se libertar da despesa de defender essa província em tempos de guerra e de apoiar todo o seu *establishment* civil ou militar em tempos de paz, bem como de tentar adaptar as suas visões e desígnios futuros *à real mediocridade das suas circunstâncias*. (WN947; itálico acrescentado)

A mesma mensagem de Adam Smith sobre a "real mediocridade das suas circunstâncias", embora ignorada pela Grã-Bretanha e na verdade pela Europa nos século XIX e XX, ainda é merecedora de consideração no século XXI, por todas as razões implícitas e às vezes explícitas em *A Riqueza das Nações*.

Notas

PREFÁCIO

(¹) Os *Navigation Acts* ingleses foram uma série de leis que restringiam o comércio marítimo internacional entre a Inglaterra e as suas colónias ultramarinas; foram a base do comércio ultramarino britânico durante quase 200 anos. Datadas de 1651, foram um dos factores que causaram a Guerra Anglo-Holandesa e mais tarde, fonte de ressentimento das colónias americanas contra a Grã-Bretanha.

(²) *Kirkcaldy* é uma localidade escocesa que alberga o *Adam Smith College* (Instituto de Adam Smith).

INTRODUÇÃO GERAL

(¹) Friedman, M. 1953.
(²) Simpson, D. 2000:2.
(³) Holland, J. H. 1995.
(⁴) Simpson, D. 2000.
(⁵) Ver: Schumpeter, J. 1954; Rothbard, M. [1995]; Rashid, S. 1998.
(⁶) Cantillon, R. [1734; 1931] 1964; Meek, R. L. 1973:119–82; Ricardo, D. [1815] 1817.
(⁷) McLean, I. 2007.
(⁸) Mandeville, B. [1724; 1924] 1988.
(⁹) Meek, R. L. 1977:3.

(¹⁰) Viner, J. 1937:xiii.
(¹¹) Vivenza, G. 2001.
(¹²) Fleischacker, S. 2004a:38.
(¹³) Hont, I. (com Ignatiefff, M.) 2005:390.
(¹⁴) Diderot, D. e D'Alembert, 1751–77.
(¹⁵) Deane, P. e Cole, W. A. 1967:80; conferir Clark, G. 2007.
(¹⁶) Diamond, J. 1997b.
(¹⁷) Rothschild, E. 2001.
(¹⁸) Clark, G. 2007: 2–25.
(¹⁹) Conferir a crítica por: Polanyi, K. [1944].
(²⁰) Robbins, L. 1932.
(²¹) *Sentimentos Morais*, seis edições: 1759, 1760, 1767, 1774, 1781, 1790; *A Riqueza das Nações*, cinco edições: 1776, 1778, 1784, 1786, 1789.
(²²) NT: em alemão no original
(²³) Hollander, S. 1973.
(²⁴) Cannan, E. [1893] 1924.
(²⁵) Schumpeter, J. 1954; Blaug, M.1978. 3.a edição; Wood, J. C. (ed.)1983.

CAPÍTULO I

(¹) Fry, M. 2006; Scott, P. H. 2007; Whatley, C. 2007; Watt, D. 2007.
(²) Scott, W.R. 1937:4–6.
(³) Watt, D. 2007.
(⁴) NT: habitante das Terras Altas da Escócia
(⁵) Whatley, C. 2007.
(⁶) Scott, W.R.1937:18.
(⁷) Ross, I. S. 1995:2–3.
(⁸) Ibid.: 129.
(⁹) Bonar, J. [1894; 1932] 1966:208.
(¹⁰) Ross, I. S. 1995:129–33.
(¹¹) Scott, W. R. 1937:18; Nota 1.
(¹²) Scott, W. R. 1937:134.
(¹³) Estou grato a Nicholas Gruenford por ter chamado a minha atenção para esta passagem.

(¹⁴) Conferir Denis, A. 2005:1–32; Evensky, J.2005.

(¹⁵) Scott, W. R. 1937:26; Ross, I.S.1995: 18–22.

(¹⁶) NT: Hanoverian no original, designa todos os dirigente e apoiantes britânicos da Família Real ou Casa de Hanover.

(¹⁷) Scott, W. R. 1937:137, 364.

(¹⁸) Ibid.: 32.

(¹⁹) Addison, W.L. 1901.

(²⁰) Ross, I. S. 1995: 68, citando o manuscrito do Instituto Balliol; Rae, J. [1895] 1965: 9.

(²¹) Scott, W.R.1937:36,137, 392; o "Mestrado" do nome de Adam Smith quando foi professor é a sua graduação de Oxford e não uma graduação de Glasgow.

(²²) Scott, W. R. 1937:42.

(²³) Mossner, E. C. [1954] 1980:60–80.

(²⁴) Scott, W. R. 1937:40.

(²⁵) McCulloch, J. R.1855 [1828].

(²⁶) Scott, W. R. 1937:35–6.

(²⁷) *Ibid.* :42–5.

(²⁸) Ross, I. S. 1995:81, citando Lenman, B. 1980: 271–5; Fry, M. 2006:80–95.

(²⁹) Carta de rescisão, 4 de Fevereiro de 1749, Bodleian Library, em Scott, W.R. 1937:137,336.

(³⁰) Scott, W. R. 1937:43; conferir Ross, I. S. 1995:79.

(³¹) Ross, I. S. 1995:82.

(³²) Ibid. :87, citando Tytler, A. F. Lord Woodhouselee1807:i.190.

(³³) Scott, W. R. 1937:66.

(³⁴) Emerson, R. L. 1995: 21–39.

(³⁵) Conferir Ross, I. S. 1995:110.

(³⁶) Scott, W. R. 1937:138.

(³⁷) Rae, J. 1895:42–3; Ross, I. S. 1995: 109.

(³⁸) Ross, I. S. 1995:110.

(³⁹) *Ibid.* :111, citando de MS24.157,14,16, Biblioteca do Dr. Williams.

(⁴⁰) Smith, A. "1755 Paper"; conferir Kennedy, G. 2005. Apêndice :241.

(⁴¹) Scott, W. R. 1937:66, 140; Ross, I. S. 1995:145–51.

(⁴²) Rae, J. 1895:45; Ross, I. S. 1995:112–13.

(⁴³) "Sociedade" refere-se aos estudantes da Universidade e não à sociedade em geral.
(⁴⁴) Ross, I. S. 1995:106, citando as notas de Callander em Raphael, D. D. E Sakamoto, T. 1990:271–81.
(⁴⁵) Ross, I. S. 1995:113.
(⁴⁶) *Ibid.*, citando N L S Saltoun, Mss; em Mossner [1980]: 632, a Lorde Milton, agente político do Duque de Argyll, que o comunicou directamente à Universidade.
(⁴⁷) Ross, I. S. 1995:113 (notar erro tipográfico "1751" em vez de "1752", conferir 111 e 437; Biblioteca do Dr William, MS24. 157, Correspondência S.Kenrick/J.Woodrow, 16 (21 de Janeiro de 1752).
(⁴⁸) Scott, W. R. 1937:139–40.
(⁴⁹) Rae, J. 1895:48.

CAPÍTULO 2

(¹) Rae, J. [1895] 1965: 54–5.
(²) Campbell, T. D. 1971; Skinner, A. S. [1979] 1996, segunda edição: 176; Haakonssen, K. 2006: 1; Otteson, J. R. 2002; conferir Fleischacker, S. 2004a.
(³) Smith cita um livro do Abade Gabriel Girard, 1747, "que foi o que me fez começar a pensar sobre estes assuntos"; enumerado em Bonar, J. [1894]; conferir Noordegaaf, J. 1977.
(⁴) Otteson, J. R. 2002.
(⁵) *Ibid.*: 258.
(⁶) Fleischacker, S. 2004a: 33.
(⁷) Rousseau, J. J. [1755]; Condillac, Abade Etienne, [1746] (Bonar: 49); Diderot, 1755; Rameau, J. P. 1737 (Bonar: 155).
(⁸) NT: Kipling escreveu uma série de histórias infantis sobre a origem de certas coisas, que ficaram conhecidas como as histórias "Foi assim" ou "Just so" em inglês. Por exemplo: " Foi assim que o leopardo ficou com pintas", ou "Foi assim que o elefante ficou com uma tromba comprida".
(⁹) Ver Ellingson, T. 2001.
(¹⁰) Otteson, J. R. 2002: 265.
(¹¹) Ross, I. S. 1995: 404–5.
(¹²) Conferir Scott, W. R. 1937: 36–7, e n. 2.

(¹³) Buchan, J. 2003:125; conferir Buchan, J. 2006:24–7.
(¹⁴) NT: outro nome do deus romano Júpiter
(¹⁵) Frazer, G. [1890] 1993.
(¹⁶) Otteson, J. R. 2002:101; conferir Smith, C. 2006.
(¹⁷) Hutcheson, F. [1755]: 58 *passim* (espalhado pelo texto).
(¹⁸) Otteson, J. R. 2002: 108.
(¹⁹) Ibid.: 123.
(²⁰) Otteson, J. R. 2002:286.
(²¹) *Ibid*.: 287–8.
(²²) Hobbes, T. [1695] 1946.

CAPÍTULO 3

(¹) Em Kennedy, G. 2005, apareceu uma versão anterior deste capítulo.

(²) Wrangham, R. e Peterson, D. 1996; Kelly, R. C. 2000; Seabright, P. 2004.

(³) Hirschman, A. O. 1977: 15.

(⁴) Burns, R. [1786] 2001:130–2.

(⁵) Macfie, A. F. 1967: 66; Raphael, D. D. 1975: 89, n. 18, em Skinner, A. S. e Wilson, 1975.

(⁶) Fleischacker, S. 2004a: 36–44.
(⁷) Griswold, C. L. 1999: 63–70.
(⁸) Mandeville, B. [1724].
(⁹) Montes, L. 2004: 40–1.
(¹⁰) Hobbes, T. [1651] 1946: 82–3.
(¹¹) Peart, S. J. e Levy, D. M. 2005.

CAPÍTULO 4

(¹) Charlevoix, P.-F.-X. [1722] 1961; Lafitau, J. F. 1974, 1735; Hawkesworth, J. 1773; Cook, J. 1777; Cook, J. e King, J. 1784.

(²) Olson, S. 2002: 205.
(³) Locke, J. [1690] 1988: 343; Meek, R. L. 1976: 22, 40–1.
(⁴) Hobbes, T. [1651] 1946: 82.
(⁵) Rousseau, J. J. [1755] 1984.

([6]) Meek, R. L. 1976: 68–72.
([7]) Hobbes, T. [1651] 1946: 83.
([8]) Stordalen, T. 2000.
([9]) Genesis, 3.1–19; 4.2–16; 4.16; 4.17.
([10]) Meek, R. L. 1976; Pescarelli, E. 1986: 84.
([11]) Pufendorf, S. von. [1729] 2005, 4.a edição.
([12]) Dalrymple, J. 1757; Kames [Henry Home] [1758].
([13]) Meek, R. L. 1976: 107.
([14]) Charlevoix, P.-F.-X. [1744] 1961.
([15]) 15. Mandeville, B. [1724; 1924] 1988, vol. 2: 261, 266, 269; Hutcheson, F. [1755]; Cantillon, R. [1734; 1931]: 3–7; Montesquieu, B. de. [1748] 1949: 271–9; Dalrymple, Sir J. 1757; Kames [Henry Home] [1758]; conferir Meek, R. L. 1976: 68–98; Turgot, R. A. em Meek, R. L. 1973; Rousseau, J. J. [1755] 1984: 29; Quesnay, F. 1763; Helvetius, C. A. 1773; Robertson, W. 1777; Douglas, W. D. M. D. 1747–1750; Ferguson, A. [1767]; Gibbon, E. 1776; Steuart, J. [1767].
([16]) Spengler, J. J. 1970; Spengler, J. J. 1983 em Wood, J. C., vol. 3: 395–406.
([17]) Sokal, R. R., Oden, N. L., e Wilson, C. 1991; Wadley, G. e Martin, A. 1993; Diamond, J. 1997a; Trudge, C. 1998; Relethford, J. H. 2003; Weisdorf, J. L. 2006.
([18]) Conferir Trudge, C. 1998.
([19]) Matthew, 13.3–8.
([20]) Conferir Polanyi, K. [1944] 2001.
([21]) Hume, D. [1739–40] 1985; Ferguson, A. [1767] 1966; Millar, J. [1771, 1806 edição] 1990; Hutcheson, F. [1755] 1968.
([22]) Hume, D. [1739–40] 1985: 549.
([23]) Haakonssen, K. 1981: 89.
([24]) Polanyi, K. [1944] 2001.
([25]) Hume, D. [1739–40] 1985: 585–90.
([26]) Gibbon, E. [1776–84]; cf. Heather, P. 2005.

CAPÍTULO 5

([1]) Cantillon, R. [1734; 1931] 1964; Turgot, R. A. [1766] em Meek, R. L. 1973: 11982.

(²) Meek, R. L. trans. ed. 1973: 14, Nota 5.
(³) Jevons, W. S. [1881] 1905; 1931: 333–60.
(⁴) Conferir Ward-Perkins, B. 2005; conferir Smith, J. 2007.
(⁵) Braudel, F. [1979] 1985.
(⁶) Tucker, J. 1755: 333–69.
(⁷) Génesis, 25: 30–4; sopa (lentilhas).
(⁸) NT: a "lista civil" na Grã-Bretanha refere-se às anuidades votadas pelo Parlamento para a família real e sua corte.
(⁹) "Publius": [Alexander Hamilton, James Madison e John Jay], 1787.
(¹⁰) Scott, W. R. 1935.
(¹¹) Rae, J. 1895: 165.
(¹²) *Ibid*.: 321: 500 libras como Comissário das Alfândegas e 100 libras como Comissário dos Impostos do Sal.
(¹³) NT: Lord Advocate no original é o título dado ao representante máximo da justiça da Coroa na Escócia e tem as funções de Procurador do Ministério Público, sendo responsável pela administração da justiça criminal.
(¹⁴) *Ibid*.: 320–4; Ross, I. S. 1995: 305–7.
(¹⁵) Anderson, G. M., Shughart II, W. F., e Tollison, R. D. 1985: 746, Note 8.
(¹⁶) *Ibid*.: 751; citando: Stigler, G. J. 1975; Campbell, T. D., e Ross, I. S. 1981:87-8; Viner, J. [1928] 1966: 144, 150–1; West, E. G. 1976.
(¹⁷) Citado em Anderson, G. M., Shughart II, W. F., Tollison, R. D. 1985: 757(14); de McCulloch, J. F. 1967: 458.
(¹⁸) Conferir Harpham, E. J. 2007: 220–1; Kennedy, G. 2005: 136–40.

CAPÍTULO 6

(¹) Schumpeter, J. 1954.
(²) Cosh, M. 2003: 99–102.
(³) Petty, Sir W. 1690.
(⁴) Mandeville, B. [1724]. parte II. 149; Harris, J. 1757; Turgot [1766] em Meek, R. L. 1973, III, IV: 1201; Chambers [1728; 1744]; Diderot, D. 1755.
(⁵) Brown, V. e Taylor, W. B. 1994: 19.

(⁶) Maitland, J. 1800. 7. Conferir Landes, D. S. 1998: xxi. Esta nota não aparece no texto original...

(⁷) Polanyi, K. [1944] 2001: 59–70.

(⁸) Silver, M. 1995: 95–177; conferir Tandy, D. W. 2001.

(⁹) Diderot, D. 1755.

(¹⁰) Young, A. 1928.

(¹¹) Mandeville, B. [1724]: i.169–70; parte 1. 141, i. 356; conferir Khaldun, I. 2004.

(¹²) Young, A. 1928.

(¹³) Domar, E. [1957] 1966; Harrod, R. F. 1948; Solow, R. M. 1956.

(¹⁴) Young, A. 1928.

(¹⁵) Brad Delong (www.J-brad-delong.net), em Beinhocker, E. D. 2006: 8–11.

(¹⁶) Hutcheson, F. [1755] (póstumo).

(¹⁷) Otteson, J. R. 2002: 124.

(¹⁸) Dunbar, R. 2005.

(¹⁹) Zeuthen, F. 1930; Hicks, J. R. 1932.

(²⁰) Nash, J. 1950; Harsanyi, J. C. 1956; Cross, G. 1965.

(²¹) Ross, I. S. 1995: 406–7.

(²²) Nash, J. 1950.

(²³) Zeuthen, F. 1930.

(²⁴) Kennedy, G. 1998: 5; conferir Macpherson, H. C. 1899: 75–8.

CAPÍTULO 7

(¹) Sewall, H. R. [1901] 1968; conferir Bowley, M. 1973: 106–32; Fleischacker, S. 2004:124–31.

(²) Douglas, P. A. [1928] 1989: 77.

(³) Evensky, J. 2005: 245–69.

(⁴) Conferir Puffendorf, S. 1672: "preço natural" e preço eminente; Locke, J. 1726: "valor natural intrínseco" e "valor comercializável"; Cantillon, R. [1755]: "preço intrínseco" e "preço de mercado".

(⁵) Robbins, L. 1998: 137.

(⁶) Cantillon, R. [1755; 1931] 1964: 3.

(⁷) Jevons, W. S. 1879: 82n.

(⁸) Ekelund, R. B. e Hébert, R. F. 1990: 108.
(⁹) Sowel, T. 2006: 66.
(¹⁰) Hutcheson, F. [1755] I: 287-8.
(¹¹) Conferir Fleischacker, S. 2004a: 124-31.
(¹²) Hutcheson, F. [1755] I: 293-4; conferir Locke, J. [1690; 1698] 1988: 287-8.
(¹³) Hutcheson, F. [1755] II. XII: 58.
(¹⁴) Conferir Fleischacker, S. 2004a: 127.
(¹⁵) Conferir Marx, K. 1954: 77.
(¹⁶) Sewall, H. R. [1901] 1968: 77; Jevons, W. S. [1881] 1964, em Higgs, H. [1931], Apêndice 1: 359.

CAPÍTULO 8

(¹) Bíblia: Marcos: 10: 18-30; Mateus 6: 28.
(²) Conferir Meek, R. L. 1954.
(³) Cantillon, R. [1734; 1755], Capítulo X, traduzido por Higgs, H. 1964; Sewall, H. R. [1901]; Cannan, E. [1893] 1924.
(⁴) Fleischacker, S. 2004: 123-4.
(⁵) Cantillon, R. [1734; 1755].
(⁶) Turgot, R. A. [1766] em Meek, R. L. 1973: 119-82.
(⁷) Chydenius, A. [1765] 1931.
(⁸) Turgot, R. A. [1766]: LXVI em Meek, R. L. 1973: 155-6.
(⁹) Cantillon, R. [1734; 1755], Capítulo X: 31.
(¹⁰) *Ibid.*, Capítulo XVII: 97.
(¹¹) Conferir Logue, K. J. 1979.
(¹²) Evensky, J. 2005: 127.
(¹³) NT: *coal-heaver* no original, refere-se a um trabalhador que mudava à pá o carvão de um lado para o outro, ou que o carregava por outros meios de um lado para o outro, ou que punha ou tirava o carvão dos barcos.
(¹⁴) Cantillon, R. [1734]: 19, 21, 23.
(¹⁵) Jevons, W. S. [1881] 1964 em Higgs, H. [1931]: 333-60.
(¹⁶) Canaan, E. 1896.
(¹⁷) Schumpeter, J. A. [1954].
(¹⁸) Turgot, R. A. [1766].

(¹⁹) Conferir Tucker, J. [1755] 1931 em Schuyler, R. L. 1931: 50–220.
(²⁰) Rothschild, E. 2001: 87–115.
(²¹) Conferir Locke, J. [1690; 1698] 1988: 287–8.
(²²) Cunningham, W. [1882] 1938: 27–37.
(²³) Citando Marshall, D. 1937.
(²⁴) Rothschild, E. 2001: 55–61.
(²⁵) McLean, I. 2007.

CAPÍTULO 9

(¹) Akkermans, P. M. M. G. 2003; Bar-Yosef, O. 1998.
(²) Pufendorf, S. [1729] 2005. 7.1.6, citado em Hont, segunda edição: 283.
(³) Cunningham, W. [1882] 1938: 144–70.
(⁴) Estou grato a Yong J. Yoon por este ponto.
(⁵) Sokal, R. R., Oden, N. L., e Wilson, C. 1991: 351.
(⁶) Marx, K. [1762] 1954: 77.
(⁷) Conferir Polanyi, K. [1944] e Silver, M. 1995.
(⁸) Diamond, J. 1987: 64–6; Cohen, M. N. 1977; Bogin, B. 1997: 96–142; Clark, G. 2007.
(⁹) Conferir Turgot, R. A. [1766]: LIX: 151 em Meek, R. L. 1973.
(¹⁰) Meek, R. L. 1954.
(¹¹) Canaan, E. [1893] 1924, Capítulo IV: 52–122.
(¹²) Pufendorf, S. [1729] 2005. 4.4.1, citado em Hont, segunda edição: 181.
(¹³) Stigler, G. J. 1975: 237.
(¹⁴) Em França existia um sistema semelhante conhecido por "Métayer" (medietarius): Turgot [1766]: XXV: 132 em Meek, R. L. 1973; LJ(A) iii.123: 189–90.
(¹⁵) NT: *staple towns* no original, eram cidades que tinham o privilégio exclusivo sobre a venda de uma determinada mercadoria. Calais, por exemplo, quando sob domínio inglês, era a cidade exclusiva para a venda de lã.

CAPÍTULO 10

(¹) Adelman, I. 1962.

(²) Conferir Cantillon, R. [1734]; Turgot [1766].

(³) Fleischacker, S. 2004: 36–44.

(⁴) Hicks, J. 1932; 1965; Harrod, R. F. 1948; Domar, E. [1957]; Solow, R. M. 1956; Swan, 1956; Kaldor, N. 1957; Romer, P. M. 1986; 1987.

(⁵) Young, A. 1928; Adelman, I. 1962; Hollander, S. 1973; Lowe, A. 1975; Eltis, W. A. 1975; 1984; Walsh, V. e Gram, H. 1980; Reid, G. C. 1989b.

(⁶) Lowe, A. 1975: 416–17.

(⁷) *Ibid.*: 417.

(⁸) *Ibid.*

(⁹) *Ibid.*: 416.

(¹⁰) Schumpter, J. 1954: 184–6.

(¹¹) Lowe, A. 1975: 417.

(¹²) Ao redigir esta secção beneficiei de Walter Eltis sobre crescimento clássico (1984).

(¹³) NT: com a divisão do trabalho, para se fazer um alfinete eram necessárias 18 tarefas realizadas por 18 pessoas.

(¹⁴) Pratten, C. J. 1980; Dutton, H. I.; Jones, S. R. H. 1983.

(¹⁵) Munger, M. 6 de Abril de 2007: http://divisionoflabour.com/archives/003684.php.

(¹⁶) Young, A. 1928: 532. Estou grato a A. P. Thirlwall por chamar a minha atenção para a importância do ensaio de 1928 de Allyn Young.

(¹⁷) Young, A. 1928: 536.

(¹⁸) *Ibid.*: 537.

(¹⁹) *Ibid.*: 538.

(²⁰) Eltis, W. A. 1984: 78.

(²¹) Adelman, I. 1962: 25.

(²²) Rodrik, D. 2007: 184–92.

(²³) Quesnay, F. [1759] 1766; conferir Skinner, A. S. 1996: 123–41.

(²⁴) Cantillon, R. [1734; 1931] 1964; Trugot, A.-R. [1766] 1973; conferir Chydenius, A. [1765] 1931.

(²⁵) Conferir Eltis, W. 1976.

(²⁶) Conferir Steuart, Sir J. [1767]. II.xxvi.i: 369.

(²⁷) Fleischacker, S. 2004: 134–8.

(²⁸) Conferir Eltis, W. 1976.

(²⁹) Ross, I. S. 1995: 86.

(³⁰) Kennedy, G. 1975.
(³¹) Reid, G. C. 1989: 6–13; estou grato ao Professor Reid pelo seu trabalho nesta área; ele não é responsável pelas alterações da minha apresentação.
(³²) Clark, G. 2007.
(³³) Reid, G. C. 1989: 10.
(³⁴) Deane, P. e Cole, W. A. 1967: 80.

CAPÍTULO 11

(¹) Robbins, L. 1998: 147.
(²) Heckscher, E. 1955, vol. ii: 332 (citado em Coats, A. W. 1975: 219).
(³) Coats, A. W. 1975: 222, em Skinner, A.K. e Wilson, T.
(⁴) Heckscher, E. L. 1934.
(⁵) Viner, J. 1937: 3n.1.
(⁶) Conferir Rosenberg, N. 1979: 23, em O"Driscoll, jnr: 19–34.
(⁷) Holland, S. 1973: 33–44; Viner, J. 1937: 1–118.
(⁸) Cantillon, R. [1734; 1931]: 193.
(⁹) NT: *drawback* é um regime aduaneiro que consiste na isenção, suspensão e restituição de tributos
(¹⁰) Harper, L. A. [1939] 1964.
(¹¹) Conferir Nicholson, J. S. 1909.
(¹²) Conferir Hume, D. [1752] 1987.
(¹³) Ao redigir este capítulo beneficiei muito com a leitura de Istvan Holt, 2005.
(¹⁴) Gutteridge, G. H. 1933.
(¹⁵) Conferir Gallagher, S. E. 1998.
(¹⁶) Conferir Shannon, H. A. 1931; Campbell, R. H. 1967.

CAPÍTULO 12

(¹) Grampp, W. D. 2000.
(²) Samuels, W. 2007.
(³) Citado em Rothschild, E. 2001: 116.
(⁴) Arrow, K. 1987.

([5]) Arrow, K. e Hahn, F. 1971: 1.
([6]) Tobin, J. 1992.
([7]) Rothschild, E. 2001: 116–56; Force, P. 2003: 69–71.
([8]) Smith tinha diversas edições de Homero na sua biblioteca: Bonar, J. [1894; 1932] 1966.
([9]) Shakespeare, W. [1606] 1778 (na biblioteca de Smith, Bonar: 166).
([10]) Citado por Buchan, J. 2006: 2; Defoe, D. 1722; 1723.
([11]) Dufesnoy, N. L. 1735.
([12]) Rollin, C. [1730–8] 1821.
([13]) Bonnet, C. 1764.
([14]) Robinet, J.-B. 1766.
([15]) Voltaire (François-Marie Arouet), 1718; ver TMS II.iii.3.5: 107.
([16]) Leechman, W. 1755: Prefácio, XII; Hutcheson, F. [1755] (póstumo), Glasgow. W. 1755: Prefácio, XII; Hutcheson, F. [1755] (póstumo), Glasgow.
([17]) Cliff Leslie, T. E. 1879: 154–5; Ingram, J. K. [1888] 1967: 89–90, 102, 104; Bonar, J. 1893: 150, 173, citado em Rothschild, E. 2001: 117–18; Macfie, A. L. 1971.
([18]) Vaughan, K. I. 1987: 997–9.
([19]) Parker, N. 1995.
([20]) Beneficiei do estudo de Emma Rothschild sobre as explicações da mão invisível; Rothschild, E. 1994; conferir também: Ingrao, B. e Israel, G. 1990; Evensky, A. 1993; Nozick, R. 1994.
([21]) Cliff Leslie, T. E. 1879; Ingram, J. K. [1888] 1967 (citado em Rothschild, E. 2001:290, Nota 10).
([22]) Nicholls, D. 1992: 217–36; Evensky, A. 1993: 197–205; Khalil, E. L. 2000: 373–93; Hill, L. 2007: 1–29; Denis, A. 2005: 1–32.
([23]) Fitzgibbons, A. 1995: 89; citando: 88; cf. Flew, A. 1986: 160.
([24]) Ross, I. S. 1995: 141.
([25]) Grampp, W. D. 2000: 463; conferir Minowitz, O. 2004; conferir Wight, J. B. 2007.
([26]) Renfrew, C. 1972: 27–30; citado em Tandy, D. W. [1997] 2000: 34.
([27]) Conferir Diamond, J. 1987: 64–6.
([28]) Force, P. 2003: 69–71.

(²⁹) Chydenius, A. [1765] 1931 (estou grato ao Professor John Pratt por chamar a minha atenção para Chydenius).

(³⁰) Fleischacker, S. 2004a: 139.

(³¹) Rothschild, E. 2001: 125–6.

(³²) Nozick, R. 1974: 20–1.

(³³) Vaughan, K. I. 1987.

(³⁴) NT: a tragédia dos comuns refere-se a um dilema hipotético baseado na posse de terras no período medieval, em que pastores que partilhavam pastagens comuns, baseados somente no seu auto-interesse deixaram esgotar totalmente a pastagem

(³⁵) Hayek, F. 1960.

(³⁶) Conferir Rothbard, M. 1990, citando Chuang-tzu (369–286 BC): "A boa ordem resulta espontaneamente quando se deixam as coisas trabalhar sozinhas por si." Conferir também Chydenius, A. [1765] 1931.

(³⁷) Otteson, J. R. 2002.

(³⁸) Fleischacker, S. 2004a: 139.

CAPÍTULO 13

(¹) Skinner, A. S. [1979]: 183–208.

(²) Conferir Winch, D. 1996: 90–1.

(³) Scott, W. R. 1937: 120; Macintyre, G. 2003.

(⁴) Robbins, L. 1953: 34.

(⁵) Kennedy, G. 1975: 23–39.

(⁶) Deane, P. 1975: 91 em Winter, J. M.

(⁷) John, A. H. 1954: 344.

(⁸) Deane, P. 1975: 92 em Winter, J. M.

(⁹) Mathias, P. 1975, em Winter, J. M.: 73.

(¹⁰) Ashton, T. S. 1948: 65.

(¹¹) NT: peça de artilharia naval caracterizada por uma boca larga e um cano curto

(¹²) Erro de impressão na edição de Glasgow: 709; conferir "dois" em Canaan, 1937: 669.

(¹³) Montesquieu, B. de. [1748] 1949.

(¹⁴) Smiles, S. [1863] 2006: 35–6.

(¹⁵) Peacock, A. 1992: 57–83; 1978: 117–28.

[16] Rosenberg, N. 1965.

[17] Skinner, A. S. 1995: 70-96 em Copley, S. e Sutherland, K.; Capítulo 14 abaixo.

[18] Peacock, A. Sir. 1975: 561.

[19] Stigler, G. J. 1975 em Skinner, A. e Wilson, T.

[20] *Ibid.*: 243.

[21] *Ibid.*

[22] *Ibid.*: 238-9

[23] Peacock, A. Sir. 1975: 566.

[24] Stigler, G. J. 1975: 244.

[25] Blaug, M. 1975 em Skinner, A. e Wilson, T.: 568-99.

[26] Burke, E. [1775] 1981.

[27] Tucker, J. 1774: 333-69; 1775 em Schuyler, R. L. 1931: 370-41.

CAPÍTULO 14

[1] Kennedy, G. 2005.

[2] Do ensaio de J. M. Keynes com o mesmo título (1926).

[3] Viner, J. [1928].

[4] Rosenberg, N. 1979.

[5] Hirst, F. W. ed. 1903; conferir Skinner, A. S. [1979]: 183-208.

[6] Viner, J. [1928]: 126.

[7] *Ibid.*: 133-4.

[8] *Ibid.*: 134; conferir Paul, E. F. 1980.

[9] Estou grato a Patrick O'Farrell por me ter mostrado a sua pesquisa por publicar sobre Leonard Horner.

[10] Viner, J. [1928]: 139.

[11] *Ibid.*: 141.

[12] *Ibid.*: 153.

[13] Lubasz, H. 1995: 45-69; conferir Rosenberg, N. 1975: 377; 1979: 19n-20.

[14] McGregor, D. H. 1949, citando Oncken, A. 1886.

[15] Quesnay, F. 1758.

[16] Whatley, G. 1774.

[17] Keynes, J. M. 1926; Bentham, J. [1843]: 440.

[18] Bentham, J. [1793] 1843, 1952-54.

[19] Keynes, J. M. 1926; 1952: 312–22.
[20] Thirlwall, A. P. 1978.
[21] Hugo Grotius (1583–1645), Samuel von Pufendorf (1632–94), Gersham
Carmichael (1672–1729) e Francis Hutcheson (1694–1746).
[22] Teichgraeber, III, R. E. 1986: 21.
[23] Smith, A. 1978.
[24] Haakonssen, K. 1981:99-134; Lieberman, D. 2006: 214-45.
[25] Lieberman, D. 2006: 225.
[26] Haakonssen, K. 1981: 154–77.
[27] Rothschild, E. 2001: 52–71.
[28] Ao redigir esta secção beneficiei da consulta de Winch, D. 1996: 198–222.
[29] Baugh, D. A. 1983, citado em Fleischacker, S. 2004b: 64–5: beneficiei muito da consulta a este trabalho.
[30] Fleischacker, S. 2004b.
[31] Citado por Fleischacker, S. 2004b: 19.
[32] Winch, D. 1996: 111.
[33] Fleischacker, S. 2004b: 64.
[34] Himmelfard, G. 1984: 46.
[35] Milne, H. M. 2003.

Bibliografia

ADDISON, W. L. 1901. *The Snell Exhibitions from the University of Glasgow to Balliol College, 1728–1858*, J. Maclehose, Glasgow.

ADELMAN, I. 1962. *Theories of Economic Growth and Development*, Stanford University Press, Stanford.

AKKERMANS, P. M. M. G. 2003. *The Archeology of Syria*, Cambridge University Press, Cambridge.

ANDERSON, G. M., Shughart II, W. F., e Tollison, R. D. 1985. "Adam Smith in the customhouse", *The Journal of Political Economy*, 93:4: 740–59.

ARROW, K. 1987. "Economic theory and the hypothesis of rationality", em *The New Palgrave: A Dictionary of Economics*, Macmillan, Londres.

ARROW, K. e Hahn, F. 1971. *General Competitive Analysis*, Holden-Day, São Francisco.

ASHTON, T. S. 1948. *The Industrial Revolution, 1760–1830*, Oxford University Press, Oxford.

BAR-YOSEF, O. 1998. "On the nature of transitions: the Middle to Upper Paleolithic and the Neolithic Revolution", *Cambridge Journal of Archeology*, 8:2: 141–63.

BAUGH, D. A. 1983. "Poverty, protestantism and political economy: English attitudes toward the poor, 1660–1800", em *England"s Rise to Greatness*, editado por Baxter, S., University of California Press, Berkeley.

BEINHOCKER, E. D. 2006. *The Origin of Wealth Evolution, Complexity, and the Radical Remaking of Economics*, Harvard Business School Press, Boston, MA.

BENTHAM, J. [1843] 1994. *The Works of Jeremy Bentham*, editado por Bowring, J., 11 vols. Thoemmes Press, Bristol.

BENTHAM, J. 1952–54. *Jeremy Benthams Economic Writings: Critical Edition Based on his Printed Works and Unprinted Manuscripts*, 3 vols. Allen & Unwin, Londres.

BLAUG, M. 1975. "The economics of education in English classical political economy: a re-examination", em *Essays on Adam Smith*, editado por Skinner, A. e Wilson, T., pp. 568–99, Oxford University Press, Oxford.

BLAUG, M. 1978. *Economic Theory in Retrospect*, terceira edição, Cambridge University Press, Cambridge.

BOGIN, B. 1997. "The evolution of human nutrition", em *The Anthropology of Medicine*, editado por Romanucci-Ross, L. K., Moerman, D. E., e Trancredi, L. R., pp. 96–142, Bergin e Garvey, Westport, CT.

BONAR, J. 1893. *Philosophy and Political Economy in Some of their Historical Relations*, Sonnenschein, Londres.

BONAR, J. [1894; 1932] 1966. *A Catalogue of the Library of Adam Smith, Author of the "Moral Sentiments" and "The Wealth of Nations"*, segunda edição, Augustus M. Kelly, Nova Iorque.

BONNET, C. 1764. *Contemplation de la nature*, Marc-Michel Ray, Amesterdão.

BOWLEY, M. 1973. *Studies in the History of Economic Theory before 1870*, pp. 106–32, Macmillan, Londres.

BRAUDEL, F. [1979] 1985. *The Wheels of Commerce, vol II: Civilisation and Capitalism 15th–18th Century*, traduzido por S. Reynolds, Collins, Londres.

BROWN, V. e Taylor, W. B. 1994. *The Horner Papers*, Edinburgh University Press, Edimburgo.

BUCHAN, J. 2003. *Capital of the Mind; How Edinburgh Changed the World*, John Murray, Londres.

BUCHAN, J. 2006. *Adam Smith and the Pursuit of Liberty*, pp. 24–7, Profile Books, Londres.

BURKE, E. [1775] 1981. "Speech of Edmund Burke, Esq. on moving his resolution for conciliation with the colonies", em *The Writings and Speeches of Edmund Burke*, vol V., *The Works of the Right Honourable Edmund Burke*. Editado por Marshall, P. J. e Todd, W. B., Oxford University Press, Oxford.

BURNS, R. [1786] 2001. "To a louse: on seeing one on a Lady"s Bonnet at Church (1786)", em *The Canongate Burns: The Complete Poems and Songs of Robert Burns*, editado por Noble, A. e Hogg, P. S., pp. 130–2, Canongate Books, Edimburgo.

CAMPBELL, R. H. 1967. "The Law and the Joint-Stock Company in Scotland", em *Studies in Scottish Business History*, editado por Payne, P. L., pp. 136–51, Frank Cass & Co Ltd, Londres.

CAMPBELL, T. D. 1971. *Adam Smiths Science of Morals*, Allen & Unwin, Londres.

CAMPBELL, T. D. e Ross, I. S. 1981. "The utilitarianism of Adam Smiths policy advice", *Journal of the History of Ideas*, 42: 73–92.

CANAAN, E. 1896. *Lectures On Justice, Police, Revenue and Arms Delivered in the University of Glasgow, Reported by a Student in 1763 by Adam Smith*, Clarendon Press, Oxford.

CANAAN, E. 1937. (org.). *An Inquiry into the Nature and Causes of the Wealth of Nations by Adam Smith*, Intro. Max Lerner, Random House, Nova Iorque.

CANNAN, E. [1893] 1924. *A History of the Theories of Production and Distribution in English Political Economy from 1776 to 1848*, P. S. King, Londres.

CANTILLON, R. [1734; 1755; 1931] 1964. *Essai sur La Nature du Commerce en General*, editado e traduzido por H. Higgs, Augustus M. Kelly, Nova Iorque.

CHAMBERS, E. [1728; 1744]. *Cyclopaedia; or a Universal Dictionary of Arts and Sciences ...*, E. Chambers, Londres.

CHARLEVOIX, P.-F.-X. [1722] 1761. *Journal of a Voyage to North-America*, Undertaken by Order of the French King, Londres.

CHARLEVOIX, P.-F.-X. [1744, Paris] 1961. *Histoire et Description Generale de la Novelle France*.

CHARLEVOIX, *Pierre-François Xavier de*, University of Michigan, Ann Arbor.

CHYDENIUS, A. [1765] 1931. *The National Gain*, Introdução de G. Schauman. Ernest Benn, Londres (Disponível em html://www.pertti.hyttinen@chydenius.fi).

CLARK, G. 2007. *A Farewell to Alms*, Princeton University Press, Nova Jersey.

CLIFF LESLIE, T. E. 1879. *Essays in Political and Moral Philosophy*, Hodges, Foster e Figgis, Londres.

Coats, A. W. 1958. "Changing attitudes to labour in the mid-eighteenth century", *Economic History Review*, 11, segunda série: 35–71.

Coats, A. W. 1975. "Adam Smith and the mercantile system", em *Essays on Adam Smith*, editado por Skinner, A. K. e Wilson, T., pp. 218–36, Clarendon Press, Oxford.

Cohen, M. N. 1977. *The Food Crisis in Prehistory*, Yale University Press, New Haven.

Condillac, L'Abbé Etienne, [1746. *Essai sur Lorigine des connaissances humaines*, Amsterdam]; 2001. *Essay on the Origin of Human Knowledge*, Cambridge University Press, Cambridge.

Cook, J. 1777. *A Voyage Towards the South Pole and Round the World*, 2 vols. Strahan, Londres (em Bonar, p. 49).

Cook, J. e King, J. 1784. *A voyage to the Pacific Ocean: undertaken by command of His Majesty, for making discoveries in the northern hemisphere, performed under the direction of Captains Cook, Clerke, and Gore, in the years 1776, 1777, 1778, 1779, and 1780: being a copious, comprehensive, and satisfactory abridgement of the voyage written by* James Cook e James King, Londres.

Copley, S. e Sutherland, K. (orgs.). 1995. *Adam Smiths Wealth of Nations: New Interdisciplinary Essays*, Manchester University Press, Manchester.

Cosh, M. 2003. *Edinburgh: The Golden Age*, pp. 99–102, Peter Donald, Edimburgo.

Cross, G. 1965. "A theory of the bargaining process", *American Economic Review*, LV: 67–94.

Cunningham, W. [1882] 1938. *The Growth of English Industry and Commerce in Modern Times: The Mercantile System*, sexta edição, pp. 44–170, Cambridge University Press, Cambridge.

Dalrymple, Sir J. 1757. *Essay Towards a General History of Feudal Property in Great Britain*, A. Millar, Londres.

Deane, P. 1975. "War and industrialisation", em Winter, J. M. 1975.

Deane, P. and Cole, W. A. 1967. *British Economic Growth: Trends and Structure, 1699–1959*, segunda edição, Cambridge University Press, Cambridge.

Defoe, D. 1722a. *Fortunes and Misfortunes of the Famous Moll Flanders*, Londres.

DEFOE, D. 1722b. *The History of Colonel Jaque*, Vulgary Call"d Colonel Jack, Londres.

DENIS, A. 2005. "The invisible hand of God in Adam Smith", *Research in the History of Economic Thought and Methodology*, 23-A: 1–32.

DIAMOND, J. 1987. "The worst mistake in the history of the human race", *Discover Magazine*, Maio, pp. 64–6.

DIAMOND, J. 1997a. "Location, location, location: the first farmers", *The American Association for the Advancement of Science*, 278:534, 14 de Novembro: 1243–4.

DIAMOND, J. 1997b. *Guns, Germs, and Steel: The Fates of Human Societies*, W. W. Norton, Nova Iorque.

DIDEROT, D. e D"Alembert, 1751–77. *Encyclopédie ("a Systematic Dictionary of Science, Arts, and the Trades")*, 32 vols. Paris.

DOMAR, E. [1957] 1966. *Essays in the Theory of Economic Growth*, Oxford University Press, Oxford.

DOUGLAS, P. A. [1928] 1989. "Smiths theory of value and distribution", em *Adam Smith, 1776–1926: Lectures to Commemorate the Sesquicentennial of the publication of the "Wealth of Nations"*, Augustus M. Kelly, Nova Iorque.

DOUGLAS, W. D. M. D. 1747–50. *A Summary, Historical and Political, of the first Planting, Progressive Improvements, and Present State of the British Settlements in North America*, Londres; citado em *Wealth Of Nations*: I.xi.b. p 175, n 34; p 326, n 83; *Lectures On Jurisprudence*: iv.38, n 70).

DUFESNOY, N. L. 1735. *L"Histoire justifiee contres les romans*, Amesterdão.

DUNBAR, R. 2005. *Grooming, Gossip, and the Evolution of Language*, Harvard University Press, Harvard, MA.

DUTTON, H. I. e Jones, S. R. H. 1983. "Invention and innovation in the British pin industry, 1790–1850", *British Business History*, 57: 175–93.

DWYER, J. 1998. *The Age of Passions: An Interpretation of Adam Smith and Scottish Enlightenment Culture*, Tuckwell, East Lothian.

EKELUND, R. B. e Hébert, R. F. 1990. *A History of Economic Theory and Method*, McGraw-Hill, Nova Iorque.

ELLINGSON, T. 2001. *The Myth of the Noble Savage*, University of California Press, Berkeley.

Eltis, W. A. 1975. "Adam Smith's theory of economic growth", em *Essays on Adam Smith*, editado por Skinner, A. S. e Wilson, T., Clarendon press, Oxford.

Eltis, W. 1976. *Britain"s Economic Problem: Too Few Producers*, Macmillan, Edimburgo.

Eltis, W. A. 1984. *The Classical Theory of Economic Growth*, Macmillan, Londres.

Emerson, R. L. 1995. "Politics and the Glasgow professors, 1690–1800", em *The Glasgow Enlightenment*, editado por Hook, A. e Sher, R. S., pp. 21–39, Tuckwell, East Linton.

Emerson, R. L. 2002. "The scientific interests of Archibald Campbell; 1st earl of Ilay and 3rd Duke of Argyll (1682–1761)", *Annals of Science*, 59: 21–56.

Evensky, A. 1993. "Ethics and the invisible hand", *Journal of Economic Perspectives*, 7:2, Spring: 197–205.

Evensky, J. 2005. *Adam Smith's Moral Philosophy: A Historical and Contemporary Perspective on Markets, Law, Ethics, and Culture*, Cambridge University Press, Cambridge.

Ferguson, A. [1767] 1966. *Essay on the History of Civil Society*, Edinburgh University Press, Edimburgo.

Fitzgibbons, A. 1995. *Adam Smith's System of Liberty, Wealth, and Virtue: The Moral and Political Foundations of the Wealth of Nations*, Clarendon Press, Oxford.

Fleischacker, S. 2004a. *On Adam Smith's Wealth of Nations: A Philosophical Companion*, Princeton University Press, Princeton.

Fleischacker, S. 2004b. *A Short History of Distributive Justice*, Harvard University press, Harvard, Cambridge.

Flew, A. 1986. *David Hume: Philosopher of Moral Science*, Basil Blackwell, Oxford.

Force, P. 2003. *Self-Interest Before Adam Smith: A Genealogy of Economic Science*, Cambridge University Press, Cambridge.

Frazer, G. [1890] 1993. *Golden Bough: A Study of Magic and Religion*, Macmillan, Londres.

Friedman, M. 1953. *Essays in Positive Economics*, University of Chicago Press.

Fry, M. (org.) 1992. *Adam Smith's Legacy: His Place in the Development of Modern Economics*, Routledge, Londres.

FRY, M. 2006. *The Scots and the Union: England, Scotland and the Treaty of 1707*, Belinn, Edimburgo.

GALLAGHER, S. E. 1998. *The Rule of the Rich?: Adam Smith's Argument Against Political Power*, Pennsylvania State University Press, Pennsylvania Park.

GIBBON, E. [1776] 1982. *The Decline and Fall of the Roman Empire*, 6 vols, Strahan, Cadell, Londres.

GIBBON, E. [1776–84] 1963. *The Decline and Fall of the Roman Empire*, Resumido por D. M. Low, Penguin, Harmondsworth, Londres.

GIRARD, G. 1747. *Les vrais Principes de la Langue Françoise, ou la parole réduite en methode conformément aux lois d"usage*, 2 vols, Paris.

GOGUET, A.-Y. 1758. *De L'Origine des Loix des Arts, et des Sciences; et de leurs Progress chez les Anciens Peuples*, Paris.

GRAMPP, W. D. 2000. "What did Adam Smith mean by the invisible hand?", *Journal of Political Economy*, 108:3: 441–65.

GRISWOLD, C. L. 1999. *Adam Smith and the Virtues of the Enlightenment*, Cambridge University Press, Cambridge.

GROTIUS, H. [1625] 1853. *De Jure Belli ac Pacis (On the Law of War and Peace)*, traduzido por Parker, J. W. Cambridge University Press, Cambridge.

GUTTERIDGE, G. H. 1933. "Adam Smith on the American Revolution: an unpublished memoir"; "Smith's thoughts on the state of the contest with America", *American Historical Review*, xxxviii: 714–20; citado em Stevens, D. S. 1975.

HAAKONSSEN, K. 1981. *The Science of the Legislator: The Natural Jurisprudence of David Hume and Adam Smith*, Cambridge University Press, Cambridge.

HAAKONSSEN, K. 2006. *The Cambridge companion to Adam Smith*, Cambridge University Press, Cambridge.

HARPER, L. A. [1939] 1964. *The English Navigation Laws*, Octagon Books, Nova Iorque.

HARPHAM, E. J. 2007. "Review of Gavin Kennedy, Adam Smith's lost legacy", em *The Adam Smith Review*, editado por Brown, V., vol. 3, pp. 215–24, Routledge, Londres.

HARRIS, J. 1757. *An Essay upon Money and Coins*, G. Hawkins, Londres.

HARROD, R. F. 1948. *Towards a Dynamic Economics: Some Recent Developments in Economics Theory and their Applications to Policy*, Macmillan, Londres.

HARSANYI, J. C. 1956. "Approaches to the bargaining problem before and after the theory of games", *Econometrica*, XXIV: 144–57.

HAYEK, F. 1960. *The Constitution of Liberty*, University of Chicago Press, Chicago.

HAWKESWORTH, J. 1773. *An Account of the Voyages Undertaken by Captains Byron, Wallis, Carteret and Cook*, 2 vols, Strahan & Cadell, Londres.

HEATH, E. 1995. "The commerce of sympathy: Adam Smith on the emergence of morals", *Journal of the History of Philosophy*, 33: 447–66.

HEATHER, P. 2005. *The Fall of the Roman Empire: A New History*, Macmillan, Londres.

HECKSCHER, E. L. 1934. *Mercantilism*, 2 vols. George Allen e Unwin, Londres.

HEILBRONER, R. L. 1975. "The paradox of progress: decline and decay in the Wealth of Nations", em *Essays on Adam Smith*, editado por Skinner, A. S. e Wilson, T., pp. 524–39, Clarendon Press, Oxford.

HELVETIUS, C. A. [1773]. 2000. De L"Homme ... 2000. De L"Homme ... *A Treatise on Man: His Intellectual Faculties and His Education in Philosophical Works*, Thoemmes, Londres.

HICKS, J. 1965. *Capital and Growth*, Clarendon Press, Oxford.

HICKS, J. R. 1932. *The Theory of Wages*, Macmillan, Londres.

HIGGS, H. ed. [1931]. Cantillon, R. *Essai sur la Nature du Commerce en General*, Augustus M. Kelly, Nova Iorque.

HILL, L. 2007. "Adam Smith, Adam Ferguson e Karl Marx on the division of labour", *Journal of Classical Sociology*, 7: 339–66.

HIMMELFARB, G. 1984. *The Idea of Poverty*, Alfred A. Knopf, Nova Iorque.

HIRSCHMAN, A. O. 1977. *The Passions and the Interests: Political Arguments for Capitalism Before its Triumph*, Princeton University Press, Princeton, NJ.

HIRST, F. W. 1903. *Free Trade and Other Fundamental Doctrines of the Manchester School: Set Forth in Selections from the Speeches and Writings of its Founders and Followers*, Harper & bros. Londres; on-line: http://www.econlib.org/LIBRARY/YPDBooks/Hirst/hrstMS.html.

HOBBES, T. [1651] 1946. *Leviathan or the Matter, Forme and Power of a Commonwealth Ecclesiastical and Civil*, editado por Oakshott, M., Blackwell, Oxford.

HOLLAND, J. H. 1995. *Hidden Order: How Adaptation Builds Complexity*, Addison-Wesley.

HOLLANDER, S. 1973. *The Economics of Adam Smith*, Heinemann, Londres.

HONT, I. 2005. *Jealousy of Trade: International Competition and the Nation-State in Perspective*, Belknap Press, Harvard University, Cambridge.

HUME, D. [1739–40] 1985. *A Treatise of Human Nature*, editado por Mossner, E. C., Penguin Classics, Londres.

HUME, D. [1752] 1987. *Essays, Moral, Political, and Literary*, Part II, Ensaio VI: "Of the Jealousy of Trade", Liberty Fund, Indiana (online: http://www.econlib.org/library/LFBooks/Hume/hmMPL29 html#Part%20II,%20Essay%20VI,%20OF%20THE%20 JEALOUSY%20OF%20TRADE).

HUME, D. [1754–62], numerosas edições modernas. *The History of Great Britain*, 1754, 11 vols, E. C. Penguin, Londres.

HUTCHESON, F. [1755] 1968. *A System of Moral Philosophy*, 3 Books, Londres, Augustus M. Kelly, Nova Iorque.

INGRAM, J. K. [1888] 1967. *A History of Political Economy*, Augustus M. Kelly, Nova Iorque.

INGRAO, B. e Israel, G. 1990. *The Invisible Hand: Economic Equilibrium in the History of Science*, MIT, Cambridge.

JEVONS, W. S. [1879] 1905. *The Theory of Political Economy*, segunda edição, Macmillan.

JEVONS, W. S. [1881] 1964. "Richard Cantillon and the nationality of political economy", *Contemporary Review*, Janeiro, reimpresso em Jevons, W. S. 1905 e editado por Higgs, H. [1931].

JOHN, A. H. 1954. "War and the English economy, 1700–63", *Economic History Review*, Segunda Série, vii.

KALDOR, N. 1957. "A model of economic growth", *Economic Journal*, 67: 591–624.

KAMES, L. [Henry Home]. [1758]. *Historical Law Tracts*, segunda edição, Edimburgo (no prelo, *Historical Law Tracts*, Natural Law and Enlightenment Classics, editado por Knud Haarkonssen, Liberty Fund, 2009).

KELLY, R. C. 2000. *Warless Societies and the Origin of War*, Michigan University Press, Ann Arbor.

KHALDUN, Ibn [1375–8] 2005. *The Muqaddimah, An Introduction to History*, traduzido por Rosenthal, F. (resumido), Bollingen Series, Princeton University Press, Princeton.

KHALDUN, Ibn 2004. *The Muqaddimah: An Introduction to History— The Classic Islamic History of the World*. Princeton University Press, Princeton, NJ.

KHALIL, E. L. 2000. "Beyond natural selection and divine intervention: the Lamarckian implications of Adam Smith's invisible hand", *Journal of Evolutionary Economics*, 10: 373–93.

KENNEDY, G. 1975. *The Economics of Defence*, Faber, Londres.

KENNEDY, G. 1989. *Captain Bligh: The Man and his Mutinies*, Duckworth, Londres.

KENNEDY, G. 1998. *The New Negotiating Edge: A Behavioural Approach for Results and Relationships*, Nicholas Brealey, Londres.

KENNEDY, G. 2000. "The pre-history of the deal", manuscrito por publicar.

KENNEDY, G. 2005. *Adam Smith's Lost Legacy*, Palgrave Macmillan, Basingstoke.

KENNEDY, G. 2007. "Author's response to a review by Edward J. Harpham", em *The Adam Smith Review*, editado por Brown, V., vol. 3, pp. 224–9, Routledge, Londres.

KEYNES, J. M. 1926. *The End of Laissez-Faire*, Leonard & Virginia Woolf at the Hogarth Press, Londres.

KEYNES, J. M. 1952. *Essays in Persuasion*, Rupert Hart-Davis, Londres.

LAFITAU, J. F. 1974. *Customs of the North American Indians Compared with the Customs of Primitive Times*, editado e traduzido por W. N. Fenton e E. L. Moore, Chaplain Society, Toronto.

LANDES, D. S. 1969. *Prometheus Unbound: Technological Change and Industrial Development in Western Europe from 1750 to the Present day*, Cambridge University Press, Cambridge.

LANDES, D. S. 1998. *The Wealth and Poverty of Nations: Why Some are Rich and Some are Poor*, Little Brown e Co., Londres.

LAW, 1705. *Money and Trade Considered with a Proposal for Supplying the Nation with Money*, Andrew Anderson, Edimburgo.

LEECHMAN. W. 1755. "Prefácio", em *A System of Moral Philosophy*, editado por Hutcheson, F., (póstumo), p. XII, R. e A. Foulis, Glasgow.

LENMAN, B. 1980. *The Jacobite Risings in Britain: 1689–1746*, Eyre Methuen, Londres.

LIEBERMAN, D. 2006. "Adam Smith on justice, rights, and law", editado por Haakonssen, K., pp. 214–45, Cambridge University Press, Cambridge.

LIST, F. [1856] 1885. *The National System of Political Economy*, Longman Green, Londres.

LOCKE, J. [1690; 1698] 1988. *Two Treatises on Government*, editado por Peter Haslet, Cambridge University Press, Cambridge [Dois Tratados do Governo Civil, Lisboa Edições 70, 2006].

LOCKE, J. 1726. *An Essay Concerning Human Understanding*, Churchill, A. e Manship, A. Londres.

LOGUE, K. J. 1979. *Popular Disturbances in Scotland, 1780–1815*, John Donald, Edimburgo.

Lowe, A. 1975. "Adam Smith's system of economic growth", em *Essays on Adam Smith*, editado por Skinner, A. e Wilson, T., pp. 415–25, Clarendon Press, Oxford.

LUBASZ, H. 1995. "Adam Smith and the 'free market'" ", em Copley, S. e Sutherland, K., editores, pp. 45–69.

MACFIE, A. F. 1967. *The Individual in Society: Papers on Adam Smith*, Allen & Unwin, Londres.

MACFIE, A. L. 1971. "The invisible hand of Jupiter", *Journal of the History of Ideas*, 32:4: 595–9.

MACGREGOR, D. H. 1949. *Economic Thought and Policy*, Oxford University Press, Edimburgo.

MACINTYRE, G. 2003. *Dugald Stewart: The Pride and Ornament of Scotland*, Sussex Academic Press, Brighton.

MACPHERSON, H. C. 1899. *Adam Smith*. Oliphant Anderson & Ferrier, Edimburgo.

MAITLAND, J. [8th Duque de Lauderdale]. [1804] 1962. *An Inquiry into the Nature and Origin of Public Wealth, and into the means and causes of its increase*, edição e introdução. E revisões à segunda edição 1819, por Morton Paglin, Augustus M. Kelly, Nova Iorque.

MANDEVILLE, B. [1724; 1924] 1988. *The Fable of the Bees*, editado por F. B. Kaye, Oxford University Press, Oxford; Liberty Fund, Indianapolis, Indiana.

MARSHALL, A. 1890. *Principles of Economics*, Macmillan, Londres.
MARSHALL, D. 1937. "The old poor law, 1662–1795", *Economic History Review*, viii:1.
MARTEN, H. 1701. *Considerations Upon the East India Trade*, A. & J. Churchill, Londres.
MARX, K. [1762] 1954. *Theories of Surplus-Value (volume IV of Capital)*, traduzido por Burns, E. Foreign languages publishing house, Moscow; Lawrence & Wishart, Londres.
MARX, K. [1846; 1888] 1998. *The German Ideology: Including Thesis on Feuerbach and Introduction to the Critique of Political Economy: Thesis No XI*, Prometheus Books, Nova Iorque.
MATHIAS, P. 1975. p. 91, em Winter, J. M.
MCCULLOCH, J. R. [1828] 1863. *Smith's Wealth of Nations, with a Life of the Author, an Introductory Discourse, Notes and Supplemental Dissertations*, New Edition, Adam e Charles Black, Edimburgo.
MCCULLOCH, J. R. [1853] 1967. *Treatises and Essays on Subjects Connected with Economical Policy*, Kelley Reprints, Nova Iorque.
MCCULLOCH, J. R. 1855. *Sketch of the Life and Writings of Adam Smith*, LL.D, Murray e Gibb, Edimburgo.
MCCULLOCH, J. R. editor [1859] 1970. *A Select Collection of Scarce and Valuable Tracts on Commerce, from the Originals by Mun, Roberts, North, and Others, with a Preface and an Index*, Cambridge University Press, Cambridge.
MCLEAN, I. 2007. *Adam Smith, Radical and Egalitarian: An Interpretation for the 21st Century*, Prefácio por Gordon Brown, Edinburgh University Press.
MEEK. R. L. 1954. "The scottish contribution to Marxist sociology", em *Democracy and the Labour Movement*, editado por Saville, J., Lawrence & Wishart, Londres.
MEEK, R. L. 1973. *Turgot on Progress, Sociology and Economics*, Cambridge University Press, Cambridge.
MEEK, R. L. 1976. *Social Science and the Ignoble Savage*, Cambridge University Press, Cambridge.
MEEK, R. L. 1977. *Smith, Marx and After: Ten Essays in the Development of Economic Thought*, Chapman e Hall, Londres.
MILLAR, J. [1771; 1806 edição] 1990. *The Origin of the Distinction of Ranks*, introdução por J. V. Price, Thoemmes, Bristol.

MILNE, H. M. 2003. *Boswell"s Edinburgh Journals, 1767–1786*, Mercat Press, Edimburgo.

MINOWITZ, O. 2004. "Invisible hand", *Economic Journal Watch*, 1:2: 393–411.

MONTES, L. 2004. *Adam Smith in Context: A Critical Reassessment of Some Central Components of his Thought*, Palgrave Macmillan, Basingstoke.

MONTESQUIEU, B. de. [1748] 1949. *The Spirit of the Laws*, traduzido por T. Nugent, Hafner Publishing, Nova Iorque.

MOSSNER, E. C. [1954; 1980] 2001. *The life of David Hume*, Oxford University Press, Oxford.

MOSSNER, E. C. e Ross, I. S. 1987. *Correspondence of Adam Smith*, Appendix D. *Custom-House Documents*, pp. 405–11, Oxford University press, Oxford.

MUNGER, M. 2007. *On Pins and Needles*, Division of labour, 6 de Abril: http://divisionoflabour.com/archives/003684.php.

NASH, J. 1950. "The bargaining problem", *Econometrica*, XVIII: 155–62.

NICHOLLS, D. 1992. "The invisible hand: providence and the market", 1992. em *The Values of the Enterprise Culture*, editado por Heelas, P. e Morris, P., Routledge.

NICHOLSON, J. S. 1909. *A Critical Project of Empire: A Critical Study of the Economics of Imperialism with Special Reference to Adam Smith*, Macmillan, Londres.

NOORDEGAAF, J. 1977. "A few remarks about Adam Smith's dissertation", *Historiographe Linguistica*, I: 59–67.

NOZICK, R. 1994. "Invisible hand explanations", *American Economic Review*, 84:2, Maio: 314–18.

O'DRISCOLL, Jr, G. P. edição 1979. *Adam Smith and Modern Political Economy*, Iowa State University Press, Ames, IA.

OLSON, S. 2002. *Mapping Human History: Unravelling the Mystery of Adam and Eve*, Bloomsbury, Londres.

ONCKEN, A. 1886. *Die Maxime Laissez faire et laissez passer*, ihr Ursprung, ihr Werden Bern (citado em McGregor, 1949, p. 58).

OTTESON, J. R. 2002. *Adam Smith's Market Place of Life*, Cambridge University Press, Cambridge.

PARKER, N. 1995. "Look, no hidden hands: how Smith understands historical progress and societal values" em Copley, S. e Sutherland, K. editores, pp. 122–43.

PAUL, E. F. 1980. "Laissez faire in nineteenth-century Britain: fact or myth?", *Literature of Liberty*, 4:winter: iii.

PAYNE, P. L. (org.) 1967. *Studies in Scottish Business History*, Frank Cass & Co Ltd, Londres.

PEACOCK, A. Sir. 1975, "The treatment of the principles of public finance in the wealth of nations", 1975. em *Essays on Adam Smith*, Skinner, editado por A. S. e Wilson, T., pp. 238–9, Clarendon Press, Oxford.

PEACOCK, A. 1978. "The economics of bureaucracy: an insider"s view", em *The Economics of Politics,* Peacock, A. T., pp. 117–28, Institute of Economics Affairs, Londres.

PEACOCK, A. 1992. *Public Choice Analysis in Historical Perspective*, pp. 57–83, Cambridge University press, Cambridge.

PEART, S. J. e Levy, D. M. 2005. *The "Vanity of the Philosopher": From Equality to Hierarchy in Post-Classical Economics*, University of Michigan Press, Michigan.

PEAUCELLE, J.-L. 2006. "Adam Smith's use of multiple references for his pin making examples", *European Journal of the History of Economic Thought*, 13:4: 480–512.

PEN, J. 1952. "A general theory of bargaining", *American Economic Review*, XLII: 24–42.

PESCARELLI, E. 1986. "On Adam Smith's lectures on jurisprudence", *Scottish Journal of Political Economy*, 33:1: 84.

PETTY, Sir W. 1690. *Political Arithmetick*, Robert Clavel e Hen. Mortlock, Londres.

PETTY, Sir W. 1899. *The Economics Writing of Sir William Petty*, editado por Hull, H., 2 vols, Cambridge University Press, Cambridge.

POLANYI, K. [1944] 2001. *The Great Transformation: The Political and Economic Origins of Our Time*, Beacon Press, Boston, MA.

PRATTEN, C. J. 1980. "The manufacture of pins", *Journal of Economic Literature*, 18:93–6.

PUFENDORF, S. von. [1729] 2005. *Of the Law of Nature and Nations*, quarta edição, Introdução por Basil Kennet. Traduzido por Carew, The Lawbook Exchange, Londres; online: http://oll.libertyfund.org/index.php?option=com_staticxt&staticfile=show.php%3Ftitle=888&Itemid=99999999; LJ(A) i.12: p. 8.

PUFFENDORF, S. [1672] 1934. *De jure naturae et gentium libri octo* traduzido por C. H. e W. A. Oldfather, 2vols. Clarendon Press, Oxford.

QUESNAY, F. 1758. *Maximes générales du gouvernement économique d"un royaume agricole*, Paris.

QUESNAY, F. [1758] 1972. *Tableau Economique*, editado por Kuczynski, M. e Meek, R. L., Macmillan, Londres.

QUESNAY, F. [1759] 1763, 1766. Tableau Economique [...] em Philosophie Rurale (em francês: http://cupid.ecom.unimelb.edu.au/het/quesnay/tabeco.htm).

RAE, J. [1895] 1965. *Life of Adam Smith, with an Introduction to "Guide to John Rae"s Life of Adam Smith" by Jacob Viner*, Augustus M. Kelly, New Jersey.

RAMEAU, J. P. 1737. *Génération harmonique ou Traite de musique théorique et pratique* (Bonar: 155).

RAPHAEL, D. D. 1975, "The impartial spectator", em *Essays on Adam Smith*, Skinner, A. S. e Wilson, T. pp. 89–99, n 18, Clarendon Press, Oxford.

RAPHAEL, D. D. e Sakamoto, T. 1990. "Anonymous Writings of David Hume", *Journal of the History of Philosophy*, 28: 271–81.

RASHID, S. 1998. *The Myth of Adam Smith*, Edward Elgar, Cheltenham.

REID, G. C. 1989a. "Adam Smith's stadial analysis as a sequence of societal growth trajectories", *Scottish Journal of Political Economy*, 36: 59–70.

REID, G. C. 1989b. *Classical Economic Growth: An Analysis in the Tradition of Adam Smith*, Blackwell, Oxford.

RELETHFORD, J. H. 2003. *Reflections of Our Past*, Westview Press, Boulder, Colorado.

RENFREW, C. 1972. *The Emergence of Civilisation: The Cyclades and the Aegean in the Third Millennium*, B.C., Methuen, Londres.

RICARDO, D. [1815] 1817. "Essay on the influence of a low price of corn on the profits of stock", *On the Principles of Economics and Taxation*.

ROBBINS, L. 1932. *An Essay on the Nature and Significance of Economic Science*, Macmillan, Londres.

ROBBINS, L. 1953. *The Theory of Economic Policy*, Macmillan, Londres.

ROBBINS, L. 1998. *A history of economic thought: the LSE lectures*, editado por Medema, S. G. e Samuels, W. J., Princeton University Press, Princeton.

ROBERTSON, W. 1777. *History of America*, segunda edição, 2 vols. (Bonar, 158).

Robinet, J.-B. 1766. *De La nature*, Amesterdão.
Rodrik, D. 2007. *One Economics, Many Recipes: Globalization, Institutions, and Economic Growth*, Princeton University Press, New Jersey.
Rollin, C. [1730-8] 1821. *Histoire ancienne des Egyptiens, des carthaginois, des Assyriens, des Babyloniens, des Grecs*, Les Freres Estinenne, Paris.
Romer, P. M. 1986. "Increasing returns and long run growth", *Journal of Political Economy*, 94: 1002-37.
Romer, P. M. 1987. "Growth based on increasing returns due to specialisation", *American Economic Review* (P & P), 77: 56-62.
Rosenberg, N. 1960. "Some institutional aspects of the Wealth of Nations", *Journal of Political Economy*, 68(6): 557-70.
Rosenberg, N. 1965. "Adam Smith and the division of labour: two views or one?", *Economica*, 32: 127-39.
Rosenberg, N. 1975. *Adam Smith on Profits – paradox lost and regained*, em Skinner, A. S. e Wilson, T. editores, pp. 377-89, Clarendon Press, Oxford.
Rosenberg, N. 1979. "Adam Smith and Laissez-Faire revisited", em O"Driscoll, jr, pp. 19-34.
Ross, I. S. 1995. *Life of Adam Smith*, Oxford University Press, Oxford.
Rothbard, M. 1990. "Concepts of the Role of Intellectuals in Social Change Toward Laissez Faire", *The Journal of Libertarian Studies*, IX(2).
Rothbard, M. N. 1995. "The Myth of Adam Smith", em *An Austrian Perspective on the History of Economic Thought*, Edward Elgar, Cheltenham.
Rothschild, E. 1994. "Summary on the invisible hand", *American Economic Review*, 84:2: 319-22.
Rothschild, E. 2001. *Economic Sentiments: Adam Smith, Condorcet, and the Enlightenment*, Harvard.
Rousseau, J. J. [1755] 1984. *Discourse on the Origins and Foundations of Inequality Among Men*, traduzido por Maurice Cranston, Penguin, Londres.
Samuels, W. 2007. *Some thoughts on the invisible hand project*, ensaio lido na 34.a Reunião Anual da *History of Economics Society*, 8-11 de Junho de 2007, Universidade George Mason. Fairfax, Virginia (Samuels@msu.edu).
Schelling, T. C. 1956. "An essay on bargaining", *American Economic Review*, XLVI: 281-306.
Schumpeter, J. A. 1954. *History of Economic Ideas*, Allan e Unwin, Londres.

SCHUYLER, R. L. introdução 1931. *Josiah Tucker, A Selection from His Economic and Political Writings*, Columbia University Press, Nova Iorque.

SCOTT, P. H. 2007. *The Union of 1707: Why and How*, Saltire Society, Edimburgo.

SCOTT, W. R. 1935. "Adam Smith at Downing Street, 1776–7", *Economic History Review*, vi: 85–8.

SCOTT, W. R. 1937. *Adam Smith as Student and Professor, with Unpublished Documents, Including Parts of the "Edinburgh Lectures", a Draft of The Wealth of Nations, Extracts from the Muniments of the University of Glasgow and Correspondence*, Jackson, Son & Company, Glasgow.

SEABRIGHT, P. 2004. *The Company of Strangers: A Natural History of Economic Life*, Princeton University Press, New Jersey.

SEWALL, H. R. [1901] 1968. *The Theory of Value Before Adam Smith*, A. M. Kelly, Nova Iorque.

SHANNON, H. A. 1931. "The coming of general limited liability", *Economic History*, ii(6): 267–91.

SHAW, J. S. 1999. *The Political History of Eighteenth Century Scotland*, Macmillan, Londres.

SILVER, M. 1995. *Economic Structures of Antiquity*, Greenwood Press, Westport, Conn.

SIMPSON, D. 2000. *Rethinking Economic Behaviour*, Macmillan, Basingstoke.

SKINNER, A. S. [1979] 1996. *A System of Social Science: Papers Relating to Adam Smith*, segunda edição, Clarendon Press, Oxford.

SKINNER, A. S. 1995. "Adam Smith and the role of the state: education as a public service", em *Adam Smith's Wealth of Nations: New Interdisciplinary Essays*, editado por Copley, S. e Sutherland, K., pp. 70–96, Manchester University Press, Manchester.

SMILES, S. [1863] 2006. *The Life of Thomas Telford, Civil Engineer with an Introductory History of Roads and Travelling in Great Britain*, Echo Library, Teddington.

SMITH, A. 1978. *Lectures on Jurisprudence*, Meek, R. l. and Raphael, D. D. editores, Oxford University, Oxford; Liberty Press, 1982, Indianapolis, Indiana.

SMITH, C. 2006. *Adam Smith's Political Philosophy: The Invisible Hand and Spontaneous Order*, Routledge, Oxford.

SMITH, J. 2007. *Europe After Rome: A New Cultural History 500–1000*, Oxford University Press, Edimburgo.

SOKAL, R. R., Oden, N. L., e Wilson, C. 1991a. "Genetic evidence of the spread of agriculture in Europe by demic diffusion", *Nature*, 9 de Maio.

SOKAL, R. R., Oden, N. L., e Wilson, C. 1991b. "Hemetic evidence for the spread of agriculture in Europe by demic diffusion", *Nature*, 9 de Maio.

SOLOW, R. M. 1956. "A contribution to the theory of economic growth", *Quarterly Journal of Economics*, 70:1: 65–94.

SOWEL, T. 2006. *On Classical Economics*, Yale University Press, New Haven.

SPENGLER, J. J. 1970. "Adam Smith on population", *Population Studies*, 24:3: 377–88.

SPENGLER, J. J. 1983. "Adam Smith on population growth and economic development", in *Adam Smith: Critical Assessments*, editado por Wood, J. C., vol. 3. pp. 395–406, Croom Helm, Londres.

STEUART, Sir J. [1767] 1966. *Principles of Political OEconomy*, Skinner, A. K. editor, Edimburgo.

STEVENS, D. 1975, "Adam Smith and the colonial disturbances", em *Essays on Adam Smith*, editado por Skinner, A.S. e Wilson, T., p. 214 e notas 27 e 28, pp. 202–17.

STEWART, D. [1793] 1828. "Account of the Life and Writings of Adam Smith, LLD", em *Works*, Hamilton, editor xlxxv: n. 1, Blackwood, Edimburgo.

STIGLER, G. J. 1975. "Smith's travels on the ship of state", em *Essays on Adam Smith*, editado por Skinner, A. e Wilson, T., Oxford University Press, Oxford.

STORDALEN, T. 2000. *Echoes of Eden: Genesis 2-2 and symbolism of the Eden Garden in Biblical Hebrew Literature*, Peeters, Leuven.

SUTHERLAND, K. 1995. *Adam Smith's master narrative: women and the Wealth of Nations*, em Copley, S. e Sutherland, K. editores, pp. 97–121, Adam Smith's Wealth of Nations: new interdisciplinary essays, Manchester University Press, Manchester.

SWAN, 1956. Economic growth and capital accumulations, *Economic Record*, 32:2:334–61.

TANDY, D. W. [1997] 2001. *Warriors into Traders: The Power of the Market in Early Greece* (Classics and Contemporary Thought), University of California Press, Berkeley e Los Angeles, Califórnia.

TEICHGRAEBER, III, R. E. 1986. *Free Trade" and Moral Philosophy*, Duke University Press, Durham.

TEMPLE, Sir W. 1758. *Vindication of Commerce and the Arts* (Londres?).

THIRLWALL, A. P. 1978. *Keynes and Laissez-Faire*, Macmillan, Londres.

THIRSK, J. 1978. *Economic Policy and Projects: The Development of a Consumer Society in Early Modern England*, Oxford University Press, Oxford.

TOBIN, J. 1992. "The invisible hand in modern microeconomics", em *Adam Smith's Legacy: His Place in the Development of Modern Economics*, editado por Fry, M., Routledge, Londres.

TRUDGE, C. 1998. *Neanderthals, Bandits and Farmers: How Agriculture Really Began*, Weidenfield e Nicholson, Londres.

TUCKER, J. [1755] 1931. *A Selection from his Economic and Political Writings*, Introdução por Schuyer, R. L., Columbia University Press, Nova Iorque.

TURGOT, R. A. [1766] 1973. "Reflections on the Formation and Distribution of Riches, III", em *Turgot on Progress, Sociology and Economics*, traduzido e editado por Meek, R. L., pp. 119–82, Cambridge University Press, Cambridge.

TYTLER, A. F. Lord Woodhouselee. 1807. *Memoirs of the Life and Writings of the Honourable Henry Home of Kames*, William Creech, Edimburgo.

VAUGHAN, K. I. 1987. "Invisible Hand", in *The New Palgrave: A Dictionary of Economics*, vol.2, editado por John E., Murray M. e Peter N., pp. 997–9, Macmillan, Londres.

VINER, J. [1928] 1966. "Adam Smith and Laissez Faire", Adam Smith 1776–1928: Lectures to Commemorate the Sesquicentennial of the Publication of Wealth of Nations, Augusts M. Kelly, Fairfield, NJ.

VINER, J. 1937. *Studies in the Theory of International Trade*, Harper & Brothers, Nova Iorque.

VIVENZA, G. 2001. *Adam Smith and the Classics: The Classical Heritage in Adam Smith's Thought*, Oxford University Press, Oxford.

VOLTAIRE (François-Marie Arouet), 1718. *OEdipe*, Paris; 1785. OEuvres, 69 vols.

WADLEY, G. e Martin, A. 1993. "The origins of agriculture?: a biological perspective and a new hypothesis", *Australian Biologist*, 6: 96–105.

WALSH, V. e Gram, H. 1980. *Classical and Neoclassical Theories of General Equilibrium: Historical Origins and Mathematical Structure*, Oxford University Press, Nova Iorque.

WARD-PERKINS, B. 2005. *The Fall of Rome and the End of Civilisation*, Oxford University Press, Oxford.

WATT, D. 2007. *The Price of Scotland: Darien, Union and the Wealth of Nations*, Luath Press, Edimburgo.

WEISDORF, J. L. 2006. "A taste for toil: natural selection at the dawn of agriculture", Sessão 95, *XIVth International Economics History Congress*, Agosto.

West, E. G. 1976. *Adam Smith: The Man and his Works*, Liberty Press, Indianapolis, IN.

WHATLEY, C. 2007. *The Scots and the Union*, Edinburgh University Press, Edimburgo.

WHATLEY, G. 1774. *Principles of Trade. Fredom (sic) and Protection are its best Suport(sic): Industry, the only Means to render Manufactures cheap*, Brotherton e Sewill, Londres.

WIGHT, J. B. 2007. "The treatment of Adam Smith's invisible hand", *The Journal of Economic Education*, Summer,

WINCH, D. 1996. *Riches and Poverty: An Intellectual History of Political Economy in*

Britain, 1750–1834, Cambridge University Press, Cambridge.

WINTER, J. M. 1975. *War and Industrial Development: Essays in Memory of David Joslin*, p. 91, Cambridge University Press, Cambridge.

WITTFOGEL, K. [1957] 1981. *Oriental Despotism: A comparative Study of Total Power*, Random House, Londres.

WOOD, J. C. ed. 1983. *Adam Smith: Critical Assessments*, vol. 1–7, Routledge/Croom Helm, Londres.

WRANGHAM, R. e Peterson, D. 1996. *Demonic Males: Apes and the Origins of Human Violence*, Houghton Mifflin, Boston.

YOUNG, A. 1771. *The Farmer"s Tour Through the East of England*, 4 vols. W. Strahan, Londres.

YOUNG, A. 1928. "Increasing returns and economic progress", *Economic Journal*, 38: 527–42.

ZEUTHEN, F. 1930. *Problems of Economic Warfare*, Prefácio: Joseph A. Schumpeter, Routledge, Londres.